Fernandel

Principaux ouvrages
de Jean-Jacques Jelot-Blanc

ALORS, RACONTE... FRANCK FERNANDEL, Éditions Menges.
FERNANDEL, Éditions Lefeuvre.
LE CINÉMA MUSICAL (3 tomes), Éditions PAC.
ELVIS PRESLEY, Éditions Horus.
HARRISON FORD, Éditions Garancière/Presses de la Cité.
30 ANS DE SÉRIES ET DE FEUILLETONS, Éditions PAC.
BASHUNG, Éditions Seghers.
MICHEL SERRAULT, Éditions PAC.
DUSTIN HOFFMAN, Éditions Sévigny/Hachette.
TÉLÉ-FEUILLETONS, Éditions M.A./Presses de la Cité.
MICHAEL DOUGLAS, Éditions Sévigny/Hachette.
BOURVIL, Éditions Stock.

Jean-Jacques Jelot-Blanc

Fernandel

Stock

A mes filles, Hortense et Loreleï,
pour qu'elles apprennent un jour à
découvrir ce merveilleux comédien.

A mes filles, Hortense et Caroline,
pour qu'elles apprennent un jour à
demeurer ce que leurs aïeux [illegible]

Note de l'auteur

La présente biographie a été écrite à la gloire de Fernandel, pour tous ceux qui, l'ayant aimé, ne l'oublieront jamais, mais aussi à l'attention des jeunes générations qui le découvrent aujourd'hui.

Que soient remerciées pour leurs anecdotes ou leurs souvenirs toutes les personnalités qui m'ont permis de rendre le présent ouvrage plus attrayant encore, dans l'espoir de n'avoir point trahi leurs confidences :

Andrex (†), Edmond Ardisson (†), Arletty, Françoise Arnoul, Claude Autant-Lara, Bernard Blier (†), Jean Boyer (†), Pierrette Bruno, Jean Carmet, Daniel Ceccaldi, Jacques Chabannes (†), Christian-Jaque, Annie Cordy, Costa-Gavras, Henri Colpi, Colette Darfeuil, Louis de Funès (†), Suzy Delair, Danielle Delorme, Sophie Desmarets, Pierre Doris, Marie Dubois, Paulette Dubost, Jacques Dynam, Michel Galabru, Gilles Grangier, Denise Grey, Francis Lax, Ginette Leclerc, Jean Lefebvre, Jean-Pierre Marielle, Maria Mauban, Pierre Mirat, Jean-Pierre Mocky, Jacques Morel, Charles Moulin, Gérard Oury, Jacqueline Pagnol, Raymond Pellegrin, Anna Maria Pier Angeli (†), Claude Pinoteau, Alain Poiré, Jean Poiret, Rellys, Roger Richebé (†), Noël Roquevert (†), Françoise Rosay (†), Fernand Sardou (†), Jackie Sardou, Renée Saint-Cyr, Madeleine Sologne, Jean-Charles Tacchela, Laurent Terzieff, Henri Tisot, Hélène Tossy (†), Charles Vanel (†), Henri Verneuil, Henri Vilbert.

Je n'oublie pas dans cet hommage mes confrères Yvan Audouard, Pierre Barlatier (†), Claude Beylie, Carlo

Rim (†), Raymond Castans, Raymond Chirat, Jean A. Gili, Georges Guarracino, William Laurent, Jacques Lorcey, Jacques Meny, Frédéric Mitterrand, Maurice Perisset, Christian Plume, Jacques Rouland, Charles-Eric Siméoni, et tout particulièrement Jean-Claude Romer.

Que Josette, Janine et Franck Fernandel trouvent en cet hommage l'expression de mes sentiments amicaux.

Enfin, je ne saurai jamais assez remercier tous ceux dont les connaissances, l'amitié et le sens du dévouement ont rendu possible cet ouvrage : André Bernard, Véronique Durand, Gérard Roig, Dany Lallemand, avec une tendresse toute particulière pour Odette Schmidt.

« Si j'ai inventé un style, un genre au cinéma, je ne l'ai pas fait exprès... »

FERNANDEL

Première Partie

Les années Contandin

Le soir venu, Denis Contandin, abandonne son costume trois pièces d'employé de bureau et va comme on dit à Marseille « faire l'artiste ».

Afin de mieux servir Eugène Labiche ou Georges Courteline, il a pris un pseudonyme, celui de Sined, l'anagramme de son prénom.

Ce modeste comptable a fait partager très tôt à sa progéniture le goût de la scène, montant avec sa petite famille, un vrai spectacle.

L'aîné des enfants Contandin, dit Marcel Sined, né en plein cœur de l'été — très exactement le 28 août 1899 — est aussi le premier du clan à préférer les planches à un emploi dans les savonneries de la cité phocéenne. De patronages en théâtres amateurs, de salles de sociétés en fêtes votives, cette famille cherche déjà à atteindre la sublime reconnaissance du public. Devenir professionnel, n'est-ce point le rêve de cette dynastie Contandin, de ces enfants de la balle, doués pour conter fleurette à une audience subjuguée ?

Un jour, trente et un coups sonnent à l'horloge du temps pour papa Sined. En cette soirée du 19 octobre 1902 où il arrose d'une bonne anisette l'aïoli préparé par sa tendre épouse, cette dernière lui apprend qu'il va être à nouveau père. L'heureux événement a lieu le 8 mai 1903. C'est un gros garçon braillard.

Fernand, Joseph, Désiré voit le jour dans l'appartement familial situé au 72 du boulevard Chave, cette grande artère marseillaise qui, du quartier de la Plaine à celui de la Blancarde, est l'une des plus vivantes de la ville.

En ce mois de Marie, le *pitchoun* (« petit », en provençal) fait entendre pour la première fois sa belle voix chaude qui résonnera plus tard sur toutes les scènes, puis les écrans de France et du monde. Il ne faut nullement s'étonner si, tout au long de ces pages, comme pour me contrarier ou au contraire confirmer mes dires, il me coupera la parole de son accent prestigieux. Laissons-le donc, à sa manière, raconter son arrivée au sein de la famille Contandin.

« Je suis né le mois des fleurs — le jour de la Saint-Désiré — et, ce jour-là, on m'a dit que le soleil était astrologiquement sur le seizième degré du signe du Taureau ; mais ça, au 72 du boulevard Chave, on ne l'a pas vu tout de suite. C'est le droguiste qui se trouvait en dessous de chez nous, M. Rabattu, qui accompagna mon père pour déclarer ce dont la nature avait doté ma famille : un certain Fernand Joseph Désiré. Mon père avait dû, pour cet événement important, interrompre une répétition du *Commissaire est bon enfant* lorsque ma mère avait ressenti les premières douleurs, ce qui m'a fait dire, bien plus tard, que j'étais né en fait sous le triple signe du Taureau, du Cheval... et de Courteline. »

Selon ses proches, Fernand est un garçon curieux, foncièrement honnête, travailleur, instable, extrêmement sensible, parfois mélancolique, mais aussi jovial et farceur. Toutefois, le gamin ne plaisante jamais avec la passion paternelle du spectacle. Lorsque le père Contandin répète une scène dans la salle à manger, on pourrait entendre les cigales chanter depuis l'Estaque ou la Belle-de-Mai. Dans ces quartiers aux noms enchanteurs, l'artiste Sined emmène parfois ses rejetons voir les spectacles amateurs auxquels il participe.

A l'évidence, si les planches sont la vocation de l'enfant, l'appartement est son conservatoire. En 1908, Fernand a tout juste cinq ans et pas mal d'années de métier dans les jambes.

« Dès que j'ai pu me tenir debout, j'ai couru dans toutes les coulisses, les arrière-salles, les loges des hauts (et des bas) lieux du spectacle marseillais. » Soldat de 1793 dans *Marceau ou les enfants de la République,* il est tellement fier de sa tenue qu'il ne voit pas son sabre lui faire un croche-pied. Une chute qui ne découragera nullement cette vocation précoce.

Les salles fréquentées par les Sined n'étaient ni le Gymnase ni les Variétés, encore moins l'Alcazar ou le Palais de cristal, réservés aux gloires confirmées. Leur public, ils le trouvaient dans des endroits comme le théâtre Chave, lieu populaire de la scène marseillaise. On y débutait faisant, le temps d'une pirouette, pleurer Margot dans *Les Deux Orphelines* ou vibrer le notable avec le *Bossu,* ou *La Tour de Nesles.* Charat, Sicard, Blondel régnaient sur la troupe. Le clan Sined tournait aux accents des saisons. L'été, on présentait *Les Pirates de la savane* afin de saluer les chaleurs. L'hiver, *La Pastorale* annonçait Noël et les santons.

« De très bonne heure, en effet, rappelle Fernandel, je manifestais un grand enthousiasme pour tout ce qui touchait de près ou de loin à la chanson. J'avais pris, avec mon frère Marcel, les attitudes et les gestes scéniques de mon père, ainsi que sa façon de porter la voix ou de placer ses mouvements. »

Le jeune Fernand Contandin tâche de jouer les écoliers studieux pour mieux gagner la confiance paternelle. En 1908, il entre à la pension Rosa. Puis ce sera l'école communale de la rue Gillibert avant de rejoindre celle de la rue Alexandre-Copello. C'est là qu'il fait la connaissance de son ami le plus cher, celui qui l'accompagnera dans vingt-sept de ses films et jusqu'à sa dernière demeure.

Andrex ne s'appelle encore qu'André Jaubert, un gamin de la Plaine parmi tant d'autres, un voisin. Il est né quatre ans après Fernand au 105 de la rue Saint-Pierre, toute proche. C'est dans cette cour de l'école Copello que naît l'une des plus longues amitiés du cinéma français.

« J'y fis la connaissance d'un " grand " », explique Andrex, dans *On ne danse plus la java chez Bébert*, « un garçon d'une dizaine d'années, au visage long et extraordinairement mobile, boute-en-train inlassable, magicien de la grimace et qui allait devenir mon ami le plus fidèle et mon compagnon de route pour la vie. »

Fasciné par les lumières, les planches, la musique et la foule, Fernand l'est beaucoup moins par les choses de l'éducation. Que ne ferait-il pas pour aller, une fois au moins, dans un lieu magique maintes fois décrit par des camarades plus âgés comme l' « antichambre du sexe » ? On peut y voir certes quelques « effeuilleuses », des dames légèrement vêtues, mais aussi du grand, du beau, du bon music-hall ! Ce lieu de toutes les passions juvéniles, c'est le Palais de cristal, transformé en cinéma vingt ans plus tard. Et où l'on se pressera pour voir les films d'un certain Fernandel !

Pour l'heure, la vedette de cet immense aquarium réputé pour ses « matinées artistiques » se nomme Polin. Comique troupier, émule de Paulus, un autre grand du genre, cet artiste parisien de quarante-cinq ans s'est imposé comme l'une des attractions les plus en vue de la scène nationale. Créateur de plusieurs centaines de chansons, il en fera passer quelques-unes à la postérité dont les fameuses « Ah ! Mademoiselle Rose », « La petite Tonkinoise », « L'ami Bidasse » et l'irrésistible « Caissière du Grand Café ».

Pour obtenir de son père la faveur d'aller voir un jour ce fameux Polin, Fernand devra travailler ferme à l'école. Un samedi, il rapporte la médaille du meilleur élève de la semaine. Le gamin l'exhibe fièrement agrafée sur sa poitrine. Papa Sined lui paie alors un nouvel habit, une promenade en bateau, le cirque. Mais le petit Fernand veut voir Polin à l'Alcazar. Un jour, finalement, son père lui offre cette suprême récompense, et découvre, émerveillé, la vocation de son fils : « En voilà au moins un, disait-il, qui ne trahira pas la fibre paternelle ! »

A voir les yeux de Fernand briller sous les projecteurs, son père comprend que c'était là effectivement le plus beau cadeau du monde. Formidable spectateur que ce gamin de dix printemps, en culotte courte et en béret marin à pompon rouge : il vibre aux délires verbaux plutôt osés d'un tourlourou habitué à chanter pour les messieurs seuls, alors que les dames de petite vertu déambulent au bar, faisant commerce de leurs charmes.

Le cœur du petit Fernand bat la chamade, s'emballe à tout rompre. Quelle émotion d'avoir pu enfin apercevoir Polin !

« Ce bon gros à la face ronde, se souvient Fernandel, à la bouche presque toujours ouverte, qui chantait en pantalon rouge garance à basane, le képi sur la nuque et tortillant dans sa main d'un air niais un énorme mouchoir à carreaux, je le trouvais superbe, irrésistible de drôlerie. Je ne songeais qu'à l'imiter, je venais d'avoir la révélation de ma nature comique et je n'eus de cesse que mon père m'achetât un costume de tourlourou. »

Dès le lendemain, Fernand court s'acheter les « formats » — on vendait alors paroles et musique des chansons à (presque) tous les coins de rue — ayant trait au répertoire de sa nouvelle idole.

Chez le marchand de musique André Cidale, sur le cours Belsunce, Fernand est à l'affût de la moindre chanson de Polin qu'il ne posséderait pas. Quant au magnifique habit de comique troupier, le gamin devra attendre la Saint-Fernand. Le 27 juin suivant, en effet, il reçoit l'uniforme tant convoité.

Comblé, Fernand espère maintenant qu'une occasion se présentera d'imiter son idole.

L'heure vient sur la scène d'une petite salle du proche quartier de Castellane, la Scala (le futur Eldorado), où Fernand va faire connaissance à la fois avec le public et... le trac. Le pioupiou interprète de manière plutôt gauche mais sans faillir une chanson grivoise.

Ah ! Mademoiselle Rose
J'ai un p'tit objet, un p'tit objet à vous offrir
Ce n'est pas grand-chose
Mais cela vous fera plaisir...

L'innocence de ce gamin de sept ans charme la foule étonnée, amusée, puis séduite, enchantée même. Le public en redemande, explose en ovations, passe la nouvelle aux autres quartiers de la chaude mégapole méditerranéenne.

Après un gala au Châtelet, il passe au Palais de cristal pour un « crochet » où il est classé troisième sur une trentaine de concurrents. Le petit Contandin ne sait pas encore qu'il va devenir, grâce à ce costume et à son indéniable présence, l'un des plus grands arpenteurs de la scène du caf' conc'.

Venu de la capitale, où il a triomphé à la Scala, Polin, ce Parisien bon teint, a déclenché dans le Midi une véritable révolution. Chacun de ses passages à l'Alcazar de Marseille rameute toute une faune bigarrée des quartiers populaires, depuis la fameuse rue Longue, célèbre pour ses poissonnières, jusqu'aux docks lointains. Les conversations vont bon train sur ce personnage dont le répertoire enchante les Marseillais, chez qui le bagout, la bonne humeur et le franc-parler sont proverbiaux.

Ce conscrit de la scène a donc séduit le fils Contandin comme nulle autre vedette ne le fera jamais. Il est vrai que le gamin n'a que sept ans. Son père l'a entraîné là comme il l'aurait mené au cirque ou à Guignol. Pouvait-il prévoir que son « niston » (« fils » en argot provençal) allait recevoir le grand choc, ce choc magique qui vous change tout à coup en amoureux ou en croyant, et qui décide inexorablement d'une vocation, de toute une destinée d'homme ?

Fernand, enflammé par le spectacle, n'en demeure pas moins un croyant fervent. L'attachement au catéchisme de son enfance se manifestera bien plus tard lors d'une rencontre avec le pape. Le père Sardou, prêtre à l'œuvre paroissiale Timon-David, aimait rappeler une certaine lettre du 21 mai 1911. « Moi, Fernand Contandin, écrivait-il au Tout-Puissant via l'ecclésiastique, me consacre aujourd'hui et pour toujours à Votre service. Je promets de Vous honorer toute ma vie d'un culte spécial, d'être toujours l'enfant fidèle de cette congrégation qui Vous est consacrée et de répandre Votre culte parmi les jeunes gens. » Quelle différence de ton entre cet enfant de chœur et le petit bonhomme qui roule des yeux coquins chaque samedi soir sur scène ! Déjà, on ne l'appelle plus que Fernand Sined (plus tard, il ne conservera que l'anagramme paternel).

Au bar du Tunnel, quartier Chave, se presse un public amical et chaleureux qui vient applaudir la jeune gloire locale. Son père et son frère se sont mis en retrait. Toute la famille, cependant, part en expédition honorer de lointains (!) contrats. « Le samedi soir, nous nous casions tant bien que mal dans un tramway avec la valise qui contenait mon petit costume et on partait dans la direction choisie. »

Depuis son premier passage à la Scala — un examen terrible, rappelait-il, où une sueur glacée me coula dans le dos jusqu'aux fesses —, Fernand Sined s'est installé dans une douce assurance professionnelle. « Sans ce coup de pied (paternel) au derrière — si affectueusement administré ! —, qui me projeta sur la scène comme un ballon, que serais-je devenu ? Où serais-je aujourd'hui ? A quoi tient le destin d'un artiste, quand même ? »

Toujours est-il que, depuis ce jour-là, il n'a plus jamais connu le trac; tout au plus la crainte de la concurrence. Car elle fait rage, au début du siècle, dans un métier du spectacle en jachère où il n'existe ni radio, ni télévision, ni cinéma. Fernandel, lui-même, parlera sans complaisance de cette époque. « En ce temps-là tout le monde imitait Polin. C'était plus qu'une habitude, ça devenait un rite, une tradition. On voyait parfois, dans certains concerts, trois ou quatre " Polin " passer à la queue leu leu avec les mêmes chansons et personne ne protestait ! C'est à cette époque que débuta Rallum, un Polin toulonnais. Celui-là, il devait faire un peu parler de lui, plus tard, sous le nom de Raimu. »

Ecolier le jour, le soir venu il se transforme en enfant de la balle pour le plus grand plaisir d'un public toujours plus enthousiaste. Timidement, une vocation voit le jour.

En 1914, le tourlourou du boulevard Chave décroche le premier prix du concours « Comœdia » organisé par le grand quotidien des spectacles du même nom. Comme un bonheur n'arrive jamais seul, la médaille d'or est assortie d'un contrat d'engagement d'une semaine au Palais de cristal. Pour quinze francs par représentation, le jeune Fernand Sined se produit en compagnie d'une chanteuse « réaliste », d'un acrobate, d'un chansonnier et de « diseurs à voix ».

Ces premiers pas vers la gloire et la fortune s'accompagnent de quelques revers : de mauvaises notes à l'école et de difficiles rapports avec sa mère. D'autant que Sined père vient de recevoir, lui, un contrat très particulier : sa feuille de mobilisation pour le front.

Dès lors, l'univers des Contandin bascule. D'abord Marcel, quatorze ans, est forcé de décrocher un emploi à la Société marseillaise de crédit. Puis, c'est au tour de Fernand d'aller rejoindre la même société, au titre de garçon de courses.

Il s'avère rapidement que Fernand ne montre aucun enthousiasme ou de réelles dispositions pour cette carrière bancaire. « Pourtant, pour le travail, j'étais irréprochable. C'est plutôt la conduite qui n'allait pas. Encore, quand je parle de mon travail, ça veut dire quand je travaillais... Quand je travaillais, alors je travaillais, vous pouvez me croire ! Seulement, j'étais partisan de la journée de deux heures... »

Huissier au salaire de vingt-cinq francs par mois, Fernand aurait pu réussir à grimper dans la hiérarchie de la société financière. Hélas, une cigarette fumée à la sauvette lui vaudra de gagner la porte plutôt que de l'avancement. Mais auparavant, une rencontre aura bouleversé le cours de sa vie : celle avec Jean Manse, lui aussi employé de banque, passionné par le monde du spectacle.

Les deux jeunes gens se revoient, d'autant que la sœur de Jean prénommée Henriette ne laisse nullement indifférent Fernand. A treize ans, le voilà donc presque amoureux. Puis la vie sépare provisoirement Jean Manse et Fernand Contandin. Tandis que le premier poursuit sagement une carrière à la banque, le second fait le tour des entreprises marseillaises. D'abord la savonnerie Bellon, d'où il est renvoyé pour « étourderie », puis la papeterie Grangey qu'il abandonne pour aller répéter un spectacle intitulé *La Revue des enfants*.

Là, il rencontre la jeune fille Raymonde-Renée Vittoré. Cette jolie Méditerranéenne, née à Beausoleil, deviendra une vedette du cinéma français sous le pseudonyme de... Renée Saint-Cyr. « J'étais au lycée Montgrand de Marseille, se souvient la comédienne, où je préparais mon certificat d'études (à l'époque, c'était un diplôme important). Un jour, une certaine Mme Audibert m'a proposé de jouer dans une revue d'enfants, *Allô chéri !* L'aventure m'a amusée. En marge du lycée et de mon concours de solfège au conservatoire qui primait tout, j'ai répété, place de la Plaine, cette aimable calembredaine. J'y faisais quelques apparitions. La seule dont je me souvienne était une entrée en danse chaloupée, au bras d'un jeune garçon, " le petit Fernand ". J'étais déguisée en " cagole ", foulard rouge traditionnel au cou, jupe courte qui volait, volait... Le jeune garçon qui se voulait un " nervi " portait une casquette vissée sur le coin du crâne. Inquiétants en diable, nous chantions " Marseille noctur-ur-ne ". Si l'air chemine encore dans ma tête, seuls ces deux mots habitent ma mémoire. Le petit Fernand m'intimidait... parce qu'il n'était pas du tout petit pour la petite fille que j'étais — son visage était déjà celui de Fernandel —, son assurance en scène me laissait rêveuse. »

Toutefois, les débuts de la petite Renée comme ceux de Fernand vont être bouleversés par une fantastique invention : le cinématographe.

A Marseille comme partout ailleurs, l'apparition de ce nouveau mode d'expression accompagnait la transformation des mœurs et des mentalités de l'époque. On est à la veille de la guerre de 1914-1918. Le Populaire Cinéma, le Provence Cinéma, puis le Rialto, le Capitole, le Majestic, le Fémina, le Régent, tous ces écrans miroirs se mettent à briller de mille feux sous les lanternes magiques !

Pour espérer voir l'un des représentants de la famille Sined sur une scène, il faut se rendre à l'Odéon — où, bien plus tard, Yves Montand fera ses débuts au Châtelet, rue Cantini, ou encore au Casino de la Plage à l'extrémité de la jetée du Prado. Là, on applaudit Alibert et Valentin Sardou, le grand-père de Michel. Bientôt, ces glorieux théâtres de café-concert ou de music-hall disparaîtront. L'engouement nouveau pour les salles obscures est trop fort.

Mais pour Fernand et son frère Marcel, l'heure n'est pas à la distraction. Passé du banc de l'école, du brevet élémentaire au guichet d'une banque, Fernand n'a pas connu la douce quiétude des vacances scolaires qui lui aurait permis de se préparer à ce choc. « Pensez, j'avais la veille sept cents lignes à faire pour mon professeur, ironisera-t-il, et, en les remettant, je lui ai également annoncé qu'il ne fallait plus qu'il me compte parmi ses élèves du lendemain. Le lendemain, j'étais chasseur dans l'établissement où mon frère travaillait déjà. J'étais chargé d'annoncer les visiteurs et de faire passer leurs cartes de visite à la direction. Pour m'octroyer royalement vingt-cinq francs par mois... »

On connaît la suite... Après le renvoi et la pente glissante de la savonnerie Belon, voici l'épisode du papier mâché !

Le 21 octobre 1914, dans l'appartement familial, en l'absence du père mobilisé, les Contandin n'ont d'yeux que pour Francis, troisième garçon de la dynastie Sined à venir au monde. Seule fille de la maison, Marguerite — née en 1911 — se montrera discrète et effacée.

Comme Fernand, le nouveau-venu fera une carrière artistique. Il la mènera sous le pseudonyme de Fransined. Curieusement, il n'apparaîtra jamais dans aucun des films de son illustre frère.

Pour l'heure, Fernand s'est sans doute assagi grâce à ce nouveau-né. Engagé comme chasseur à la Société marseillaise de crédit, il va y prouver un sérieux inattendu. « C'est inouï et incompréhensible, avouera-t-il plus tard, en raison de mon caractère et de mon humeur vagabonde : j'y suis resté trois ans et demi, jusqu'en 1919, au retour de mon père. »

« Un papetier cherchant un jeune homme pour faire les courses eut la fâcheuse déveine de tomber sur moi, explique-t-il à Pierre Colière au cours d'une interview parue dans *Image* le 24 février 1933. En fait de courses, le métier consistait à nettoyer le magasin. J'ai toujours eu quelque répugnance pour la poussière et, très digne, je fis un jour remarquer à mon patron, en lui rendant mon balai, que je n'aimais pas être pris pour une femme de ménage. Il supporta mal cette judicieuse remarque et, indigné, je refusai de prendre mes appointements de quinze jours, soit sept francs cinquante. Une ou deux chansons débitées dans un concert me permirent de ne pas rentrer à la maison les poches vides. »

La démobilisation de Denis Contandin plonge les deux « grands » dans une douce euphorie. Ils lui racontent leurs exploits scéniques jusqu'à l'épuisement. En effet, sous le nom des Marc-Sined, Marcel et Fernand se sont taillé une jolie réputation dans la catégorie « duo comique ». Il fallait les voir, œillet à la boutonnière, chapeau, papillon et smoking noir tombant sur leurs beaux souliers vernis, animer les soirées de la Belle-de-Mai, du Roucas blanc, de la Millière, de la Barasse, ou encore d'Aubagne, de Plan-de-Cuques et de Château-Gombert.

Ce jour-là, donc, le père est revenu au bercail préparer l'après-guerre et bien entendu l'avenir de ses enfants. Là-bas, au Havre où il a été cantonné en attendant l'armistice et des jours meilleurs, Denis Contandin est entré en contact avec la maison d'alimentation Henri Lebossé, en vue de créer une succursale marseillaise. Hélas, le travail en compagnie de son père au sein de l'épicerie ne parviendra pas à calmer la bougeote du jeune Fernand.

Vingt ans avant le Schpountz, l'adolescent se

lance dans l'importation des sardines du Portugal. Il ne pourra s'empêcher de réprimer un sourire lorsqu'en 1937 Marcel Pagnol lui fera lire les brouillons du script, feuilles noircies au jour le jour, où il est question, dans la première scène, des fameux « anchois des Tropiques ». « Tu savais très bien que ces anchois, dit Irénée-Fernandel à son oncle Casimir, si tu ne les avais pas vendus, c'est nous qui les aurions mangés. Oui... ici... sur cette table, les anchois des Tropiques, nous les aurions vus tous les jours. Jusqu'à la fin du baril ou jusqu'aux obsèques tropicales de la famille... »

Or donc, en 1919, le jeune Fernand s'est mis en tête d'importer des sardines portugaises, une idée mirobolante selon le récit fait à son ami Carlo Rim. « Je relevai, écrit-il, aidé d'un collègue, sur les registres paternels, les adresses des fabricants de conserves du Portugal, et on ne peut imaginer le nombre de gens qui fabriquent des conserves au Portugal ! C'est à croire que tous les Portugais mettent des sardines en boîte ! Enfin, j'écrivis à tous ces Portugais, me présentant comme un placier en épicerie, en leur demandant de m'envoyer des échantillons... Ah ! malheur ! Ils répondirent tous, comme un seul homme, en m'expédiant une telle quantité de marchandises que tout Marseille aurait pu bouffer des sardines portugaises à s'en faire péter la ventrière ! »

Mais l'épicerie se révèle être un échec. La cervelle du jeune Fernand bouillonne d'idées toujours plus folles, au grand dam de son père qu'il retrouve à la compagnie d'électricité de la rue Mazagran. Fernand y est chargé de relever les compteurs. Une tâche dont il s'acquitte avec toute la mélancolie qui l'accompagne au long de ses tournées. Bientôt, il devient facturier aux établissements de tissus Chance et Cie où il ne se satisfait pas davantage de son sort. Un jour, il est engagé au service du portefeuille de la Banque populaire ottomane.

Puis Fernand devient docker. Cet intermède d'à peine une semaine lui inspire une nouvelle vocation.

« Je décidai, après avoir étudié la question, de transporter du sucre. Ce n'est pas que le sucre soit sensiblement moins lourd que le blé ou l'anthracite, mais ça salit moins et surtout ça ne dégage pas ces poussières nocives qui vous font cracher comme des phtisiques. Pour être franc, les chargeurs de sucre ne jouissaient pas d'une estime générale. Ils passaient un peu pour des amateurs, des dilettantes, des dockers de fantaisie, des faux frères, mais j'étais tout à fait disposé à faire taire mon amour-propre dans cette affaire... Mes contremaîtres, plus susceptibles que moi, me conseillaient d'exercer mes talents dans les charbons. Je découvris assez rapidement que c'était là une façon déguisée et très délicate de me faire comprendre, sans me vexer, que j'étais un foutu docker. Evidemment, ce n'est pas encore dans ce métier-là que j'allais faire des étincelles ! »

Retour à la banque avec un passage tumultueux à la société financière Mathieu Martin dont les bureaux s'ouvrent sur la rue Nationale. Et se referment très vite sur Fernand.

« Votre attitude est incompatible avec la dignité de cet établissement », sermonne son chef du personnel après l'avoir aperçu pendant les heures de bureau faire le zouave dans les allées de la foire Saint-Lazare installée à la Plaine. A dix-sept ans, Fernand profite de son mois de préavis pour parfaire sa passion du music-hall. On le voit à l'Alcazar — pas sur scène car, malgré la légende, il n'y passera jamais —, mais dans la salle où se presse une foule bigarrée, armateurs du port, nervis (durs) en tous genres, filles de joie ou bureaucrates en goguette venus applaudir ou siffler les vedettes du moment. C'est l'âge d'or de ce music-hall qui s'essoufflera avec les années vingt pour vivoter dans les années trente, quarante, mais ne survivra pas au second conflit mondial.

En 1920, Polin, mais aussi toutes les gloires locales comme les frères Fortuné, l'émouvante Suzanne Chevalier, l'étonnant Turcy ou encore Delmont passent à l'Alcazar. Pour Fernand c'est une vraie école.

Bien que cette scène prestigieuse lui reste inaccessible, il n'en poursuit pas moins sa quête du music-hall et répond toujours présent à l'appel des planches.

« Chaque samedi, chaque dimanche, tantôt ici, tantôt là, je donnais mon tour de chant, observant soigneusement les réactions du public, modifiant, la fois suivante, une intonation ou un geste, quitte à revenir à la première interprétation si je m'apercevais à l'usage que c'était la bonne, confie-t-il à Pierre Barlatier. Bref, je faisais l'apprentissage d'un métier que j'avais choisi dans le secret de mon cœur et auquel je rêvais de me consacrer tout entier. »

Pourtant, durant la semaine, il lui a fallu reprendre un emploi à la Banque populaire provençale.

Lors d'un week-end dans une banlieue marseillaise, Fernand crée une chanson largement inspirée du succès de la fameuse « Caissière du Grand Café ». Ce refrain, au titre prédestiné : « Moi, je vais au cinéma », est plutôt choquant —, à l'époque, — égrené par un jeune homme de dix-huit printemps.

J'y vois de très belles femmes
Pour qui mon cœur s'enflamme
Elles font voir leurs tibias
Elles font voir leurs deux bras
Si je vois leurs épaules
Tout de suite, ça m'affole.

Ces couplets, en fait le fruit d'une belle histoire d'amour et d'amitié, ont pour auteur Jean Manse, devenu son collègue de bureau. Fernand ne perd pas une occasion pour se faire inviter à la table des Manse où il croise furtivement le regard de sa voisine Henriette, la sœur de Jean.

« Nous habitions au 18 de la rue des Trois-Mages où mon père tenait un magasin de plomberie, explique Jean Manse. Fernand s'était pris d'amitié pour moi car mon esprit inventif et ma parole facile lui arrangeaient bien les affaires. Comme j'écrivais déjà dans des revues d'amateurs, je lui ai tout naturellement proposé de lui écrire des chansons. »

« Moi, je vais au cinéma » sera la première d'une impressionnante liste où l'on retrouve la plupart des standards de la carrière de Fernandel. Souvenez-vous : « Pour être ordonnance », « On m'appelle Simplet », « Ne me dis plus tu », « Barnabé » et, bien sûr, « Ignace ».

Bientôt, il se fiance à Henriette Manse et de cet accord parfait naîtront trois enfants... et un pseudonyme. En effet, chacun sait aujourd'hui que, pour passer à la postérité, il est devenu le « Fernand d'elle ». Petit chéri d'Henriette, il est hélé ainsi par sa belle-mère : « Té, vé, voilà le Fernand d'elle ! » Le Fernand d'Henriette Manse n'oubliera jamais cette seconde famille. D'autant que les rapports avec sa mère se remplissent d'amertume ; cette femme ne souhaite pas un saltimbanque supplémentaire au sein de la famille Contandin. Carlo Rim, l'ami du clan, a parfaitement résumé les rapports entre Fernand et sa mère. « Pauvre mère, écrivait-il. Ce n'est pas qu'elle était pétardière, mais elle possédait un fond d'honnêteté naturelle assez au-dessus de la moyenne... » A ce fils doué pour les arts, elle réserve des « engueulades salutaires » (dixit Fernandel), et ne lui pardonne pas d'avoir vendu son âme au music-hall.

« M. et Mme Manse m'accueillirent de plus en plus comme un véritable enfant de la maison. Et, à dix-neuf ans, on a besoin de se sentir aimé ! »

En dix ans, Fernand a fait le tour de toutes les banques marseillaises avec quelques crochets par les savonneries, principale industrie de la cité en ce début de siècle. Sa vie durant, il aimera parler de ses quatorze métiers successifs dont il demeurait plutôt satisfait.

« Change et savon de Marseille, raconte-t-il, fier de sa réussite, c'était en quelque sorte et à tour de rôle mon univers depuis onze ans que je travaillais. Cela devenait par trop monotone. Après cette expérience, je peux dire que je connais d'une banque tous les services, depuis le balayage des bureaux jusqu'au classement des archives. »

Affaire classée pour Fernand qui claque donc définitivement la porte au nom de Contandin pour devenir Fernandel. La mode est alors aux pseudonymes courts : Fréhel, Dranem, Alibert, Polin, bien sûr, et même Georgel alors au zénith de sa carrière.

Lors d'une rencontre éclair à Toulon, le créateur du mélodramatique refrain « Sous les ponts de Paris » prodigue au jeune débutant les conseils auxquels ce dernier aspire. Il lui offre même de l'aider si, un jour, il « monte à Paris »...

Son « clavier de cocagne », cette dentition chevaline aux effets comiques, lui sert de passeport pour dérider les foules. Une dernière fois, il partage l'affiche avec son frère Marcel dans la revue *Oh! quelle allure,* dont Jenny Hélia, pétulante Marseillaise, tient la vedette.

En décembre 1922, un train l'amène à Nice où il doit se produire à l'Eldorado. C'est son premier vrai contrat. Cent dix francs par jour pour « faire l'artiste » ne lui font pas oublier les lendemains incertains même si le cocasse et flegmatique Treki, grande vedette fantaisiste du moment, l'incite à persévérer. A Menton, il chante encore pour un petit gala organisé à la sauvette. Puis plus rien. Retour à la Banque italo-française — après la Provençale, l'Ottomane, la Nationale, Fernand voyageait sans quitter sa chaise — où il reprend le porte-plume pour calligraphier de sa belle écriture les bordereaux de comptes.

Un providentiel contrat de douze cents francs se présente à Toulon et clôt la liste de ses emplois du côté de la finance marseillaise.

Entre deux engagements, il reprend du service aux bureaux comptables de diverses savonneries aux noms poétiques, du Fer à cheval à La Cigale. Mais sa mère enrage. Bientôt, la discorde va s'accentuer jusqu'à la cassure définitive. Elle advient au retour d'une tournée de deux mois où il a eu la chance de décrocher le second rôle d'une opérette de Raine et Mauprey, *Le Cavalier Lafleur.* Dix ans plus tard, en sera tiré un film dont le rôle principal sera réécrit pour lui. Ainsi Gaétan Lafleur deviendra tout simplement... Fernand Lafleur.

« Cet intermède théâtral ne me faisait pas oublier le grand but de ma vie : devenir une vedette de la chanson, comme Polin, Mayol, Dranem dont l'extraordinaire pouvoir sur le public me semblait à la fois tenir du prodige et de la mécanique... » Son tour est bien huilé ; il joue désormais sur sa gouaille, son accent bien sûr, son physique évidemment, mais aussi sur cette passion de la scène par laquelle il est habité. »

L'amour du spectacle, son Henriette le lui laisse, préférant veiller sur l'ambitieux jeune homme auquel personne ne croie. Elle partagera pendant un demi-siècle la vie d'un autre être, plus secret celui-là. Pour le meilleur et pour le pire, elle s'engage à ses côtés le 4 avril 1925 à la mairie de Marseille, en l'absence remarquée de la maman de Fernand.

Jamais Fernand ne parlera de cette mère qu'une feuille à scandales ira dénicher dans la solitude provençale. « Dans les années vingt, avouera-t-il, la pauvre femme commençait à s'inquiéter sérieusement de mon avenir. De mauvaises langues lui avaient prédit que je n'arriverais à rien. »

Jamais il ne le lui pardonnera ni ne la reverra.

Seul un chèque sera envoyé régulièrement en Provence...

Tourlourou avant l'heure, Fernand Joseph Désiré devait connaître, après les joies du mariage, celles de la caserne, « un lieu d'étude et de connaissance de la vie quotidienne des militaires ». Ce contrat, le plus long de sa carrière, lui permettra entre autres choses d'observer à la loupe les mœurs, les travers et les grandeurs de l'armée française. Nul ne sera donc étonné de lui voir endosser, par la suite, quatorze fois l'uniforme au cinéma.

Incorporé sous les drapeaux à Grenoble le 8 mai 1925, affecté au 93e régiment d'artillerie de montagne à la caserne Napoléon, le nouvel appelé vient à peine de terminer son dernier gala en compagnie de Dalbret, celui-là même auquel il doit son premier vrai succès. Fixé à Château-Gombert, près de Marseille, ce populaire chanteur auteur de célèbres refrains (« Ne jouez pas au soldat », « Arrêtez les aiguilles », etc.) lui a soufflé à l'oreille d'abandonner le style duettiste pour tenter une carrière en solo sur les planches du Midi.

Pourtant, Dalbret, voyant sur la scène de l'Alcazar, en ouverture de programme, ces deux garçons affublés de vieux chapeaux hauts de forme trop grands pour eux et de fracs démodés, ne se doutait pas que l'un de ces gosses deviendrait une célébrité internationale.

Pour l'heure, le costume de Fernand rappellerait plutôt Courteline et *Les Gaîtés de l'escadron*. « Habillé d'un pantalon de treillis trop large et trop long et d'un vieux bargeron avec, sur la tête, un béret alpin grand et plat comme une galette, ces galettes que dans le Midi on appelle fougasses, je vous assure que j'avais fière allure... » Si, comme le dit si joliment Renée Saint-Cyr, « le service militaire a accordé à cet adolescent-enfant la taille qui allait devenir la sienne », il faillit pourtant bien en être exempté. Ce qu'il affirme sans détour dans un aveu tardif à un journaliste : « Ajourné à deux reprises, grâce à un fameux piston — à Marseille, on a toujours des relations —, par le conseil de révision de la quinzième région, je finissais par croire que j'échapperais à l'appel du drapeau. » La raison invoquée — déjà humoristique en soi — était que l'appelé Contandin avait une faiblesse de « constitution ».

A Grenoble, Fernand découvre que l'uniforme n'est pas une rigolade, bien au contraire. Le 93e régiment d'artillerie de montagne est en effet, et depuis 1920, un bataillon semi-disciplinaire. Aussi celui qui deviendra le troufion le plus célèbre du cinéma français des années trente et quarante ne pavoise guère en effectuant son service militaire. Grâce à son écriture superbe, Fernand échappe à tous les tortionnaires, petits sans-grade auxquels l'armée a prêté quelques illusoires pouvoirs.

Devenu secrétaire du colonel, il profitera de la bienveillance de ce dernier. Lors du départ des troupes au Maroc — à l'époque la France est engagée dans la guerre du Rif aux côtés de l'Espagne —, le soldat Contandin joue les tourlourous pour le contingent. Il inscrit au répertoire ses succès les plus éprouvés du moment, « Suzon la blanchisseuse », « Elle a de la barbe » et, bien sûr, « La Caissière du Grand Café ».

Comme un bonheur n'arrive jamais seul, il attend impatiemment de connaître les joies de la paternité prévue pour le printemps suivant.

Le 12 décembre, il est transféré du 93e régiment d'artillerie de Grenoble au 15e escadron du train, grâce aux bons offices de son supérieur. Le deuxième classe Contandin regagne, sous soixante centimètres de neige, la caserne Busserade, située en plein cœur de sa chère ville natale. « Le tunnel de la Nerte me semblait interminable, confie-t-il. Je n'y suis jamais passé sans fermer les yeux, faisant avec moi-même le pari de ne les rouvrir que la lumière du jour revenue

[...] Soudain, entre les collines de l'Estaque, par-delà les toits de tuile rouge, la mer apparut, à peine ridée de vagues blanches. »

Pris d'une joie enfantine, il va d'abord visiter ses beaux-parents. Le voilà près des Manse, rue des Trois-Mages, auprès de sa belle.

Marseille, théâtre de ses premiers succès, va être le lieu de naissance de son fils... c'est là son espérance. Or, ce 19 avril 1926, un facétieux destin le met en présence d'un charmant poupon rose qu'il faudra se hâter de prénommer... Josette.

Après cette heureuse permission, le soldat Contandin est muté sur place, ou presque, au 141e régiment d'infanterie, grâce à l'appui d'un ami de son père, le capitaine Gastinel. Fernand s'est aménagé avec Henriette un nid douillet et minuscule, situé au 49 de la place Jean-Jaurès.

Libéré de ses obligations militaires le 29 avril suivant, dès le lendemain il prend le train pour Cannes où il doit assurer un gala. Fernand se sent renaître au contact du sol natal. Il a quitté la caserne pour mieux la parodier et il peaufinera son numéro de bidasse jusqu'à la perfection. Hélas, si le canotier de Chevalier monte au firmament, le képi se démode. Polin, démobilisé à sa façon, déserte le music-hall pour tenter l'aventure de l'opérette. Fernand saura-t-il lui succéder ?

En fait, le disciple, rénovateur d'un genre, va effacer jusqu'au souvenir du maître. Ultime continuateur d'un art révolu, Fernand en devient par la magie des ans presque le créateur. Qui, plus tard, pensera à Polin en applaudissant Fernandel ? Personne, sauf des critiques avertis, tel Jean Mara : « Mais, en seconde partie, Fernandel " en chair et en os ", comme le proclamait la publicité, passait dans son tour de tourlourou : du Polin à l'aïoli. Un régal ! Je ne manquai pas une séance. Son sens de l'effet, sa diction, sa présence, son efficacité comique m'emballèrent sur-le-champ. »

En cette année 1927, Polin le discret, le modeste, mais aussi le créateur du répertoire « comique-troupier » — on dira le « genre Polin » — s'éteint sans bruit à l'âge de soixante-quatre ans dans sa retraite de La Frette-sur-Seine, cachée au cœur du Val-d'Oise.

De quarante ans son cadet, Fernand assure donc la relève au sein d'un music-hall en pleine évolution. En même temps, obligé à la prudence, parce que chargé de famille, Fernand reprend son ancien métier de facturier à la savonnerie de La Cigale dirigée par M. Richelme. Ce dernier découvre en ce jeune Contandin un employé modèle, sans excès de zèle mais consciencieux, assidu, ponctuel et travailleur.

Un matin, on demande Fernandel au téléphone et M. Richelme juge l'appel assez important pour le faire venir y répondre lui-même.

« C'était M. Valette, directeur de l'Odéon de Marseille — une salle du fameux circuit Paramount —, qui m'annonçait qu'on avait fait un malheur dans son établissement. Un chanteur parisien passant en attraction s'était fait emboîter à un tel point qu'on avait dû appeler Police-Secours ! [...] Bref, M. Valette me demandait de remplacer au pied levé son pensionnaire défaillant. C'était un risque, je ne figurais ni à l'affiche ni au programme. On m'annoncerait " au rideau " ! » Ce jour-là, dans l'après-midi, le brave M. Richelme libère le tourlourou. Ses chansonnettes judicieusement parsemées de monologues vont enthousiasmer le public de l'Odéon.

Laquelle de ces petites merveilles d'humour — de « C'est beau la nature » à « Elle a de la barbe » — a incité le directeur du circuit Paramount, par hasard présent dans la salle, à embaucher Fernand pour une tournée ? Sous l'émotion, Jean Manse, son beau-frère, en oublie du même coup qu'il perd la vedette de sa revue *C'est un monde,* une petite entreprise quasi familiale de sept personnes où « nous faisions tout par nous-mêmes, contrôle et placement ». Mais c'est à Manse qu'il reviendra désormais de constituer l'essentiel du répertoire de l'artiste.

Le 19 mars 1927, Fernandel est donc au théâtre de Bordeaux où il découvre tout étonné son nom en caractères géants sur une des affiches apposées à l'entrée de la salle. Le nom de Contandin, le pseudonyme de Sined sont déjà loin dans son souvenir.

Suivront le Paramount de Toulouse, le Palace de Nice, le Familia de Lille et le Majestic de Casablanca. Partout, « la nouvelle étoile du music-hall », « la révélation de l'année » suscite la sympathie, la curiosité et l'engouement.

Au cours de ce périple, il croise l'ami Andrex, lui aussi lancé par André Valette sur la longue route du music-hall. Il joue alors dans *La Revue des Quinconces.*

« Je revois tout cela comme un flash kaléidoscopique, écrit Andrex dans ses *Mémoires.* Toutes ces villes se succédaient et se bousculaient à un rythme impossible, ne m'offrant guère que trois aspects : la gare, la chambre de l'hôtel, la scène. »

Le chemin de ces deux enfants nés sous les bons auspices de Notre-Dame-de-la-Garde, la célèbre « Bonne Mère », sera parsemé d'aventures communes.

A Toulon où Fernandel se produit au Casino, il retrouve, pianiste et chef d'orchestre, Roger Dumas qui l'accompagnait à l'une de ses auditions. C'est à la plume et à la baguette de ce dernier qu'il devra ensuite pas mal de ses succès du disque, dont « Je suis irrésistible », « Simplet » ou « Ignace ». Peu à peu, Fernand forme autour de lui une équipe de Provençaux qu'il parviendra à imposer durant près de quarante ans dans chacun de ses contrats.

Même s'il ne fera que quelques films avec lui, Henri Bourrely, plus connu sous le nom de Rellys, nourrit une tendresse particulière pour Fernand. « C'est autour d'un pastis au Bar Palace que j'ai rencontré Fernand. Je le voyais souvent partir " faire des cachets " avec son ami d'enfance Andrex. J'avais connu la famille Sined avant de le connaître lui et il s'appelait d'ailleurs toujours Fernand Sined. Déjà, par rapport à nous, on sentait que Fernand avait une personnalité hors du commun. Moi, le pâtissier de métier qu'il avait surnommé " Brioche ", je venais à peine de passer en numéro trois à l'Alcazar, alors que lui envisageait sérieusement de monter à Paris. »

Fernand n'oubliera jamais ceux qui, comme lui, brûlèrent les planches dans le Marseille des années vingt, dans ces salles de spectacle bientôt balayées par le cinéma parlant. Comme l'écrit le producteur Roger Richebé (il engagera Fernandel dans *Le Blanc et le Noir*) : « Que le cinéma devienne " sonore ", à la rigueur. Du reste, on ne pouvait récuser ce progrès tenu pour seulement technique. Mais qu'il parle ?... Jamais ! Le cinéma n'était pas le théâtre. Art de l'image, du subtil, du suggéré, du mouvement, etc., le cinéma devait se taire. »

Mais il ne se taira point.

Et certains artistes de music-hall, dont Fernandel, allaient suivre son merveilleux cheminement du noir et blanc à la couleur, de l'écran réduit au Cinémascope, du son mono aux merveilles de la stéréophonie.

Grâce à cela, des vedettes que l'on jugeait éphémères parviendront à s'imposer. Parmi elles, des chanteurs surtout : Georges Milton, Henri Garat, Maurice Chevalier, Albert Préjean et même Jean Gabin dont l'immense carrière rejoindra parfois celle de Fernandel. Gabin, lui aussi enfant de la balle, fils de deux artistes de café-concert, s'engage à la même époque dans l'armée du spectacle et débutera également à l'ombre de Mistinguett.

Mais, pour l'heure, Fernand habite Marseille et la Miss caracole bien loin de la Canebière.

Depuis ce samedi d'octobre 1926 où il était monté

sur scène pour remplacer — selon ses propres mots — « un Parisien qui avait reçu des tomates », sa « Caissière du Grand Café » lui avait apporté une grande notoriété locale. Du Casino de Toulon à l'Odéon de Marseille, sa carrière a pris un véritable départ. Peu après — il s'en souviendra toujours —, il se retrouve sur le quai de la gare de Lyon au cœur de la capitale : « Le directeur du circuit Paramount m'a fait traverser la France pour aller chanter à Lille et à Reims. En passant incidemment à Paris, je m'y suis arrêté pour la première fois et j'en ai profité pour aller voir un imprésario important. Je me suis fait annoncer : " Monsieur Fernandel de Marseille. " »

« Vous n'avez qu'à habiter Paris comme tout le monde », lui dit, sarcastique, le responsable de cette agence parisienne de spectacles auprès de laquelle l'a recommandé un couple de trapézistes rencontré au cours de ses pérégrinations. Malgré tout, Fernand accepte l'offre inespérée pour un débutant : cinq cents francs pour une semaine à Bobino. « Bobino, pour un comique troupier, c'est un peu comme la Scala de Milan ou le Metropolitan Opera pour un baryton... », commente-t-il.

En ce mois de décembre 1928, il prend l'une des plus grandes décisions de sa vie : partir afin d'honorer ce contrat mirifique et lointain. « Le 6 décembre au soir, je quittai Marseille en troisième classe à destination de Paris. En arrivant rue de la Gaîté, toute grouillante et colorée comme les rues des villes du Midi, habitué à voir mon nom en assez gros caractères sur les affiches, je le cherchai en vain sur la façade de Bobino. Je le découvris enfin, composé en lettres minuscules, accompagné du simple qualificatif : " troupier ". Sur d'autres placards, on n'avait même pas pris la peine de m'inscrire. Je répétai dans l'après-midi. Le régisseur m'avertit que je devais passer en numéro quatre et que je disposais de douze minutes. »

Engagé du 7 au 13 décembre, il passera en « américaine » — c'est-à-dire en fin de première partie du spectacle —, après les clowns Sircot, Boulicot et une chanteuse réaliste, Ginia Barty. Son succès est tel que l'agence artistique Lutécia lui propose un contrat de dix-neuf semaines à Paris pour les tournées Fournier, dans le circuit des salles Pathé.

Après Paramount, voilà donc notre Fernandel happé par le cinéma... ou presque. Car il s'agit de passer en attraction. En ces temps bénis, l'entracte offrait aux artistes la possibilité de se faire connaître. Paris prend ce comique très au sérieux. En lever de rideau, et avec seulement trois chansons, ce nouveau Rastignac des scènes parisiennes fait un tabac.

Après une année 1929 bien remplie puisqu'il chante au Maroc et fait l'ouverture du fameux casino Alleti d'Alger, Fernandel revient à Paris, à Bobino, du 27 septembre au 3 octobre. La vedette du programme est son compatriote Alibert. Ce dernier « fantaisiste à la mode dans son répertoire choisi », comme l'annoncent les affiches, « parraine » en quelque sorte ce « troupier du bon temps » qui n'est plus tout à fait un inconnu... Car, dès son premier passage à Bobino, du jour au lendemain, la direction lui demande d'ajouter six titres à son tour de chant. Le même soir, un autre de ses compatriotes, le Toulonnais Félix Mayol, demande à le rencontrer. Mayol, le fameux chanteur au brin de muguet, créateur de plus de mille chansons (« Viens, poupoule », « Cousine », « La Paimpolaise », « A la Martinique », « Lilas blanc », etc.), a fondé la fameuse salle de concert portant son nom. Il s'est fait le champion de l'importation d'une pléiade d'artistes issus du Midi ; Tramel, Andrée Turcy, Valentin Sardou, Andrex et bien sûr Raimu lui doivent tout ou partie de leur carrière.

Hélas, cette rencontre restera sans suite, Mayol préférant couler des jours heureux à Toulon où il a acheté « la moitié de la ville ».

Après le circuit Pathé — les cinémas le Louxor, le Belleville, le Palace et le Select — le gai tourlourou se produit à l'Elysée-Palace de Vichy où, ce soir-là, il ravit l'un des spectateurs, l'un des grands maîtres du music-hall, présent dans l'assistance : Henri Varna.

Marseillais comme Fernandel, cet ancien acteur passé de l'autre côté de la scène doit sa notoriété à l'empire qu'il s'est taillé dans le monde du spectacle. En cette fin d'année 1928, ce diable d'homme dont le nom restera lié à l'une des périodes les plus fastueuses de l'histoire de la chanson française, est le directeur en titre du Concert Mayol, des Bouffes-du-Nord, du théâtre Moncey, de l'Empire et du Casino de Paris.

Directeur, mais également auteur de chansons avec Vincent Scotto ou Loulou Gasté, agent artistique, metteur en scène (on lui doit les débuts de Tino Rossi en 1933), Varna engage le jeune Marseillais pour un de ses projets, une nouvelle revue créée sur la scène du Concert Mayol à l'hiver 1930.

Une année bien remplie pour Fernandel, empreinte de grandes joies professionnelles mais aussi d'émotions familiales. Le 10 mars, son père Denis, créateur des Sined, décède dans un hôpital de Marseille à l'âge de cinquante-neuf ans. Fernandel, l'amuseur, le clown de génie, voit couler ses propres larmes après avoir fait verser celles — de rire — du public parisien.

Le drame de cette disparition sera quelque peu atténué par la naissance de sa seconde héritière, Janine. Sa vie familiale exemplaire étonnera bien des critiques et il se plaira toujours à répéter qu'elle lui permit de surmonter les difficultés de ce métier. « Je n'ai aucune honte à avouer que j'apprécie plus qu'aucun autre la vie de famille. C'est dans mon foyer que j'ai éprouvé les plus grandes joies de mon existence. Dois-je vous confier que c'est là aussi que j'ai trouvé mon meilleur public ? Et que je ne suis jamais plus drôle que chez moi ? »

Il met effectivement en pratique ses nombreuses déclarations selon lesquelles « on peut toujours mener une vie régulière, être un acteur connu et vivre comme un homme normal ».

Ce 18 avril donc, en même temps que Janine, arrive le synopsis du film *Le Blanc et le Noir.*

Fernandel habite alors un petit hôtel discret situé à Belleville au 18 de la rue Pelleport où il paie quatre cents francs mensuels. Sur sa table de travail, il a posé le scénario de Sacha Guitry — son premier flirt avec le brillant auteur. Le film sera mis en scène par Robert Florey, sous la direction artistique de Marc Allégret ; ce rôle risque fort d'augmenter le petit pécule amassé à Bobino. Henriette et Janine partent à Marseille chez les Manse rejoindre Josette âgée maintenant de quatre ans. Fernand, lui, commence un tour de France en chansons, de Trouville à Saint-Malo.

En septembre, il s'installe dans un modeste meublé de la rue Doudeauville, au-dessus de la gare du Nord. Pour y avoir une chambre, il devra débourser quatre cent cinquante francs par mois.

Au début du mois de novembre, il entame les ultimes répétitions de la revue que lui avait proposée Henri Varna. Le 14 novembre *Nu sonore... seins pour seins parlant* est présenté au public. Mis en scène par l'auteur — sur des sketches signés Léo Lelièvre et Mac Cab — cette parade légère évoque l'irruption du cinéma parlant dans le monde du spectacle, un bouleversement inouï à l'époque. Cette authentique révolution ne va pas sans questionner les cinéastes eux-mêmes, tel Henri Chomette qui, en 1929, réalise *Le Requin,* premier film français du genre. (A l'étranger, il y a déjà eu l'historique *Chanteur de jazz* présenté à Paris le 26 janvier 1929.) « D'avance, je crois à l'intérêt du film parlant », assure Chomette, tandis que René Clair, dont *Sous les toits de Paris,* marque les débuts du film musical, se demande « si la voix n'enlève pas à l'image plus d'expression qu'elle n'en peut ajouter ».

Toutes ces considérations françaises ne pouvaient voiler les colères du grand Chaplin qui, lui, vociférait contre le parlant. « Ces talkies, je les déteste ! Ils viennent gâcher l'art le plus ancien du monde, l'art de la pantomime. Ils anéantissent la grande beauté du silence. »

Au contraire, Marcel Pagnol, dont *Topaze* et *Marius* sont créés à Paris respectivement le 9 octobre 1928 et le 9 mars 1929, exulte devant ce nouvel art qui rendra la parole aux étoiles et répond à Chaplin : « Le film muet était l'art d'imprimer, de fixer et de diffuser la pantomime. Le film parlant est l'art d'imprimer, de fixer et de diffuser le théâtre. » *Nu sonore — seins pour seins parlant* met en scène cette révolution.

Au Concert Mayol, Fernand est chargé d'animer plusieurs sketches de la revue : « Le testament de Bob », « Le satyre du Touquet », « Le chauffeur de nuit », « Mars et la colombe », avant d'apparaître dans un tableau intitulé « Chansons de soldat » au milieu d'un essaim de jolies filles dénudées. Annoncé comme « Fernandel, le rénovateur du genre militaire » il interprète avec le plus grand talent ce qui va devenir un morceau d'anthologie du genre, « Fibremol fait des fredaines ».

Niais venu de Tarascon, son village natal, et débarquant dans une grande cité, Fibremol entre par erreur chez un dentiste. Là, il écoute les confidences d'un client. Ses seules mimiques font s'écrouler de rire la salle entière et bientôt ce minuscule épisode du spectacle va en faire toute la renommée. « Mon rôle était presque muet, confie-t-il à Raymond Castans. C'est l'autre qui avait tout le texte ou presque... mais, bien sûr, c'était moi qu'on regardait. Parce que toute la situation était sur moi, sur mon visage. A chaque phrase, je faisais une tête nouvelle, étonnée, ahurie, affolée, inquiète, épouvantée. Dans la salle, c'était le fou rire. De plus en plus fort. Et quand l'autre m'avouait qu'une fois, même, " la dame en question lui en avait arraché une et qu'on lui en avait mis une en or ", là c'était du délire. »

Un soir de novembre 1930, alors qu'il se démaquille, Fernand reçoit la visite d'un jeune homme de son âge, un certain Marc Allégret. Pour l'heure, modeste assistant de l'écrivain André Gide — que l'on croira longtemps son oncle —, Allégret travaille comme directeur artistique auprès du cinéaste Robert Florey. C'est d'ailleurs à ce titre qu'il est venu voir le troupier marseillais. « Je vais tourner *Le Blanc et le Noir* d'après la pièce de Sacha Guitry », explique Allégret. Et de préciser : « Avec Raimu, Suzanne Dantes, Alerme et Pauley. Vous avez lu le scénario. Voulez-vous accepter un rôle dans mon film ? »

Fernand tente vainement de masquer l'émoi sous son célèbre sourire, version blasée.

« Quel rôle ? interroge-t-il.

— Un petit rôle, mais très amusant et dans vos cordes : un jeune chasseur vierge, lui répond Allégret.

— Vierge ? s'inquiète Fernand. Mais je suis père de famille ! »

Et c'est ainsi que le futur numéro un du cinéma comique français abordera sa carrière : par un contre-emploi.

Produit par le Marseillais Roger Richebé, *Le Blanc et le Noir* est né d'une suggestion de Raimu, qui avait créé le rôle au théâtre des Variétés le 9 novembre 1922.

Par respect pour le grand comédien, la production présentera le film comme un programme théâtral dont on a fait une adaptation cinématographique. Du même coup, Raimu reprenant son rôle ne se sent pas dépaysé. Dans ce film signé Robert Florey, un bandeau annonce la supervision de Sacha Guitry lui-même. Derrière Raimu, seul le comédien Pauley survit à l'ancienne équipe. Pour remplacer le valet (interprété sur les planches par Louis Sance), Allégret pense à Fernandel. Il insiste pour qu'il rencontre Sacha Guitry, prétextant que ce dernier a réécrit le texte pour lui.

Un jour, Allégret parvient à entraîner Fernandel au 18 de l'avenue Elisée-Reclus où se dresse l'imposant hôtel particulier de Guitry.

« J'étais impressionné et ne reposai sur mon siège qu'une demi-fesse réticente et timide, raconte-t-il à Max Favalelli. Enfin, il fit son entrée et, pour la première fois, j'entendis le violoncelle de la voix fameuse. Robe de chambre, jabot et manchettes qui voletaient sous mon nez, Sacha, à ma vue, esquissa un sourire. Il faut dire qu'à cette époque j'étais comme un échalas. Because la sobriété de mes menus. Un fil. Un squelette de rascasse. Alors mon visage en paraissait encore plus long. J'avais le menton qui traînait au ras du tapis. Ajoutez que j'étais en deuil. Je venais de perdre mon pauvre père. Alors imaginez cette aiguille à tricoter vêtue de noir. Et, pour tout arranger, j'avais le melon. Ça se faisait à l'époque. »

Guitry fait son numéro de charme, encense le jeune Allégret et décide que Fernandel fera parfaitement l'affaire en groom vierge dont l'apparition se résume à une seule phrase. L'héroïne, interprétée par Suzanne Dantes, s'étant violemment disputée avec son mari (Raimu) le menace, si jamais il part, de coucher avec le premier venu. Ce qu'elle propose naturellement au jeune innocent qui vient d'entrer. « Ecoutez, madame, j'ai eu la fièvre thyphoïde, ça m'a beaucoup retardé, mais si vous me faites voir, je crois que j'y arriverai tout de même », répond Fernandel.

Grâce à un jeu timide mais efficace, ce gag, ce rôle

de niais-naïf, frère siamois du comique troupier, mettra les rieurs de son côté.

Raimu adopte aussitôt ce transfuge du képi de tourlourou qui, tout comme lui, a affronté les terribles scènes du Midi. Le Toulonnais intimide néanmoins le débutant marseillais : « C'est sur le plateau que j'ai parlé pour la première fois à Raimu [...] Il m'a dit : " Je parie que, vous aussi, vous avez débuté chez Franck ! " Tout de suite, ça a créé un lien entre nous. Je me suis dit qu'il n'était pas si terrible que ça. Il m'a regardé tourner ma première scène et j'ai senti que la façon décontractée que j'avais de jouer lui plaisait. » Malheureusement, Fernandel n'aura aucune scène avec Raimu dont les colères proverbiales sont redoutées sur un plateau.

Lorsqu'il pénètre pour la première fois dans le studio de Boulogne où on tourne le film, pantalon collant, tunique à boutons dorés et chapeau tambourin à jugulaire, Fernandel se montre plutôt réservé. D'autant que, ce jour-là, venu en « observateur » il n'a pas de scène à jouer.

« Avant que je ne pénètre sur le plateau, je remarquai que les gens marchaient avec précaution sur la pointe des chaussures et ne se parlaient qu'à voix basse. Je m'enquis de ce qui se passait. Et une dame me glissa au creux de l'oreille, d'une voix frémissante : " M. Raimu est en colère ! " Tu aurais juré que le studio était menacé par un séisme. » Fort heureusement, le calme et le savoir-faire du jeune Allégret opérèrent des miracles.

Raimu et Fernandel sont extrêmement satisfaits de leur première aventure cinématographique commune. Bien sûr, Raimu peste quelque peu contre l'affiche qui ne l'avantage guère. Pour Fernandel, moins assuré de son talent, l'expérience a été révélatrice : « La première fois que je me suis vu sur l'écran, de dos, de face, de profil, en train de marcher, j'ai compris pourquoi les gens riaient quand j'entrais en scène pour mon tour de chant.

Mes illusions sont tombées tout de suite... et j'en ai profité ! »

Débuter en 1930 dans un rôle de groom porte chance à Fernandel. Le film est un succès. Quant à Guitry, il considérait que tout était déjà écrit.

« Je ne sais pas d'où vous venez, lui avait-il dit lors de leur première rencontre, mais vous irez très loin. Vous avez une gueule de cheval et cela vous va bien. »

Quelques années plus tard, Guitry saura s'en souvenir à bon escient. Marc Allégret, non plus, ne l'oubliera pas. Consciencieux tâcheron de la pellicule, attaché aux Productions Braunberger-Richebé, il engagera Fernandel pour trois autres aventures cinématographiques, trois courts métrages.

Dans le premier intitulé *J'ai quelque chose à vous dire,* Fernandel rencontre celle qui sera l'une de ses partenaires les plus constantes : Paulette Dubost. Il a vingt-sept ans, elle en a dix-neuf. Dans les studios de Boulogne, en ce début des années trente, ils se jurent une belle fidélité cinématographique. Par huit fois encore, leurs deux noms seront associés pour le plus grand plaisir des spectateurs.

Dans la seconde production signée Allégret, *Attaque nocturne,* Fernandel croise le chemin de Carette. C'est le tout premier rôle de cet acteur avant la révélation de son génie grâce à Jean Renoir dans ces œuvres éternelles que sont *La Marseillaise, La Bête humaine* et *La Grande Illusion.* Sans faire partie du « petit monde de Fernandel », Carette saura plusieurs fois être son complice attentionné dans *Ferdinand le noceur, Les Rois du sport* ou *L'Auberge rouge.* Pour *La Meilleure Bobonne,* dernier volet du triptyque d'Allégret, Fernandel n'a pas trouvé une utilisation spontanée à son physique et n'arrive pas à s'imposer dans ce sujet, très théâtral il est vrai : forcé de recevoir un homme d'affaires important, en l'absence de sa bonne, le héros demande à sa femme de prendre la place de cette dernière. Hélas, M. Bouchamiel courtise la dame et déclenche une suite de quiproquos fâcheux.

Que ce soit dans *J'ai quelque chose à vous dire* ou *Attaque nocturne,* il faut bien reconnaître que les personnages incarnés par Fernandel ne brillent pas par leur sympathie : amant venant apprendre son infortune au mari dans le premier, amant encore mais que l'on croit mort dans le second.

Pourtant, le cinéma ne va plus le lâcher, le temps effaçant le souvenir de ces œuvrettes. Le 30 mars 1931, il revient au Concert Mayol pour une nouvelle revue d'Henri Varna (écrite en collaboration avec Mac Cab et Léo Lelièvre) intitulée *Vive le nu* avec en tête d'affiche, la troublante Parisys, petit brin de femme blonde et piquante dont le genre devait inspirer toute une génération d'interprètes. L'histoire du music-hall a retenu d'elle son inénarrable chanson « Je cherche après Titine ». Chaque soir, le public plébiscite les sketches du tourlourou, que ce soit « Le nouveau caleçon », « Rupture » et l'impayable « Fibremol » bientôt enregistré pour la postérité.

Après avoir abordé avec succès le music-hall, tâté du cinéma, Fernandel entame une carrière discographique sous l'impulsion de son éditeur E. Bousquet, auteur de ses premiers monologues. Eternel troupier à la scène avant de le devenir à l'écran, il n'hésite pas à le rester dans la plupart de ses 78 tours : « Il a des galons » et « Le soldat chatouilleux » en 1929, « Au lieu d'être soldat » et « La java militaire » en 1930.

Devant le micro des studios, il enregistre également de nombreuses saynètes de la vie quotidienne, d'abord avec Géo Thibert, puis Riandres, Robert Loir, Valroy et Andrex qu'il n'a pas oublié. « Dans les années trente, raconte ce dernier, le monologue et le sketch-dialogue faisaient florès sur les phonographes. Bach et Laverne furent les grandes vedettes du genre. Donc, ce soir-là, Fernand m'annonce qu'il vient de signer un contrat avec les disques Polydor pour des scènes comiques du style Bach et Laverne. “ Alors, évidemment, on doit être deux. Si tu veux, le deuxième, ce sera toi. ” »

Depuis leurs débuts à Marseille, les deux hommes ne se rencontraient plus que de loin. Dès lors, ils deviennent inséparables. « Il avait cette grande vertu méridionale du “ clan ”, la famille, les amis », précise Andrex.

Avait-il encore assez de temps à consacrer au septième art, cette lanterne magique qui ranime, dit-on, les esprits disparus ? Suffisamment pour parapher un contrat sibyllin qui le lie, pour quelques historiettes filmées, aux productions Kaminsky. Hélas, dirigé par le jeune André Chotin, un ex-décorateur passé à la réalisation, Fernandel y gâche son talent.

La Fine combine (où apparaît également Edwige Feuillère), *Pas un mot à ma femme* et *Bric-à-brac et compagnie* ne lui offrent guère que des compositions de domestique insolemment gaffeur. « Fernandel vaut mieux que le rôle sans éclat qu'on lui a fait jouer », écrit Raymond Vilette dans la revue *Mon ciné* du 10 mars 1932. La fantaisie et le naturel de Fernandel semblent y fondre comme neige au soleil.

Cela ne l'empêchera nullement, dans cette seule année 1931, alors qu'il triomphe chaque soir sur la scène du Concert Mayol, de tourner onze autres films !

Passons sous silence la première aventure en compagnie du cinéaste marseillais Maurice Cammage, l'un des rois du vaudeville militaire et de la gaudriole à bon marché, un genre auquel Fernandel consacrera de longues années pelliculaires. *Vive la classe* (ou *Les Gaîtés de l'escouade*) n'est que l'occasion pour le bidasse Moussin-Fernandel de lancer à la cantonade les chansons « Cunégonde » et « Elle disait non ». « C'est là, pour la première fois, que j'ai incarné à l'écran le rôle d'un comique militaire. Il y a eu une scène, entre autres, qui m'a plu particulièrement. Oh ! C'était bien peu de chose... J'avais affaire à un bègue : mon ami Paul Velsa. A la fin, à force de causer, j'arrivais à bégayer comme lui. Tous ceux qui nous entouraient bégayaient... Même l'ingénieur du son bafouillait devant son micro ! »

Un autre micro l'attend cependant : celui du Russe Anatole Litvak dans le film *Cœur de Lilas.* L'explosion d'un arc électrique sur le plateau manqua le rendre définitivement aveugle.

Garçon d'honneur, Fernand se borne pourtant à chanter lors de la noce « Ne te plains pas que la mariée soit trop belle ». Ce texte est signé Jean Boyer, qui deviendra par la suite son metteur en scène fétiche. *Cœur de Lilas* est dominé par la personnalité romantique de l'actrice Marcelle Romée — laquelle devait se suicider l'année suivante. Ce film marque également la première rencontre de Fernandel avec une autre future célébrité de l'écran : Jean Gabin, qui y campe avec aisance un mauvais garçon, rôle qui lui deviendra coutumier.

Hors plateau, Gabin se montre très affable avec Fernandel. Quelques semaines auparavant, les deux hommes tournaient déjà ensemble *Paris béguin* de l'Italien Augusto Genina. Ce dernier venu en France travailler avec René Clair sera un cinéaste très recherché des studios parisiens.

Là, petit truand sans envergure nommé Ficelle, Fernandel joue dans un registre pathétique, parfois émouvant, aux côtés d'un Gabin éternel voyou au cœur tendre. Sans parler d'amitié entre les deux hommes, on peut parler d'une réelle complicité.

Ce film injustement méconnu permet à Fernandel de décrocher une excellente critique dans *L'Echo* du 9 octobre 1931. « Monsieur Fernandel est remarquable, écrit Paul Reboux. Il a une puissance comique analogue à celle de Michel Simon. Tout ce qu'il dit fait rire. Voilà un interprète dont il faut faire beaucoup de cas. Il porte en lui le succès. »

Avant *Paris Béguin* (mai) et *Vive la classe* (octobre), Fernandel avait tourné, fin mars 1931, *On purge bébé*. Œuvre si mémorable que son réalisateur Jean Renoir n'y fait même pas allusion dans son autobiographie intitulée *Ma vie et mes films*.

Assez grosse farce, inspirée par Feydeau, conspuée par la critique, elle provoque encore aujourd'hui de bien vilaines rancœurs envers l'auteur du *Carrosse d'or*, de *French Cancan* ou du *Déjeuner sur l'herbe*.

« Si cette courte pellicule tournée avec une totale absence de talent, constate Jacques Lorcey dans son hommage à Fernandel — totale et déconcertante quand il s'agit du réalisateur le plus vanté par une certaine intelligentsia —, n'était pas signée Renoir, on se croirait en présence des balbutiements d'un amateur débutant [...] La direction d'acteurs est quasi nulle. Louvigny et surtout Marguerite Pierry, qui viennent de jouer la pièce, n'ont rien gommé aux outrances théâtrales de leur interprétation. Dans le rôle sacrifié d'Horace Truchet, piteux amant de Mme Chouilloux, Fernandel n'a même pas droit à un plan moyen : on le devine, de loin... »

Tournée à Billancourt pour les productions du Marseillais Richebé, la première œuvre parlante de Renoir fut donc un brouillon. L'équipe comptait néanmoins dans ses rangs un assistant nommé Pierre Prévert (non crédité) et un acteur d'exception : Michel Simon. En fait ce film « servit de preuve » au producteur Braunberger pour imposer Jean Renoir à ses commanditaires. C'est à cette fin d'ailleurs qu'on avait choisi une pièce de Feydeau. Renoir écrivit le scénario de *On purge bébé* en moins d'une semaine, tourna le film à la même cadence et rendit le montage terminé en quelques nuits. Sorti au cinéma le Roxy en juin 1931, il remboursa en un mois les deux cent mille francs qu'il avait coûtés et rapporta même plus d'un million. Le coup permit à

Renoir de réaliser l'un de ses chefs-d'œuvre, où domine une fois encore l'art de Michel Simon : *La Chienne.*

En septembre 1931, l'Alcazar, le célèbre music-hall de Marseille devient un cinéma. Entre deux films, Fernandel se montre à la fois ému et ravi de cette disparition. Le mois suivant il est à nouveau sous les projecteurs dans une œuvrette comique de Serge de Poligny, autre jeune décorateur attaché à la firme Paramount. Il s'agit d'une farce écrite par Yves Mirande, jouée par Noël-Noël et Jacqueline Delubac — future « moitié » de Sacha Guitry (« J'ai cinquante ans, elle en a vingt-cinq », ironisera-t-il).

Qui se souvient encore d'*Une brune piquante ? Serge de Poligny* semble avoir gardé une certaine tendresse pour cet épisode rocambolesque de l'histoire du cinéma français : « L'ambiance de la Paramount à cette époque était en effet assez extraordinaire. Il y avait Mondel, Pagnol, André Daven [...] Yves Mirande à qui je dois mes premiers sketches en tant qu'auteur : *Une brune piquante* dont je garde un souvenir charmant. Les scènes se passaient dans la roulotte foraine et j'avais besoin de voir en second plan, pendant l'idylle de Noël-Noël et Jacqueline Delubac, des gens du cirque qui travaillaient. On m'avait présenté un certain nombre de gueules à la Fellini pour que je donne mon accord. Parmi ces personnes, il y en avait une, extraordinaire pour son faciès. J'ai dit à l'assistante : " Vous le ferez passer avec son singe sur l'épaule. " Il a donc joué son rôle et touché son cachet de figurant : c'était Fernandel. »

Le comique triomphe pourtant quotidiennement au Mayol. Un soir, après la représentation, il reçoit dans sa loge la visite du cinéaste Bernard Deschamps qui vient d'assister à son numéro et le trouve irrésistible. Deschamps lui propose de participer à son prochain film.

Fernandel s'enquiert du rôle.

« Celui du *Rosier de Mme Husson*, le puceau du village ! »

Dans *Le Blanc et le Noir* il incarnait déjà un jeune groom vierge. Il s'insurge contre le manque d'imagination du cinéaste. « Mais cet Isidore, c'est tout à fait vous, dans votre tour de chant — le képi mis à part », lui affirme-t-il.

Finalement, convaincu du bien-fondé de l'affirmation, Fernandel signera le contrat sur place... ou presque, très exactement à une table du bar jouxtant le théâtre, la Taverne de l'Echiquier.

Sur un autre damier, le nom de Fernandel va devenir bientôt étalon or. Le tournage a lieu dans le courant du mois de décembre 1931 aux studios de Boulogne. A l'évidence, l'acteur n'est pas vraiment rassuré. Ce pari cinématographique lui paraît trop audacieux. « Je devais accomplir un véritable tour de force, affirmera-t-il à Carlo Rim. De la corde raide et sans filet. A tout instant, je pouvais me casser les reins. Faire le " jobastre " durant deux mille cinq cents mètres de pellicule, en évitant les fautes de goût, sans tomber dans la grivoiserie, en essayant d'être toujours drôle et surtout toujours naturel, ce n'était pas facile. Françoise Rosay, avec son humour si direct et si humain, m'a beaucoup aidé dans cette aventure... »

Epouse du cinéaste Jacques Feyder, Françoise Rosay en sera l'interprète favorite, et tiendra quelques rôles éblouissants, dont l'épouse du bourgmestre dans *La Kermesse héroïque*. Grande comédienne, elle admet volontiers que *Le Rosier* doit surtout son succès à Fernandel. « C'était presque ses débuts. Pauvre ! s'exclame-t-elle dans ses souvenirs. Il était vraiment le meilleur " rosier " de Mme Husson [...]. Cela a été un grand succès pour Fernandel qui était parfait, innocent, très bien. » Certes Bernard Deschamps ayant été le collaborateur du professeur Chrétien, l'inventeur du cinémascope, l'image est particulièrement ingénieuse et soignée.

Mais à l'évidence c'est Fernandel qui emporte d'emblée l'adhésion du spectateur.

Si le personnage d'Isidore, le « rosier », popularise la silhouette du comique, il en gardera un pénible souvenir. Rendons la parole à Françoise Rosay qui raconte le jour des dernières prises de vues du film. « J'aimais beaucoup Fernandel qui était d'abord un acteur sérieux, très appliqué, adorant son métier et sa famille, qui était charmant, mais qui ne répondait pas exactement au type d'homme que je préfère. J'aime et j'ai toujours aimé les hommes grands, minces, blonds, distingués, avec des yeux bleus. Fernandel n'était pas exactement cela et il devait m'embrasser sur la bouche. Il l'aurait sûrement fait avec beaucoup de discrétion mais enfin ! J'ai cherché ce que je pourrais bien imaginer et puis j'ai eu une idée qui était la bonne, je crois. Pour ne pas être obligée d'embrasser Fernandel sur la bouche, j'ai déclaré au metteur en scène : " Je joue Mme Husson maquillée comme il se doit. J'ai donc du rouge à lèvres et, si mon partenaire m'embrasse sur la bouche, le maquillage sera peut-être défait et on ne croira plus au personnage. " « Le réalisateur et l'opérateur se sont écriés : " Quelle diplomatie, madame Rosay ! " Et l'on a oublié ce petit incident. »

Fernandel souffla lui aussi dans son coin car, mis à part Henriette, il lui répugnait d'embrasser une autre femme, fût-elle Françoise Rosay.

Autre jeune vedette du film, Colette Darfeuil fut enthousiasmée par ce partenaire, garçon charmant et d'humeur toujours égale devant l'adversité. « Je me souviens », raconte celle qui fut surnommée « les plus beaux yeux du cinéma français », « d'improvisations qui déchaînaient le fou rire sur le plateau, en ce temps où le cinéma était surtout une détente et un film tourné dans la gaieté... »

Lors de sa sortie, ici et là, les autorités jugèrent scandaleux le film qu'avait tiré Bernard-Deschamps de cette nouvelle de Maupassant. « A Valenciennes, note l'historien de cinéma Raymond Chirat, ce film fit l'objet d'un procès intenté par l'Association des familles nombreuses et la Fédération catholique. Il fut défendu par Me Henri Torrès et Me Compain. A Liège, il fut saisi. »

Plus encore que les chastes images, les refrains de Fernandel avaient soulevé l'indignation des « pisse-froid des salles obscures ». « Maintenant, je sais c' que c'est ! », un fox-trot plutôt grivois, et « Quand ça m' prend », une valse pleine de sous-entendus, devinrent néanmoins des refrains à succès.

Le grand gagnant fut le producteur du film, un certain Constantin Geffman, fringant et sympathique citoyen germanique solidement implanté dans l'industrie du cinéma français.

En ce début des années trente, le cinéma allemand connaît un net fléchissement et commence à perdre de sa superbe. L'âge d'or où brillèrent les noms de Murnau ou de Pabst est révolu. La puissante firme UFA, dont la politique européenne passe par Paris, se lance dans une série de films musicaux mais aussi dans des œuvres plus ambitieuses pour lesquelles ses dirigeants font appel aux cinéastes et aux comédiens français.

Fernandel lui aussi est contacté par Berlin. Il accepte le principe d'un second rôle.

Dans l'attente, il ne reste pas inactif. « Désormais, j'essaye le plus possible d'éviter de paraître en scène pendant que je fais un film car c'est exténuant, explique-t-il au journaliste Raymond Huguenard. Pensez qu'en plus, je " tourne " trois disques par mois chez Polydor... quand ce n'est pas quatre ! »

En effet, Fernandel n'a pas délaissé le micro au profit des caméras. D'ailleurs, il mêlera souvent les deux activités, tournant de nombreuses chansons filmées qui sont en quelque sorte les ancêtres des fameux « Scopitones » chers aux fans des sixties, et des clips d'aujourd'hui.

Produite dans le milieu des années quarante, il y aura aussi la série « Vedettes et ritournelles » mise en images (et en scène) par son ami et compatriote Toé, célèbre justement par ses caricatures de Fernandel. Les deux hommes immortaliseront de la sorte divers titres dont une sublime version en noir et blanc de « La Caissière du Grand Café ».

L'année 1931 s'achève, Fernandel regrette peut-être de n'avoir pas encore accroché à son répertoire la célèbre « Chanson du cabanon », créée par Fortuné Cadet qui disparaît à l'âge de cinquante ans...

L'agenda de Fernandel est surchargé en ce mois de janvier 1932 ; la première semaine est consacrée aux ultimes séquences du *Rosier de Mme Husson*. A partir du 30, jour de sortie nationale, il mène campagne de promotion en divers endroits, dont Marseille ; en même temps, il passe en vedette américaine au théâtre de l'Empire et à l'Eldorado de Nice, et il entame sous la direction du cinéaste Mario Bonnard le tournage de *Pas de femmes*. Dans cette pochade aujourd'hui oubliée, c'est l'hilarant Georgius, auteur et créateur du « Lycée Papillon », qui tient cette fois le rôle du « rosier », un emploi décidément très en vogue chez les producteurs d'alors.

L'Italien Mario Bonnard, trente ans plus tard « découvreur » d'un certain Sergio Leone — son assistant —, champion du film historique (d'ailleurs l'une des deux héroïnes du film se nomme Cléopâtre), se montre peu à l'aise pour diriger les deux Français. Fernandel, très déçu par l'expérience, songe même un instant à abandonner le cinéma. Ne confiera-t-il pas à Raymond Castans, dans l'ouvrage que celui-ci a consacré au comédien : « Le cinéma, je n'y avais jamais pensé. Moi, une seule chose m'intéressait : le music-hall. J'étais un homme de music-hall et jamais l'idée ne m'avait effleuré que je pouvais faire autre chose que de revêtir mon costume de tourlourou pour pousser les refrains de Polin. »

Ce qu'il fait encore en février où, pour la première fois de sa déjà longue carrière, il se retrouve tête d'affiche à l'Européen.

En mars, il répond à l'invitation de la firme allemande Ufa pour tenir le second rôle auprès du comédien Firmin Gémier. Agé de soixante et un ans, affligé d'une surdité quasi totale, Gémier souffre déjà de la terrible maladie qui le terrassera deux ans plus tard.

Créateur du Théâtre national populaire et professeur de Dullin, le pathétique Gémier s'efforce d'illustrer du mieux qu'il peut cette libre adaptation teutonne du fameux *Colonel Chabert* d'Honoré de Balzac, et intitulée *L'Homme sans nom*.

C'est l'occasion pour Fernandel de retrouver sa partenaire Paulette Dubost. Et de se faire dorloter, hors plateau, par une Henriette attentionnée et qui se fait l'infirmière de sa vedette de mari, brûlant de fièvre. Cloué au lit par une diphtérie, Fernandel doit cependant tenir le rôle de Julot, un brave type qui sauve le héros du suicide et l'aide à reconquérir son identité.

La rencontre avec Gémier, maître à penser de toute une génération de comédiens, porte Fernandel aux nues. Celle avec un autre de ses partenaires, un obscur comédien répondant au nom de Goupil, mérite aussi qu'on s'y arrête.

« C'est à Berlin, raconte-t-il à Pierre Barlatier, que je fis la connaissance de Goupil réputé pour sa drôlerie. Il y eut avec lui une certaine scène, entre autres, qui se passait dans un restaurant et durant laquelle, en mangeant des saucisses après les avoir trempées dans la moutarde, je devais dire : “ M. Martin est un honnête homme ! ”

« Nous avions commencé de tourner à cinq heures et, à onze heures du soir, la scène n'était pas encore

“ dans la boîte ” tant Goupil et moi nous riions et nous faisions des blagues. “ Tu frémis des naseaux ! ” me disait Goupil de sa voix nonchalante.

« Le plus amusant, c'est que la scène ne fut pas drôle du tout à l'écran. Je compris ce jour-là qu'un comique ne joue pas pour s'amuser mais pour amuser les autres ! »

Cet *Homme sans nom* ne brille pas par son originalité et ne sera pas épargné par la critique, mis à part un jeune journaliste de *Ciné-Magazine* dont le cinéma retiendra rapidement le nom : un certain Marcel Carné.

« Rarement distribution n'apparut plus cohérente, écrit-il. Firmin Gémier a buriné son personnage dans un relief, avec une force et une émotion saisissantes. Fernandel a atteint la note juste qui manquait à ses débuts, et Goupil, qu'on ne sut jamais employer correctement chez nous, est en progrès très marqués. Un film excellent à tout point de vue, un peu long peut-être, mais d'un niveau très supérieur au reste de la production actuelle. »

A peine sorti de son lit d'hôpital berlinois, Fernandel passe sans transition de Balzac à Courteline ; l'œuvre de ce dernier lui fournira d'ailleurs des textes presque taillés sur mesure si l'on en juge par la belle régularité avec laquelle il en campera les personnages principaux des *Gaîtés de l'escadron* (1932) à *Lidoire* (1933), et *Le Train de 8 heures 47* (1934). En 1964, le comédien recevra même le prix Courteline offert à l'humoriste le plus talentueux de l'année.

Le 10 avril 1932, aux studios Pathé-Natan de Joinville, clap, moteur, et tour de manivelle, on entame le tournage des *Gaîtés de l'escadron*. Cette superproduction militaire se propose de réunir, pour la première (et dernière) fois, le trio formé de Raimu, Gabin et Fernandel. Cette rencontre fera date dans les annales du cinématographe. Toutefois, ultime version du vaudeville le plus célèbre de l'époque, ce film ne connaîtra pas que des bonheurs.

Ce jour-là, le réalisateur Maurice Tourneur passe en revue les décors des plateaux, l'imposante figuration du 51e chasseurs à cheval, et bien sûr ses interprètes principaux. Il y a là le brave capitaine Hurluret (Raimu), l'impassible bidasse Fricot, roi des corvées et de la taule (Gabin), mais manque à l'appel l'ineffable Vanderague dont Fernandel doit tenir le rôle. Absent, le Marseillais fait piaffer d'impatience son metteur en scène qui envoie télégramme sur télégramme à Berlin, la production qui s'agite et cherche à le remplacer, et surtout son partenaire et compatriote Raimu dont la colère gronde pour finalement éclater.

« Enfin, monsieur Tourneur, il vient, ce soldat, ou il ne vient pas ? Le croup ! Est-ce qu'on attrape le croup quand on est sous contrat ! Et à Berlin encore ! Le croup à Berlin ! C'est de la désertion ! Ça mérite biribi !... Sacré Fernandel, nous faire ce coup-là ! Il sera magnifique dans Vanderague ! Vanderague, c'est lui et pas un autre ! Quand même, ce Fernandel, quel c... d'aller attraper le croup à Berlin, chez les Prussiens ! »

Gabin sourit. Bientôt, il dira adieu à ce type de rôles comiques. Devant lui, loin de Courteline et de ses pompons, se profilent *La Bandera,* les *Bas-Fonds, Pépé le Moko, Quai des brumes, La Bête humaine,* films mythiques qui le rendront unique. Dans *Les Gaîtés de l'escadron,* il se mesure à Fernandel dont il deviendra d'ailleurs l'ami et, plus tard, l'associé.

Lorsque ce dernier apparaît sur le plateau, enfin guéri mais penaud, il se fait railler par Gabin, mais Raimu le reçoit les bras ouverts. « Allez, on se le tourne, ce film », grogne le Toulonnais.

Il y a sans doute encore du César en lui, et chez Fernand, l'immense envie d'être aimé pour ce qu'il fait, avec humilité. « ... Lorsque j'ai commencé au cinéma, affirme le Marseillais, j'ai toujours incarné des hommes bons, des hommes au grand cœur, plein d'humanité, même dans mes films comiques, même dans les films les plus vaudevillesques. »

Pour Pathé, *Les Gaîtés de l'escadron* représentent un pari si important que la firme décide d'en donner au public une version coloriée. L'opération fut exécutée à la main et au pochoir, selon un procédé spécial.

Le 17 septembre 1932, rue des Capucines, le film est projeté sur l'écran géant de l'Olympia dont les lambris n'abritent pas encore le célèbre music-hall.

« C'est une ruée, écrit Carlo Rim. Stupeur : le film est en couleurs ! Nous voici encore loin de la synthèse chromatique mais qui reprocherait aux images d'Epinal de n'être que ce qu'elles sont ? Une armée d'aquarellistes, levée à la dernière minute par les frères Natan, ont enluminé dans la fièvre les trois kilomètres de pellicule de Maurice Tourneur. »
ues Colombier, le décorateur du film, se souvient également que l'affiche présentait le nom de Raimu, imprimé en bien plus gros caractères que celui de Fernandel, ce qui faillit provoquer un drame que seule l'amitié des deux hommes put éviter.

La silhouette de Fernandel dans *Les Gaîtés de l'escadron* lui valut les meilleures critiques de sa carrière et sut convaincre jusqu'à ceux qui étaient réfractaires à son talent de comédien. Pour Maurice Bourdet, dans le magazine *Vu*, il est certain que ce rôle est bien « plus qu'une réussite passagère mais une promesse fort nette pour l'avenir ». Carlo Rim, peu enthousiaste sur ses précédentes compositions, lui décoche désormais maints compliments. « Fernandel fait merveille, écrit-il. Le cavalier de Grenoble ne pouvait être plus " vécu " que par ce Vanderague en treillis, surmonté du calot d'écurie et qui pousse sans hâte la brouette à crottin, en marmonnant son éternelle revendication. »

En juin 1932, Fernandel tourna un film en compagnie de la comédienne Gaby Basset, qui est alors à la ville l'épouse de Jean Gabin. Dans ce court métrage intitulé *Par habitude,* il retrouve l'obscur tâcheron Maurice Cammage pour un remake d'une pièce de Vernayre et Tarride. Il reprend le rôle où s'est déjà illustré Maurice Chevalier dans un film muet réalisé en 1911 par Max Linder.

Malgré le peu de charme de l'aventure, il la réitère quelques semaines après avec le même Cammage, à Saint-Laurent-du-Var. Le scénario a été écrit par... Jean Manse. Le cher beau-frère devenu éditeur et ayant ouvert une boutique musicale à son adresse marseillaise, n'en a pas pour autant perdu la fibre littéraire et a donc proposé un sujet à Fernand... qui l'a adopté sans sourciller.

Dans cette bluette intitulée *Quand tu nous tiens, amour,* Fernandel retrouve Gaby Basset et... Darcelys (le créateur de la populaire « Partie de pétanque ») son plus sérieux rival dans le genre troupier.

Chaque film est l'occasion d'un enregistrement qui vient enrichir sa discographie. A commencer par « Cunégonde », « Maintenant, je sais ce que c'est » (chanson du *Rosier de Mme Husson),* « Ne te plains pas » (extraite de *Cœur de Lilas*), « Oh ! Jules ! » (de *Quand tu nous tiens, amour*) ou encore « Ah ah, dis donc ! » (que l'on entend dans *Par habitude*).

Les auteurs et les producteurs de films en engageant le comique profitent de sa présence pour lui faire fredonner une petite ritournelle qui, bien souvent, tombe à plat dans l'action du film. Mais les airs restent et représentent autant de succès.

Entre deux intermèdes musicaux et un passage dans les studios de la firme Polydor, Fernandel reprend le chemin des plateaux de cinéma. Avec, auparavant, un détour par la nouvelle revue de l'Elysée-Palace de Vichy où il fait une cure de chansons sur les planches de la célèbre station thermale.

Il est de retour à Paris le 17 septembre, et il

donne au Moulin-Rouge un bref tour de chant en ouverture de la première du film *Les Gaîtés de l'escadron*. C'est un incontestable triomphe.

Désormais, Fernandel est une vedette dans le sens le plus noble du mot.

Deuxième Partie

Les années Fernandel

En septembre 1932, Fernandel prend logis à Paris dans un bel appartement situé au 25 du boulevard Rochechouart, tandis que, de l'autre côté de la capitale, Marcel Pagnol, confortablement installé dans ses bureaux de l'avenue George-V, signe les droits d'adaptation de cinq romans de son confrère Jean Giono.

Il y a là sans aucun doute de très beaux rôles pour Fernandel à condition que les deux hommes puissent un jour se rencontrer.

Il ne faudra point attendre longtemps.

Dans l'intervalle, il se lance un nouveau défi : jouer dans un film policier. « Je lis énormément de romans noirs, affirmera-t-il plus tard. Ainsi, j'ai trouvé moi-même des scénarios plus ou moins valables qui ont donné *L'Homme à l'imperméable, Blague dans le coin* ou *Le Fruit défendu.* »

En octobre 1932, Fernandel tourne *Le Jugement de minuit,* d'après une détective-story d'Edgard Wallace, adapté par Esway et Charlot, et mis en scène par Alexandre Esway, cinéaste hongrois réfugié en France. Ce natif de Budapest offrira par la suite au comique marseillais quelques-uns des rôles marquants de sa carrière, comme *Hercule* (1937) ou *Barnabé* (1937).

Dans *Le Jugement de minuit,* Fernandel doit se

satisfaire d'un emploi accessoire : le domestique d'un avocat, Meister, qu'interprète l'excellent comédien Jean Galland, éternel « second couteau » du cinéma français. La vedette du film est l'un des patrons de la scène théâtrale française, l'acteur Raymond Rouleau. Mais Fernandel n'aura pas l'occasion de rencontrer le patron car la plupart des scènes du film seront tournées dans les studios britanniques. On notera toutefois que les dialogues du film sont signés par le journaliste et polémiste Henri Jeanson, bientôt célébrissime pour ses mots d'auteur, dont l'inoubliable « Atmosphère, atmosphère » lancé par Arletty dans *Hôtel du Nord* de Marcel Carné, en 1938. Il régnera entre Fernandel et Jeanson une lourde discorde : le second ne supportant pas le premier, ira jusqu'à écrire qu'il n'est pas un acteur. Pour cette raison, on ne retrouvera le nom du fameux dialoguiste qu'au générique de *La Vache et le prisonnier* en... 1959 ! Et encore, la causticité du redoutable écrivain n'aura pas alors complètement disparu.

Après *Le Jugement de minuit,* Fernandel retrouve les caméras de Maurice Cammage pour une série de moyens métrages aux titres évocateurs : *Ordonnance malgré lui, Un beau jour de noces* et *La Terreur de la pampa.*

Dans *Ordonnance malgré lui,* Fernandel endosse à nouveau l'uniforme, cette fois, celui du soldat Alfred Leneveux, chauffeur du colonel. Il a néanmoins plaisir à tourner avec l'étonnante Alice Tissot (en impayable baronne du Flair), l'une des plus émouvantes « dames aux chapeaux verts » qui firent rire nos grands-mères. De par son physique, elle jouera une infinie variété de vieilles filles acariâtres à l'air pincé et à l'austère chignon. Fernandel la retrouvera une demi-douzaine de fois et, marque du destin, elle disparaîtra quelques semaines seulement après lui. Comme lui, elle défendit le vaudeville et le boulevard avec cette belle conviction qui fit dire un jour au comique, attaqué pour ses nombreuses gaudrioles : « Est-ce ma faute si j'ai tourné des navets ? J'en ai fait et j'en referai. Il faut se dire qu'on ne propose à un acteur qu'un vrai bon rôle en trois ans. Le reste du temps, s'il ne veut pas se taire, force lui est d'accepter ce qu'on lui propose de... pas mal ! »

Second des trois films tournés sous la direction de Maurice Cammage dans l'année 1932 *Un beau jour de noces* sera suivi de *La Terreur de la pampa* dans lequel Fernandel campe Billy Forster, un garçon de café dont le rêve est de devenir cow-boy.

Les premiers frimas de novembre le surprennent devant les caméras du cinéaste Claude Heymann, assistant de Marc Allégret pour *La Meilleure Bobonne*. Heymann se veut l'ouvrier consciencieux d'un joli scénario de Jacques Prévert intitulé *Comme une carpe* (ou *Le Muet de Marseille*). On préférera, et de loin, que le poète eût proposé à Fernandel celui des *Visiteurs du soir* ou des *Enfants du paradis*. Le réalisateur lui-même se montrera plus inspiré par Tristan Bernard dont il filmera *Les Jumeaux de Brighton*, ou par Marcel Aymé et *La Belle Image* dont il tirera une œuvre aimable.

En décembre, après une année bien remplie, Fernandel retourne chez lui, à Marseille, pour créer sur la scène du théâtre des Variétés une nouvelle revue dont il est la vedette.

Arrivé sur le quai de la gare Saint-Charles, là où en fond d'horizon surgit Notre-Dame-de-la-Garde, le Marseillais constate son énorme popularité. Tous, du porteur au chauffeur de taxi, du passant au conducteur de tramway (de tram comme on dit sur la Canebière) le reconnaissent et le hèlent familièrement.

Dès lors, il ne va plus cesser de rencontrer ces témoignages d'affection, ces marques de sympathie, ces vagues d'admiration.

« Un jour, je me suis trouvé à Rouen au milieu des grévistes qui manifestaient, racontera-t-il plus tard.

Quand ils ont vu arriver une Cadillac conduite par un chauffeur, j'ai cru que cela allait se gâter. Et puis, ils m'ont aperçu sur la banquette arrière et ils se sont mis à applaudir... »

Telle est désormais la notoriété de Fernandel.

Dès le 16 décembre, le succès de *Oh! Qué combine!* s'en trouvera bien évidemment renforcé. Mieux, la troupe joue quasiment à guichets fermés. A ses côtés, on trouve Alicia Rouffe, l'immortelle poissonnière Honorine, la mère de Fanny dans la trilogie, Marguerite Pierry — elle fut la bonniche niaise de son *Rosier* —, Fortuné Aîné, frère de Fortuné Cadet décédé l'année précédente, auquel il rend hommage sur scène, et l'inséparable Andrex.

Le triomphe est tel que la revue, prévue à l'origine pour trois semaines, devra être prolongée pendant quatre mois.

Dans l'intervalle, aura lieu la rencontre historique entre Fernandel et Marcel Pagnol. Tout au moins est-ce la version de Pagnol. Déjà, on le constate, l'esprit de chicane ronge les deux hommes partagés entre l'estime et le déchirement.

Après une superbe représentation d'*Oh! Qué combine!* Fernandel se démaquille dans sa loge des Variétés et là, raconte Carlo Rim, « la porte s'ouvre sur un jeune homme qu'il n'a jamais vu. Un regard extraordinairement brillant dans une figure de proconsul : Marcel Pagnol. Ils s'embrassent le plus naturellement du monde.

« " Vous avez du génie, dit Fernandel.

— Toi aussi ", répond Pagnol.

« Ils se regardent, très impressionnés, Fernandel par Pagnol et Pagnol par Fernandel.

« " Quand même, s'étonne Fernand, nous sommes tous les deux d'ici, nous avons vécu pendant des années l'un à côté de l'autre sans jamais nous rencontrer, nous parler.

« — Nous nous sommes peut-être rencontrés, explique Pagnol avec son bon sens, mais nous ne pouvions pas nous parler puisque nous ne nous connaissions pas.

« — Ça, c'est vrai ! " concède Fernand, frappé par cette évidence. »

Tout aussi possible et invérifiable, la version de Fernandel diffère surtout dans le temps.

« J'ai fait la connaissance de Marcel Pagnol », raconte-t-il à Fernand A. Millaud, en 1934 pendant les prises de vue du *Train de 8 heures 47*, d'après Courteline, en recevant un pneu de lui m'informant de son intention de porter à l'écran le beau roman de Jean Giono *Un de Beaumugnes*, sous le nouveau titre d'*Angèle*, et me disant qu'il y avait là un rôle de tout premier plan pour moi.

« J'avais appris déjà à apprécier Marcel Pagnol par *Marius* et *Fanny*, mais je n'avais jamais encore envisagé la possibilité d'être son interprète. Malgré le plaisir de ce premier contact, je fus obligé de lui répondre que nos dates ne pouvaient concorder. Pagnol, qui est un " ostiné ", comme on dit chez nous, vint me voir et me dit : " Je tiens à vous lire ce que j'ai écrit en pensant à vous. " Et aussitôt, scénario en main, le voilà qui se lance dans une magnifique explication de mon personnage, le tout entrecoupé de réflexions étincelantes. J'ai compris alors ce que je pouvais faire avec le rôle de Saturnin dans *Angèle*. »

Or, selon Pagnol, il rencontra pour la première fois Fernandel, ce soir de décembre 1932, afin de lui parler effectivement d'un projet de film. « C'est à Pagnol que je dois d'avoir pu prouver que j'étais un vrai comédien, grâce à *Angèle, Naïs, La Fille du puisatier, Topaze, le Schpountz* et *Regain* [...] C'était un énorme talent, un grand écrivain. Tous les films que j'ai tournés avec lui ont été des triomphes. »

Nous n'en sommes pas encore là.

En février 1933, Fernandel remonte à Paris pour le tournage du *Coq du régiment* sous la houlette du réalisateur Maurice Cammage. Ce dernier lui a réservé une surprise : son nom — tout seul — en haut de l'affiche.

La consécration du tourlourou n'ira pas sans quelques désillusions. Dans cette pantalonnade militaire termine misérablement, à ses côtés, une ancienne gloire comique du cinéma muet appelé Rigadin. Célébrité dans les années dix, Charles Petitdemange-Seigneur, nommé aussi Prince Rigadin, fut le personnage central d'une série de films de Georges Monca calqués sur des modèles américains.

A soixante ans, Rigadin finit là son fastueux itinéraire. Il s'éteindra un an après, le 18 juillet 1933. Fernandel en sera tout attristé, éprouvant par là même la démesure de la gloire et de l'oubli dans les arts du spectacle .

Grâce au *Coq du régiment,* un autre de ses partenaires, Andrex, a pu, au contraire, goûter toute la force de l'amitié.

« Avais-je été mauvais dans *Toine* (son premier film, mineur, signé René Gaveau, tourné en 1932 en compagnie d'Alida Rouffe) ? Maurice Cammage en tout cas ne m'y avait pas aimé du tout. Or Maurice Cammage était le metteur en scène du *Coq du régiment* et il déclara tout net à Fernand qu'il ne voulait pas de moi. La discussion fut vive mais Fernand, ami parfait, tint bon. Finalement, du bout des lèvres, Cammage accepta une apparition d'Andrex, entouré de girls, le temps d'une chanson : “ Pour être amoureux, faut être deux ”, de Jean Manse. Malgré ces débuts orageux, le tournage se passe dans les meilleures conditions. Cette histoire simplette de deux frères de lait qui se retrouvent dans l'armée avec des grades différents semble mettre déjà l'équipe de bonne humeur. L'ambiance est heureuse et, au bout du compte, Cammage m'adopte. C'est même le début d'une amitié puisque, par la suite, je devais tourner d'autres films avec lui : *Les Cinq Sous de Lavarède, Les Bleus de la marine, Vacances payées,* etc. »

Exploité le 22 décembre suivant, *Le Coq du régiment* héritera d'une presse acrimonieuse, épargnant miraculeusement Fernandel. « Aucune invention, aucune hardiesse ne vient rompre l'ordonnance du film destiné à faire rire aux bons mots de l'auteur et aux grimaces de Fernandel », prévient G. L. George dans *L'Intransigeant*. Et de préciser ensuite : « Celui-ci est, de fort loin, le meilleur interprète de la bande, ce dont M. Cammage n'a pas l'air de s'être douté. »

En cette année 1932 Christian-Jaque fait son entrée dans la vie de Fernandel. Le cinéaste rencontre le comique sur la scène des Folies-Bergère où ce dernier caracole derrière Mistinguett. « Nous étions jeunes tous les deux, précise-t-il à Georges Guarracino et Charles-Eric Siméoni en 1978. Amateurs de canulars, nous aimions rire. Nous avions immédiatement sympathisé et sommes devenus, par la suite, de très grands amis, deux frères. Mon premier film avec Fernandel, en 1932, était un court métrage assez ahurissant qui s'appelait *Ça colle,* uniquement composé de gags. Puis ont suivi d'autres films. Nous en avons fait huit ensemble au cours des années et nous n'avons jamais cessé d'être des complices. »

Dans *Ça colle,* Fernandel donne la réplique au troupier périgourdin né à Bergerac, Ouvrard, dont « Je ne suis pas bien portant » vient tout juste d'être enregistré. Grâce à cette chanson, écrite sur une musique de Vincent Scotto, son nom fera le tour du monde. Pour l'heure, il porte l'uniforme en compagnie de Fernandel... et attend son heure. On peut dire la même chose de Christian-Jaque, dont la direction de Fernandel sera plus heureuse avec *François Ier ;* l'acteur y verra d'ailleurs l'une de ses dix meilleures compositions.

Une autre tumultueuse complicité va naître avec Marcel Pagnol. Celui-ci l'a invité à venir le voir dans son appartement parisien de la rue Fortuny, dans le

XVIIe arrondissement. Il lui parle à nouveau de Saturnin, rôle toutefois secondaire dans le roman de Jean Giono *Un de Beaumugnes.* Ce que Pagnol cache, c'est que Michel Simon choisi préalablement, mais devenu cher depuis *L'Atalante* de Jean Vigo, exige un cachet exorbitant. Fernandel signe le contrat sur-le-champ. Quant au film, il se tournera douze mois plus tard sur les hauteurs d'Aubagne.

Le comique, pour un rôle qui ne l'est pas, obtient un cachet de quatre-vingt mille francs (à titre d'anecdote, on pense généralement que Michel Simon eût obtenu largement le double).

Le rendez-vous est pris pour le printemps de l'année suivante car, en mai 1933, Fernandel a déjà de nombreux autres engagements cinématographiques. Ce sera d'abord *Lidoire,* d'après Courteline, dirigé par Maurice Tourneur avec lequel il a tourné *Les Gaîtés de l'escadron* l'année précédente. Il y tient toujours le rôle, comme dans l'*Ordonnance* et bien d'autres à venir, d'un bidasse naïf.

Mais, avec *Lidoire,* Fernandel inaugure également une longue série de films dont les titres seront empruntés au calendrier des postes : Ignace, Hercule, Barnabé, Simplet, Adrien, Naïs, Casimir, Topaze, Adhémar, Crésus, etc.

Heureux qui comme Ulysse, Fernandel incarnera également, tour à tour, Ferdinand le noceur, Ernest le rebelle, Raphaël le tatoué, Monsieur Hector, Emile l'Africain, l'héroïque M. Boniface, Honoré de Marseille, Sénéchal le magnifique, et tant d'autres encore.

A la suite de *Lidoire,* il est contractuellement forcé de rempiler sous les drapeaux cinématographiques. Il renoue avec l'univers feutré de Guy de Maupassant déjà présent dans *Le Rosier de Mme Husson,* et auquel est emprunté la trame de *L'Ordonnance.*

Curieusement universel, Fernandel attire à lui les cinéastes de tous horizons. Après les Italiens Augusto Génina *(Paris Béguin)* et Mario Bonnard

(Pas de femmes), l'Allemand Gustav Uschiki *(Un homme sans nom)*, il sera dirigé, après Anatole Litvak *(Cœur de Lilas)*, par un autre Moscovite, ex-assistant d'Abel Gance : Victor Tourjansky.

Habile cinéaste à la longue carrière, Tourjansky a alors trente-deux films à son actif dont une première version de *L'Ordonnance.* Il permet à Fernandel de camper plutôt finement son rôle de jeune soldat amoureux d'une jolie soubrette, qui n'est autre que Paulette Dubost, retrouvée à cette occasion.

En juin 1933, un événement scénique se superpose au tournage de son film mensuel (cette année-là, il participe à neuf tournages en douze mois !). Le voilà enfin de retour à Bobino, prestigieuse salle de la rue de la Gaîté où il a fait de timides essais, suivis d'hésitants débuts.

« Je pus me rendre compte de ma popularité, constate-t-il dans ses *Mémoires,* et ce n'est pas sans une certaine satisfaction, je l'avoue, que je songeai au temps, si proche, où, dans ce même établissement de la rue de la Gaîté, je passai en numéro quatre, me faisant " enguirlander " par le régisseur et touchant, pour venir tout exprès de Marseille, cinq cents francs par semaine... »

La vedette de ce spectacle enchante l'éditorialiste et écrivain Philippe Soupault dont la plume virevolte en autant de couronnes de lauriers tressées à sa gloire. « Son répertoire, qu'il a choisi avec grand soin, est traditionnel comme son costume. Il joue avec la difficulté. En 1933, faire rire avec des histoires de caserne, avec un costume de pioupiou, est une gageure. » Pari réussi si l'on en juge par l'ensemble de la critique plutôt favorable à ce retour sur scène.

Une autre rencontre lui rappellera ses débuts sur les planches marseillaises. Ce même mois de juin, dans la journée, il a accepté de jouer le rôle d'Eloi, dans un film que Félix Gandéra a tiré de sa propre pièce *La Façon de donner.* Eloi est le chauffeur d'une jolie femme Colette jouée par une jeune comédienne débutante, son amie d'enfance, Renée Saint-Cyr : « ... Au hasard de mes tout premiers films, j'ai comme chauffeur un comique savoureux à la sympathie rayonnante et à la voix facile : Fernandel ! Le film, tourné avec le cher Claude Dauphin, s'appelait *D'amour et d'eau fraîche.* Nous l'avions surnommé *D'amour et d'eau tiède...* Il ne méritait pas mieux. »

Ademaï aviateur, trentième film de Fernandel, est signé par le jeune Jean Tarride, fils du dramaturge comédien Abel Tarride et solide artisan du cinéma comique. Le seul but avoué de cette production, est la mise en image du personnage créé par le comédien Noël-Noël, celui d'Ademaï, paysan naïf et rusé, narquois et roublard, dont le retentissement a été énorme.

Dans ce premier volet d'une longue série, Fernandel joue le comparse et le faire-valoir du héros. Le succès du film servira de révélateur à son talent. Il lui permet aussi de faire la connaissance d'un acteur qui deviendra son partenaire à l'écran autant que dans la vie : Paul Azaïs, l'adjudant d'*Ademaï aviateur,* homme au grand cœur et disposé à servir les autres.

On le reverra à ses côtés dans *Un de la légion* (1936), *Ne le criez pas sur les toits* (1942), *Adrien,* réalisé par Fernandel en 1943, *Cœur de coq* (1946) ou *Sénéchal le magnifique* (1957).

Azaïs créera « La roue tourne », association prêtant aide et assistance aux comédiens sans emploi ou abandonnés par le succès, faisant appel au bon cœur de Fernandel qui en assurera la présidence et la survie financière.

Entre deux films, dès novembre 1933, l'acteur revient sur la scène des Folies-Bergère afin d'y partager l'affiche avec Mistinguett dans la revue *Folies en folie.* Le 2 décembre, le spectacle peut commencer.

« Celle-là, elle m'a donné une rude leçon, avoue-t-il un jour à Pierre Barlatier, de travail, de discipline, de courage. C'est quelqu'un, la Miss ! Il faut l'avoir vue aux répétitions qu'elle dirigeait tambour battant, s'occupant de tout à la fois, un œil par-ci, une oreille par-là ! Entre deux coups de gueule, elle engloutissait un sandwich, un verre de champagne et allez ! Et c'était comme ça durant des nuits entières. Au petit matin, la scène sentait la salle d'attente de troisième classe et la chambrée. Les danseurs, les mannequins, les boys, les girls, les machinistes étaient " estrancinés " de fatigue, la langue sèche, le dos collé de sueur, le nez pincé, les pieds en compote, le jarret démissionnaire, et elle était encore là, debout, fraîche comme une rose et gueulant toujours ! »

Devant les fameuses colonnes Morris où brillent leurs deux noms réunis, Fernandel redevient soudain empreint d'une humilité mélancolique à peine feinte. « Quand même, Fernand, te voilà devenu quelqu'un maintenant... »

Mais la critique ne partage pas forcément le sentiment du troupier lorsqu'il paraît sur un écran. C'est l'occasion pour le comique de donner une leçon d'honnêteté et de probité à un essaim de jeunes présomptueux de la plume.

« La vérité est que je n'ai jamais fait un navet avec préméditation ou, du moins, en connaissance de cause. J'ai toujours cru à mes histoires, à mes personnages. J'y ai toujours cru " avant ". Comment se fait-il que, pareil aux critiques, je cesse parfois d'y croire " après " ? Tout simplement parce qu'il n'est pas possible de juger des vertus comiques d'un film " sur le papier ". »

Tel est certainement le cas du vaudeville, signé Max de Vaucorbeil pour la réalisation et Jean Boyer pour le scénario, intitulé *La Garnison amoureuse*. Tournée entre deux descentes d'escalier aux Folies-Bergère, l'histoire de cette poignée d'hommes d'une petite ville de province, subjuguée par l'arrivée de la

« dame à la rose », laissa insatisfait Fernandel relégué dans les seconds rôles, l'immense Lucien Baroux ne parvient nullement à redimer l'œuvrette. Pour l'anecdote, notons cependant que *La Garnison amoureuse* sera interdite sur les écrans du Troisième Reich et qu'elle remportera un triomphe lors de sa sortie parisienne, à l'Olympia, en mars 1934.

Entre-temps, toujours très actif, Fernandel aura tourné cinq autres films, et aura enregistré pour Polydor des sketches marseillais, des chansons militaires et des refrains de films.

Il finit par se retirer du théâtre des Folies-Bergère où il tient l'affiche depuis huit mois. Il est exténué et veut enfin profiter de sa petite famille. Josette (sept ans) et Janine (trois ans) n'ont jamais vu leur papa que sur un écran ou presque.

Ce que cache en fait ce départ ? On parle de brouille avec la Miss. « Ça n'a pas très bien collé entre nous, peut-on lire dans *Le Jour* du 18 novembre 1933. Vous savez que, pour les dents, elle était bien pourvue elle aussi. Un jour, j'avais fait une plaisanterie qu'avait rapportée un journaliste. J'avais dit : " La Miss et moi, on mange au même râtelier ", ce qui n'était ni très spirituel ni très méchant. Le lendemain, folle de rage, elle avait réussi à me faire supprimer un sketch où je l'imitais... »

Dernier événement de l'année, en décembre, Fernandel se lance dans le tournage de la première mouture de *La Porteuse de pain* où il tient le rôle, très épisodique, de Billenbuis.

Janvier 1934 marque les retrouvailles pour *Une nuit de folies* avec l'omniprésent Maurice Cammage ; au total il dirigera (!) Fernandel dans quinze films.

C'est une comédie boulevardière tirée des *Gars du milieu*, une pièce de Paul Chartrettes et Henri Hubert au sein de laquelle Fernandel campe un garçon de café un peu trop porté sur la boisson, et, une fois de plus, prénommé Fernand. Le manque d'imagination des producteurs permettra souvent à

Fernand Contandin de garder son prénom à l'écran. Il le portera huit fois ; quant à garçon de café, il le sera dans trois films.

Mis à part la carrière militaire, il incarnera surtout les grooms, portiers et autres domestiques (onze films), illustrera les professions du spectacle (neuf films), les métiers de la terre (huit films), ceux du cinéma (six films) et bien sûr le sacerdoce (sept films). Mais il sera aussi le seul comédien comique à endosser un si grand nombre paradoxal de personnages, de légionnaire romain à roi de France, de boxeur à croque-mort, évêque, et même... Dieu !

Avec *Le Chéri de sa concierge* tourné au début de l'année 1934, il retrouve l'emploi de sa jeunesse : celui d'un modeste gratte-papier naïf et timide. Guarino-Glavany, obscur cinéaste, oublié des anthologies du cinéma, est chargé de la mise en scène.

La médiocrité de l'ensemble n'est sauvée que par les seules mimiques de Fernandel, l'excellent métier de la comédienne Alice Tissot (impayable en concierge d'immeuble) et le charme de Colette Darfeuil confinée dans des rôles de joli cœur.

A quatre-vingt-quatre ans (elle est née en 1907), l'actrice se souvient avec émotion du grand comédien qu'était Fernandel, même dans les rôles les plus affligeants : « J'ai été — de près ou de loin — par quatre fois sa partenaire. C'était un plaisir de travailler avec lui tant la scène la plus insignifiante prenait toute sa valeur lorsqu'il la portait sur un écran. Et avec tout ça, souriant, aimable, plein de préventions, détendu. Une perle rare dans le cinéma ! »

Tel est le beau compliment offert par celle qui fut la partenaire de comédiens aussi prestigieux que Victor Francen, Pierre Brasseur, Pierre Richard-Willm et Buster Keaton.

Avant *L'Hôtel du libre échange* tourné en mars 1934, Fernandel renoue avec celui qui fut son initiateur ; réalisateur du *Blanc et le Noir,* Robert Florey lui propose un court-métrage intitulé *Restez dîner* (ou *Maruche*), film où l'on rencontre le nom du scénariste Robert Pegay.

Ce dernier le dirige une semaine plus tard dans un autre court métrage *La Claque,* qui est aussi l'occasion de rencontrer le finaud Pierre Larquey dont il croisera souvent le chemin tout au long de sa carrière. Larquey fut par deux fois — en 1932 et 1950 — l'admirable Tamise dans les diverses versions cinématographiques de *Topaze,* la dernière étant celle tournée d'ailleurs avec Fernandel.

Ce même mois de mars 1934, il le retrouve dans l'adaptation par Marc Allégret de l'excellente pièce de Feydeau *L'Hôtel du libre échange.* Dans un rôle très bref (encore un valet de chambre à l'air ahuri), Fernandel est associé à quelques excentriques figures du cinéma français, tels Alerme, Saturnin Fabre, Raymond Bussières, et domine une brillante figuration où l'on découvre les noms du romancier Marcel Duhamel (futur animateur de la célèbre collection policière « Série noire ») et des cinéastes Paul Grimault et Jacques Prévert.

C'est enfin au générique de ce film qu'il figure pour la première fois de sa carrière au côté de la « fatale » Ginette Leclerc. Elle le deviendra, en réalité, après avoir tenu le rôle-titre de *La Femme du boulanger* face à Raimu, et sous la direction de Marcel Pagnol, en 1938. Après *L'Hôtel du libre échange,* Ginette Leclerc tournera quatre autres films avec son compatriote Fernandel. *Les Gaîtés de la finance* (1935), *Les Dégourdis de la 11*^{e} (1937), *Tricoche et Cacolet* (1938) et *Le Chômeur de Clochemerle* (1957) représentent une belle complicité empreinte de souvenirs charmants. « Ce qui m'a rapproché de Fernandel, mon ami Fernand », précise-t-elle en 1963 au fil de ses Mémoires intitulés *Ma vie privée,* « c'est en quelque sorte une similitude de carrière : des vaudevilles en masse où nous nous rencontrions souvent... Il venait aussi du music-hall où il chantait en “ tourlourou ” et moi en “ gommeuse ”... »

Après Feydeau, ce sera de nouveau Courteline pour *Le Train de 8 heures 47*, film de Henri Wulschleger. (« Encore un Prussien » ! aurait maugréé Raimu, à tort, car c'est bel et bien un Français de pure souche.) Roi du vaudeville militaire de l'époque, il signe là son meilleur film (il n'en fera que cinq ou six autres avant de disparaître au cours de l'année 1939).

Fort de son interprète favori, le comédien Bach — le comique troupier numéro un de l'écran français —, Wulschleger a pris l'heureuse initiative de lui adjoindre son plus sérieux rival en la personne de Fernandel. Ainsi, le duo la Guillaumette (Bach) et Croquebol (Fernandel) gagnera en force de conviction. Tel est le projet du moins, car le film à sa sortie est un four retentissant. Les regrets de la critique sont unanimes comme on peut le lire sous la plume de Georges Champeaux : « Bach possède de toute évidence un tempérament comique. Sa drôlerie sans apprêt est faite de “ bongarçonnisme ” rieur, de roublardise honnête et d'humilité narquoise. Il est non pas le farceur de l'atelier ou de la caserne — c'est plutôt Milton qui incarnerait ce type — mais le “ rigolo ” dont la seule présence engendre la bonne humeur. Moins spontané mais plus fin peut-être, Fernandel est servi par un physique irrésistible. Sa tête chevaline sue l'ingénuité. Lui, c'est le niais facétieux, l'idiot qui veut jouer les espiègles. Mais de bons interprètes ne font pas forcément de bons films. »

Malgré la présence au générique de Fernand Ledoux (un extraordinaire adjudant Flick) et de Fernand Charpin (qui porte le costume du capitaine Hurluret créé par son camarade Raimu) Fernandel-Croquebol a toutes les raisons d'expédier rapidement cette nouvelle expérience cinématographique dans les oubliettes de sa mémoire.

« A Bar-le-Duc, nous tournions dans la ville haute sous le jet glacé des lances des pompiers chargés de figurer la pluie. Nous étions trempés jusqu'aux os. Mais sur l'écran, lorsqu'on projeta le film, ces scènes qui avaient coûté tant de peine et tant d'eau parurent ridicules aux spectateurs car on n'y voyait pas la moindre goutte de pluie. J'avoue que, malgré mon estime pour Bach, le plus exquis des camarades, je garde un assez mauvais souvenir de cette époque, je le regrette pour Courteline et pour nous, sinon pour le producteur qui ne mérite, lui, aucun regret. »

Pluie pour Courteline, soleil pour Pagnol, l'expérience suivante annonce le beau fixe sur la carrière du comique marseillais.

En avril 1934, Fernandel retourne chez lui à Marseille, pas très loin du grand hôtel du hameau des Camoins — certains disaient Camoins-les-Bains, alors que l'eau y était rare — où Marcel Pagnol a transporté son équipe technique et ses comédiens.

Au passage, l'écrivain-réalisateur repère l'épicerie idéale de son futur *Schpountz,* ce personnage rencontré d'ailleurs à l'occasion du tournage. A quelques kilomètres de là, au lieu-dit Marcellin, sur un terrain dont il a fait l'acquisition, il a fait construire la « douloire », la ferme des Barbaroux, les parents d'Angèle. « Les séances de tournage attirent dans le vallon de Marcellin beaucoup de badauds des environs, d'Allauch, des Camoins et même d'Aubagne, raconte Raymond Castans dans la vivante biographie qu'il a consacrée à Marcel Pagnol, et parmi eux quelques jeunes garçons à qui la lecture des magazines de cinéma a fait perdre un peu la tête. Ils viennent parader autour des caméras avec l'espoir que leur personnalité, leur allure ou leur beauté physique les feront remarquer et engager. Willy a inventé un mot pour les désigner à leur insu : les " schpountz ". Les électriciens de l'équipe ont découvert un schpountz particulièrement collant dont ils ont fait leur tête de Turc. Ils le font revenir tous les jours. Ils lui disent qu'il a un talent unique — ce que l'autre croit, bien sûr —, qu'il est le nouveau Charles Boyer, que d'ailleurs il intéresse Pagnol qui lui fera faire des essais aussitôt que le film sera terminé. On va plus loin : on lui signe un faux contrat, on prévoit de l'envoyer à Hollywood... Le soir, au dîner, toute la table rit au récit de l'épisode du jour de ses aventures... »

C'est le quatrième film dont Marcel Pagnol a l'entière responsabilité ; la trilogie avait été confiée à diverses autorités cinématographiques avant qu'il ne fasse lui-même ses preuves. Il retrouve l'ambiance chaleureuse de l'équipe déjà employée dans *Joffroi :* Henri Poupon et Annie Toinon qui vont incarner les époux Barbaroux, Clarius et Philomène, tandis que Blavette — Antoine dans *Joffroi* —, devient Tonin le rémouleur de la belle histoire d'*Angèle.*

Blavette, cuisinier de son état, acteur à ses moments perdus, raconte dans sa *Provence en cuisine,* l'épopée du tournage. « Huit kilomètres de sentiers nous séparaient du village de La Treille [...] Pagnol voulait amener à Marcellin les groupes électrogènes (quatre tonnes), le camion du son (trois tonnes et demie) et tout le matériel de tournage... et une route pour circuler. Pics, pioches et dynamite ! »

La merveilleuse « famille » de Pagnol fera l'impossible pour le satisfaire. Tous ces acteurs sont réunis autour de lui comme des personnages de la crèche, de ces santons dont on dirait qu'ils ont participé à la création du monde. Car Pagnol veut, au pied du Garlaban — où il est né au temps des derniers chevriers —, installer pour l'éternité sa version d' « Olivode » (Hollywood).

A l'œuvre dans son studio en plein air, il exulte — Willy, son chef opérateur, Suzanne de Troyes sa monteuse, Roger Corbeau son photographe, et surtout le maçon Marius Brouquier, son ami d'enfance de La Treille bombardé décorateur en chef, l'entourent.

« Mius, lui avait-il dit, fais-moi la maison d'Angèle comme si elle y vivait réellement. »

Afin d'aménager un plan de tournage, il fera retirer le plancher du premier étage pour l'installation des projecteurs. Pour tourner certaines séquences d'extérieur à Marseille, Pagnol a encore l'idée de dissimuler une caméra dans une camionnette.

« En somme, dira l'ingénieur du son Jean Lecocq, ce fut le premier film " naturel ", le premier film-vérité. »

De fait, *Angèle* exercera une grande influence sur le cinéma italien de l'après-guerre. Pagnol, véritable père du néo-réalisme ? C'est du moins une affirmation réitérée de Vittorio de Sica. Pour l'heure, en avril 1934, le tournage plonge Pagnol et les siens dans une douce euphorie. Le Provençal rêve de rendre plus vivante ses pièces qui ont fait se déplacer le tout-Paris, arrachant rires et larmes au public populaire des théâtres de boulevard.

L'ancien professeur d'anglais au collège de Tarascon est déjà célèbre. Le cinématographe, cette invention qui le passionne, lui a permis d'amasser une véritable fortune en quelques années. Un peu comme Fernandel, ce Rastignac convole en justes noces avec la gloire et revient lui aussi au pays. Aussi les deux hommes s'embrassent-ils lorsqu'ils se rencontrent comme s'ils se connaissaient depuis des lustres. Marius, Topaze et Fanny sont sur toutes les lèvres. A Paris, au Clichy-Palace, on vient de présenter *Joffroi,* où Pagnol a demandé à Vincent Scotto d'interpréter le rôle du vieux paysan têtu qui refuse obstinément de quitter son lopin de terre.

Avec *Angèle,* Giono a été transfiguré — défiguré diront certains — par ce futur académicien : « Je veux tourner un film, déclare-t-il, sur une vraie montagne avec de vrais arbres, dans une vraie ferme et du vrai mistral. Le mistral fait du bruit ? J'enregistrerai le mistral. Les cigales font du bruit ? J'enregistrerai le bruit des cigales. Et si le mistral et les cigales font tellement de bruit qu'ils couvrent la voix des acteurs, ça prouvera que le bruit du mistral et le bruit des cigales sont plus importants que la voix des acteurs ! »

Fernandel n'hésite pas une seconde à se séparer de son costume de tourlourou et à entrer de plain-pied dans le personnage, pourtant très naïf mais si riche de naturel, qu'est Saturnin. Ce rôle a été détaillé, examiné, dépouillé, phrase après phrase, par Pagnol qui ne voyait que Fernandel pour l'interpréter. Gonio, contacté quelques semaines auparavant, est, semble-t-il, entré dans une colère noire, prétextant que « cet acteur n'a pas d'émotion et qu'il foutra le film par terre ». Pagnol a tenu bon, ce qui lui vaut — malgré leur future brouille — la reconnaissance éternelle de l'ex-troisième classe du cinéma français. « Pagnol m'a donné le côté émotion que je n'avais pas, dira-t-il un jour, moi je ne songeais qu'à profiter au maximum de mon faciès pour faire rire les gens. »

Or ce 28 avril, lorsque commence le tournage, Fernandel est absent. Quelques semaines plus tard, il arrive dans un univers qui n'est pas tout à fait le sien, comme le montre Raymond Castans. « Il ne s'est pas vraiment intégré à l'ensemble et il n'a rien fait pour. C'est un écorché vif. Avant de se voir comblé par la célébrité et la fortune, il a connu l'humiliation et la misère. L'ironie tous azimuts de Pagnol le blesse quelquefois. Il n'a pas encore dominé sa situation nouvelle de vedette et, à la différence de Raimu, il souffre vraiment, lui, à l'égard de M. le professeur Pagnol, du complexe de son inculture. » Heureusement, il a placé son bon ami Andrex, dans la distribution. « Restait un personnage à pourvoir, raconte Andrex : Louis le séducteur cynique et haïssable qui mettait la pauvre

Angèle sur le trottoir. Je vous entends d'ici : ce fut Andrex, évidemment. Or ce n'était pas si évident que ça. Jusqu'alors, sur les planches ou dans mes deux premiers films, mon image de marque, c'était la sympathie irradiante, le sourire et la gaieté. Jamais je n'aurais pensé jouer un personnage " noir ", au cœur sec et au revolver facile. Pagnol ne me connaissait pas et ce fut Fernandel — toujours lui — qui lui parla de moi. »

Le reste fait partie de l'histoire du cinéma. Les comédiens et les techniciens sont installés dans des studios et des laboratoires que Pagnol a créés à Marseille, impasse des Peupliers, à deux pas du rond-point du Prado. Aux dires de Jean Giono, Pagnol « cueillait son génie au fil de la paresse et sur le dos des autres ».

Dans *Angèle,* en effet, toute trace de Giono disparaît et il ne demeure finalement qu'une œuvre de Pagnol ; il est probable, au reste, qu'en tournant d'après Giono, Pagnol a voulu réinventer l'art du romancier, comme il l'a fait pour celui du cinéma.

« A ce noyau, écrit l'historien Pierre Leprohon, Pagnol apporte sa propre sève. Pagnol " escagasse " [abîme] son auteur avec autant de désinvolture que de simplicité. »

Quant à Giono, blessé dans son amour-propre, conscient d'avoir été trahi, il ne se lassera pas d'en présenter les stigmates qui, jamais, ne s'effaceront réellement. « Ma première expérience au cinéma, écrit-il en 1959, je l'ai faite avec Marcel Pagnol, il y a vingt-cinq ans de cela. Lorsque Pagnol porta à l'écran *Angèle, Regain* et *La Femme du boulanger,* ces triomphes commerciaux furent la source de drames, de procès, de réconciliations spectaculaires au cours desquels Marcel Pagnol donna libre cours à son goût pour la farce et l'affabulation truculente. » Fernandel connaîtra une égale désillusion dans ses relations avec le cinéaste.

Tourné dans des conditions qui ressemblent fort à

de l'amateurisme, *Angèle* sort d'abord à Marseille, lieu symbolique (à l'Odéon, un cinéma situé sur la Canebière), le deuxième mercredi du mois de septembre 1934.

Exploité ensuite dans deux salles parisiennes, le film obtient un triomphe. Qui sait aujourd'hui qu'une copie « colorée » (c'est-à-dire utilisant de la pellicule teintée, essentiellement bleu et rose selon les séquences de nuit ou de jour) fut initialement projetée ?

Comme la fameuse « sardine du port de Marseille », le témoignage de l'ingénieur du son — recueilli par les journalistes des *Cahiers du cinéma* en décembre 1965, n'a jamais été vérifié, ni aucune copie « teintée » jamais conservée ou retrouvée.

Qu'importe, Fernandel, lui, passe par toutes les couleurs à la lecture de la presse. « Nous savions que nous avions en Fernandel un excellent comique. Nous avons un comédien de génie », clame la critique cinématographique. « Un grand acteur est né », acquiescent les éditorialistes. On dit même Pagnol agacé par ces louanges enflammées à l'attention de « sa » vedette.

Conscient de son bonheur, Fernandel prend la précaution de le lui faire partager et surtout de lui en attribuer la paternité, adressant au cinéaste une belle lettre calligraphiée. « Laissez-moi vous dire la joie que j'ai éprouvée devant le succès d'*Angèle* et, si ma création de Saturnin vous a donné pleine satisfaction, c'est à votre dialogue que je le dois... »

Pagnol, à son tour, entonne un vrai dithyrambe et répond en écho : « Fernand est le plus grand comédien de l'époque. Je le dis, je te l'écris et je te le signe sur papier timbré. Souviens-toi, *Angèle*, la scène où il va retrouver Angèle dans sa chambre du bordel, il y est extraordinaire. Cette façon qu'il a de regarder dans son chapeau. Cette pudeur ! Cette délicatesse ! Extraordinaire, je te le dis. D'ailleurs, je le savais. C'est pour ça que je lui avais écrit, exprès pour lui, le rôle de Saturnin. »

Or selon Giono, Pagnol était un génie, non du cinéma mais de l'affabulation. Et parfois, un peu de la zizanie. Raymond Castans en témoigne : Pagnol pouvait affirmer que, dans la fameuse scène où il va retrouver Angèle dans le bordel de Marseille, Fernandel a une façon sublime de regarder dans son chapeau. Mais, quand tout allait mal, la version différait. « Tu le sais, pourquoi il regardait dans son chapeau, M. Fernandel ? Parce qu'il n'avait pas été foutu d'apprendre son texte. On a été obligé de le lui écrire sur un papier qu'on a collé à l'intérieur du chapeau. Et il le lisait. C'est pour ça, c'est ça son génie ! » Ainsi, bientôt, Fernand et Marcel ne se parlèrent plus que par personnes interposées.

L'acteur, pourtant, vient de trouver là son premier rôle sérieux, une composition bourrée d'humanité qui tranche enfin sur le comique souvent sans aucune nuance où les professionnels du cinéma voulaient le confiner. « C'est en incarnant Saturnin, conclut-il, ce personnage si profondément humain, non plus d'une seule pièce, comme mes précédents rôles, mais enfin d'une complexité bien vivante, d'une sensibilité si profonde, que je me rendis compte des ressources inépuisables, des infinies possibilités de renouvellement que présente le cinéma pour un artiste. »

Tandis que Pagnol brasse des fortunes — le film a coûté un million et demi de francs et rapportera plus du double en un seul mois d'exploitation (il enregistre aujourd'hui encore de beaux profits), Fernandel retourne à ses vaudevilles militaires. Les cinquante-trois jours du tournage d'*Angèle* n'ont pas altéré sa cinémanie galopante.

Hormis le scénariste qui n'est autre que Jean Manse — signant là sa première grande incursion dans le cinématographe —, l'aventure des *Bleus de la marine* ressemble à s'y méprendre à celle des soldats Croquebol, Lidoire ou Vanderague. Fernandel y retrouve Maurice Cammage et le désopilant Ouvrard. Même la participation du génial Delmont rencontré sur le plateau de Pagnol ne sauve pas le film de la faillite. Pour Colette Darfeuil, Andrex, Darcelys et quelques autres protagonistes, *Les Bleus de la marine* représente bel et bien un épisode « alimentaire » de plus dans leur longue carrière.

En juillet 1934, Fernandel donne un tour de chant au Casino de Vichy, où il a été si souvent acclamé. Désormais, il a l'intention de ne se consacrer qu'au cinéma, au disque et sporadiquement à l'opérette. Le 26 septembre à Lyon, il enchaîne huit soirées musicales qui servent à la promotion de ses films.

Le 1er octobre, il signe un contrat d'exclusivité avec la maison Fortuna et son directeur Calamy, producteur des *Bleus de la marine, Une nuit de folie* et *Le Coq du régiment.* Certains y voient déjà le retour à des « bidasseries » de seconde zone dont il pourrait désormais fort bien se passer. De fait, il s'associe au réalisateur Pierre-Jean Ducis pour une libre transposition à l'écran du *Cavalier Lafleur,* qu'il a créé au théâtre dix années auparavant. Signe des temps, son statut lui permet d'accéder au rôle-titre tandis que son ex-partenaire Raymond Cordy est rétrogradé dans celui, plus bref, qui avait été celui de Fernandel. Jusqu'à la guerre et l'essoufflement du film de caserne, Cordy demeurera le troufion type du cinéma des années trente. On le retrouvera, le calot vissé sur la tête, joufflu et malicieux dans le sillage de Fernandel à l'occasion d'*Ignace.*

Le 19 novembre, encore ulcéré par l'attitude de Pagnol, Fernandel répond assez sèchement à son offre d'un prochain tournage.

L'écrivain-cinéaste a pensé au Marseillais pour le rôle du rémouleur dans *Regain.* Pagnol devra attendre deux ans avant de voir son souhait réalisé ! Pour l'instant, il relit la lettre de Fernandel : « J'aurais aimé tourner pour votre production qui, je ne crains pas de le dire bien haut, à tous et à toutes, marque une nouvelle époque dans le cinéma. Malgré ma bonne volonté, je ne le puis. Les contrats sont là et je dois les respecter. »

M. Calamy, en effet, n'est pas homme à se laisser escamoter sa vedette.

Après les traditionnelles fêtes de Noël passées en famille, Fernandel prend de bonnes résolutions quant au choix de ses rôles. « Puisqu'on a vu, avec Saturnin, que je pouvais faire autre chose, je le ferai... »

En février 1935, il s'engage néanmoins dans le tournage de *Ferdinand le noceur* de René Sti, lequel l'a déjà dirigé dans *La Porteuse de pain*. Désormais reconnu comme « assistant », Jean Manse suit son beau-frère partout, tant dans sa carrière cinématographique que discographique. Pour la seule année 1935, il signera l'intégralité des scènes comiques que Fernandel a pris désormais l'habitude d'enregistrer avec son complice et ami Andrex.

« Souvent, dans l'appartement de Fernand, de la rue Trudaine, nous travaillions avec Jean juste avant de partir dans les studios voisins, chez Polydor, affirme ce dernier. Et nous terminions le sketch sur les pupitres du studio. »

C'est encore en 1935 que débute Francis Contandin dit Fransined, à jamais absent des œuvres de son aîné. Fernandel si fidèle en amitié souffrait-il à l'idée d'une éventuelle lutte fratricide ? Personne ne pourra jamais répondre à cette interrogation.

Son attachement à la famille, il le montre lorsqu'il offre à Henriette, le 4 avril 1935, le jour même de leur dixième anniversaire de mariage, une superbe propriété dans la campagne marseillaise, entre le quartier des Trois-Lucs et celui de Saint-Julien. Aujourd'hui le boulevard porte le nom de l'illustre occupant de cette magnifique propriété de cinq hectares, baptisée « Mille Roses ». Dans ce véritable paradis, deux belles maisons principales se cachent derrière de hauts murs protégeant sa famille des regards indiscrets. La propriété abrite aussi une pinède d'un hectare et demi, un jardin anglais, quatre bassins, des prés où poussent des dizaines d'amandiers et, au pied d'une immense allée de platanes qui mène à la bâtisse principale, des milliers de rosiers. « Ce n'est pas la peine de gagner de l'argent pour se priver des joies de la vie », confie-t-il alors. Andrex, Darcelys, Georgel, Bousquet et quelques autres proches de la famille sont réunis ce jour-là pour pendre la crémaillère.

Avec l'été — et le chant des cigales —, Fernandel redouble d'activité. Il tourne d'abord *Jim la houlette,* un film d'André Berthomieu d'après une pièce à succès du boulevard, dont les dialogues ont été adaptés par Jean Manse.

Nègre d'un éditeur, Moluchet-Fernandel engagera à son tour l'indélicat financier pour écrire à sa place : telle est la trame de cette pochade habilement défendue par un Fernandel en forme. Mais ses répliques, ses effets et sa composition tombent irrémédiablement à plat. Le réalisateur — dont les « berthomiades » (*Pas si bête, Blanc comme neige, Le cœur sur la main,* etc.) rendront justement célèbre un obscur imitateur de Fernandel dans les années cinquante, un certain... Bourvil — mérite bien pour cette unique expérience avec le comique marseillais son appellation de « parangon de la médiocrité ».

Heureusement, public et critique apprécient et... pardonnent. « Depuis que Fernandel comédien m'a émerveillé dans *Angèle* de Pagnol, je me suis imposé à son égard une indulgence particulière et, d'ailleurs, parfaitement méritée, car Fernandel est essentiellement un grand comique populaire et il a atteint une véritable maîtrise dans son métier », peut-on lire lors de la sortie du film.

C'est une preuve du grand art de Fernandel, que de sortir indemne de telles fadaises.

« Bâclées en quelques jours », *dixit* Fernandel lui-même, *Les Gaîtés de la finance* s'inspire, comme *Jim la houlette,* d'une pièce de Jean Guitton et raconte, sur le modèle du *Cavalier Lafleur,* une médiocre histoire de sosies. C'est surtout un grand moment de retrouvailles, devant la caméra, avec Ginette Leclerc, Madeleine Guitty, Raymond Cordy ; Vincent Scotto signe ici sa sixième musique de film pour Fernandel, témoignage d'une amitié déjà ancienne et qui ne se démentira jamais.

Quant à l'Australien (!) Jack Forrester, metteur en scène de cette amusante comédie sans lendemain, il s'exilera ensuite à Hollywood comme producteur.

Que reste-t-il de l'effet Fernandel dans une telle aventure ? Quelques mimiques étirées à l'infini, d'épaisses pitreries pour patronnages, une merveilleuse tronche à la recherche d'un faire-valoir.

Le 13 octobre 1935, le modèle de Fernandel, celui à cause de qui il s'est lancé dans le métier, Dranem, s'éteint à l'âge de soixante-six ans. La disparition de ce « phare » de la Belle Epoque masque un peu la création, au théâtre des Célestins à Lyon, de l'opérette de Vincent Scotto *Un de la Canebière,* avec Alibert. On y chante notamment un titre que Fernandel aura plaisir à enregistrer bien des années après : « Le plus beau tango du monde ». Quant à « Vous avez l'éclat de la rose », un crooner l'accrochera encore plus tard à son répertoire : Franck Fernandel.

Pour l'heure, le 10 décembre 1935, Franck Gérard Ignace Contandin n'est qu'un bébé braillard qui vient de voir le jour. Son triple prénom est à lui seul une page de l'histoire de Fernandel, écrite l'été précédent. Vers la fin du mois d'août, Jean Manse termine le sujet du prochain film de son beau-frère. A la lecture, ce dernier envisage de le porter non à l'écran, mais à la scène.

Bientôt, en compagnie du chef d'orchestre toulonnais Roger Dumas, l'opérette prend forme.

M. Franck, ami de Fernandel, directeur du théâtre des Variétés de Marseille, est aussitôt emballé par le projet. Le contrat est signé sans plus attendre, la création étant fixée pour le mois de novembre suivant.

« Je dois dire que, lorsque l'opérette finie, Roger Dumas nous accompagnant au piano, nous en fîmes Jean Manse et moi une lecture à M. Franck, celui-ci ne regretta pas d'avoir eu confiance et se montra ravi, décidant de monter la pièce sans nous demander le moindre changement. »

Son titre — et il fera le tour du monde — est tout simplement *Ignace.* Cultivant la gaffe avec beaucoup d'ardeur, Ignace Boitaclou, brave troufion ordonnance d'un colonel débonnaire, provoque des situations aussi explosives que cocasses. Or, si Ignace est un nom charmant, il reste à en convaincre les foules.

Après un bref passage à l'ABC de Paris puis le tournage bâclé, on l'a vu, du film *Les Gaîtés de la finance,* Fernandel est de retour à Marseille sous les cintres des Variétés. Sept jours — et sept nuits — lui suffisent pour venir à bout de cette opérette en trois actes et quatre tableaux. Réunis autour de lui, Alice Tissot et Andrex dominent une belle distribution d'une quinzaine d'artistes du cru.

Le soir de la première, le 30 octobre, la salle est pleine à craquer. « Cette date fut un événement dans ma vie, raconte Fernandel. C'était la première fois en effet que l'on me voyait dans une opérette : cette opérette était, de plus, l'œuvre de mon beau-frère et d'un de mes plus chers amis ; et, enfin, c'était devant le public marseillais que je créais *Ignace.* L'accueil fut enthousiaste et je n'oublierai jamais les applaudissements qui nous saluèrent ce soir-là, ni les mille marques de sympathie que je reçus alors de mes compatriotes. »

Ce personnage d'Ignace, un sapeur Camembert mâtiné de Figaro, va le consacrer comme une vedette à part entière.

A Marseille, l'enthousiasme du public atteint des proportions monstres. Galvanisée par la malice de l'œil ou l'arrogance de la lèvre, emportée chaque soir par un authentique « one man show », la foule le plébiscite.

« Je suis persuadé que Fernand, s'il l'avait voulu, aurait pu réellement, au sens pathologique, rendre une salle folle, affirme Andrex. Nous-mêmes, ses partenaires, nous avions bien du mal à ne pas sortir de nos personnages en éclatant de rire. »

Devant ce succès marseillais, les directeurs de Mogador proposent à la joyeuse troupe de créer l'opérette à Paris pour les fêtes de fin d'année.

C'est là qu'intervient la naissance de Franck.

« Ma femme attendait à cette époque notre troisième enfant et je ne voulais pas l'astreindre à un voyage fatigant ni la laisser seule à Marseille. Mon contrat pour Mogador fut reporté au mois de janvier. »

M. Franck, le directeur des Variétés, avait accepté d'être le parrain du futur bébé. Ainsi, le 10 décembre 1935, Gérard Contandin, beau nouveau-né rose, hérite des prénoms de Franck, pour l'amitié, et d'Ignace, pour la gloire. Ce même jour, comme pour fêter l'événement, la pièce se transporte au Gymnase. Ce soir-là, Fernandel reçoit une double ovation car la nouvelle a été colportée par l'irremplaçable Andrex. Lui-même la tenait de Fernand.

« Nous jouions le soir, et le matin, quand nous n'étions pas trop fatigués, nous allions pêcher en mer, notre passion à Fernand et à moi. Un matin, nous avions rendez-vous avec un groupe de pêcheurs pour aller faire un tour du côté de Callelongue, mais quand j'arrivai vers sept heures chez Fernand, il paraissait très ému, très heureux et il me dit : " On ne va pas à la pêche. Mon petit est né cette nuit ! " »

Le temps de rassembler les amis dont Rellys, un « tonton » de plus pour le bébé Contandin, les « Mille Roses » résonnent bientôt de mille cris de bonheur. « La naissance de mon fils a sans doute été la plus grande joie de ma vie. C'est pourquoi je fus si profondément touché lorsque, le soir même — les journaux locaux ayant annoncé la nouvelle —, le public du théâtre des Variétés, ce public de Marseille qui vibre si facilement et partage avec tant de spontanéité les joies et les peines de ceux qu'il aime, me ménagea, à mon entrée en scène, une manière d'ovation. »

Paris se montre d'abord plus difficile. Point trop d'applaudissements en janvier 1936 à Mogador, mais le 4 février *Ignace* sera salué par les spectateurs du théâtre de la Porte-Saint-Martin. Entre-temps, il est vrai, Maurice Lehmann, devenu le producteur du spectacle, a su l'imposer.

Le succès est là et le clan Contandin s'agrandit. Fernandel déménage et s'installe au pied du Sacré-Cœur, au 15 de l'avenue Trudaine. « Avec un peu d'imagination, le dôme de la basilique fera illusion et je croirai que Notre-Dame-de-la-Garde me tient compagnie », ironise-t-il. Fernandel gardera toujours une place dans son cœur pour le coquet petit immeuble sans ascenseur, le salon « bleu moderne », et le bar kitsch orné de poissons multicolores. La maison du bonheur.

Bonheur, hélas, de courte durée car, interrompant les représentations d'*Ignace,* Fernandel est forcé de boucler ses bagages, contrat oblige, et de partir à Marseille. Là, le 15 mai 1936, il embarque sur le *Sidi-bel-Abbès,* pour Oran où l'attend Christian-Jaque. Ensuite, les deux hommes s'envoleront vers Nice où l'équipe du tournage les rejoindra au col de la Madone. Les prises de vues effectuées, tout ce petit monde se retrouvera dans la capitale, en studios, pour réaliser les intérieurs *d'Un de la Légion.*

Fruit de plusieurs années de discussions et de rencontres entre l'interprète d'*Ignace* et celui qui est alors un cinéaste quasi débutant, ce film est sans aucun doute l'un des meilleurs jamais réalisés à la gloire des légionnaires et le seul qui respecte la mémoire des héros de Camerone. Probablement parce que le grand-oncle de Christian-Jaque, sous-lieutenant, était mort au cours de cette sanglante bataille et avait été enterré au Mexique comme un véritable héros.

Pourtant, originellement, en raison du nom de Fernandel au générique, le projet a rencontré l'hostilité de l'armée. « J'ai dû, devant le refus de certaines autorités, filmer en cachette les séquences qui montrent les défilés, les manœuvres de la Légion : nous nous planquions avec mon équipe pour travailler au télé-objectif hors du champ de vue des gradés. » Mais cet hymne au courage où Fernandel rempile à la fin du film sous son vrai nom, cette leçon de modestie, d'honnêteté, alliée au lyrisme de certaines images, fera mouche.

Le film sortira en novembre 1936, provoquant l'adhésion immédiate des autorités militaires, du public et aussi de l'ensemble de la critique.

Le tournage n'a rien eu d'un farniente à la Pagnol. Bien au contraire, selon Fernandel, les prises de vues ont été très pénibles. « Si nous paraissions fatigués dans le film, ce n'est pas grâce à un grimage savant, mais parce que vraiment nous n'en pouvions plus... »

Le scénario remarquablement construit a été écrit par Paul Fékété. Christian-Jaque a particulièrement soigné l'image, le style adopté du reportage mettant en valeur une atmosphère, un esprit. Il y manque toutefois la profondeur d'œuvres telles que *Le Grand Jeu,* de Jacques Feyder, ou *La Bandera,* de Julien Duvivier, deux films phares des années trente.

Devant l'excellent accueil réservé au film, Fernandel et Christian-Jaque uniront leurs efforts, pour le meilleur et pour le pire, dans trois autres films, sans retrouver l'extraordinaire veine à la fois comique et dramatique de Fernand Espitalion, légionnaire malgré lui.

Avec cette fable pathétique chacun des interprètes, que ce soit Paul Azaïs (poignant Turlot) ou Suzy Prim (Maryse, la jolie serveuse), trouve là le meilleur rôle de sa carrière. Quant à Robert Le Vigan, mouchard attaché à la perte de Gabin dans *La Bandera*, il donne dans le film de Christian-Jaque une version édulcorée de ce même personnage de faux jeton. Fernandel gardera de la sympathie pour cet homme méprisé à l'écran comme dans la vie. Ils se retrouveront dans *Regain* (1937), *Ernest le rebelle* (1938) et *Ne le criez pas sur les toits* (1942).

La critique, habituellement déchaînée à son encontre, cette fois, apprécie Fernandel, ce mal-aimé des scénaristes.

« Aussi, passé le premier moment de surprise », écrivent Raymond Chirat et Olivier Barrot « où l'on attend de lui qu'il fasse des pitreries devant ses supérieurs, comme dans *La Garnison amoureuse* ou *Les Bleus de la marine* » (« Un film d'une stupidité atroce », dira le ministre François Piétri), " on se fait très bien à ce légionnaire bon enfant qui joue le jeu, à l'inverse de son habitude : c'est sur ce principe de contre-emploi que repose *Un de la Légion*... Fernandel trouvant la soupe excellente (" Ma vie est ici maintenant, j'ai besoin de liberté ") en vient à mentir pour demeurer légionnaire et finit par se comporter en héros. On aura tout vu. »

Ses succès au cinéma n'ont jamais fait fléchir son imposante production discographique. Dans la seule année 1936, il n'enregistre pas moins de seize titres (dont le célèbre « Ignace ») et n'oublie pas au passage les habituels sketches militaires concoctés par Andrex et les comiques Denneville et Ferval (« Les débrouillards du 32e » et « A l'infirmerie »). « Après tout, je ne suis pas le seul », faisait un jour remarquer Fernandel auquel on reprochait ce répertoire quasi exclusivement troupier. « Regardez Piaf, elle a bâti sa carrière sur “ Le fanion de la Légion ” et “ Mon Légionnaire ”. » En juillet 1936, il triomphe au Kursall de Genève où il est applaudi au point qu'il en perd le fil de sa chanson... et doit reprendre le second couplet, après s'être excusé.

Au cours de l'été passé en famille, Fernandel reçoit un appel de Marcel Pagnol qui vient d'entamer l'adaptation de *Regain* en compagnie de Giono. Jusque-là, pour *Joffroi* et *Angèle,* le cinéaste, sûr de lui, a voulu travailler seul. Mais le contrat prévoit que l'écrivain de Manosque doit étroitement collaborer à l'adaptation cinématographique de ses œuvres dont l'éditeur Bernard Grasset a cédé les droits. Hélas, au bout d'une semaine, l'association tourne court. Pagnol se retrouve seul devant l'adversité... et l'énorme chantier qu'il envisage de commencer dans le massif du Garlaban, ces lieux embaumés où enfant il passait devant le canal longeant le futur château de sa mère.

Regain, nom de l'herbe sauvage qui pousse dans les prés après la première coupe, cache un drame paysan toujours d'actualité : l'abandon, la désertion d'un village situé en milieu rural. Ce sujet, Marc Allégret, puis le cinéaste italien Alberto Cavalcanti ont déjà voulu le filmer. Pagnol se sent tellement inspiré qu'il s'est mis en tête de construire un village sur les hauteurs des « barres de Saint-Esprit », au pied desquelles il a déjà bâti une ferme pour les besoins d'*Angèle.* Ce choix déplaît à Giono qui, lui, situe l'action de *Regain* en Haute-Provence, à Redortiers, petit village en ruine près de Banon, dans les Alpes.

Ce mois d'août 1936, au retour de repérages alpestres qui ne l'ont pas convaincu, Pagnol apprend à Fernandel que le film se fera finalement à quelques kilomètres des « Mille Roses », sa propriété marseillaise. Une manière comme une autre de lui faire endosser sans trop de difficultés un rôle secondaire, celui de Gédémus le rémouleur.

Pour mieux l'appâter, Pagnol lui a promis le rôle d'un « fada » égaré dans les milieux du cinéma, sujet de son prochain film. *Le Schpountz* sera tourné dans la foulée et, pour certaines scènes, en même temps. Mais nous n'en sommes pas là encore.

Pagnol dispose d'une troupe quasiment à demeure. Orane Demazis (Ursule) partage alors sa vie, et les autres comédiens, Poupon, Delmont, Blavette, Dullac et Milly Mathis viendront « en voisins ». Fort de l'accord de Fernandel, il entreprend donc de bâtir sa Babylone provençale. Côté technique, il lui faut surtout des maçons. Son ami d'enfance Marius Brouquier va de nouveau donner vie au « petit monde de Marcel Pagnol ».

« Eh bien, voilà, Marius », lui dit Pagnol — épisode raconté par Raymond Castans —, « le photographe va prendre des clichés de tous les coins et recoins de ces ruines, des façades crevassées, des murs écroulés, des rues défoncées, des escaliers effondrés. Toi, tu notes les dimensions, les cotes, les proportions et tu me reconstruis le tout sur les barres de Saint-Esprit. »

Trois mois plus tard, le 4 octobre 1936, débute le chantier le plus ambitieux jamais entrepris jusque-là pour le tournage d'un film. « Les plus belles vacances de ma vie », affirmera Pagnol.

Jean Giono, mécontent des libertés prises par ce dernier, lui reconnaît cependant un admirable talent de bâtisseur.

« Grâce à l'amour de Pagnol pour le pays inaccessible qu'il venait de connaître là-haut, ce qui pouvait n'être ici que la plantation d'un décor est devenu une entreprise humaine. Les ouvriers et les artisans du pays se sont passionnés au travail... J'ai retrouvé dans leur village les traces de tous mes personnages de *Regain*. »

Les deux hommes n'en continueront pas moins à se faire mille reproches.

Pour l'heure, en septembre 1936, Fernandel ne

s'est pas encore investi dans le personnage de Gédémus. On a vu qu'à n'importe quel contrat au monde, il préfère la présence de sa femme Henriette et de ses trois enfants. D'autant que l'aînée, Josette, vient d'avoir dix ans et réclame toute son attention. « C'est une vraie petite bonne femme ! affirme le comédien. » Pareil compliment ne tombe pas, comme on dit, dans l'oreille d'un sourd, surtout quand il s'agit de celle d'un producteur : « Et si elle tournait un film avec toi ? », propose délicatement M. Calamy. Fernandel en avale presque son pastis de travers. Puis l'idée fait son chemin, avec la malicieuse complicité de la jolie gamine. Il faut souligner que la vedette numéro un de l'époque s'appelle Shirley Temple, une star de huit ans.

Papa Fernandel finit par céder, mais pose plusieurs conditions : premièrement, même si *Josette* (c'est le titre retenu) est un succès, il n'y aura pas de suite ; deuxièmement, sa fille ne devra en aucun cas rater l'école ; et, enfin, la mise en scène sera supervisée par l'ami Christian-Jaque. Andrex participe à l'aventure et Paul Fékété écrit le scénario, histoire d'une gamine fort maligne et d'un pauvre gars attiré par les feux de la rampe. Presque orpheline, la petite Josette parvient à séduire ce compagnon d'infortune jusqu'à ce qu'il épouse sa maman malade, retrouvée et miraculeusement guérie, interprétée par Jacqueline Prévost. Un « papa » plein d'émotion, lancé assez naturellement par Josette conclua le tout. Larmes furtives et mouchoir, c'est là un mélo à la sauce Charlie Chaplin, rappelant fortement le fameux *Kid* tourné en 1921.

Pour Fernandel, néanmoins, le pari n'était pas gagné d'avance. « Je me sentais redevenir un débutant durant les prises de vues et il me semblait à chaque instant que je me dédoublais, jouant à la fois le rôle de ma fille et le mien. »

L'accueil du public sera des plus chaleureux. A son habitude, la critique acerbe y verra un film de complaisance produit « pour la seule joie familiale de Fernandel qui s'est payé ce petit souvenir cinématographique de sa fille » ! Reste sur la pellicule une tendre histoire d'amour comme il en existe malheureusement très peu et gravée dans la cire une merveilleuse chanson, « C'est la fête à tante Aurore », interprétée par Josette et son père. Plus tard, ce sera au tour de Franck, « le pitchoun », de connaître les joies du duo.

Fort de leur succès commun, Christian-Jaque ne quitte pas Fernandel en compagnie duquel, dès décembre 1936, il entame le tournage de *La Belle Ferronnière.* Cet immense succès du cinéma est mieux connu sous le titre... *François Ier*

« Depuis sa sortie, s'étonnait un jour Christian-Jaque, *François Ier* continue d'être exploité dans le monde entier. Il échappe au temps, aux courants cinématographiques. Sur le plan comique, je n'ai sans doute pas fait mieux. »

Le film raconte les mésaventures d'Honorin, régisseur projeté en rêve dans le passé, muni du Petit Larousse (quelle publicité, à l'époque !) et éblouissant par son savoir courtisans et dames du royaume. Son goût de la facétie lui jouera de mauvais tours, le beau rêve se transformant en cauchemar... ou plutôt en un incessant fou rire.

Parmi les morceaux d'anthologie, la fameuse scène de la torture avec la chèvre suscite encore aujourd'hui l'enthousiasme des critiques. « Quant aux scènes de torture, écrit Raymond Chirat, elles déchaînèrent à tel point le rire qu'on aurait pu baptiser le film *La Chèvre et le Prisonnier* et anticiper ainsi, à peu près, sur la filmographie de Fernandel. »

Pourtant de l'ineffable Honorin des Meldeuses le comédien garde un souvenir moins amusé... que les spectateurs ! « On se souvient peut-être notamment du fameux supplice de la chèvre qui m'était infligé et qui comptait parmi les effets les plus cocasses de cette histoire, conte Fernandel dans *Le Film vécu.*

J'étais enchaîné sur un chevalet de torture et une chèvre devait me lécher la plante des pieds, ce qui, contrairement à ce que vous pensez peut-être, procure au bout de quelques heures une sensation particulièrement désagréable. Quand on amena la chèvre, celle-ci refusa systématiquement de promener sa langue sur mes pieds. On essaya de la persuader, mais tous les moyens mis en œuvre furent inutiles. C'est en vain qu'on m'enduisit successivement les pieds de sucre, de miel et de sel. La bête, dédaigneuse, détournait la tête et secouait sa barbichette avec dégoût. Finalement, on essaya avec des brins de tabac... et l'animal aussitôt se mit à chiquer avec gloutonnerie et une conviction si frénétique qu'elle ne tarda pas à me mordre les doigts de pied à belles dents ! Allez donc trouver ce film drôle après des trucs pareils ! Je tournai ainsi trois jours de suite, enchaîné sur la dure, subissant tour à tour le supplice de l'eau et celui de la chèvre. »

Produit par l'inusable M. Calamy, *François Ier* est l'adaptation d'un beau spectacle que Paul Fékété inusable scénariste a su parfaitement restituer.

Encore une fois, la force comique et la présence de Fernandel, son inaltérable placidité vont permettre le succès d'une production aléatoire et d'une réalisation hésitante.

Heureusement, l'allure caricaturale des personnages secondaires rehausse l'intérêt du film et empêche l'action de fléchir : Alexandre Mihalesco inquiète à souhait en Cagliostro ; Sinoël, bondissant fantôme, prouve comme Fernandel sa longue expérience du music-hall, tandis que Charles Lemontier, à la fois solennel et imbécile, tient en La Palice son meilleur rôle.

L'excellente distribution sert à nouveau le prestige de Fernandel. Ce morceau de bravoure illustre tout à la fois ses talents de mime, son génie d'humoriste inspiré, et son métier d'acteur.

Plus tard, au cours des années soixante, Fernandel

et Christian-Jaque envisageront très sérieusement le tournage d'un « remake » en couleur et en grand écran, mais le projet n'aboutira pas.

C'est le sort qu'on eût souhaité aux *Dégourdis de la 11e*, ou *Tire au flanc*, un des rares « films de caserne » dirigés par Christian-Jaque.

« Ce film est un espèce de canular inventé par Jean Aurenche et Jean Anouilh, précise Christian-Jaque. Une farce épaisse et lourde : un pied de nez adressé au vaudeville militaire. Nous nous sommes énormément amusés durant la période de préparation et pendant les prises de vues. Maurice Lehmann, le producteur, s'inquiétait d'ailleurs quelque peu de la gaieté générale qui avait pour effet d'augmenter considérablement le temps de tournage de certaines séquences. Les techniciens pris de fou rire ne parvenaient plus à travailler... »

Dès le 6 janvier 1937 on donne le premier tour de manivelle des *Dégourdis*. Les dernières prises de vues de François Ier ont été achevées le 31 décembre. Fernandel rêve de rencontrer un rôle en or tel ce César que Raimu a volé à Charpin. Ce ne sera, hélas, qu'une farce de plus dans sa carrière.

Ignace, vous ne l'ignorez sans doute plus, c'est un sacré nom ! C'est aussi, en quelque sorte, la plus belle revanche du comédien sur le manque d'imagination des producteurs. Un an après sa création aux Variétés de Marseille, puis au théâtre de la Porte-Saint-Martin, *Ignace* va devenir un film. Selon certains, Fernandel eût mieux fait de s'abstenir et de rester sagement dans le sillage de Pagnol. Mais, regrettent-ils, il y avait son beau-frère !

« Manse, auteur et parolier, n'était-il pas pour une large part responsable de l'atterrante médiocrité des films de Fernandel ? s'interroge Carlo Rim. Celui-ci, aveuglé par sa tendresse, n'accordait-il pas aux talents de son parent une confiance fâcheusement disproportionnée à leurs mérites ? Etre le fils d'un grand homme est chose périlleuse. Que dire de celui qui n'est, le pauvre, que son beau-frère ! Fernandel, comme tous les Méridionaux, a le sens de la famille, mais rendons-lui cette justice : il ne possède pas moins le sens, l'instinct de son métier. » La raison se mêle donc aux sentiments. Par-delà une réelle affinité, l'acteur a rapidement compris l'intérêt d'un auteur « à demeure » ne travaillant que pour lui. Ainsi, Manse, peu à peu, s'est totalement identifié à son célèbre beau-frère, s'est adapté à sa fascinante personnalité, le servant à perpétuité, écrivant ses chansons, ses monologues, les dialogues de ses films, ses revues, ses pièces et... *Ignace.*

Le 5 février 1937 *Ignace* passe donc des planches sur l'écran. Au même moment s'achève le tournage de *Regain,* tournant une page importante dans la vie du comique. Opposés formellement, objets de controverse, les deux films finiront par se fondre dans l'image de la nouvelle vedette. Car, quoi qu'on en dise, même dans un genre mineur, *Ignace* reste un chef-d'œuvre et, sans aucun doute, l'un des meilleurs rôles de Fernandel. Cette naïveté poussée à la perfection, cette intrigue rondement menée par un cinéaste au style alerte, font honneur au travail du comique. C'est une farce, mais une farce de style, extravagante et ingénieuse.

L'art d' « Ignace » infiniment populaire consiste à amuser les foules et il y parvient, aidé par deux anciens : Alice Tissot, éclatante colonelle, et Andrex dans une composition de jeune premier.

« Après le théâtre, le cinéma ! s'exclame-t-il. Par la grâce du metteur en scène le plus décrié par la critique mais le plus aimé du public, Pierre Colombier (responsable par ailleurs du *Roi des resquilleurs, Ces messieurs de la Santé, L'Ecole des cocottes, Les Rois du sport* et autres joyeusetés non inscrites au programme de Polytechnique), *Ignace* devient un film. A part Fernandel, Alice Tissot et moi, la distribution change, avec Charpin, Saturnin Fabre, Dany Lorys, Nita Raya. Et l'accueil triomphal se poursuit dans les salles obscures. »

Bien sûr, tous ceux-là ne sont que des faire-valoir autour d'Ignace-Fernandel, mais ils assurent au public la vertu d'un clin d'œil que les générations futures sauront apprécier. Il se peut que pour certains, en 1991, vingt ans après la disparition du regretté comédien, *Ignace* n'évoque qu'un folklore comique couleur bleu horizon aux accents de Courteline et à la gaieté un peu démodée.

« Si Fernandel n'était que le témoignage animé de ce qui faisait rire nos grands-parents, son apport au cinéma serait déjà considérable », écrit pourtant Frédéric Mitterrand. Avec *Ignace,* l'acteur, il est vrai, est entré de plain-pied dans la légende dorée du cinématographe.

Nous sommes au mois de mars 1937 ; alors que les écrans parisiens affichent à la fois *Ignace, Josette, François Ier* et *Les Dégourdis de la 11e*, Fernandel a rejoint Marcel Pagnol sur les hauteurs d'Aubagne, au-dessus des Camoins, pour le tournage de *Regain.*

« Quelle ne fut pas ma surprise en arrivant dans la cour de la vieille ferme récemment remise à neuf et qui nous servait de quartier général, d'apercevoir tout à coup, à quatre-vingts mètres d'altitude, un village entier qui n'existait pas lors de mon premier séjour dans la région... Dans ce petit village, la maison de Panturle ainsi que la vieille église au charme désuet nous servirent souvent de salle à manger. Le grand air, le pastis, arrosé d'une eau de source glacée, aiguisaient notre appétit et nous fîmes bien des repas pantagruéliques au milieu des ruines toutes neuves... Les machinistes, les électriciens n'avaient pas changé ; nous étions tous heureux d'être de nouveau ensemble et du beau travail en commun que nous accomplissions. Quant à Pagnol, toujours d'une prodigieuse activité et le mot pour rire, il paraissait plus que jamais un jeune homme. »

Alentour, la population se passionne pour cette aventure peu banale. A commencer par ce brave curé attiré par l'église reconstituée avec un tel amour par le maçon Marius Brouquier que le père s'y trompe et veut y célébrer la messe ! Il n'y trouve que des projecteurs, des techniciens un peu étonnés de sa visite.

Gabriel Gabrio, Orane Demazis et Marguerite Moréno se partagent la vedette du film alors que Fernandel doit se contenter d'un personnage secondaire et quelque peu périphérique. De plus, Gédémus le rémouleur, colporteur veule, cupide et totalement sordide, a peu de chance de susciter la sympathie des spectateurs. Aussi Fernandel, demande-t-il à Pagnol de lui écrire quelques répliques tendant à rendre le personnage un peu plus acceptable, si ce n'est aimable.

Pour le rôle de Panturle, il a été question de Michel Simon, de Raimu...

Jean Valjean du cinéma muet, demeuré le colosse brutal du parlant, Gabriel Gabrio a finalement été engagé.

Pour la « mamèche », personnage exceptionnellement dramatique, Pagnol a fait « descendre » de Paris la grande comédienne Marguerite Moréno dont la relative disgrâce physique accentuera la pathologie angoissée de cette vieille Piémontaise gagnée par la folie.

Robert Le Vigan campe un brigadier de gendarmerie, Henri Poupon l'amoureux, Edouard Delmont le père Gaubert et Blavette son fils Jasmin, tandis que Milly Mathis sera Belline et Odette Roger Alphonsine, la femme de Poupon. L'univers de Marcel Pagnol — celui d'*Angèle* — est presque reconstitué.

Un moment, Pagnol songe même à faire profiter la pellicule de la présence d'Arthur Honneger venu s'imprégner de ce lyrisme provençal qu'il doit mettre en musique. On raconte aussi qu'à l'occasion, et vu sa forte constitution, Honneger prêtera sa main forte aux techniciens.

Pagnol fait habituellement équipe, avec son ami et compatriote Vincent Scotto (plus tard, son collaborateur attitré sera Raymond Legrand, le père de Michel). Cette fois, il a préféré engager le célèbre compositeur suisse.

Dans son recueil de confidences, Marcel Pagnol parle avec émotion de cette visite : « Il suivait de très près le tournage, puis, à la fin d'une scène, il s'éloignait, pensif, dans la pinède, en prenant des notes (c'est bien le cas de le dire) sur son petit carnet... Enfin, le soir, il s'enfermait dans son bureau et il composait une musique qui se révéla admirable et bien digne de l'œuvre de Giono. »

Commencé sous les bourrasques du mistral, terminé dans la froidure d'un hiver particulièrement rigoureux, *Regain* offrira à ce « village des poètes » (dont il subsiste encore aujourd'hui les ruines qu'on vient visiter du monde entier) une renommée éternelle.

Le film sort en octobre 1937. D'autres œuvres immortelles, comme *La Grande Illusion* (Jean Renoir), *Les Perles de la couronne* (Sacha Guitry) ou *Gueule d'amour* (Jean Grémillon, avec Gabin), sont aussi à l'affiche. Hélas, la critique n'entend point faire entrer *Regain* dans le même panthéon. « Il n'y a pas, pour un auteur de cinéma, d'entreprise plus dangereuse que de prétendre traduire à l'écran le lyrisme de M. Jean Giono », peut-on lire dans *L'Action française.*

Entre-temps, Marcel Pagnol n'a pas lâché ses comédiens. En mars, lors du dernier tour de manivelle il a réuni sa troupe. « Après-demain, nous tournons un autre film dans la campagne environnante et aux studios de Marseille », leur a-t-il annoncé, triomphant.

Fernandel — et les autres, Charpin, Odette Roger, Poupon, Orane Demazis — ont commencé à s'inquiéter. A tort, car même si Pagnol n'a pas encore écrit une ligne du script, il a déjà un titre : *Le Schpountz.*

Marius Brouquier sera le seul à se retrouver au chômage, *Le Schpountz* ne justifiant nullement l'emploi d'un maçon. A la projection de *Regain,* il en voudra d'ailleurs un peu à Pagnol de lui avoir fait construire un village entier pour n'en montrer que des espaces furtifs. « Mius, lui avait-il dit, maintenant tu vas me dresser à cet endroit une église de vingt mètres de haut. Mais ne va pas tant chercher, tu fais toujours trop solide, on dirait que tu bâtis pour l'éternité. C'est quand même que du cinéma... »

Certes, le cinéma n'est pas la réalité et c'est justement là tout le problème d'un certain Irénée. A force de vouloir réussir, il va devenir un « schpountz ». C'est dans la loge d'*Ignace* que Pagnol, semble-t-il a parlé pour la première fois de ce projet.

« Au bout d'un quart d'heure, j'étais emballé et je signai aussitôt avec lui, rappelle Fernandel [...] Plus tard, après *Regain,* au dernier tour de manivelle, Pagnol s'approcha de moi et me dit qu'on allait tourner dès l'après-midi.

« — Enfin, tu vas me donner mon texte ?

« — Quel texte encore ? Tu l'auras demain, je vais l'écrire aujourd'hui !

« Et effectivement, à la date prévue, Pagnol me remit la première page de son manuscrit et, jusqu'à la fin du film, j'ai toujours eu les dialogues la veille, sans savoir du tout ce qui se passerait le jour suivant. »

Pour écrire *Le Schpountz,* Pagnol entremêle donc les blagues des techniciens et les souvenirs de ses débuts aux studios de Joinville, en compagnie de réalisateurs de troisième zone et de producteurs tyranniques.

Il travaille dans une telle confusion que deux

comédiens, Pierre Brasseur et Roger Forster, interprètent le même rôle (qui change parfois de patronyme, de Lucien à Cousine) dans des séquences différentes.

Pagnol l'avouera volontiers : « Ce film, nous avons dû le tourner deux fois ». A cette époque, le cinéma n'était pas encore une industrie. On n'hésitait pas à tout recommencer. Dans la première version, Pierre Brasseur tenait le rôle d'un photographe de plateau ; quand Pagnol décida de repartir à zéro, Brasseur n'était plus libre, il fallut le remplacer. Cependant, si les spectateurs regardent bien, ils apercevront Brasseur une ou deux fois. Sa silhouette est le vestige de la première mouture dont certaines séquences, tournées en extérieurs, ont été conservées dans la deuxième. En regardant bien aussi, on reconnaîtra, figures épisodiques, deux hommes aujourd'hui célèbres : André Roussin et Louis Ducreux. A l'époque du *Schpountz,* tous deux venaient de fonder une troupe théâtrale qui devait acquérir une enviable notoriété sous le nom de « Rideau gris ».

Dès le début du film, le ton inimitable et mémorable est donné : Irénée-Fernandel est sommé par les techniciens de jouer une scène tirée du code civil.

« Tout condamné à mort aura la tête tranchée !

— Ce n'est pas gai, lui lance le chef opérateur Astruc, campé par Robert Vattier (l'unique Lyonnais de la trilogie, le fameux M. Brun).

— Ce n'est pas gai... c'est pas gai... non, mais ça peut le devenir. Je prétends, messieurs, poursuit Irénée-Fernandel, devant votre accueil amical, vous donner une démonstration complète de mes modestes mérites. Je vais, avec cette simple phrase, vous inspirer les sentiments les plus divers. Tout sera dans l'expression ! »

Et Fernandel mettra magnifiquement en valeur les indications sommaires du script : « On lui demande ensuite : tragique, interrogatif, dubitatif, inquiet, féroce (la première expression devant être pathétique). » Toujours selon Pagnol, « Fernand nous l'a improvisée cette étonnante séquence du *Schpountz* au cours du tournage ».

C'est ainsi que le spectateur a droit à un numéro d'anthologie d'expressions, suivi, on s'en souvient, d'une petite chansonnette ajoutée au montage avec l'accord de Fernandel.

Je n'ai jamais compris l'amour
Il est souvent aveugle et sourd
Pas besoin de discours
On y revient toujours !

Cette chanson, « L'amour incompris », fera comme à l'habitude l'objet d'un enregistrement en 78 tours. Jean Manse en a signé le texte et Casimir Oberfeld la musique. Une parenthèse s'impose au sujet de ce musicien prestigieux dont les passionnés du music hall n'ont pas oublié le nom.

Dans les années trente, Oberfeld a travaillé pour tous les grands : Mistinguett (« C'est vrai »), Arletty (« Comme de bien entendu »), Maurice Chevalier (« Paris sera toujours Paris ») etc. Quant à Fernandel, il lui a taillé un répertoire sur mesure où l'on retrouve d'innombrables succès, dont « Ne me dis plus tu », « Je vais au zoo avec Zizi » et la plupart des chansons de ses films *Les Dégourdis de la 11ᵉ*, *Le Rosier de Mme Husson, Barnabé, Raphaël le tatoué, Tricoche et Cacolet, Ernest le rebelle, Les Cinq Sous de Lavarède* et *Monsieur Hector*. La guerre interrompra ce compagnonnage ; Casimir Oberfeld, d'origine juive, étant déporté à Dachau.

Paradoxalement, cette tragédie nous ramène à la sortie du *Schpountz*. De nombreux critiques reprochèrent alors à Pagnol la peinture caricaturale qu'il fait du producteur Meyerboom (le sublime acteur Léon Bellières), un juif, dont la cupidité semble maladive malgré sa jovialité.

Certains journalistes de la presse d'extrême droite tâchèrent de récupérer Pagnol. Lorsque d'autres de ses amis lui prouvèrent l'importance de l'enjeu, il se décida finalement — et en catastrophe — à couper quelques scènes.

Raymond Castans, l'ami de Pagnol et l'un de ses biographes minutieux, se montre judicieux lorsqu'il compare *Le Schpountz,* au fameux film burlesque *Hellzapoppin.* Aventure cinématographique au tournage cahotique, *Le Schpountz,* terminé en mai 1937, repris en juillet, et modifié constamment jusqu'à sa sortie en salles, abonde en surprises visuelles.

Pagnol surveillera de très près l'exploitation de son film à l'Olympia.

« Au bout de quinze jours d'exploitation, il reçut un appel téléphonique du directeur de la salle.

— Dites, vous ne savez pas si Tino Rossi est malade ? s'inquiète-t-il.

— Non, pourquoi ? lui répond le cinéaste.

— Parce qu'il vient tous les soirs depuis quinze jours et ce soir, il n'est pas là. »

« J'ai compris, conclut alors Pagnol, que mon film allait marcher. »

De fait, on loue unanimement le tour de force du comédien Fernandel.

« Quant à Fernandel, écrit Maurice Bessy dans *Cinémonde,* il est extraordinaire de naturel, de talent, d'ingéniosité comique », tandis que Lucien Wahl, dans *L'Œuvre,* souligne que son travail « est ici de premier ordre ».

Dans ce film que Pagnol dit avoir écrit à l'intention de Fernandel — on peut présumer aussi qu'il pensa également à Raimu, Charpin et quelques autres... — une longue tirade sur la noblesse et la grandeur du rôle de l'acteur comique, occupe une place centrale. « Ce qu'ils viennent chercher, quand ils vont voir un comique, c'est un homme qui leur permette de s'estimer davantage. Alors, pour faire un comique, le maquilleur approfondira une ride, il augmentera un petit défaut. Au lieu de corriger mon visage, au lieu d'essayer d'en faire un type d'homme supérieur, il le dégradera de son mieux, avec tout son art. Et si, alors, j'ai un grand succès de comique, cela voudra dire que, dans toute la France, il ne se trouvera pas un homme, si bête et si laid qu'il soit, qui ne puisse pas se dire : " Ce soir, je suis content, j'ai vu et j'ai montré à ma femme un homme plus bête et plus laid que moi. " »

Cette percutante confession de foi entraîne aussitôt la célèbre réponse de Françoise, la jolie script-girl, campée par Orane Demazis, dont ce rôle marque le chant du cygne et sa séparation avec le cinéaste : « Quand on fait rire, sur la scène ou sur l'écran, on ne s'abaisse pas, bien au contraire, lance-t-elle à Fernandel. Faire rire ceux qui rentrent des champs avec leurs grandes mains tellement dures qu'ils ne peuvent plus les fermer, ceux qui sortent du bureau avec leurs petites poitrines étroites qui ne savent plus le goût de l'air, ceux qui reviennent de l'usine, la tête basse, les ongles cassés, avec de l'huile noire dans les coupures de leurs doigts. Ne dites pas de mal du rire... Il n'existe pas dans la nature : les bêtes ne savent pas rire, les arbres ne rient pas, les montagnes n'ont jamais ri. Les hommes seuls rient. Les hommes et même les tout petits enfants, ceux qui ne savent pas encore parler. Le rire est une chose humaine. Il n'appartient qu'aux hommes et c'est une chose que Dieu leur a peut-être donnée pour les consoler d'être intelligents. »

Ici, Fernandel trouve en Pagnol son Diderot et son Molière. Ce qui ne l'a nullement empêché de retourner à des productions de seconde zone aussi rapidement qu'il s'en était éloigné.

En 1937, on pouvait lire, étalé à la une : « Raimu et Fernandel seront-ils les Laurel et Hardy français ? »

Le 19 septembre de cette année-là, on venait de sortir *Les Rois du sport,* nouvelle aventure cinématographique commune de Fernand Contandin et Jules Muraire ; tous deux étaient issus des mêmes planches du Midi, et avaient, rappelons-le, débuté ensemble à l'écran dans *Le Blanc et le Noir,* en 1930. *Les Gaîtés de l'escadron* avaient suivi, puis il y eut un long silence de cinq ans pendant lequel Ignace ne rencontra pas César. Avec des dialogues signés Henri Jeanson et une distribution éclatante — Jules Berry et Julien Carette entre autres — *Les Rois du sport* laissaient espérer aux distributeurs une véritable manne financière. Pourtant, à l'entrée des salles de cinéma, ce fut le fiasco. On aurait certainement oublié cette pellicule, en dépit du tandem Jules/Fernand, si une script inconnue nommée France Gourdji n'était devenue, quarante ans plus tard, ministre de la Condition féminine sous le nom de... Françoise Giroud !

« Faire tourner ensemble deux vedettes dont chacune entendait ne pas laisser la préséance à l'autre : Raimu et Fernandel ! On devait exclure que l'une attende l'autre, ne fût-ce que soixante secondes, sur le plateau », se souvient-elle aujourd'hui.

Quoi qu'il en soit, comme toujours, l'expérience aura profité à Fernandel.

« Pour la première fois, dans *Les Rois du sport,* je fis connaissance avec le ring et me livrai contre le jeune champion Georges Flamant à un véritable match de boxe, déclare-t-il. Je dois avouer que je n'étais pas, de prime abord, très rassuré. Tout se passa cependant fort bien et je m'en tirai sans avoir été trop amoché. » Amoché, il le sera par les critiques, mais il n'en a cure.

Les Rois du sport a vu naître aussi une grande estime entre Fernandel et le célèbre ingénieur du son William Sivel ; jusqu'à *L'Homme à l'imperméable,* en 1956, les deux amis tourneront, au total, une dizaine de films ensemble.

« Dans le premier film que j'ai tourné avec M. Fernandel [on remarquera souvent que ses proches dans le travail, impressionnés sans doute, le tutoyèrent très rarement, pratique pourtant très courante sur les plateaux de cinéma], on avait tourné un superbe travelling parlant sur la célèbre Canebière dont, avec Raimu, il était devenu le centre d'attraction pendant le tournage...

... C'était une joie de tourner avec lui, ou de l'avoir comme vedette. Il créait une atmosphère extraordinaire de gaieté sur le plateau. De plus, il était tellement discipliné avec la technique et, pour l'ingénieur du son que je suis, c'était un plaisir de l'enregistrer. Lui au moins savait parler ! »

Sans être un échec total, *Les Rois du sport*, deuxième confrontation Fernandel-Raimu, ne rencontrera pas un grand succès.

Débordant de projets, entre *Le Schpountz* et *Les Rois du sport*, Fernandel a tourné *Un carnet de bal*, riche catalogue où viennent s'inscrire les vedettes du cinéma français. Outre Raimu (tiens, le revoilà), Louis Jouvet, Pierre Blanchar, Pierre Richard-Willm (dont Pagnol fait dire le plus grand bien dans le dialogue du *Schpountz*) et Harry Baur côté messieurs, le spectateur ravi y croise quelques-unes des grandes dames de l'écran, dont Marie Bell encore émue par « un merveilleux comédien nommé Fernandel » : « Je l'ai eu comme partenaire dans *Carnet de bal*, où j'ai découvert qu'il était autre chose que ce pitre couru par les plus mauvais cinéastes de la capitale. Il s'est révélé un acteur, un vrai, de plus très facile à jouer, sans aucune vulgarité, mais, bien au contraire et c'est ce qui m'a le plus surprise, d'une formidable élégance. Et au-dessus de tout ça, quel talent ! »

Premier film à sketches — la vogue du genre date d'ailleurs de son succès — *Carnet de bal* est une œuvre cynique, nostalgique et désabusée. A la Biennale de Venise il remportera la coupe « Mussolini » (!) du meilleur film étranger face à *La Grande Illusion* de Jean Renoir, et aux *Perles de la couronne* de Sacha Guitry.

On y trouve assurément la plus prestigieuse des distributions de l'avant-guerre. Fernandel ne peut que se réjouir des choix du metteur en scène, Julien Duvivier (qu'il retrouvera dans *Le Petit Monde de don Camillo* puis son *Retour, L'Homme à l'imperméable* et *Le Diable et les Dix Commandements*), même si le sketch qu'on lui a attribué n'est pas le meilleur, loin s'en faut. Louis Jouvet, par exemple, sera bien mieux servi par les dialogues d'Henri Jeanson. Mais toute apparition de Fernandel est désormais significative.

« Dans un art parisien, constate Frédéric Mitterrand, il imposa l'accent. Dans les règles du mélodrame bourgeois tout-puissant, il infiltra la gaudriole populaire peaufinée à longueur de soirées dans les music-halls et les attractions de l'entracte. »

Dans *Carnet de bal,* Raimu est le maire médiocre d'un petit village qui découvre la misère de sa vie. Fernandel, lui, incarne un modeste coiffeur de sous-préfecture, qui cache sous une apparente réussite un profond désarroi. Etrangement, les deux sketches se ressemblent et leur offrent le loisir de faire, malheureusement séparés, un grand numéro d'acteur. Il y avait là un duo auquel Duvivier ne nous a pas convié. Finalement, l'opération s'avère bénéfique pour Fernandel qui gagne un public habituellement fermé à ses bouffonneries. Certains garderont du film le souvenir de la fameuse « Valse grise », petit chef-d'œuvre signé Maurice Jaubert et joué par l'orchestre de Marcel Cariven.

A la fin d'un été passé aux « Mille Roses », Fernandel entre dans la peau d'Hercule, « fada » magnifique imaginé par Carlo Rim : « Notre première rencontre date de 1935, je venais d'écrire *Hercule ou l'Incorruptible* et c'est à Fernandel que je destinais ce rôle. L'extraordinaire doublé de Saturnin et d'Ignace avait donné à ce singulier comédien une séduisante complexité. Le personnage d'Hercule devait servir ce monstre hybride. Je lui racontai mon histoire : le richissime directeur du grand quotidien *L'Incorruptible* meurt brusquement sans avoir testé. Toute sa fortune échoit à son héritier direct, un enfant qu'il a abandonné jadis dans un petit village du Midi et qui a été adopté par un brave paysan de l'endroit. » Le tournage donnera lieu à un affrontement sans merci entre Fernandel et Gaby Morlay. Les différences de style et les rivalités de vedettes se mêlant dans cette obscure dispute.

Pour sa part Georges Debot, le biographe de la comédienne, écrit : « Elle a aimé le scénario, elle veut jouer le film, mais pas avec Fernandel. » Le réalisateur ne renonçant pas, Gaby Morlay finit par céder. Mais Fernandel sait qu'elle a voulu lui faire perdre le rôle. Lorsqu'il la rencontre pour la première fois, il la salue par « J'ai entendu parler de vous ! »

« " Votre visage ne m'est pas inconnu ", réplique Gaby Morlay. » A la sortie du film, le 5 mars 1938, leur relation n'est pas au beau fixe. « Il est évident que je ne pouvais pas sauver le film à moi seule », lâche-t-elle à Carlo Rim, ce qui, hormis Fernandel, n'est gentil pour aucun de ses partenaires : Jules Berry, les « inévitables » Delmont et Poupon de la « bande à Pagnol », Henri Crémieux et Pierre Brasseur.

Lors de la première du film, elle interrompit un poète félibre en train de déclamer du Frédéric Mistral — en provençal bien sûr — pour reprendre à son tour des vers déclamés en... arabe, langue qu'elle ignore parfaitement.

Gaby Morlay partagera de nouveau l'affiche avec Fernandel dans *La Cavalcade des heures,* en 1943, mais sans lui donner la réplique.

Tourné à Cassis, charmant petit port estival situé près de Marseille, *Hercule* sera terminé à Paris en septembre. Entretemps Fernandel répète un rôle qu'il connaît parfaitement pour l'avoir déjà défendu au cinéma : celui du héros (malgré lui), du *Rosier de Mme Husson* inspiré à Louis Verneuil par Guy de Maupassant, ici mis en musique par Casimir Oberfeld sur un livret de Jean Manse.

Ce retour à la scène est un exercice salutaire pour le Marseillais, repu de cinéma avec cinq, six, parfois huit, et même dix films par an, comme en 1934 où il a passé plus de trois cents jours sur les plateaux !

Le 16 septembre 1937, il s'entretient de ce prochain spectacle avec le journaliste Jean Rollot.

« J'étais un peu inquiet de voir ainsi porter le personnage du *Rosier* à la scène. Mais Louis Verneuil, auteur déjà de tant de pièces à succès, s'en est tiré avec beaucoup de tact et naturellement beaucoup de talent [...] Vous connaissez l'histoire. Dans un petit village, on ne trouve pas de rosière pour la fête annuelle. Alors on choisit un " rosier ", le fils de la fruitière : c'est moi [...] Enfin, me voilà redevenu vierge. Un rosier de trente-quatre ans et père de trois enfants, il faut avouer que ce n'est pas chose ordinaire ! »

Le lendemain, Fernandel retrouve la scène du théâtre de la Porte-Saint-Martin où il créa *Ignace* l'année précédente. Dans un tout petit rôle — celui d'Augustine — apparaît la pétulante Suzy Delair qui vient tout juste de débuter. Chanteuse du caf' conc', vedette à quatorze ans, star à dix-huit, elle symbolisera rapidement la vamp française, parfaite illustration de la chanteuse-comédienne à la gouaille, à la fougue et au glamour inégalés. Fort heureusement, son apport au petit monde artistique de Fernandel ne se réduira pas à cette seule figuration.

L'opérette subit d'abord les foudres de la critique et la froide réserve du public parisien. On peut lire, au lendemain de la première, une décharge de perfides allusions. « Bien entendu, dans tout ceci, il n'est question que de permettre à M. Fernandel de déployer son talent fait de fausse naïveté, de simplicité affectée et de roublardise de music-hall, constate M. Montgon dans *Le Petit Bleu.* Comment un acteur qui, au cinéma, sait avoir de la mesure, peut-il en manquer à ce point sur la scène ? » La déception semble vive à voir le comique s'embourber ainsi dans les effets les plus pesants, même si le théâtre finit par afficher complet : il faudra même rouvrir le cinquième balcon de l'établissement fermé depuis des lustres. Tout compte fait, le public versatile, a adopté ce rosier.

Le carnet des rendez-vous cinématographiques, discographiques et radiophoniques de Fernandel est surchargé. Où donc le comédien a-t-il pu prendre le temps de rencontrer, dans le cadre familial de son sept-pièces de l'avenue Trudaine, le journaliste Pierre Barlatier ? Car ensemble, depuis de longs mois déjà, ils rédigent les *Mémoires de Fernandel* à l'intention du grand quotidien parisien *Le Soir.*

Parus entre le 27 octobre et le 18 novembre 1937, jamais réédités depuis, ces *Mémoires* vaudront au journal une augmentation substantielle de son tirage.

Désormais, Fernandel est devenu, comme on dit à l'époque, une « très grosse vedette ». Son sourire est partout et, non content d'envahir les magazines, s'insinue dans les vitrines, orne les murs des salles à manger, des arrière-salles de bars, submerge les palissades et les murs des grandes cités. Lorsque la revue *Life* voudra présenter aux Américains l'exacte figure du Français, c'est une photographie de Fernandel qu'elle publiera !

Bien avant de rencontrer l'ineffable Jean Nohain et ses « Trente-six chandelles », l'acteur s'intéresse à la grande aventure des ondes. Le 11 décembre 1937, invité par Radio Cité où ses disques connaissent depuis longtemps une belle carrière, il se plaît à accepter le jeu d'improviser quelques arlequinades militaires sur l'antenne.

« Je dois avouer que cette soirée radiophonique

me plaît beaucoup. *La consigne est de ronfler,* de Grange et Lambert Thiboust, a le charme un peu vieillot des amusants vaudevilles de l'époque 1900. *L'Ardent Artilleur* est du meilleur Tristan Bernard ; enfin, *Lidoire,* de Courteline, me plaît par-dessus tout. » Rappelons qu'il vient d'interpréter cette dernière comédie au cinéma sous les caméras de Maurice Tourneur...

En tête du box-office — il est numéro un devant Danielle Darrieux et Jean Gabin — Fernandel croule sous les contrats. Outre une tournée en province avec *Ignace* (d'abord à Marseille, ce qui lui permet de passer Noël en famille, puis à Lyon), il prépare divers tours de chant dans quelques grandes villes du Midi. De retour à Paris, il devra honorer cinq autres engagements cinématographiques pour la seule année 1938.

Dès janvier, il retrouve le metteur en scène Alexandre Esway sous la direction duquel il vient de tourner *Hercule.* Ce nouveau film, *Barnabé,* deviendra célèbre grâce à une chanson qu'il s'empresse d'ailleurs de graver dans la cire. Lequel d'entre nous a oublié le fameux :

Barnabé, Barnabé
C'est assez facile à épeler
Barnabé, Barnabé
B ar bar na na bé bé !

De ce jeu syllabique en apparence banal, il fera un extraordinaire succès, grâce à sa diction parfaite.

Dans cette charmante opérette filmée, Fernandel est entouré de ses partenaires habituels (Marguerite Moréno, Paulette Dubost, etc.) et d'autres qui le sont moins. Ecoutons plutôt Andrex, lui aussi de la fête. « Il y avait aussi le garde-chasse fou furieux, Hilaire, joué par Noël Roquevert dans le style burlesque américain [...] Roland Toutain, cascadeur exubérant, tout fou, rayonnant, saugrenu et qui, bien que de mœurs normales, se mit un jour en tête, juste pour rigoler, d'embrasser le chef de production, homme grave, sur la bouche. »

Ce climat d'humeur joyeuse ressemble à s'y méprendre à celui qui régnait, dans les pinèdes provençales, lors des prises de vues du *Schpountz.* C'est sans doute parce que les dialogues de *Barnabé* sont écrits par Paul Nivoix, ami intime de Pagnol et co-auteur avec lui des *Marchands de gloire* publié en 1926.

« Une fantaisie débridée régnait dans les horaires, écrira Robert Vattier, alias M. Brun, dans ses savoureux souvenirs. On ne tournait point pendant trois ou quatre jours puis, pour rattraper le temps perdu, on travaillait pendant quarante-huit heures sans arrêt. » S'inscrivant dans la veine tragi-comique qui sied merveilleusement à Fernandel, Barnabé sera une réussite.

Au mois de mars 1937, l'acteur partage son temps entre deux films qui sont, une fois de plus, l'occasion d'émouvantes retrouvailles.

Le premier, *Raphaël le tatoué,* marque une innovation dans sa carrière : l'art du dédoublement dont il fera par la suite maintes fois usage (de *L'Héritier des Mondésir* jusqu'à *Dynamite Jack*).

« Un Fernandel à transformation physique », annonce d'ailleurs la publicité de cette œuvre de Christian-Jaque dont le scénariste n'est autre que Jean Nohain. La trame permet à Fernandel de composer un personnage solide, entouré de caractères secondaires fortement typés et destinés à soutenir son jeu. Il y a là Armand Bernard (le patron Roger Drapeau), Aimos (Musse, sorte de fade prétentieux), Léon Bellières (l'impayable président Brick), René Génin (en idiot campagnard) et bien d'autres figures populaires qui se succèdent dans des scènes plutôt cocasses. On remarque aussi dans le film la jeune Madeleine Sologne ; en 1943, elle incarnera la mythique Yseult, aux côtés de Jean Marais, dans *L'Eternel Retour,* de Cocteau et Delannoy.

Rien n'est épargné dans cette satire des mœurs de l'époque, de la nouvelle mode des Luna Parks à la vogue des films de « gouapes » (style Gabin), des fanatiques allemands, le bras tendu, aux Russes présentés sur l'air des « Bateliers de la Volga ». Tout cela ne vole pas bien haut mais on peut penser que Christian-Jaque, en bâclant son film, tentait de mettre un terme à dix années de vaudevilles et de grivoiseries, tout en livrant un authentique burlesque « à la française ». Pour Christian-Jaque, il est temps de raccrocher au magasin des accessoires les vieux uniformes à galons, défroque d'une époque (presque) révolue...

Reste une chanson à succès tirée du film, accompagnée des variations grimacières les plus drolatiques de Fernandel, « Un vrai, un dur, un tatoué », dont le 78 tours sera un tube avant la lettre.

Tricoche et Cacolet, le film suivant ne permet guère à notre comique de tirer un trait définitif sur le passé. Revoilà le metteur en scène Pierre Colombier, et avec lui le spectre de grotesques pantalonnades.

Heureusement, le scénario, tiré d'une pièce signée Meilhac et Halévy, est excellent et rend l'œuvre fort plaisante bien qu'elle demeure à ce jour l'une des moins connues de la prolifique filmographie de Fernandel.

Celui-ci campe Tricoche, un escroc à la petite semaine qui, sous le couvert d'une agence de détectives, cherche à s'enrichir sur le dos d'un banquier. Parmi les comédiens qui servent cette intrigue, on relèvera les noms d'Elvire Popesco, extraordinaire en autoritaire Bernardine, Ginette Leclerc, presque aussi canaille que dans *La Femme du boulanger,* Jean Weber, remarquable « jeune premier » de la décennie, et surtout Saturnin Fabre qui, dans ses Mémoires intitulés *Douche écossaise,* précise ironiquement qu'il a tourné *Tricoche et Cacolet* pour « les bonnes œuvres », *Ignace,* pour payer « ses impresarii à dix pour cent » et *Les Dégourdis de la 11e* pour « récupération de ses chèques sans provision ». Fabre était un de ces excentriques du cinéma français que Fernandel appréciait grandement.

Au printemps, l'acteur regagne Marseille afin d'y passer quelques jours en famille. Il se prépare à rejoindre Maurice Cammage pour le tournage des *Cinq Sous de Lavarède.*

Auparavant, il devra répondre à la fallacieuse attaque de l'un de ses anciens employeurs, M. Richelme. Dans les *Mémoires* écrits par Pierre Barlatier, Fernandel a ironisé sur la savonnerie de ce dernier « mise en faillite ». L'industriel a pris la mouche, arguant que son entreprise a été fermée sans connaître de liquidation. L'affaire est juteuse pour la publicité personnelle de l'ex-homme d'affaires qui attaque donc la vedette numéro un du cinéma français pour diffamation ! Débouté une première fois, il engage un recours devant le tribunal d'Aix-en-Provence où Me Vienney est chargé de défendre le comédien.

« Si mon client est un grand artiste, plaide l'avocat, il ne manie la plume qu'occasionnellement et les termes employés l'ont été sans arrière-pensée ! »

Pleinement satisfait de l'argument de la défense, le président du tribunal ne résiste pas au plaisir d'entendre Fernandel à la barre. Ce dernier s'étonne de l'hostilité de cet ancien employeur dont il parle par ailleurs en termes fort polis.

Le verdict de la cour aurait pu lui être fatal en ces temps où un procès ruinait facilement une carrière. Il n'en fut rien. « Le juge de droite riait, mais celui de gauche ne m'aimait pas, assure Fernandel. S'il avait été tout seul, j'aurais été condamné. »

En tout temps, les journalistes se sont montrés impitoyables à l'égard de Fernandel. Un jour, l'un d'eux annonce que la vedette « touche un million par film et refuse deux millions et demi pour se rendre en Amérique ». « Pourquoi ne lui répondrais-tu pas ? » lui glisse la fidèle Henriette.

Aussitôt dit, aussitôt écrit, la missive arrive au journal *Heures de Paris* et bénéficie aussitôt de la une. Ce droit de réponse vaut au journaliste incriminé un beau souvenir calligraphié, relique dont rêveraient bien des admirateurs du comédien.

« Il faudrait que j'aie une piètre opinion de moi-même pour avoir une exigence pareille. J'ai du succès, c'est vrai, mais je ne suis pas grisé à ce point et je comprends très bien qu'il ne faut pas profiter d'une popularité pour prendre à la gorge les producteurs qui, d'ailleurs, ne marcheraient pas, car ils peuvent vouloir une vedette à condition que, malgré sa valeur commerciale, elle n'entrave pas la réalisation du film par ses prétentions. A titre documentaire, j'ai touché deux cent mille francs pour *Ignace* et *Les Rois du sport* et, jusqu'à présent, je n'ai pas encore dépassé trois cent cinquante mille francs. Vous voyez comme nous sommes loin du million et qu'il n'y a rien de vrai dans ce que vous écrivez.. »

Heures de Paris, ce 28 avril 1938, doubla, dit-on, ses ventes !

Le mois suivant, il aborde le tournage des *Cinq Sous de Lavarède.* Hélas, le producteur ne trouvera pas le financement nécessaire et le film doit être interrompu. Le tournage reprendra en septembre. Heureusement, Christian-Jaque, las d'être inactif, lui propose un scénario et surtout des dialogues de Jacques Prévert. On ne refuse pas un texte de celui qui vient de signer *Drôle de drame* ou *Quai des brumes.*

Cet *Ernest le rebelle* va donner lieu à une joyeuse équipée sous le soleil de Nice, non sans quelques souvenirs cuisants : d'abord, la chaleur torride dans laquelle la Provence est plongée en cet été 1938 ; ensuite une mauvaise chute sur un (vrai) cactus (bilan : une épine enfoncée dans les côtes) ; puis une (fausse) explosion dont il ressort avec le poil roussi ; enfin dans une scène où il lui faut ingurgiter des bananes, la prise de vues dure six heures !

Le fameux « Coupez ! on recommence » n'est pas toujours d'une folle gaieté dans le quotidien d'un comédien. Séquences de noyade ou encore mal de mer et crampes d'estomac : ce film haut en couleurs aura réclamé de Fernandel de nombreux exploits physiques.

A cette parodie burlesque de révolution sud-américaine, Le Vigan apporte la démesure du drame que son proche futur lui donnera d'affronter. Après la guerre, cet aventurier du cinéma français, pétainiste acharné, fuira le France, pourchassé jusqu'en Espagne où il s'était caché. Il finira sa vie misérablement en Argentine, ce pays même dont il incarnait un haut dignitaire dans *Ernest le rebelle.*

Agrémenté de chansons, le film connaît le prolongement discographique habituel. Mieux encore, les succès de « Ma créole » et d' « Ernestito » dépassent, et de loin, celui du film :

La nuit et le jour,
je pense toujours à ma créole
Ses cheveux crépus,
ses lèvres lippues, moi j'en raffole

Sur un air de valse-java, une ravissante exotique aux yeux doux contemple le héros. Dans une autre séquence, après « Ignace » et « Barnabé », le paso doble intitulé « Ernestito » entre dans l'étonnante galerie des chansons-prénoms chères à l'interprète et à ses deux auteurs attitrés, Jean Manse et Casimir Oberfeld.

Le ton caricatural de l'ensemble déplaît à la critique qui boude cette joyeuse bande, quelque peu reniée par Fernandel lui-même. *Ernest le rebelle* n'est pas le triomphe que l'on attendait. En effet, malgré tout son talent, Jacques Prévert, le scénariste de cette histoire qui se voulait cocasse n'a pu se résoudre à faillir à sa vocation d'humoriste noir et les trois meurtres dont il a pimenté, à dessein, l'aventure, agissent évidemment à l'inverse de l'effet comique escompté.

Pourtant, le sujet était burlesque. Ernest, stewart à bord d'un paquebot, est oublié dans un port d'Amérique centrale. Pour subsister, il est forcé de s'engager dans une plantation où, bête noire du directeur, il devient un véritable forçat. Un jour, le gouverneur de la région, brute sanguinaire, le promet au poteau d'exécution. A la suite de différents épisodes, Ernest soulèvera le pays, le délivrera du joug malfaisant et le quittera avec sa bien-aimée, la propre femme du détestable directeur.

« Malheureusement, la vision d'*Ernest le rebelle* ruine totalement les idées du scénario, écrit Raymond Chirat. Est-ce par souci de ne pas bouleverser les habitudes du public vis-à-vis de Fernandel qu'on multiplie les appels à la farce la plus grosse ? Courses folles, explosions à base de noir de fumée, vêtements déguenillés de façon cocasse, bastonnades à intentions comiques, chaque trait est lourdement appuyé et l'interprétation des autres rôles n'allège pas l'ensemble. » Mais, dans sa conclusion, Raymond Chirat préfère souligner le travail singulier du comique. « Le meilleur du film, c'est encore la silhouette de Fernandel. »

De fait, les courts moments où il pousse la chansonnette s'affirment comme les plus savoureux de ce film raté. Ce ne sera malheureusement pas le dernier.

A peine Ernest s'en va que Lavarède reprend ses droits. En septembre 1938, donc, le laborieux tournage de *Lavarède* repart sous la direction d'un metteur en scène ravi : « L'entrain, la bonne humeur de Fernandel nous furent d'un grand secours : toujours prêt à tout, il acceptait avec le sourire les instants les plus désagréables », affirme Maurice Cammage.

Paru en 1894, *Lavarède,* roman de Paul d'Ivoi, d'abord adapté au théâtre, fit les beaux jours du Châtelet, puis l'objet d'un film muet interprété par le comédien Biscot avant d'être repris par Fernandel. Cette fiction optimiste lui donne la part belle dans le rôle d'un impécunieux aventurier qui, pour hériter de vingt-cinq millions, devra effectuer le tour du monde en cent jours, avec seulement cinq sous en poche (vingt-cinq centimes).

Lavarède, héros littéraire cher à la jeunesse des années d'avant-guerre, a été quelque peu remanié pour notre comique national que l'on retrouve sous les déguisements les plus divers, empruntant presque tous les moyens de transport possibles : bicyclette, train, camion, avion et même une caisse et un cercueil !

En ces périodes troubles de l'avant-guerre, *Lavarède* est comme une bouffée d'air pur dans la torpeur de la production française. C'est, du moins, l'espoir du réalisateur lorsqu'il annonce au cours de la préparation : « Après tant de sujets âpres ou morbides, peuplés de désaxés et d'anormaux, semés de drames, de meurtres ou de suicides, voici un grand film sain, optimiste et gai qui vient à son heure. »

Alors presque au zénith de sa gloire, Fernandel fera l'unanimité autour de lui dans ce film qui, par l'ampleur de ses moyens et la variété des décors, étonne encore les amateurs de ce style de divertissement.

Côté acteurs, on remarque Josette Day, future « fille du puisatier » et égérie de Pagnol, Marcel Vallée, le M. Muche des deux versions de *Topaze,* Jeanne Fusier-Gir, éternelle « grenouille de bénitier » du cinéma français, et l'inséparable Andrex. Promis à une belle carrière, le film sort le 8 mars 1939, alors que le climat international est à la guerre. Plus tard, les autorités allemandes d'occupation, sans interdire son exploitation, exigeront quelques coupures dont, semble-t-il, une chanson de Fernandel, « Par Brahma » !

Au début de l'année 1939, Fernandel répond présent à l'appel d'un curieux bonhomme solidement implanté dans le cinéma français. Ancienne vedette du muet, directeur d'une vingtaine de théâtres, librettiste pour le Moulin-Rouge, François Large est finalement devenu distributeur de films sous le pseudonyme de Fernand Rivers.

A soixante ans, ce tâcheron de la caméra se propose de filmer un sujet écrit par Jean Manse : *Berlingot et Cie.* Cette histoire de deux braves types, vendeurs de bonbons dans les fêtes foraines, et de leur petite protégée, met en présence Fernandel et Charpin pour la énième fois. Mais ici point de Pagnol pour les conduire et l'affaire tourne court rapidement.

Dans cette œuvre malgré tout nostalgique, pleine de tendresse et de mélancolie, l'amateur averti guettera les beaux visages de Fréhel en bohémienne et de Suzy Prim, qui n'est pas sans rappeler Mistinguett. Chacun enfin regrettera l'absence d'... Andrex car ce diable d'acteur faisait bel et bien partie de la distribution de ce mélo.

« J'avais été engagé pour ce film que Fernand tournait à Marseille. Or, moi, je me trouvais à Paris. Sur la route, un repas copieusement arrosé a eu raison de mon contrat : je me suis endormi au volant et réveillé dans un hôpital. Bilan : Une belle entaille au front, quelques côtes fêlées et pas d'Andrex au générique de *Berlingot et Cie !* »

En mars 1939, tandis que s'achève le tournage de *Berlingot et Cie* sans Andrex, celui de *Fric-Frac,* film de Maurice Lehmann et Claude Autant-Lara, commence avec lui. Le tournage va donner lieu à un nouveau face-à-face épique de la rencontre Fernandel-Michel Simon :

« *Fric-frac,* c'était les grands débuts de Fernandel

et la rencontre de ces deux " gueules ", ça n'a pas gazé, lance Arletty dans ses souvenirs. Dans le film, ils ne s'aimaient pas et, en studio, c'était pire ! »

Fric-frac est en fait le résultat d'une longue et tumultueuse aventure. En février 1935, au théâtre de la Madeleine, Arletty et Michel Simon jouent ensemble *Les Joies du Capitole,* une opérette de Jacques Bousquet et Albert Willemetz. Un soir, Edouard Bourdet vient leur proposer de monter une de ses pièces intitulée *Fric-frac.* L'auteur, sérieux, très austère même d'apparence, leur apporte en fait une comédie alerte, gaie et plutôt tonifiante. Une pièce spécialement écrite pour eux.

Elle sera créée le 15 octobre 1936 sur la scène du théâtre de la Michodière avec l'immense comédien Victor Boucher dans le rôle de Marcel, modeste et naïf employé de bijouterie qui se fait rouler par Jo les bras coupés (Michel Simon), un arnaqueur à la petite semaine flanqué de la jolie Loulou (Arletty). L'employé modèle se découvre une âme de voleur pour les beaux yeux de Loulou, mais il rencontrera à temps l'amour avec la fille de son patron. Et pourra ainsi rentrer dans le droit chemin...

La pièce fait un triomphe tandis que Bourdet, le jour de la première, est nommé administrateur de la Comédie-Française. Un homme donc qui aime les acteurs.

Pas Fernandel en l'occurrence.

Car lorsque le cinéaste Maurice Lehmann lui propose d'adapter sa pièce à l'écran avec Fernandel, il déclara : « Ah non ! Tout, mais pas Fernandel ! »

Hélas, à soixante ans, diminué par la maladie, Victor Boucher ne peut sérieusement songer à reprendre ce rôle qui réclame beaucoup d'entrain. Bourdet propose dix, cent autres noms de « jeunes premiers » en vogue... Son ami Lehmann tient bon, ajoute, narquois, insistant, persuasif : « Ce Marseillais est jeune et charmant. Son talent original et spontané donnera, j'en suis sûr, un ton différent à votre personnage, sans que vienne s'interposer le souvenir de Boucher. » L'affaire piétine d'autant que Michel Simon, entre-temps, est intervenu. Autant dire qu'il fulmine. « Comment ? On ne verra pas Boucher. Cet être délicieux et imprévisible qui nous a fait rire tous les soirs pendant les représentations ! Qu'est-ce que Fernandel à côté de lui ? » Pour tout commentaire, ce dernier rappelle qu'il est « commercial et classé numéro un ».

Ce qui est vrai et largement suffisant pour Lehmann qui emporte la cause mais pas la victoire.

En mars 1937, aux studios d'Epinay, la partie s'annonce mal pour le metteur en scène, tiraillé entre deux monstres sacrés... et sacrément cabochards ! « Entre Michel Simon et Fernandel, ce fut, dès le début, la guéguerre. D'abord l'affiche : Fernandel, plus célèbre au cinéma que Michel Simon, venait en tête. Michel Simon faisait la sienne aux répétitions, tandis que Fernandel se donnait à fond. C'est à peine si Michel Simon mâchouillait ses répliques [...] On recommençait les plans six à huit fois. »

Souvent, Fernandel va trouver Lehmann. « Mais Maurice, comment veux-tu que je joue si ce bougre d'âne ne répond pas à mes répliques ? »

Le metteur en scène rassure le Marseillais. « Tu verras, au " moteur ", il va jouer le jeu ! »

Pourtant, Michel Simon recommence à bougonner et fout la scène en l'air. Pour venir à bout du film, il faudra non seulement la patience des techniciens mais aussi des autres comédiens, dont Andrex, l'inévitable mauvais garçon de service, gouailleur à souhait en P'tit Louis.

« Heureusement, précise Arletty, Fernandel possédait un caractère en or ! »

Sur le plateau, donc, règne l'absence de sénénité et de simplicité. Ainsi que Lehmann le raconte à Jacques Lorcey, on frôle perpétuellement la catastrophe. « Pour la scène de ce qu'on appellerait aujourd'hui " une petite bouffe ", il y eut un incident : dans le décor de la chambre de Loulou (Arletty), Jo et Marcel devaient faire une sorte de pique-nique pour lequel on avait prévu, outre le " kil de rouge " et le camembert réglementaires, du jambon. Jo et Marcel — c'est-à-dire Michel Simon et Fernandel —, après s'être grisés de concert, devaient échanger des déclarations d'amitié. " Tu es mon pote ! " disait Jo à Marcel. Michel Simon y mettait peu de conviction. Il fallut recommencer la prise plusieurs fois. Sous les lumières, le jambon transpirait : à chaque prise, on le changeait. Enfin, la scène fut terminée. Le lendemain, Michel Simon se fait porter malade : crise de foie, me confirma l'assurance. Quand il revint au studio, quarante-huit heures plus tard, c'est tout juste s'il n'accusa pas Fernandel et le jambon de l'avoir conjointement empoisonné. »

La direction des acteurs est d'autant plus difficile que la distribution compte dans ses rangs, et dans des rôles fort modestes, d'anciennes gloires qui, selon l'expression d'Arletty, sont « tombées dans la bibine » ou carrément oubliées... De plus, Lehmann, producteur du film, n'est pas seul maître à bord. Il partage la réalisation avec le « conseiller technique » qui cosigne tous ses films, et dont le nom fera le tour de la planète : il s'agit de Claude Autant-Lara. « D'ailleurs, précise toujours Arletty, c'est lui qui a dirigé les principales scènes du film et non Lehmann. »

Immortel trio de monstres sacrés du cinéma, *Fric-frac,* bourré de mots d'argots dus à l'imagination fertile de Fernand Trignol (roi de la langue verte dans les années trente), demeure un film admirable au sein duquel Fernandel se taille un joli succès d'estime, la palme revenant à la création époustouflante de Michel Simon.

Mais plus jamais Fernandel ne refera l'expérience, s'abstenant de toutes relations avec ce « Suisse mal luné », selon sa propre expression.

Chacun de ces acteurs va suivre sa propre trajectoire, la décennie suivante dont le moins qu'on puisse dire est qu'elle s'annonce non sous un ciel d'étoiles, mais sous un déluge de fer et de feu.

Déjà, sur le tournage de *Fric-frac,* Fernandel s'en est lui-même inquiété auprès d'un journaliste. « Qu'est-ce que vous voulez, explique-t-il à Jean Oberlé, quand vous avez écouté un discours de Mussolini et qu'après on vous assène un film sérieux du genre " artistique ", vous ne dormez plus de la nuit... vous êtes trop triste... Tandis qu'à un film de moi, on est sûr de rigoler, de voir la vie en rose pendant au moins deux heures ! »

Ces craintes vont se confirmer avec un voyage inattendu. *C'est un mystère* (rebaptisé ensuite *L'Héritier des Mondésir*) est tourné à Berlin où Fernandel se rend. Nous sommes en mai 1939, le mois où l'Italie signe le pacte qui annonce une guerre imminente. Sur les ordres de Hitler, la Wehrmacht se prépare à envahir la Pologne.

Albert Valentin, ancien assistant de René Clair engagé dans les studios teutons, dirige cette comédie grinçante et désopilante où Jules Berry offre un numéro d'exception et Elvire Popesco campe avec brio une charmante femme de petite vertu.

Fernandel n'est pas très bien servi par le scénario Aurenche-Bost, tandem inspiré de tant de futurs succès de Claude Autant-Lara, et des meilleurs films des années quarante. Dans des scènes poussives et interminables comme celle du séducteur éconduit, le talent du comique marseillais a du mal à percer.

Le musicien Georges Van Parys lui-même se montre peu inspiré. Avec « Je me mens », il livre sans doute à la hâte une chanson insipide dont on aura du mal à croire qu'elle vient tout droit du pupitre de cet immense créateur. Exit l'intermède berlinois.

Fernandel, inquiet, regagne précipitamment sa

chère ville de Marseille aux premiers jours de juillet 1939. « En Allemagne, la jeunesse pratique tous les sports et surtout la marche à pied ! » ironise-t-il, non sans angoisse.

La lourdeur des chaleurs estivales accompagne la mobilisation. La menace des forces allemandes se précise.

A Paris, le 26 août, Edouard Daladier, président du Conseil, affirme que « le sort de la paix se trouve entre les seules mains de Hitler ». Le dictateur rétorque qu'il est « trop tard pour envisager des solutions pacifiques »... Certes, un peu partout dans le monde, le spectacle continue. Tandis qu'en Amérique Glenn Miller enregistre « In the mood » et que New York applaudit *Le Magicien d'Oz*, la France découvre *La Règle du jeu* de Jean Renoir, et prime le meilleur film de l'année, *Quai des brumes*. Mais ces deux œuvres moroses sont annonciatrices d'un ordre nouveau. Le pire est à craindre...

Dans la nuit du 23 août le pacte de non-agression germano-soviétique est signé à Moscou. Le 30, la Pologne se mobilise. Le lendemain, le pays est envahi. Le 3 septembre, à onze heures du matin, la Grande-Bretagne se voit contrainte de déclarer la guerre à l'Allemagne. A dix-sept heures, ce même jour, la France entre à son tour dans le conflit.

Après l'ultime tentative du manifeste pacifiste signé, entre autres, par Jean Giono et Henri Jeanson (tous deux arrêtés), les artistes et les intellectuels font bloc autour du gouvernement.

De son côté, le nommé Fernand Désiré Contandin se présente au 15ᵉ escadron du train des équipages. La belle caserne fièrement dressée près du Prado, au château des Fleurs, se prépare à accueillir le plus célèbre des soldats français.

« Heureusement, comme au cinéma, j'ai fait la guerre pour rire », avoue Fernandel. Assurément son premier tour de garde provoque quelques belles bousculades. « Té ! vé ! Fernandel ! » s'exclament surpris les premiers passants. Puis ils s'arrêtent par dizaines, forment un incroyable attroupement. Bientôt la guérite oscille sous le mouvement. Il faut appeler des soldats à la rescousse pour disperser cette amicale manifestation. « A vrai dire, je les avais mis en garde, raconte Fernandel. Il est vrai que déjà je ne pouvais pas stationner en plein cœur de Marseille sans provoquer des attroupements. Mais les ordres d'un adjudant. »

A quelques kilomètres de là, la « vieille garde » s'est prudemment retirée. A Bandol où il possède une propriété, Raimu à son habitude fulmine ; mais en famille ou entre amis, car il invite souvent Andrex ou Rellys à venir partager son vin et ses conserves.

A Marseille, le soldat Contandin sera exempté de garde jusqu'à la démobilisation. Déjà, le théâtre aux armées le réclame. Le voilà sous les voûtes de béton de la ligne Maginot où il reprend, pour les jeunes recrues, les variétés moyenâgeuses de Polin (disparu douze ans plus tôt). Vite libéré, le deuxième classe Contandin, rendu à la vie civile, reprend aussitôt son nom... de guerre : Fernandel !

En janvier 1940, il renoue avec le cinéaste Jean Boyer. Décédé en 1965, ce dernier sera le « metteur en images » le plus assidu du comédien ; ils tourneront ensemble neuf films, souvent bâclés ; pourtant, derrière le comique facile, se révèle, à chaque expérience, le grand talent de Fernandel.

Ces « navets » (il employa lui-même souvent ce mot éloquent pour désigner sa filmographie), Fernandel les fait pour rire et avec lui, plus que jamais, l'humour apparaît comme une politesse du désespoir.

Première péripétie de l'équipée Fernandel-Boyer. *L'Acrobate* porte bien son nom pour avoir été réalisé sans filets. « Je me souviens, raconte le journaliste Robert Chazal dans *France-Soir*, d'une improvisation sensationnelle qu'il avait faite sur le plateau. Alors que le metteur en scène Jean Boyer hésitait sur le ton à donner à une scène, Fernand s'était écrié : " Je peux te la jouer de toutes les manières cette scène. " Il l'avait alors interprétée quinze fois de suite et à chaque coup d'une façon différente. Lui seul pouvait faire preuve d'une telle virtuosité. »

Néanmoins, le talent ne suffit pas à sauver *L'Acrobate* de la médiocrité.

Un producteur qui avait remarqué que Fernandel était souvent associé à une activité sportive : aviateur (dans *Ademaï*), boxeur (dans *Les Rois du sport*), coureur automobile (dans *Raphaël le tatoué*), etc., s'était dit : pourquoi pas acrobate ? Mais un film ne peut reposer sur une seule idée. Oublions donc que « l'ennui naquit un jour de l'uniformité » en dépit des merveilleux Jean Tissier et Jean Brochard qui donnent là des compositions originales. Passons plutôt à l'expérience suivante, mieux fondée.

On l'a vu, la France en guerre a été mise à genoux. Enrôlés, prisonniers, en fuite, les hommes ont déserté les studios où ne sont restés que les trop jeunes et les trop vieux. Curieusement Marcel Pagnol, âgé de quarante-cinq ans, fait partie de cette seconde catégorie. A la différence de son ami Raimu exilé, le cinéaste s'est enfermé dans son bureau parisien de la rue Fortuny, attendant « que ça se passe »... Mais la situation ne fait qu'empirer.

Pire encore, une exceptionnelle vague de froid s'abat sur l'Europe en ce début 1940. On rationne la viande. A la tête d'une France à la dérive, valsent les présidents du Conseil. Aux Etats-Unis sort *Le Dictateur,* œuvre magistrale de Chaplin. Ici chacun s'inquiète de la fermeture des studios, Boulogne-Billancourt, Joinville et Saint-Maurice.

La comédienne Josette Day, partenaire de Fernandel dans *Les Cinq Sous de Lavarède,* apporte un rayon de soleil dans la vie de Pagnol. « La rencontre de Josette, écrira Pagnol dans une lettre adressée à Raimu, a été l'événement le plus important de ma vie. » Les deux hommes se revoient enfin à Marseille, tombant dans les bras l'un de l'autre.

« Alors, on se le fait ce film ? questionne le cinéaste.

— Je te le signe tout de suite, répond Raimu.

— Dans ce film, dit Pagnol, je veux aussi avoir Fernandel. On pourrait peut-être lui obtenir une permission exceptionnelle. »

L'affaire est aisée. C'est en fait le service cinématographique des armées qui a proposé à Pagnol de contribuer à « un rapprochement franco-italien ». Ceci explique le nom à consonance transalpine du héros de *La Fille du puisatier :* Amoretti.

Le cinéaste mêle habilement les contraintes de la commande et ses propres désirs. « Puisque nous tournons près de Marseille où Fernandel est en caserne — et qu'il s'agit d'une œuvre " patriotique " — j'obtiendrai pour lui une permission ; en son absence, nous pourrons réaliser tout de même une bonne partie du film. »

Le tournage de *La Fille du puisatier* commence le 10 mai dans des conditions très difficiles. Il a fallu gommer d'urgence sur le script original toute marque d'amitié franco-italienne car, le 26 avril, Mussolini est à son tour entré en guerre.

Le 20 mai, grâce à l'intervention du général Weygand, Fernandel obtient une permission exceptionnelle de dix jours. Pendant que Pagnol réécrit l'histoire à la plume sergent-major, notre armée connaît la débâcle. Bientôt, ce sera l'exode jetant des millions de femmes et d'hommes au hasard des routes.

Chaque jour, Raimu, Fernandel, Charpin, Maupi, Blavette, la « famille » de Pagnol et la « petite nouvelle » Josette Day, écoutent, anxieux, les nouvelles. Comme à l'habitude, le cinéaste tourne au jour le jour, improvisant à partir des tristes événements qui secouent le pays.

« Le premier jour du tournage, nous avons appris

que le front français venait d'être enfoncé, c'était le 10 mai 1940. Puis, peu à peu, certains comédiens étaient obligés de se rendre aux ordres de mobilisation ou à la caserne, comme Fernandel. J'étais un peu découragé. Nous n'avions pas de pellicule et tout devenait difficile. Un jour, nous allions travailler dans la gare d'Aubagne quand les gendarmes arrivèrent : pas de rassemblement de plus de trois personnes ! Il nous a fallu chercher une autre gare avec des gendarmes moins pointilleux. Nous avons beaucoup tourné près de Salon : la quincaillerie, les scènes des lavandières... Quant aux scènes entre Raimu et Fernandel, nous les avons filmées autour et dans un vieux puits, à La Treille, près de Marcelin. »

Face à de telles conditions, Pagnol doit se rendre à l'évidence. Forcé de fermer ses studios, il interrompt le tournage le 22 juin 1940. « On le reprendra aussitôt que ce sera possible », annonce-t-il à l'équipe.

De retour à Marseille, Pagnol constate une effervescence inhabituelle : en quelques semaines, la population a triplé, quintuplé, même plus selon certains quartiers. Sur la Canebière, on croise désormais Louis Jouvet, mais aussi André Breton, Jean Cocteau, Max Ernst et bien d'autres visages connus.

« 18 juin 1940, commente Arletty. Sinistre 18 juin qui rappelle Waterloo. De Bordeaux où le gouvernement s'est replié, départ du bateau *Massilia* (Marseille) vers l'Algérie française [...]. L'Allemagne est le vainqueur. La marée verte déferle sur la France. »

A Marseille, les artistes amorcent un repli en direction des studios de Pagnol. Le cinéaste et son chef de production Charles Pons veulent reprendre le tournage du film. Mis à part Betty Desmond (qui devait interpréter la femme de Charpin-Mazel et mère abusive du fiancé de la fille du puisatier), personne ne manque à l'appel. Pagnol la remplace par l'épouse du réalisateur André Berthomieu, Line

Noro, l'une des « grandes pleureuses du cinéma français ».

Le 13 août 1940, l'équipe reprend le chemin des collines pour enfin terminer *La Fille du puisatier.* Entre-temps, Pagnol a enrichi le script de scènes nouvelles dont celle où le maréchal Pétain annonce l'armistice. Cette séquence, unique dans les annales du cinéma français, prêtera longtemps aux élucubrations critiques les plus extravagantes. Lors de la projection du film à New York, le message radiophonique du Maréchal, intégré au film, aurait été remplacé par l'appel du général de Gaulle. Le fait n'a jamais été confirmé ni par Pagnol ni par les protagonistes du film.

La voix chevrotante du héros de Verdun intimant de rendre les armes fait pleurer les spectateurs lors de la première à Lyon le 20 décembre 1940. Les Parisiens devront attendre le 25 avril de l'année suivante pour applaudir cette œuvre qui vient de triompher en zone libre (Toulouse, Montpellier, Marseille) et à l'étranger (en Suisse notamment).

Dans un grand numéro d'improvisation, Fernandel se découvre tour à tour émouvant, pathétique, serein, fraternel ou grandiose. Enfin, face à Raimu qu'il admire, il se fait épique, grâce au dialogue de Pagnol. Dans la scène finale de demande en mariage, Fernandel lance à Raimu : « Oh ! vous, Pascal, vous êtes mon maître. Votre fille, je ne peux pas vous en parler ici, devant du monde. Je vous la demanderai demain, avec des gants d'argile rouge, au fond du puits. »

Le Marseillais pardonne au Toulonnais son caractère. « Raimu demeure pour moi le plus charmant des camarades, malgré ses cris et ses colères célèbres. Nous nous retrouvions avec plaisir. Nous n'étions pas des concurrents, mais de vrais amis », dira-t-il lors de sa disparition.

Comme on va le constater, devant l'adversité les deux hommes s'épaulaient. Sur l'affiche de *La Fille du puisatier,* le nom de Josette Day apparaissait en énormes caractères, bien en évidence au-dessus du leur. Fureur, déception, grincements de dents ne purent rien changer en raison des restrictions de papier.

Raimu prit alors Fernand par le bras et, lui montrant l'affiche, eut cette phrase : « Tu as vu " *La Fille du puisatier* ", c'est comme qui dirait " Blanche-Neige et... les deux nains " ! » Et les deux hommes éclatèrent de rire.

Fin 1940, Fernandel se lance dans trois nouveaux films. Le premier, signé Maurice Cammage, intitulé *Monsieur Hector,* est librement inspiré du classique de Marivaux *Les jeux de l'amour et du hasard.* Que reste-t-il de l'auteur libertin à la plume gracieuse ? Rien. Mais deux noms au générique n'échapperont pas au cinéphile averti : celui de Denise Grey, loufoque petit bout de femme dont l'éternelle vitalité n'a d'égal que le talent, et celui, que nous avons déjà rencontré, du musicien Casimir Oberfeld. « J'ai écrit beaucoup de chansons pour Fernandel, de " Barnabé " à " Félicie aussi ", mais l'interprétation la plus étonnante fut sans doute " Le grand séducteur aux yeux noirs " qu'il créa aux armées, sur le front, avec une mention spéciale qui notifiait sur le texte : " autorisé par la censure " », déclarait amicalement Oberfeld quelques jours avant d'être arrêté et déporté. Jamais, par la suite, Fernandel ne se séparera de « Félicie aussi ».

Le deuxième film tourné en cet hiver 1940 s'intitule *La Nuit merveilleuse.* La production s'installe dans les studios du Prado à Marseille, devenu, par la force des choses, le lieu le plus fréquenté du cinéma français. Retenus des mois à l'avance, les plateaux ne désemplissent pas. Charles Vanel croise Jules Berry, Chevalier vient saluer Pagnol, Piaf et Trenet rencontrent Pauline Carton et Cécile Sorel ; quant à

Tino Rossi, Raimu et Fernandel, ils se réjouissent d'être de retour chez eux. Avec *La Nuit merveilleuse,* le cinéaste Jean-Paul Paulin, grand maître de l'exaltation militaire à l'écran, propose une version contemporaine, donc pétainiste, de la Nativité. Tout cela sent la défaite, Vichy et le maréchalisme de propagande.

Delmont et Charpin aident Fernandel à tenir la vedette malgré l'apparente nullité de l'entreprise. « Après tout, commente-t-il un peu amer, il y avait aussi Charles Vanel dans cette aventure malheureuse. » En fait, le grand Vanel avait déjà une belle carrière derrière lui. Aussi Fernandel fut le seul à écoper du reproche de complaisance. Mais l'histoire de ce couple de réfugiés débarquant dans un village de Provence la veille de Noël fit certainement rêver plus d'un spectateur dans cette époque troublée.

La préhistoire du film suivant vaut la peine d'être contée. L'écrivain Jacques Chabannes, lui-même exilé à Marseille, rencontre accidentellement son ami Maurice Cammage au bar Le Cintra, un endroit à la mode situé pas très loin du vieux port. Cammage cherche un sujet de film. Fernandel a accepté de tourner avec lui à la condition d'un pourcentage sur les recettes. Chabannes, lui, a une idée. Il propose un « remake » du *Chapeau de paille* de Labiche dont René Clair a déjà tiré un film à l'époque du muet. Aussitôt, Cammage téléphone aux « Mille Roses ». Séduit, Fernandel lui demande de lire la pièce. Cammage et son ami Chabannes finissent par trouver un libraire qui possède les œuvres complètes de Labiche en douze volumes ! Le synopsis est bâti en une nuit. Le lendemain, au cours d'un déjeuner, l'affaire sera conclue.

Le troisième et dernier film tourné par Fernandel en cette fin novembre 1940 sera donc de nouveau « un Cammage », tiré de la pièce d'Eugène Labiche et Marc Michel. Monté à la Comédie-Française par Gaston Baty deux ans plus tôt, *Un chapeau de paille d'Italie* a connu son heure de gloire. Pour en réussir l'adaptation cinématographique, il aurait fallu moderniser ce classique du théâtre comique et donc bénéficier d'un metteur en scène inspiré. On en retiendra quelques scènes désopilantes — toujours grâce à la présence amie des Provençaux Charpin et Delmont — et le beau dialogue de Jacques Chabannes.

Mais déjà Fernandel est demandé par le music-hall. A Marseille, au théâtre des Variétés, il répète une nouvelle opérette de Jean Manse et Vincent Scotto : *Hugues,* mise en scène par Franck. Le 20 décembre 1940, Andrex, Rivers Cadet, Lucien Callamand, Thérèse Dorny et bien sûr Fernandel s'élancent sur la scène. Mais le public n'a plus le cœur à rire, ou peut-être Fernandel s'est-il trop montré sur les écrans : *Hugues* n'est pas un succès.

Les Français préfèrent alors les chansons parodiques où s'exprime leur désarroi : « Ah ! que la France est belle ! », « Ça fait d'excellents Français » (signée justement Jean Boyer et Georges Van Parys, deux complices du comique) ou encore ils reprennent en chœur « On ira pendre notre linge sur la ligne Siegfried ! ». On l'a deviné, la mode s'écarte du petit monde de Fernandel où tout n'est que pur divertissement. Aussi, le 27 janvier, il abandonne sans regrets *Hugues,* seul prénom à ne pas lui avoir porté chance.

Quelques jours plus tard, Fernandel se rend à Nice où l'attend le cinéaste Raymond Leboursier. Ce dernier, un ancien monteur de Maurice Cammage, a le projet de réunir dans un film à sketches les plus grands noms du cinéma français « en exil » dans le Midi. L'idée, brillante à l'origine, le sera beaucoup moins à l'arrivée. Et fait, l'unique plaisir du spectateur sera de voir défiler en quatre-vingt-huit minutes, sur l'alerte musique de Mozart, la plus impressionnante distribution du moment : Raimu, Jules Berry, Claude Dauphin, l'auteur du sujet Yves Mirande et sa compagne Simone Berriau, sans oublier la grande Cécile Sorel, Suzy Prim, Thérèse Dorny, etc.

Parmi ces messieurs, on notera un célèbre débutant issu de la Comédie-Française et qui, vingt-cinq années plus tard, offrira au cinéma populaire ses lettres de noblesse : Gérard Oury. Malheureusement, c'est ici l'unique film où Fernandel croise la route du futur réalisateur de *La Grande Vadrouille*. « A cette époque-là, rappelle Oury, mis à part mes deux cachets à cinq cents balles dans ce film, je restais sur le sable, coincé entre deux tickets de rationnement et un hôtel minable au-dessus de mes moyens... »

Les Petits Riens, donc, est représentatif de ce climat. C'est une suite de petits événements bouleversant la vie d'une poignée d'hommes et de femmes. Fernandel y est le héros de l'un des meilleurs sketches, d'un humour macabre qui ne lui ressemble guère.

En mars 1941, après ces « petits riens » qui effectivement ne lui apportèrent pas grand-chose, Fernandel revient à Nice pour *Une vie de chien*, autre œuvrette signée Cammage. Delmont, Thérèse Dorny et Jean Castan (son cousin du *Schpountz*) y occupent une fois de plus les rôles secondaires. Et c'est à nouveau une expérience malheureuse. Fernandel tente de se justifier. « Il n'est pas déshonorant de faire rire des gens par des moyens honnêtes, purs même, si l'on sait que l'on ne produit pas que des chefs-d'œuvre ». Ici et là, à travers l'ensemble de sa production, derrière la caricature dont l'acteur n'est pas dupe, l'apparente facilité cache les incertitudes d'un homme à la recherche du meilleur de lui-même. Hélas, il n'y parviendra pas avec le tâcheron Maurice Gleize. Pourtant, à le regarder de près, son *Club des soupirants* cache de bien savoureux plaisirs. D'abord, il y a la chanson « J'ai connu des baisers » sur une musique de Van Parys, l'un des succès de Fernandel. Puis le scénario est tiré d'un roman de

Marcel Aymé, adapté par Gleize mais aussi par André Cayatte. Ce sont là d'éblouissants collaborateurs pour cette « comédie musicale à la française » (l'argument publicitaire du film) où l'on retrouve l'inénarrable Saturnin Fabre, Max Dearly, Colette Darfeuil et toujours... Andrex ! Tout ce beau monde s'enferme aux studios de la Victorine à Nice. « On vit un peu en cercle fermé, explique Andrex, et on se retrouve tous là, la fine équipe : Fernandel, Saturnin Fabre, et même Raimu qui n'est pas de la distribution mais qui est à Nice pour un autre film et loge, comme nous, au Negresco. » La mer est belle, les femmes aussi et, pour un peu, on se croirait vraiment libre. « Heureusement, fait alors remarquer Raimu, que les Germains ne sont pas descendus em... nos cigales ! »

En zone libre, donc, Fernandel et Raimu envisagent la production d'un vieux projet commun, *Robert Macaire* de Frédérick Lemaître, légendaire fripon immortalisé par Daumier. Le projet avortera rapidement car l'ordinaire n'a plus le goût de l'aïoli, de la daube ou de la bourride. Ce serait plutôt pois chiche, morue salée et rutabagas.

Bientôt, les Allemands sont à Lyon, Nîmes, Aix, puis débarquent à Marseille sur le Vieux-Port. Aussitôt, les artistes locaux — et nationaux — essaiment aux quatre coins de la France. « Les Fridolins au Sacré-Cœur, passe encore, mais au bar de la Marine, ça, c'est inadmissible », maugrée Raimu.

Désespérés, Jules et Fernand sont repartis vers Paris ; Raimu y tourne *Parade en sept nuits* et Fernandel pour y chanter à l'Alhambra. Dans la capitale, le vert-de-gris domine. Aux studios de Billancourt, Fernandel enregistre « J'ai connu des baisers ». Il se refuse à fredonner complaisamment, comme Chevalier, « Ça sent si bon la France » ou « La chanson du maçon ». « C'est la première fois que je reviens à Paris depuis la guerre. Démobilisé dans le Midi, j'y suis resté. Vous savez que j'ai ma villa là-bas à Marseille. Tous mes parents s'y trouvent et ma femme et les petits s'y plaisent si bien que j'y suis resté. Je me hâte, d'ailleurs, car je voudrais rentrer le plus tôt possible. Mes devoirs de père me réclament : ma plus jeune fille et mon petit Ignace sont malades... » L'acteur regagne son Midi natal.

Après quelques matchs nuls pour le comédien, il est grand temps qu'il réussisse un autre pari que celui de « pulvériser les records de recettes de l'Olympia » parce qu'il « tirebouchonne le public » (annonce publicitaire pour le film *L'Acrobate*). De retour aux « Mille Roses », il reçoit justement la visite de l'ami Carlo Rim entré dans le clan depuis la fructueuse expérience d'*Hercule*. Ce dernier est venu en voisin, de Cassis où il habite, lui proposer une idée de film. « Un scénario du genre rustique qui semblait inspiré de quelque fabliau de Roumanille, et où j'habillais Fernandel sur mesure. J'y montrais un innocent de village qui, selon la croyance provençale, portait bonheur à sa commune. Mais l'innocent fait des bêtises et, un beau matin, la population furieuse décide de bannir ce citoyen indigne. Simplet ira se réfugier à Cadignan, le village rival. Il devient tout naturellement la mascotte de Cadignan cependant que les catastrophes s'abattent sur son ingrate patrie où il reviendra finalement en Dieu protecteur, comme bien l'on pense. »

Carlo Rim a caché au comédien le nom du producteur, le « terrible » docteur Greven, omnipotent Teuton qui règne en maître sur le cinéma français depuis la capitulation. Maître supposé, car en fait les Français rusent. Sa firme, la Continental, cherche vainement à attirer les acteurs français les plus populaires du moment. Pour lui, c'est simple : question de propagande. Pour les Français, chaque fois c'est un piège à éviter. On a peur de Greven, on l'évite, on prend soin de ne point le choquer tout en refusant poliment ses avances. « Des propositions aussi difficiles à accepter qu'à refuser... », dira un jour Pagnol. Heureux Gabin qui, lui, s'est exilé à Hollywood.

Insistantes, les offres de Greven finissent toujours par toucher au but. Ni Raimu ni Fernandel n'échappent à ces offres à la fois généreuses et compromettantes. C'est donc « Doktor » Greven et la Continental qui financeront *Simplet.* Toutefois, à la demande de Carlo Rim, les Allemands acceptent que Fernandel ne se déplace ni à Berlin ni à Paris, mais à la condition qu'il assure lui-même la mise en scène. Le comédien n'a pas le choix. « Je n'avais pas, reconnaissez-le, le profil d'un héros de la clandestinité ! »

Dans le terrible désordre des guerres, le hasard force souvent à improviser. « Livré à lui-même, écrit Carlo Rim, il joua sans outrance, avec une sorte de pudeur, dédaignant les excès, les effets faciles auxquels un pareil rôle, à mi-chemin du tendre et du bouffon, eût pu l'induire. Cette même mesure se retrouvait dans les indications qu'il prodiguait à ses interprètes et je fus souvent étonné de la sagacité de ses observations et de ses conseils. Plus que tout le reste, c'est sa « tête froide » que j'admirais. Le contrôle de soi atteint chez Fernandel à une quasi-infaillibilité. »

Côté acteurs, Fernandel réalisateur s'entoure, à ses habitudes, d'une pléiade d'amis fidèles : Delmont, Poupon, Blavette, Milly Mathis et même Carlo Rim et Jean Manse, merveilleux interprètes occasionnels. Dans ce fabliau provençal dont il maîtrise la destinée, il n'oublie pas Andrex. Ce dernier en témoigne. « Carlo Rim et Jean Manse avaient saisi un des thèmes les plus anciens de nos superstitions paysannes, déjà traité par Daudet dans *L'Arlésienne :* le fada (mot qui signifie " envoûté par les fades " c'est-à-dire les fées), porte-bonheur de toute une communauté. »

A l'évidence, Andrex-Rascasse, cynique braconnier, ressemble au voyou d'*Angèle*; de son côté, Fernandel-Simplet reprend l'emploi qu'il tenait lui aussi dans l'œuvre de Pagnol : l'innocent du village. Pour les besoins du film, Fernandel a gravé une chanson éternelle qui demeure aujourd'hui parmi les plus populaires de son immense répertoire discographique. « C'est bien " Simplet " qui m'a permis de mieux connaître Fernandel, assure Carlo Rim [lequel cosigne le film], d'apprécier sa prodigieuse vitalité, de comprendre que la chance ou, si l'on préfère, la réussite ne saurait être fortuite chez un homme comme lui. »

Le film et, par delà, le personnage inspirent des critiques contradictoires et elliptiques : « M. Fernandel est un imbécile de génie » selon *La Révolution nationale,* ou au contraire : « Il y a beaucoup d'intelligence dans le jeu de M. Fernandel », selon l'éditorialiste de la rubrique cinéma du *Matin.*

Le relatif échec commercial de *Simplet* entraîne une légère brouille entre l'acteur et son scénariste. Leur réconciliation, sept ans plus tard, sera marquée par une nouvelle collaboration : *L'Armoire volante.* L'ingénieur du son William Sivel garde de *Simplet* un souvenir vivace : « Pendant le tournage, très difficile, il était resté aussi simple et facile à vivre que dans les films où il ne jouait que la comédie ; il savait vous faire rire et pleurer. Il était d'une grande sincérité. Il adorait son métier et il arrivait à obtenir de tous ceux qui l'entouraient le même enthousiasme. »

A la sortie du film, l'année suivante, le 11 septembre 1942, le cinéaste René Clair s'extasie. Plus tard il regrettera de n'avoir jamais eu l'occasion de diriger Fernandel. « Après avoir vu *Simplet,* j'aurais voulu tourner avec cet acteur merveilleux le *Candide* que je lui avais proposé et qu'il n'a jamais pu faire par manque de temps. »

Sitôt *Simplet* mis en boîte, Fernandel est retourné à Cassis où, sur un autre scénario de Jean Manse et des dialogues de Thyde Monnier, il a tourné *La Bonne Étoile* de Jean Boyer. Ce contrat a été arraché à Fernandel de bien cocasse manière.

Pour convaincre la vedette, Jean Boyer et son acolyte Jacques Chabannes ont décidé de filmer dans les environs de Marseille ; dans l'intervalle, Fernandel s'apprête à signer un autre contrat, bien compromettant. « Bunke, l'imprésario de Fernandel, m'apprit qu'il était en pourparlers avec les Allemands pour une superproduction, raconte Chabannes. Il ne s'agissait plus de nos médiocres pourcentages, mais d'un énorme cachet ! Le budget de la Continental Film semblait illimité quand il s'agissait de prouver que les Français les plus fameux entraient dans la " collaboration ". Je fis un saut à Nice où s'achevait *La Vie de chien*. Je trouvai le studio en émoi : à l'émission de Londres, " les Français parlent aux Français ", hier, entre deux messages codés, le journaliste de service avait dit d'une voix grave : " Nous apprenons, en dernière heure, que les Allemands font tout pour attirer à Paris des vedettes et encore des vedettes vivant dans la zone libre. Des pourparlers seraient entamés avec Fernandel. Que celui-ci se méfie. Après la victoire, il devra rendre des comptes. " » Je constatai que mes relations avec la radio de Londres étaient efficaces, grâce au consul américain de Marseille. En effet, c'était moi qui avais alerté ce diplomate, lequel avait transmis l'information à Londres. Je n'ai jamais raconté cette histoire à Fernandel. Epouvanté, il signa le contrat de *La Bonne étoile*. Jamais il ne tourna pour les Allemands. »

Ce sera donc l'histoire de Guste, un brave pêcheur, qui par de fausses lettres, fait renaître l'amour entre le volage Maurice (Andrex), et sa bien-aimée. La critique remarque aussitôt l'évident plagiat d'*Angèle* et de *La Fille du puisatier*.

La divine présence des admirables Carette, Delmont et Blavette n'évite pas l'hallali : « L'ouvrage qu'on nous offre aujourd'hui, *La Bonne Étoile* est le plus mauvais Fernandel qu'il nous ait été donné de voir », s'indigne Rocheteix dans *La Révolution natio-*

nale, tandis que François Vinneuil dans *Le Petit Parisien* ne cache pas son regret lorsqu'il constate, amer, que « Fernandel parvient de temps à autre à nous faire sourire par son bagout, ses trouvailles, ses grimaces naturelles. Mais, conclut-il, qu'est-ce que ces fugitives saillies auprès de l'hilarité que pourrait déchaîner Fernandel, l'un des premiers acteurs comiques de France et de très loin le plus mal employé ? » Seuls Marcel Pagnol, Julien Duvivier et Henri Verneuil lui permettront de se dépasser. Comme l'écrit Jacques Audiberti : « le pittoresque engendre sa propre complaisance. A partir du moment où le Midi marseillais se conçut lui-même dans sa drôlerie, il se mit à se prodiguer, à s'exporter sous une forme si publicitaire, si convenue que, de fleurant bon l'ail, il devint carrément puant... ».

Comme l'affirmait jadis Dumas en réponse à un propos critique : « Ecrire est dangereux, d'autant plus que c'est inutile. » De ces attaques, Fernandel ne se soucie pas... ou presque. « Les critiques n'ont pas toujours été tendres à mon égard, reconnaît-il. Quand on débute, n'est-ce pas, c'est très bien. Mais dès que vous commencez à occuper une place importante, on serait très heureux de vous démolir... C'est facile de critiquer : au cinéma, la vedette est toujours coupable quand le film n'est pas bon. C'est souvent injuste et quelquefois décourageant. »

Durant la décennie qui vient de naître, l'apport de son compatriote Carlo Rim sera loin d'être négligeable. Fernandel se réjouit de pouvoir compter sur sa plume alerte et gaie, son sens artistique très méditerranéen qui lui convient merveilleusement, coïncidant avec ses racines et son tempérament. Après tout, ne lui doit-il pas *Simplet,* un bien poétique souvenir musical, devenu entre-temps la chanson-phare de la bonne humeur typiquement méridionale. Contre la critique, et à raison, Fernandel sait à son propre sujet qu'il est l'homme à l'accent du soleil.

Le 26 octobre 1941, il apprend la triste nouvelle : Félix Mayol vient de rendre le dernier soupir, à Toulon, dans son clos où, depuis deux longues années, il vivait reclus et alité.

Le triste climat de l'Occupation se fait toujours plus lourd. D'ailleurs, la rancœur gagne les amitiés les plus tenaces. Giono n'a-t-il pas attaqué Pagnol en justice ? Arguant de « droits usurpés », Giono obtient, de la cour d'appel d'Aix-en-Provence, par un arrêt du 8 juin 1942, la propriété du titre *La Femme du boulanger*. Ces querelles s'estomperont à la fin de la guerre. Déjà elles paraissent futiles. A Marseille, comme ailleurs, on se prépare aux bombardements.

Prudent, Fernandel décide d'évacuer la cité phocéenne. Il investit alors une partie de sa fortune dans l'achat d'une propriété « L'Oustau de la Mar » (la maison de la mer, en provençal), située à Carry-le-Rouet. Il y fera bâtir perchée sur le roc dominant la calanque entre les pins une villa ocre aux volets bleus dont la terrasse surplombe la mer. « J'ai toujours aimé ce coin tranquille que je connais depuis mon enfance. Un matin, en pêchant en compagnie d'un ami, il m'a dit que c'était à vendre. J'ai acheté et fait construire. » Célèbre grâce à son nouveau concitoyen, Carry-le-Rouet, calme petit port de la banlieue marseillaise, deviendra le lieu de pèlerinage d'une foule de badauds venus là dans l'espoir d'apercevoir la vedette. « J'ai dû demander aux ponts et chaussés l'autorisation de faire construire un mur, car, le dimanche, les gens montaient jusqu'à ma terrasse pour me voir. En semaine, les habitants du village me laissent tranquille. Ils sont tous mes amis. Je pars souvent en mer avec les pêcheurs. Malgré le mur, le samedi et le dimanche, je suis obligé de rester dans mon jardin. Les Marseillais en promenade à Carry viennent en pédalo ou en barque. Ils assiègent les rochers. Pas moyen d'avoir la paix... »

En septembre 1943 *Simplet* sort à Marseille. En novembre, Fernandel tourne *Ne le criez pas sur les toits.* Il y retrouve Robert le Vigan qui n'est pas encore accusé d' « intelligences avec l'ennemi » et Jacques Varennes, comédien de talent mais abonné aux troisièmes rôles de voyous, lorsque Andrex n'est pas libre. On l'aperçoit ainsi dans *Une nuit de folies, Jim la Houlette, Un de la légion, Fric-frac,* etc. Le réalisateur est Jean Daniel-Norman ; son assistant se nomme Alex Joffé, futur « découvreur » de Bourvil !

On l'a dit, Fernandel est fidèle en amour comme en amitié. Aussi, après *Ne le criez pas sur les toits,* il répond présent à Yvan Noé, cinéaste inspiré et ami des « Provençaux du spectacle ». Film à sketches, *La Cavalcade des heures* illustre diverses attitudes sociales : l'indifférence, le vol ou l'aide à son prochain. Entre deux succès discographiques, Charles Trenet y fait une de ses rares apparitions à l'écran. C'est l'occasion rêvée pour lui de pousser une chansonnette intitulée « Sur le fil » et signée Francis Blanche. Coincée entre les succès de *Swing troubadour* et de *Je chante,* cette bluette sera de peu d'importance dans la carrière du jeune Narbonnais de trente printemps, étourdissant « fou chantant » qui vient de triompher sur toutes les scènes de France.

Dans ce film, Fernandel nous donne aussi une belle romance, mais en solo. Encore une fois, l'aubaine d'un duo historique a été négligée.

Jean-Paul Le Chanois, futur tâcheron au service de Jean Gabin, monte cette œuvre qui apparaît aujourd'hui bien désuète. Le film sortira dans l'indifférence générale, le 10 novembre 1943, au cinéma Les Portiques. « C'est une porte de secours... sans issue ! » déclarera Fernandel.

Au mois de mai de la même année, il réalise lui-même *Adrien.* Jean Aurenche, le scénariste des

*Dégourdis de la 11e*, est l'auteur de cette fable moderne. Après *Simplet*, mais sans la complicité de Carlo Rim, le comique marseillais renoue avec le personnage du naïf, cette fois tombé dans une burlesque aventure de patins à roulettes motorisés. Au studio de Neuilly où l'on tourne les scènes « raccords », le comédien Georges Chamarat retrouve un Fernandel bougon et mécontent de ce qu'il a déjà mis en boîte. Il s'enferme dans ses idées et devient d'un caractère difficile. Certains de ses partenaires lui reprocheront ce travers. Son compagnon Chamarat se veut plus équitable : « Il n'aimait pas qu'on lui marche sur les pieds. Il voulait toujours avoir le dernier mot en tout. Surtout dans ses rôles... » C'est de cette période, avec pour lointaine origine les incidents de *Fric-frac*, que date sa réputation, certainement exagérée, d'acteur difficile, exigeant, choyé, radin et d'assez mauvais caractère. Rares étaient ceux qui pouvaient le tutoyer. Pourtant, après quatorze films tournés avec lui, Georges Chamarat démentira encore cette réputation : « Fernandel n'avait aucune prétention. On a toujours dit qu'il était orgueilleux, imbu de sa personne. C'est faux ! C'était un acteur d'instinct. Il était avant tout son propre public. Au cinéma, il arrivait toujours l'un des premiers sur le plateau, la blague aux lèvres, éternellement de bonne humeur. Je ne l'ai jamais vu se fâcher. »

Il est vrai que Fernandel, lorsqu'il apprécie un comédien, n'hésite jamais à le réclamer à ses côtés. Ancien du Conservatoire, Georges Chamarat est de ceux-là et excellera dans les rôles de petit-bourgeois, de notable provincial ou de paysan distingué. Dans *Meurtres, Coiffeur pour dames, Le boulanger de Valorgue, Sénéchal le magnifique*, etc., il constituera un parfait faire-valoir. Le compagnonnage crée forcément une intimité.

Mais, pour l'heure, Fernandel a raison d'être insatisfait. « Adrien, un prénom pour rien, mais

Fernandel, un nom pour tout » diront, en substance, les critiques.

Son accent, ses rôles, ses dents : tout est bon désormais pour se moquer du Marseillais, chacun y allant de son sarcasme jusqu'à dire que « le navet est certainement son plat préféré ».

Malgré une distribution prestigieuse, Pierre Renoir en tête, le film suivant, *Le Mystère Saint-Val,* n'aura pas plus de succès. René Le Hénaff, ancien monteur de René Clair, aurait mieux fait de ne pas quitter sa colle et ses ciseaux pour donner du « moteur » à Fernandel. Les relations entre les deux hommes sont pourtant excellentes : « Mes rapports avec lui furent cordiaux et sincères, ayant pour base une estime récriproque. J'en donne une preuve qu'il me fit demander, par exemple une première fois, pour assurer la mise en scène du film *Uniformes et grandes manœuvres.* Puis nous avons retravaillé ensemble. De mon côté, je n'ai jamais cessé d'admirer, outre son étonnante présence, le sens et la connaissance infaillibles qu'il possédait de son métier. Il savait tout exprimer. Il tirait le maximum de la moindre indication. »

Leur deuxième expérience en commun, *Le Mystère Saint-Val,* plaît surtout au gouvernement de Vichy : avec ce film d'épouvante, les Français ont enfin peur d'autre chose que de leur propre situation. Généralement, Fernandel dédaigne les critiques, mais pas lorsqu'elles émanent de son ex-complice Carlo Rim qui confesse « se joindre lâchement à ce choeur vitupérant. Il y a quelques brouilles entre Fernand et moi et cela n'est pas fait pour m'incliner à l'indulgence ». Dans une entreprise de vitriolage systématique, le stylo du critique se transforme bizarrement en roulette dentaire : « Son talent est à la merci de la moindre carie. On lit ses affres sur ses gencives. Il brame, il hennit de terreur. C'est la jument de la marquise dans l'écurie qui prend feu. »

Une suite de quiproquos a envenimé pour un

temps cette belle amitié. Mais déjà les deux hommes sont dans la tourmente de l'Histoire et leur réconciliation est remise à plus tard.

1944 est une année exceptionnelle dans la carrière de Fernandel : il ne tourne aucun film. Le pays plonge dans la tragédie ; on déporte, on tue. En vain, car la marche des Alliés est irrésistible. Le 25 août, Paris est libéré. Bientôt, dans la capitale renaissante, se rouvriront les salles de cinéma.

Jules (Raimu) entre à la Comédie-Française tandis que Marcel (Pagnol) est élu président de la Société des auteurs. Fernand est là, prêt à reprendre du service. Mais Panisse manque à l'appel. Le Maître voilier du port de Marseille s'est discrètement embarqué vers le paradis des artistes. Le 7 novembre, il est parti heureux car il savait enfin sa France libre. A l'annonce de cette triste nouvelle, Pagnol se souvient certainement des paroles de maître Panisse agonisant dans la trilogie. « Et avec ça, je meurs. Eh bien, ça ne veut rien dire, ça ne ressemble à rien, c'est presque ridicule... Ce n'est pas une mort subite, ce n'est pas une mort solennelle. C'est rien, té ! C'est minable, ça fait pitié ! » Le courtois, l'aimable et ventripotent Charpin ne soulignera plus de son jeu subtil les grimaces de notre Fernandel. La table « fait vide » lorsque Pagnol retrouve Fernandel sous les pins de Cassis, pour *Naïs*.

Cette fois, Pagnol n'est que dialoguiste et producteur d'un film au service de sa nouvelle conquête : Jacqueline Bouvier. « Naïs » deviendra d'ailleurs Mme Pagnol le 6 octobre 1945 à Malakoff. Pour l'heure, la jolie tête blonde découvre cette « famille » qu'Orane Demazis, puis Josette Day ont aimée avant elle : « J'étais très impressionnée par Fernandel, mais il m'a aidée de sa gentillesse et de sa drôlerie naturelle. D'ailleurs, je puis vous assurer qu'il était aussi drôle dans la vie que sur l'écran. »

Des anciens de la bande restent présents : Poupon qui sera un merveilleux Micoulin, Arius un sévère maître Rostaing et Blavette qui interprète le rôle du brave ingénieur Bernier.

Parmi les nouveaux, outre Jacqueline, il y a un Niçois de vingt ans que Pagnol rêve d'imposer. Inconnu la veille, son nom est le lendemain sur toutes les lèvres : Raymond Pellegrin compose à l'écran le personnage de Frédéric Rostaing, l'amoureux de Naïs Micoulin. Pour diriger ce petit monde, Pagnol fait appel à Raymond Leboursier dont *Les Petits Riens* ont été tournés aux studios de la rue Jean-Mermoz. A l'époque, l'écrivain avait remarqué le savoir-faire de ce garçon poli, à la fois avisé et travailleur.

Emile Zola écrivit *Naïs Micoulin* au cours d'un séjour en provence, à l'Estaque, en 1877. Dans une libre adaptation, Pagnol en fait son cadeau de noces à Jacqueline-Naïs, fée de vingt printemps. Il ira jusqu'à affirmer qu'il « est plus intime d'écrire un rôle pour une femme que d'être son amant ».

En même temps, il commence à éprouver de la lassitude à l'égard du septième art. A Maurice Bessy, il confie un jour : « Tu veux que je te dise ? Eh bien ! Je n'ai jamais vu un seul de mes films. Ils me dégoûtent par rapport à ce que j'ai voulu faire. »

Pourtant, si *Naïs* bénéficie du métier de Leboursier, le film n'en demeure pas moins un Pagnol. La supervision de ce dernier n'est pas une simple signature apposée comme un label de qualité.

Naïs est aussi l'occasion pour Fernandel de retrouver son personnage fétiche : le valet niais, innocent, confident de l'héroïne.

Après *Angèle* et *La Fille du puisatier,* avec ce « Quasimodo provençal » Fernandel confirme sa création d'un personnage éternel. Chaque fois, qu'il soit Saturnin, Félipe ou Toine, l'ami d'enfance de Naïs, Fernandel parvient à exprimer toute une gamme, unique et inégalée, mêlée d'émotion, de lyrisme et de comique. Dans *Naïs,* à la balourdise d'allure, à la bonté morale, s'ajoute le fait d'être bossu. La malédiction de la naissance retrace la dimension mythique du personnage. Fernandel est le consolateur des pauvres. Une tirade historique montre parfaitement ce choix de la tragi-comédie : « ... les gens, quand ils parlent d'un beau garçon, ils disent toujours " droit comme un I ". D'abord, les I, c'est pas si droit que ça. Et puis, pourquoi les I ça serait la plus belle lettre de l'alphabet ? Et le Z alors, tu trouves qu'il est vilain, le Z ? On s'en sert beaucoup du Z. C'est vrai qu'il est le dernier de l'alphabet, et que dans les mots on le met presque toujours à la fin... »

A raison, Pagnol insiste sur ce symbole de la difformité dans la poignante « Chanson des petits bossus » qui délibérément ne donnera jamais lieu à un disque. Le critique Claude Beylie assure que la séquence où Fernandel trébuchant sur son texte éclate en sanglots, « fut conservée par Pagnol, lequel, après plusieurs prises, s'avisa qu'il était préférable de conserver cet achoppement naturel de l'interprète, sans rien y changer »... Il s'agit de parler vrai du malheur et de le transcender.

Un rêve m'a dit une chose étrange
Un secret de Dieu qu'on n'a jamais su,
Les petits bossus sont des petits anges
Qui cachent leurs ailes sous leur pardessus.
Voilà le secret des petits bossus.

Le tournage de *Naïs* se déroule dans une atmosphère de franche convivialité. Le soir venu, tout le monde se retrouve autour de la bouillabaisse, de l'aïoli, du bœuf en daube ou de la soupe de poissons préparés avec amour dans le restaurant que Blavette possède à Cassis. Et à cette table, les invités de passage se succèdent : Tino Rossi, Alibert, Edouard Delmont, André Cayatte, etc. Les mois passent si vite que personne ne voit s'enfuir l'été. Le 25 novembre 1945, le public français découvre avec attendrissement les cent vingt-sept minutes de cet émouvant *Naïs* qui le réconcilie avec la liberté. Lorsque le mot « fin » s'inscrit sur l'écran du Gaumont, la foule éclate en une salve d'applaudissements. On salue Toine : « Fernandel trouve là son meilleur rôle » ; « Il possède une sorte de génie populaire qu'il montre ici puisque, dès qu'il n'est plus " en scène ", l'action s'effondre » ; « Quel métier, quel grand art ! Sa composition est hallucinante de relief », peut-on lire dans une presse par ailleurs plutôt tiède à l'égard du film lui-même.

Toujours à la fin de l'été 1945, Fernandel a rejoint Raimu et René Le Hénaff à Saint-Rémy-de-Provence. Ils doivent y tourner *Les Gueux au Paradis.* Si pour Le Hénaff « travailler avec Fernandel est une joie », il en va autrement avec Raimu.

Sociétaire de la Comédie-Française depuis le 22 mars précédent, le Toulonnais considère le reste de la profession avec condescendance et n'hésite pas à le montrer. Pour l'ami Fernand, il garde cependant de la tendresse : « Fernand, je l'aime bien, dit-il à Carlo Rim dans ses *Mémoires d'une vieille vague.* C'est un grand artiste parce qu'il ne fait rien pour l'être [...] Avec Fernandel, j'aime jouer, parce qu'avec lui, justement, je ne joue pas, je parle [...]. Fernand, c'est un sincère, un pur. Il croit toujours à ce qu'il fait, même quand il fait de la m... ! » Alors, à défaut de pouvoir ennuyer Fernand, Jules « asticote » le perruquier, le caméraman, l'assistant et pourquoi pas le metteur en scène ! « Alors, môssieur, on vous attend », dit-il souvent de sa voix grondante comme une mauvaise mer.

Egarés dans cette bouffonne adaptation provençale d'une turlupinade flamande, Fernandel et Raimu campent deux joyeux pochards fauchés par une voiture et arrivant dans l'au-delà... Curieuse histoire à laquelle le destin, prodigue en mauvais coups, va donner un accent prophétique : après *Les Gueux au Paradis,* Raimu se rend à Paris pour y tourner, d'après Dostoïevski, *L'Homme au chapeau rond*. Reprenant la route pour Monte-Carlo, il sera victime d'un accident de la route après Tournus, au nord de Mâcon. Gravement blessé, immobilisé, il vivra une pénible agonie, longue de plusieurs mois. De ce fait, *Les Gueux au Paradis* sera le dernier film de ces deux monstres sacrés.

En septembre 1945, Josette Contandin annonce ses fiançailles avec Charles Augusto, fils d'un « gros » industriel marseillais.

Début octobre, Fernandel se produit à l'ABC pour une trentaine de représentations. Il a revêtu à nouveau son costume de tourlourou. « Depuis 1935, j'avais remisé mon uniforme dans la naphtaline, je le ressors aujourd'hui, déclare-t-il au journal *La Bataille*. Il n'y a pas à dire, comme garde-mites, je pulvérise les records. Cet uniforme, c'est celui de mes débuts. Depuis vingt ans, il n'a pas changé. »

Le soir de la première dans la salle, au premier rang, on aperçoit Jacqueline et Marcel Pagnol. La presse salue l'événement.

« Entre chaque couplet, écrit le critique de *l'Essor*, il montre généreusement au public ses dents d'ogre et son sourire chevalin. Les femmes gloussent de plaisir et la salle s'écroule en applaudissements [...]. La grande force de Fernandel, c'est qu'il ne triche jamais : aucun recours au chiqué, aux artifices, aux influences. Il est normal que le public populaire soit reconnaissant à cette grande vedette du cinéma de ne pas se contenter de paraître sur une scène comme un objet de curiosité, mais de se donner du mal pour essayer de le distraire et de l'amuser [...] Il évoque une époque heureuse éloignée des guerres où la caserne et la vie militaire étaient blaguées sans finesse comme sans méchanceté dans des refrains ou monologues dont la simplicité, disons même la bêtise voulue, désarment toute critique. Les titres seuls sont tout un poème, si j'ose écrire... »

Chacun pourtant prend plaisir à découvrir ou redécouvrir « La Caissière du grand Café », « Adoré de Philomène », « J'ai des petits besoins », « Octavie », « Elle disait non », « Mimile et Totor », « Les Gaîtés de la caserne », « Ce que j'ai », autant de chansons faussement ingénues ou égrillardes dont il tire, avec son sens inné du comique, les meilleurs effets. Max Favalelli, future vedette du petit écran, célèbre son retour en quelques phrases bien enlevées : « Pour certains critiques pleins d'un injuste dédain, Fernandel se réduit à une mâchoire. Certes, il est servi par un physique étonnant, mais surtout il sait s'en servir. En vérité, il est un excellent acteur. La façon dont il tire parti d'un répertoire qui n'est pas toujours très, très relevé, grâce à sa diction, à sa mimique, à la précision de ses gestes, est celle d'un véritable artiste. Le très grand succès qu'il remporte à l'ABC est la preuve de son action sur le public. »

De fait, le théâtre ne désemplit pas et il faut la contrainte d'un prochain contrat dans le Midi pour lui faire quitter Paris.

Après la sortie de *Naïs* le 13 novembre, il plie bagage et rejoint le plateau de *L'Aventure de Cabassou.* Il prend juste le temps de participer au Gala de Paris, une œuvre de charité au profit des comédiens défavorisés. Ce soir-là, le succès des trois refrains qu'il entame incitent Albert Préjean, Noël-Noël et Jean Desailly à ne pas se risquer à sa suite sur les planches.

Quelques jours plus tard, Fernandel entre donc dans le rôle assez inhabituel de cocu sous les caméras d'un jeune loup dont il fera son ami et complice, un certain Gilles Grangier. Le cinéaste de trente-cinq s'est déjà distingué en filmant la suite *d'Ademaï* (toujours avec Noël-Noël, mais sans Fernandel) et en dirigeant Georges Guétary dans *Le Cavalier noir,* puis *Trente et quarante.* Bien que produite par René Pagnol, écrite par le sempiternel Jean Manse, puis réécrite par une armada de scénaristes (non crédités au générique), *L'Aventure de Cabassou* commence mal. « Nous étions à Marseille. J'étais dans leur fief. Je n'étais pas à l'aise avec Fernandel à ce moment-là », explique Grangier. Parmi les partenaires de la vedette, on retrouve Henri Poupon, Henri Arius et Marcel Maupi ; avec la Libération, curieusement, tous ces grands acteurs du Midi ont repris leur prénom d'origine. La mode a changé. L'épreuve de la guerre a aussi transformé Fernandel. Il est devenu plus assuré, exigeant, organisé ; bref, c'est désormais un professionnel consciencieux. Il est en train d'entrer dans la légende : « Il disait que le cinéma, c'était facile, poursuit Grangier. Ce qui l'intéressait, c'était de déjeuner à l'heure. Il regardait le plan de travail et demandait : " Alors, je mange quand, moi, là-dedans ? " C'était incroyable, il avait une espèce de roulante qui le suivait pour lui faire sa bouillabaisse. »

Parmi les autres comédiens, on remarque un autre Marseillais, lui aussi issu d'une dynastie du spectacle, et dont le cheveu brun, la moustache sombre et l'air antipathique (à la ville, c'est le contraire) viennent de traverser quelques œuvres de Pagnol mais aussi d'Allégret, Clouzot, Tourneur : c'est Henri Vilbert.

Le premier jour du tournage a lieu en banlieue marseillaise près des grottes de Loubière.

« Oh ! Fernand, s'exclame l'un.

— Oh ! Henri », lance l'autre.

Les deux hommes se connaissent bien. « Nous étions du même quartier à Marseille, de la Plaine Saint-Michel, se souvient Vilbert. Du temps de notre jeunesse, Fernandel se produisait en amateur aux Salons Pélissier situés au premier étage d'une brasserie. Toute la famille Contandin cultivait le caféthéâtre en amateur, les parents en duo, Fernand en tourlourou avec son frère aîné Marcel. Après avoir joué les « fins diseurs » en habit, ils se sont mis tous les deux aux saynètes militaires Fernand jouait le bidasse classique et son frère le sous-off obtus et tracassier. A la Plaine, tous les deux étaient devenus très populaires. »

Depuis, Fernand et Henri ne se sont pas perdus de vue, multipliant les rencontres au hasard des studios ou des tournées. Là, ils se retrouvent pour *L'Aventure de Cabassou.* Plus tard, toujours ensemble, ils verront débuter un autre Marseillais, un jeune Arménien au nom impossible : Achod Malakian. Au cinéma, il prendra le pseudonyme de... Verneuil et comme Vilbert, se prénommera Henri.

Hélas, si *Cabassou* figure bien au guide Vilbert-Fernandel, c'est sans étoiles ! La page tournée, Fernandel se hâte de retrouver Marc Allégret pour les besoins de *Pétrus,* tiré d'une aimable comédie de Marcel Achard, créée à l'origine par Louis Jouvet. La collaboration Allégret-Achard ayant donné d'excellents résultats (*Gribouille, L'Arlésienne, Félicie Nanteuil,* etc.), le comédien se réjouit d'avance de ce projet. Et il a raison, car *Pétrus* va être une authentique réussite.

Sans gros effets, d'un humour raffiné, bien construit, le film joue subtilement de dialogues précieux et de touches délicates. L'ensemble permet à Fernandel un exercice de style surprenant de sobriété. « Dans *Pétrus,* le talent de Fernandel vous apparaîtra sous un jour tout neuf, commente Achard. Et je le crois promu au plus grand avenir... »

A peine le film sorti, Fernandel se retrouve à nouveau sous les sunlights marseillais pour *Cœur de coq* où il fait la connaissance de Maurice Cloche. En ce mois de juin 1946, le jeune cinéaste n'a pas encore l'assurance que lui conférera l'année suivante le succès de *Monsieur Vincent,* avec Pierre Fresnay.

Film prétexte, *Cœur de coq* sert à illustrer quatre chansonnettes toutes signées par le trio Dumas-Manse-Vincy. Pâle imitation de Charles Trenet,

« J'ai mon cœur qui fait tic-tac » ne se distingue guère de « O mio amore », « Je suis irrésistible » ou « Cocococo ». Les années quarante porteront la marque de ces trois hommes. Louiguy ou Georges Van Parys rehausseront quelquefois la piètre qualité de leur production. Heureusement, dès les années cinquante, les sketches et les monologues vont l'emporter sur ce genre de ritournelles. Fernandel rendra enfin hommage aux chantres de la Provence, de Daudet à Pagnol, de Zamacoïs à Audouard, de Roumanille à Lidous. Refermons cette parenthèse musicale.

Cœur de coq, affligeante platitude, risque fort de desservir Fernandel dans son ascension au box-office. Et cela en dépit de nombreux avertissements. « Après *Cabassou,* confirme Gilles Grangier, il m'a proposé *Cœur de coq.* Je lui ai dit que c'était un démarquage lamentable de *Cyrano de Bergerac* et qu'on ne pouvait pas faire ça. Il me répond : " Mais puisque je suis là ! Tu ne risques rien ! ". Ils ont fait le film. » Fernandel a très mal pris le refus de Grangier, d'où un froid entre les deux hommes qui durera dix ans.

A Paris où il est retourné, Fernandel répète une nouvelle opérette signée Mouëzy-Eon, Manse, Dumas, Van Parys, et qui s'intitule *Les Chasseurs d'images.* Le 20 septembre, un vendredi, l'annonce de la mort de Raimu se répand comme une traînée de poudre. Gabin, Delmont, Tramel se rendent à son domicile. De Cassis, Blavette, atterré, a téléphoné. Fidèle à lui-même, Pagnol a écrit une lettre, « L'adieu à Raimu » : « et je peux mesurer aujourd'hui la reconnaissance que nous devons à la lampe magique qui rallume les génies éteints, qui refait danser les danseuses mortes et qui rend à notre tendresse le sourire des amis perdus ! ».

En entendant la nouvelle, Fernandel croit défaillir. Il se rend aux obsèques. Là, une foule impressionnante, impatiente, hystérique, montre du doigt et nomme à haute voix chaque vedette de la procession. Du ciel où Maupi, son compagnon de l'écran, va bientôt le rejoindre, Jules contemple cet ultime triomphe. « Lui non plus n'aurait pas voulu rater ça », dira Renée Saint-Cyr.

Fernandel pleurera longtemps son ami. Comme Pagnol, il lui adresse un message d'ici-bas : « Raimu, toi que j'admirais tant et que j'aime toujours au-delà de la mort, tu le sais bien, toi, que tu es immortel et que personne ne te remplacera jamais, ni au cinéma bien sûr, ni non plus dans notre amitié qui est plus vivace que l'éphémère durée d'une existence humaine. »

Puis il se jette à nouveau, à corps perdu, dans la course à la gloire. Il guérit sa peine dans le travail. En ce triste automne 1946, il reprend le projet des *Chasseurs d'images,* cette comédie musicale imaginée en 1939 par Casimir Oberfeld, lui aussi disparu. Remake à peine voilé du *Tour du monde en 80 jours* (qu'il tournera d'ailleurs dix ans plus tard), la pièce permet à la souriante vedette d'inscrire quatre nouvelles chansons à son répertoire, et lui offre un de ces rôles à transformations qu'il affectionne. « Vous me verrez en mendiant chinois, en gentleman anglais, en docteur suisse, en cow-boy de western, en Ecossais en jupette et même en dame aux camélias. »

De l'humour sans prétention, une musique entraînante, des figurants par dizaines et une distribution épurée des habituels seconds rôles, cette production se veut surprenante. D'ailleurs la presse se montre aussi enthousiaste que le public. « C'est Fernandel le meneur de jeu. C'est lui qui se charge, par ses mimes, ses chants, ses étonnements, ses inquiétudes, de nous égayer. C'est pour lui une tâche facile », peut-on lire dans la revue *Opéra*. De son côté, le journaliste Pierre Barlatier se réjouit de cette popularité. « Voici enfin Fernandel qui sait, comme pas un, dire une chanson, tirer de chaque mot, de chaque coq-à-l'âne, et comme sans y prendre garde, le maximum d'effet ; Fernandel qui joue et chante en grand acteur, s'amusant en nous amusant, visiblement heureux de cette popularité dont il respire avec délice l'encens qui monte vers lui. Avec sa grande bouche et ses longues dents, son air ahuri et malin, Fernandel a su créer un type, un emploi. On dit aujourd'hui : " jouer les Fernandel ". Comprendra-t-il qu'il ne peut plus se galvauder dans n'importe quel film ? »

Aurait-il écouté son ami Barlatier ? Il assure le commentaire d'*Escale au soleil,* un film sur sa ville natale dans lequel il ne fait qu'une courte apparition. L'apprenti cinéaste qui a réalisé le documentaire n'oubliera pas ce geste de sitôt : c'est Henri Verneuil. Pendant ce temps-là, à Milan, un certain Giovanni Guareschi, journaliste de son état, décide de faire éditer sa première nouvelle, l'histoire d'un petit village où un brave curé s'oppose au maire communiste. Son titre : *Don Camillo.* Cinq années plus tard, Fernandel revêtira cette providentielle soutane.

En 1947, la France de la chanson se lance dans le cinéma. Entrés dans la carrière par le biais de la scène et du micro, Bourvil, Montand, Mariano, Rossi font désormais du cinéma. Pour trente-six films tournés en 1940, on en compte soixante-dix neuf, plus du double, en 1947. Or, cette année-là, Fernandel décide de revenir plutôt vers la chanson, sans pour autant quitter le cinéma.

Au mois de mars, il rejoint en studio Antoine Toé. Toé, alias Antoine Antona, né la même année que lui tout près de son quartier, a trouvé dans la caricature et la production de films son cheval de bataille. Après avoir dessiné son compatriote marseillais, il inaugure en sa compagnie une série de documentaires musicaux où sont mis en images les succès du moment.

Sous le titre « Vedettes et ritournelles », Fernandel immortalise ainsi « La Caissière du Grand Café » (signée Izoire, Albe, Bousquet), « Irma la voyante » (Dobel, Manse), « Elle a de la barbe » (Malfet, Bousquet, Nazelle) et « Attente » (Dumas, Manse). Chaque film de la série — il n'en tourne qu'un — n'excède pas quinze minutes. Ravi par cette expérience, il prête son concours à *Comédiens ambulants* de Jean Canolle, une série tournée pour les films publicitaires Jean Mineur. Au générique éblouissant de ce court métrage (18 minutes), on trouve Louis Jouvet, Milton, Serge Darlon, Gisèle Andrée et Andrex. Cette année-là encore, avec le chef d'orchestre Raymond Legrand, il enregistre deux autres chansons pour le film *Emile l'Africain :* « Dans la brousse » et « Emile, qu'est-ce que tu fais ? ».

Le mardi 26 mars, *Cœur de coq* sort sur les écrans parisiens. Le lendemain, Marcel Pagnol entre chez les Immortels : « Je ne feindrai pas la surprise. Je ne dirai pas : Comment est-ce possible que vous ayez pensé à moi ? Je sais bien que j'y ai pensé le premier », clame-t-il sous la coupole de l'Académie française. Quant à Fernandel, il marie sa fille Josette avec Charles Augusto. Andrex sera évidemment de la noce, témoin du couple.

Il n'y a pas loin du dépaysement des *Chasseurs d'images* sur la scène du théâtre du Châtelet à l'exotisme d'*Emile l'Africain,* son film suivant. Le 21 octobre, il se rend au château de Chilly-Mazarin, où l'attend le cinéaste Robert Vernay. Cet ancien assistant de Julien Duvivier est l'un des meilleurs artisans du cinéma populaire des années quarante et cinquante. Hélas, les deux hommes ne tourneront ensemble que cet assez décevant *Emile.* Inspirée d'une comédie de Paul Nivoix, ami de Pagnol et dialoguiste de *Barnabé,* cette gentille amusette paraît calquée sur *Le Schpountz.* Comme l'Irénée de Pagnol, Emile exerce la digne profession d'accessoiriste ; comme lui, il sera rapidement victime d'un méchant quiproquo et transporté dans la jungle du spectacle, avant celle en carton-pâte des studios. L'affaire tourne au défilé de professionnels invités sur le plateau : Albert Broquin, Bernard Lajarrige, Félix Oudart et Alexandre Rignault y sont de parfaits acolytes. Entre deux séquences, l'acteur pousse sentimentalement la chansonnette. A l'issue du tournage, le 12 décembre 1947, dans son numéro de fin d'année, la presse corporative du cinéma confirme Fernandel dans le peloton de tête devant Louis Jouvet, Michel Simon, Jean Gabin et Noël-Noël. Viviane Romance se retrouve largement en tête des vamps de l'écran, dans ce classement où Edwige Feuillère, Danielle Darrieux et Michèle Morgan font figure de « dauphines ».

Après *Emile l'Africain,* Fernandel retrouve le même rôle (ici il sera responsable des accessoires chez un commissaire-priseur), la même ville de prédilection (Cassis où il a tourné plusieurs de ses films) et le même réalisateur que *Ne le criez pas sur les toits* en 1942 : Jacques Daniel-Norman. Spécialiste des aventures fantaisistes à bon marché (« Est-ce ma faute si je n'ai jamais eu les moyens de Boyer, Cammage ou Grangier ? » lance-t-il un jour), Daniel-Norman met en scène *Si ça peut vous faire plaisir* en moins de quarante jours. S'étonnera-t-on ensuite de ce brouillon composé de gags à l'emporte-pièce et d'une suite cahotique de séquences dépourvues d'imagination et d'originalité ? Heureusement pour Fernandel, il y a Sardou, Marseillais comme lui, chanteur comme lui, prénommé Fernand comme lui et de plus excellent camarade depuis le tournage du *Club des soupirants.*

Cette année-là, en 1941, Fernandel recherchait un chef d'orchestre pour une séquence du film. Au jour prévu de l'audition, Sardou s'est présenté en compagnie de quelques camarades. A leur tour, lui et sa petite bande y sont allés de leur démonstration, tâchant de faire illusion. « C'est très bien », a dit Fernandel en regardant Sardou. Puis, discrètement, il lui a glissé à voix basse : « Depuis combien de temps es-tu chef d'orchestre ? » Sardou a avoué sans détour la vérité à la vedette et surtout sa dèche et celle de ses camarades. Grâce à cette sincérité, l'orchestre a été engagé pour dix semaines. En connaisseur et vieux routier de la scène, Fernandel a senti une vocation chez son compatriote. Ce dernier lui rendra d'ailleurs le compliment. « Fernandel ne se départait jamais de sa gentillesse, précise Fernand Sardou. Il nous invitait tous les jours à sa table. Pour un jeune artiste, évoluer dans ce bain était un enchantement. Et quelle école ! [...] Je regardais le moindre plan de Fernandel comme au microscope. J'apprenais tous les jours un peu plus de mon métier. »

Bien plus tard, les deux hommes chanteront en duo un immense succès, qu'à leur tour leurs fils se partageront. Qui a oublié les paroles de cette merveilleuse incitation à la paresse, reprise par toutes les célébrités nées sous le soleil du Midi, Andrex, Darcelys et Ginette Garcin ?

Aujourd'hui peut-être,
ou alors demain...

Fernandel n'en demeure pas moins un bourreau de travail. En cette année 1948, la vedette donne plutôt du côté « macho ». Signée Henri Martinet (le « Petit Papa Noël » c'est lui !) et Raymond Vincy (l'incroyable marche à la gloire de la « Cane Canebière »), accompagnée par l'orchestre de Raymond Legrand, « C'est un dur » s'inscrit dans la lignée des chansons qui démentent l'image d'un Fernandel niais, soumis à la risée populaire. On se souviendra de la java qui fit, en partie, le succès de *Raphaël le tatoué* :

Je ne port' pas de perlouzes,
Je ne suis pas un nervi
Je trouve que ça fait tartouze,

Et c'est pourquoi moi j' vous l' dis
J'ai l'air de ne pas avoir l'air,
Mais avec mon air j' fais la pige à Bébert !
Je suis un dur, un vrai, un tatoué...

Nul n'oubliera le fameux « Gégène » que l'artiste présentait à l'époque comme une chansonnette caricaturale.

Dans la bagarre ou la lutte,
Il ne connaît pas d'échec
Ceux qui lui cherchent dispute
Sont aplatis en cinq secs
Qui a peur des « Tatou »
Jusqu'à la peau du cou ?
C'est Gégène !

De cet autre aspect de son immense talent où s'inscrivent quelques belles pages musicales, les flons-flons résonnent encore parfois sur le Vieux-Port.

Mais Fernandel, avant tout, c'est un rire, un visage. Avec une tête comme ça, assurément, on peut tout se permettre. « [...] J'ai souffert de cette disgrâce, comme Poil de Carotte, s'exclame-t-il. Qu'est-ce que je serais devenu avec une autre tête ? Peut-être un Rudolph Valentino ou simplement un employé auxiliaire des PTT ? Va savoir ! » Justement, un jour, un préposé sonne à sa porte. Il lui apporte une lettre de Carlo Rim. Ce dernier lui propose le scénario de *L'Armoire volante,* une farce macabre qui lui a été suggérée par un fait divers authentique de la sombre année 1940. « Durant l'exode, écrit-il, une vieille dame meurt subitement dans la voiture de son petit-fils. Celui-ci s'affole, ensevelit le cadavre dans un tapis, en attendant de pouvoir lui offrir une plus décente sépulture. Le voici roulant par les routes encombrées, son funèbre colis sur le porte-bagages. Un soir, recru de fatigue, il s'arrête dans une auberge pour y passer la nuit. Le lendemain, il constatera que sa voiture a disparu ! » A partir de ce canevas tragi-comique qui ressemblait à s'y méprendre au *Chapeau de paille d'Italie,* on pouvait imaginer toute sorte de situations. Ce scénario, Carlo Rim l'a écrit lui-même. La pantomime, la silhouette étriquée, les regards furtifs, le visage morne et atterré du héros devaient montrer comment, par un infernal coup du sort, l'homme peut devenir le jouet de la fatalité ; un Adhémar avant la lettre, du Guitry sans emphase, de l'humour noir sans métaphysique littéraire. Le rôle de M. Puc avait été écrit sans arrière-pensée, sans souci d'en confier un jour ou l'autre la responsabilité à un comédien particulier.

Au printemps 1948, Carlo Rim décida d'offrir un visage à Alfred Puc. Rien n'empêchait qu'on confiât ce personnage lunaire, ce héros passif projeté dans une aventure sans issue, à un comédien talentueux, vedette de surcroît. Pierre Fresnay, Michel Simon, François Périer auraient pu l'interpréter, chacun aurait donné au bonhomme une couleur singulière. Un jour, le producteur de Carlo Rim lui proposa Fernandel. « Votre histoire peut choquer le public et, assurément, sa popularité rétablira l'équilibre. »

« Ce " Monsieur " s'est discrédité depuis quelques années en tournant des choses inavouables », répliqua Carlo Rim, intraitable. La vérité, on la connaît. C'est que les deux hommes ne s'adressaient plus la parole et changeaient de trottoir lorsqu'ils se rencontraient dans la rue. Bientôt, les arguments du producteur et l'enthousiasme de Fernandel effacèrent les dernières rancœurs. « Une bonne brouille, c'est comme une bonne purge : ça nettoie l'amitié ! » constata le comique marseillais.

Lors du tournage se produit un événement rare dans la carrière d'un acteur : Fernandel devient M. Puc et réciproquement. L'un habite l'autre de la façon la plus naturelle, la plus spontanée qui soit.

« Il a gagné en autorité ce qu'il a sans doute perdu en fantaisie ou en trivialité, affirme Carlo Rim. Avec une stoïque pudeur, il osera dissimuler son clavier de cocagne aux effets immanquables. »

Avec les jours passés ensemble, l'ambiance raffermit l'amitié, même si celle-ci n'empêche pas de prendre quelques libertés avec la vedette. A l'entrée du studio de Boulogne, Carlo Rim, accompagné de quelques techniciens, accueille chaque matin Fernandel sur l'air de *La Belle Hélène*, mais en chantant : « Qui est ce grand con qui s'avance, con qui s'avance, con qui s'avance ? Mais c'est Contandin, le célèbre Contandin ! »

« Contandin dit Fernandel daignait sourire de cette innocente parodie et de la meilleure grâce du monde. Ceci se passait en 1948, il est vrai, et Fernandel, qui n'avait pas la tête enflée comme une coucourde [citrouille, en provençal] et qui ne se prenait pas pour le bon Dieu, était un sympathique garçon, gonflé de menus complexes et de susceptibilité comme la plupart de ceux pour qui la nature ne s'est pas montrée trop prodigue sur le chapitre de l'esprit », confirme Carlo Rim. La voltige de *L'Armoire volante* prouve au moins que le comédien Fernandel n'a pas eu peur cette fois-là d'être blâmé, hué, méprisé ou brocardé dans un rôle difficile.

Par l'ambiguïté de ce choix, n'a-t-il pas affirmé son souci d'originalité, son goût de l'insolite et un certain amour du risque ? Bien lui en a pris car le pape de la critique d'alors, André Bazin, reconnaît, péremptoire, que *L'Armoire volante* est « l'un des meilleurs films comiques de Fernandel et peut-être le meilleur ».

La préparation du film, son tournage, sa synchronisation ont été marqués d'annonces et d'événements parfois heureux, souvent tragiques : le mercredi 14 juillet l'équipe consternée apprend la mort de Marguerite Moréno, l'éternelle « mamèche » de *Regain,* partenaire de Fernandel dans *Jim la houlette* ou *Barnabé*; un peu plus tard, l'ami Tino Rossi, visiblement fort ému, vient partager la grande nouvelle : son fils Laurent est né; enfin le 20 septembre, fin de l'été restera comme la date de la disparition de Raimu.

Ce jour-là, Fernandel est absent du studio. Et pour cause, car il est en Amérique. « Une seule fois, j'ai oublié que je m'appelais Fernandel. C'est le jour où je suis arrivé à New York, en septembre 1948. Je venais par le bateau car je ne prends jamais l'avion — je n'ai qu'une figure et je tiens à ce qu'elle me serve le plus longtemps possible — et je m'étais fait réveiller à 5 heures du matin pour ne pas manquer le spectacle du jour se levant sur les gratte-ciel de Manhattan. Pour moi, c'était un rêve fabuleux qui était en train de se réaliser. Quand j'étais grouillot dans une de mes sept banques de Marseille, je lisais le bottin américain. Je voyais New York, la baie d'Hudson et je disais aux collègues : " Ça doit être beau l'Amérique ! "

» Mais en dedans de moi, je me disais : " Neuveyork, tu le verras jamais ! " Alors, ce matin de septembre 1948, quand j'ai vu la baie avec les petits remorqueurs et les gratte-ciel qui sortaient de la brume, je me suis retrouvé comme j'étais plus de trente ans auparavant, le petit employé de banque qui lisait le bottin américain. Ça n'a pas duré longtemps. A 7 heures du matin, les journalistes, les photographes, les managers sont montés à bord et je suis redevenu Fernandel ! »

Le numéro un du cinéma français se retrouvera pourtant simple homme de la rue, face à l'une des plus grandes stars de Hollywood. « En Amérique, j'ai fait la connaissance d'un tas de grandes vedettes françaises : elles n'ont pas l'air de l'être. Le type que j'ai aimé plus que tous les autres, c'est Gary Cooper. J'avais une très grande admiration pour lui et ça m'a fait beaucoup d'effet de le rencontrer. Il était une des plus grandes vedettes du monde et il y avait chez lui une modestie extraordinaire. »

Après New York, Fernandel rend visite à nos cousins canadiens ; les francophones bien sûr, mais aussi les anglophones se battent pour l'approcher, le toucher, lui arracher un autographe. A Montréal, Ottawa, Québec, Chicoutimi, Trois-Rivières, partout où il se produit, c'est le triomphe et la même liesse populaire qui domine. « Là-bas hormis qu'on y parle anglais, je me suis vraiment senti chez moi, surtout lorsque nous sommes arrivés à... Joliette [en fait, le nom d'un célèbre quai du port de Marseille !]. »

De retour à Paris, entre deux engagements cinématographiques, le 23 décembre, il renoue avec son personnage fétiche, Ignace. Le public ne sait où porter son regard : Montand triomphe à l'Alhambra malgré un franc dévalué, Gréco joue les muses, Cerdan montre ses poings, Citroën lance la 2 CV et De Sica le néo-réalisme, tandis que Fernandel, imperturbable, joue les petits soldats sur la scène du théâtre de l'Etoile.

Avec la complicité de Jean Manse, il a délibérément opté pour une version modernisée de ce succès d'hier. « Ignace 1948 n'est pas le même qu'Ignace 1936. Le troupier d'aujourd'hui est si différent de celui d'avant-guerre. Ils ont le col ouvert maintenant, les soldats, et ils mangent dans des assiettes, paraît-il. Moi, de mon temps, c'était la gamelle. Et ça fait une différence. Je ne pouvais rien conserver du comique troupier de mes débuts, le genre tourlourou à la Polin. Mais j'ai tout de même gardé le costume bleu horizon parce que le kaki aurait rappelé une actualité trop récente, trop de mauvais moments et des souvenirs cruels. »

Après *Ignace I* Fernandel a beaucoup trop tourné. Il n'a pas eu ce moment de répit qui lui aurait permis d'accomplir la promesse faite au public : revenir sur scène. Cette fois, pour son retour, le comédien a laissé de côté un nombre important de projets cinématographiques. Heureusement pour Fernandel, l'enthousiasme des foules coïncide avec l'excellent accueil que lui réserve la critique. *L'Humanité,* par exemple, constate que jamais la maîtrise de la vedette n'a semblé si totale.

« Encore est-il vrai qu'il connaît toutes les ficelles d'une histoire qui ne vaut que par lui et qu'il en tire des effets d'un naturel si expressif qu'il est le ressort le plus durable de son succès. » Dans *Le Soir,* Pierre Barlatier, affirme qu' « il faut le voir dans ce rôle écrit pour lui et qui n'existerait pas sans lui, avec son grand sourire légendaire, son œil malin et ses gestes précis ». De son côté, André Warnot reconnaît qu' « il campe son personnage d'Ignace avec une finesse qui pourrait sembler impossible ». Fusent ensuite des dithyrambes enflammés où il est tantôt « un pitre extraordinaire », « un mime incomparable » ou encore « un partenaire écrasant pour les autres comédiens ». De fait, aucun second rôle marquant ne s'est risqué à ses côtés pour ce spectacle de fin d'année.

Yves Montand se souviendra longtemps d'un certain visiteur venu incognito applaudir son spectacle de l'Alhambra. « La foule s'est précipitée sur lui et, pendant l'entracte, après avoir vainement tenté de venir me saluer dans les loges, il s'est plié à une séance d'autographes dans la salle. Le rideau était déjà relevé qu'il signait toujours... »

La gloire est là. Pourtant un soir, seul dans sa loge, Ignace pleure sous son maquillage. Ce 4 janvier 1949, Maupi vient de s'éteindre à son tour. Cocasse chauffeur du « ferryboate » de la trilogie, il a rejoint tout là-haut son ami Raimu dont il était, nul ne l'ignore, le souffre-douleur.

De cette disparition tragique — Maupi n'avait que soixante-huit ans —, Fernandel parlera de façon émue mais non sans une teinte d'humour. Il imagine que Maupi, se présentant au paradis — qui, pour la circonstance, ressemble à la terrasse du Fouquet's (la cantine de Raimu), se voit aussitôt apostrophé en ces termes par son ami : « Alors, môssieur Maupi, toujours en retard ! » Plusieurs fois partenaire de Fernandel (*Les Gueux au Paradis, Ferdinand le noceur, L'Aventure de Cabassou,* etc.), le brave Maupi agrandissait le vide déjà laissé par Raimu. Mais, le spectacle, dit-on, doit continuer...

En mars 1949 Fernandel prépare un nouveau film, sous la direction de Maurice Labro, ancien assistant du cinéaste Maurice Cloche ; Labro se spécialisera bientôt dans la série noire, section fauves, du *Gorille* au *Judoka.* D'ailleurs dans *L'Héroïque Monsieur Boniface,* Fernandel joue les gangsters même si c'est... pour rire.

Dans ce pastiche assez laborieux, il est sommé de pousser la chansonnette dès que l'action ralentit. Une « Fernandelade » de plus, une chance en moins de gagner l'oscar de la qualité. Heureusement, il n'a cure de l'estime des critiques et du milieu des professionnels. « J'aime d'abord mon public, c'est lui qui m'a placé où je suis car la critique... Quand vous montez, c'est très bien, mais quand vous êtes arrivé, on essaie de vous démolir... Ainsi, quand commence un de mes films, les journaux envoient des rédacteurs. Ils ne devraient pas désigner n'importe qui. Si c'est un monsieur qui n'aime pas le comique, il conclut : " Ridicule ! " tandis qu'une heureuse nature s'exclamera " C'est merveilleux ! " » Satisfaire le public ? Hélas, jusqu'aux comédiens de cette aimable bande dessinée qui ne semblent pas s'amuser — Fernandel, lui-même écrit : « Je retrouve, sans enthousiasme démesuré, le doulos et le rictus d'un chef de gang (celui des " tractions avant " était alors fort à la mode). »

Au nom de l'amitié, le critique Louis Chauvet est seul à défendre le comique : « Il déploie tout à loisir la gamme de ses attitudes familières. Il joue les timides bafouillants, les timides coléreux, les héros occasionnels, prodigue son sourire à grandes dents, ses regards tantôt de malice, tantôt d'innocence. »

Dans le film suivant, en mai 1949, il renoue avec les dialogues d'André Tabet. Frère de Georges (qui avec Pills forma un des grands duos des années trente), André deviendra l'un des fidèles parmi les fidèles du clan. Souvent, il va se substituer à Jean Manse et signera, outre *La Grande Vadrouille* et *Le Corniaud*, une dizaine de films avec Fernandel parmi lesquels, on relèvera *La Table aux crevés* et *Ali Baba.*

L'héroïque Monsieur Boniface marque aussi les débuts de la longue collaboration de Gérard Carlier comme scénariste et adaptateur. Heureusement, il lui arrivera d'être remplacé par René Barjavel, Michel Audiard, Henri Jeanson, Yvan Audouard ou Sacha Guitry. Maurice Labro est une fois de plus aux commandes. Le mois suivant, il sera remplacé par Ernest Neubach, pour le tournage d'*On demande un assassin.* Cet Autrichien ne laissera aucun souvenir d'importance dans l'abondante filmographie de Fernandel. Quant au film, mentionnons seulement qu'on y retrouve les « gueules » habituelles de l'univers « fernandélien » : Lucien Callamand (un savoureux détective) et Félix Oudart (toujours fiable dans les « comiques de rondeur », sorte de don Camillo du vaudeville).

Je suis de la revue, film méconnu de Mario Soldati clôt la page cinéma de cette année 1949 — Soldati sera plus tard la cheville ouvrière de superproductions telles que *Guerre et Paix* ou *Ben Hur.* Le scénario est de Mario Monicelli et Sténo, deux excellentes plumes italiennes de l'après-guerre. Cette aventure permet à Fernandel de croiser Suzy Delair et Louis Armstrong.

Fernandel aborde le tournant des années cinquante en tirant les leçons de ses erreurs passées et tout en s'excusant de les avoir commises. « Ce qui est décourageant, au cinéma, c'est de voir que les torts, les erreurs sont toujours imputés à la vedette. Quand un film est un navet, on dit naturellement que c'est sa faute... J'ai parfois accepté de tourner un roman parce que le personnage principal m'intéressait. Le scénario une fois fait, je ne reconnaissais plus l'ouvrage. J'étais cependant obligé de tourner... J'ai même lu sur de mauvais découpages : " Trouver un effet comique avec Fernandel ! "... »

Après avoir pris, à Marseille, son traditionnel repos estival en famille — « au programme pêche et bouillabaisse » — il revient à Paris afin de concrétiser un vieux projet de Sacha Guitry qui lui a écrit un rôle sur mesure. Ce sera Fortuné Richard, clochard méridional sauveteur d'un riche baron, dans *Tu m'as sauvé la vie*. Cette rencontre, historique, du roi de la Canebière et du prince du Boulevard, considérée par certains comme un malencontreux accident, restera gravée dans la mémoire de l'acteur. « Quand il m'a demandé de venir le voir, tu penses ! s'exclame-t-il. J'y ai couru sans reprendre le souffle ! Comme si j'avais reçu une convocation de Molière ou du Saint-Père ! Jouer une pièce avec Sacha Guitry... et en vedette ! Si le petit Contandin s'était permis, jadis, de faire un rêve pareil, qu'est-ce qu'il aurait pris à son réveil ! Je l'aurais insulté tout bonnement, ce mégalomane, ce gros vaniteux ! Quand même, lorsque je me suis trouvé devant lui, j'étais drôlement ému ! »

Chacun se souvient encore de cette scène où Guitry (le baron) revenant à lui, demande ce qui s'est passé :

« Vous avez eu un accident. Un cheval s'est emballé...

— Un cheval, mais j'en ai vu deux ! »

« Le comique au sourire chevalin entrait dans la légende, salué par le Maître. A la fois poète, canaille et attachant, le rôle de Fortuné Richard sied à merveille à Fernandel qui répète la pièce, au théâtre des Variétés, dès le mois de novembre 1949.

Le 21, il apprend la mort d'Alida Rouffe, cette

En 1934, dans la villa des « Mille Roses » à Marseille que Fernandel vient d'offrir à Henriette pour leurs dix années de mariage où ils reçoivent la famille et les amis ; parmi eux : Georgel, Darcely, Andrex…

Fernandel avec ses trois enfants.
En haut : Janine, sa fille cadette. Au milieu : Franck et Josette.
En bas : dans l'univers de Franck, grand amateur de jazz.

ès ses débuts, Fernandel
oisit le costume de
ourlourou, s'inspirant pour
la du comique troupier
mortalisé par Polin.

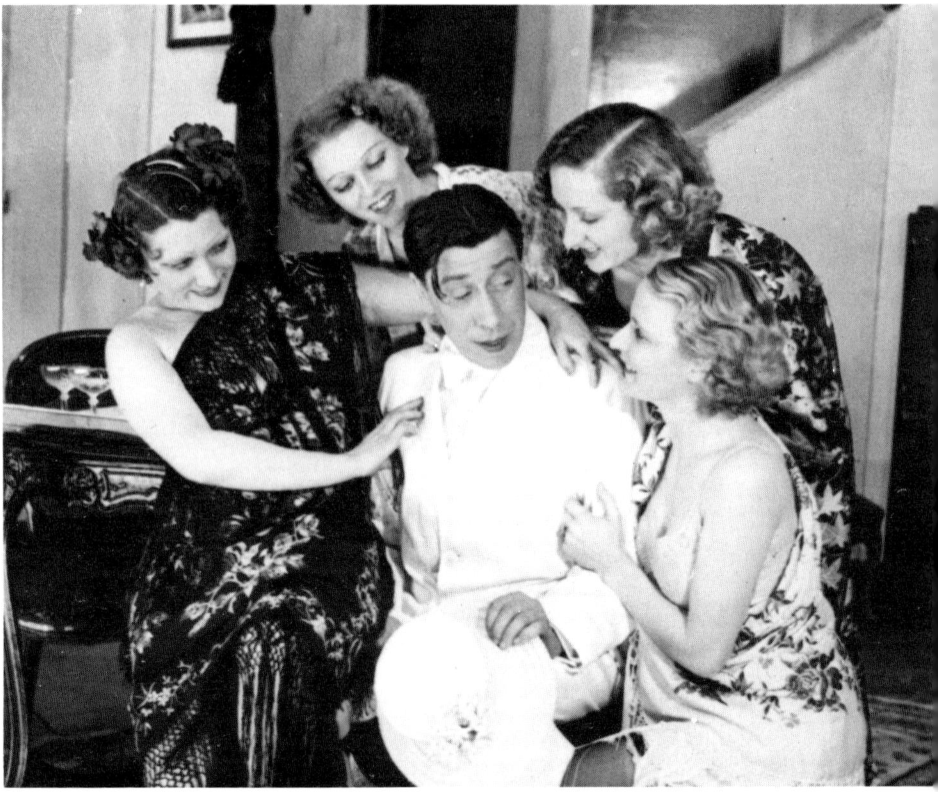

Après Ignace, *son deuxième grand succès au théâtre* Le Rosier de Mme Husson *de Louis Verneuil en 1937.*

Avec Mistinguett qui le fit engager en 1933 dans sa revue des Folies Bergères.
*Au micro du poste parisien pour le lancement d'*Ignace*, de gauche à droite : Roger Dumas, Marie Bizet, René Gerly, Fernandel, Andrex et Sabine André.*

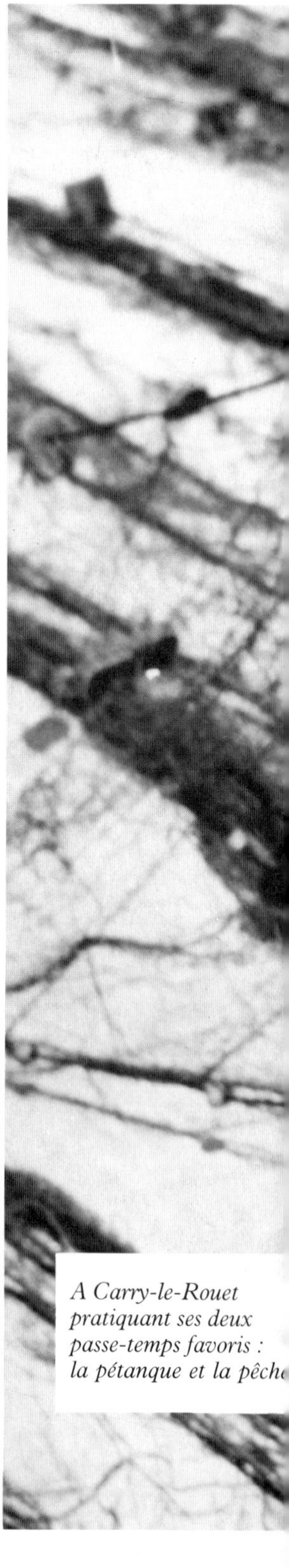

A Carry-le-Rouet pratiquant ses deux passe-temps favoris : la pétanque et la pêche

Avec Marcel Pagnol.
Entre Maurice Chevalier et Bourvil.
Avec Jean Gabin, l'ami de toujours.

pittoresque Bordelaise qui parvint à faire croire à des millions de spectateurs de la trilogie qu'elle était marseillaise ! Si la comédienne avait été écartée des studios depuis la Libération, elle n'en était pas pour autant tombée dans l'oubli ; elle restait à tout jamais Honorine, la mère de Fanny. Quant à Fernandel, c'est de sa partenaire du *Schpountz* qu'il se souvient, non sans émotion. A Marseille, loin là-bas, s'éteignait l'une des étoiles du ciel allumé par Pagnol à l'aube des années trente...

A Paris, les répétitions de *Tu m'as sauvé la vie* continuent sur la scène du théâtre des Variétés où la vedette de l'écran retrouve quelques anciens partenaires de ses films : René Génin, Numès Fils et Jeanne Fusier-Gir. Chez Sacha Guitry, Fernandel doit faire face à de très longs monologues, à des tirades interminables comme lors de sa « présentation » où, curieusement, l'auteur l'a rajeuni (il dit être né à Cassis le 2 janvier 1912 mais... il n'en est pas certain !). « Je m'appelle Fortuné, Richard... lance-t-il, ce qui est exagéré !... Quant à mon nom de famille, il n'en sera pas question parce que mes parents ne m'ont pas reconnu. Pourtant, avec la tête que j'ai, ça leur était facile. Qu'est-ce que vous voulez, il y a des gens qui ne sont pas physionomistes !... » Il se met alors à conter l'histoire de sa vie tumultueuse, à énumérer ses nombreux et saugrenus métiers (il fut même, avoue-t-il... acrobate). Le texte n'efface pas la présence singulière de Fernandel qui, avec Pagnol, a affronté bien d'autres paris littéraires.

« Même chose pour le cinéma, je lis le scénario une fois. J'ai une mémoire très bonne, explique-t-il à *Carrefour*. Et c'est seulement au moment de tourner que j'apprends mon texte. Ça n'est jamais très long pour une séquence : deux pages, en moyenne. Je les lis deux fois, je les sais. On répète, on tourne deux fois. J'improvise tout : effets, diction, mimique. On choisit le meilleur bout. Le lendemain, j'ai oublié les deux pages. »

Fernandel n'oubliera pas Guitry. Rencontrant Jacques Lorcey, il se montre intarissable sur l'aventure de *Tu m'as sauvé la vie :* « Il était poli, pas exigeant du tout. Son texte nous portait. La mise en scène était établie d'avance : " Vous entrez ici... Vous sortez par là.... " En disant mes répliques, machinalement, je me levais, je me déplaçais. Pour ce genre de théâtre, il est très difficile de prévoir une mise en scène définitivement établie sur le papier. Elle y était, mais l'instinct de l'acteur intervient toujours. Pour les autres rôles, tout était minutieusement établi, notamment pour les scènes des domestiques. Naturellement, quand on joue une pièce de Guitry ou une pièce de Pagnol, on dit le texte. Je vous avouerai qu'en d'autres occasions, je me suis permis quelques adjonctions... Mais j'en ai apporté aussi dans *Tu m'as sauvé la vie !* Nous avions notamment une scène où Sacha Guitry disait : " Tes parents ne t'ont pas reconnu, moi je te reconnais ! " Et pour rigoler, je me suis envoyé dans ses bras en criant : " Papa ! " Il a dit : " Mais c'est formidable ça ! " Nous avons gardé la réplique. C'était le plus gros effet de la pièce. Il m'était venu comme ça parce qu'on rigolait tout de même aux répétitions. Mais, à part cela, j'ai dit son texte mot à mot, à la virgule près, car c'était un texte de valeur. »

L'avis de la critique rejoint celle du comédien. Mieux, elle confirme son apport, primordial selon Jean-Jacques Gautier, le redouté journaliste du *Figaro* dont les flèches, une fois décochées, pouvaient devenir mortelles : « Un nom, un artiste sauve la soirée, la représentation et la pièce : c'est Fernandel ! »

Mais ce dernier prend aussitôt la défense de l'auteur : « On ne peut pas soutenir, évidemment, qu'il s'agissait d'un chef-d'œuvre de Guitry. Ce n'était pas *Debureau,* ni *Faisons un rêve.* C'était une pièce écrite rapidement, avec de jolis mots d'auteur, certes, mais ce n'était pas le genre de texte à remporter un triomphe. Or Sacha a lu ces critiques et a dit : “ Tout cela n'a aucune importance. Du moment qu'il y a du monde ! ” Du monde, il y en eut jusqu'à la dernière représentation. »

Afin de le prouver, *Paris Match* engage un... huissier qui assistera le reporter Paul Gordeaux. L'homme de loi mandaté par l'hebdomadaire relève que la pièce de M. Guitry se joue devant une « salle pleine » où tous les strapontins sont occupés, qu'il existe une cinquantaine d'effets comiques réussis qui passent allégrement du « rire léger » à l' « énorme hilarité générale ».

Pendant deux cents représentations, Fernandel porte seul l'œuvre de Guitry sur ses épaules. « Tu m'as sauvé la pièce » ironise la critique.

Forts de cette première expérience, les deux hommes se sont juré de se retrouver. Et surtout de se rattraper au cinéma, ce qui sera bientôt fait avec *Adhémar.*

Sitôt la pièce achevée — Guitry, alité à la suite d'une mauvaise broncho-pneumonie, déclare forfait au cours du mois de janvier 1950 —, Fernandel rejoint le cinéaste Richard Pottier au studio de Neuilly pour le tournage de *Casimir,* né de l'imagination conjuguée de Manse et de Carlier.

Cinq ans plus tôt, Pottier, Austro-Allemand émigré en France, a dirigé Rellys — qui est alors la grande vedette des revues marseillaises — dans *Le Roi des resquilleurs.* Entre deux prises de vue, Rellys a eu tout le temps de tracer un portrait flamboyant et légendaire de Fernandel. Pottier a aussi connu Tino Rossi qu'il a dirigé plusieurs fois entre 1945 et 1950 ; à son tour, le Corse lui a dit tout le bien qu'il pense de son ami Fernand. En tournant *Casimir,* Pottier voit donc un rêve ancien se réaliser.

Pottier restera comme le spécialiste de la chanson filmée. Ces bluettes anodines cousues sur mesure pour Luis Mariano, Bourvil, et même le néo-caruso de Hollywood Mario Lanza, lui permettront de se tailler un immense succès. Inutile de préciser que pour *Casimir,* son premier film avec Fernandel, il est tenté de fixer un micro à proximité de la caméra. Mais Pottier, sans doute conscient des dons cachés de sa vedette, supprime purement et simplement les chansons du film ; il tâche de créer un style nouveau : « Avec *Casimir,* j'ai essayé de faire, en comique, ce que *Le Voleur de bicyclette* montrait en dramatique. De plus, Fernandel ne chantait pas malgré que le public attendît toujours de lui qu'il fredonne des chansonnettes du style *Barnabé* ou *Ignace.* »

Au mois de mars, Fernandel vogue à nouveau sur l'Atlantique. Il doit se produire au Town Hall de New York, une salle prestigieuse où viennent l'applaudir — de passage dans la cité — Marlene Dietrich, Charles Boyer et même Walt Disney. Ce dernier, qui a souvent fait appel à Maurice Chevalier, rêvera d'ailleurs d'en faire autant avec le Marseillais. Au premier rang des invités, il y a également l'inimitable crooner Jean Sablon. Il mettra par écrit la recette d'une succulente « bouillabaisse », que le Marseillais accrochera aussitôt à son répertoire :

Pour faire une bonne bouillabaisse,
Il faut se lever de bon matin,
Préparer le pastis et l'eau fraîche
Raconter des blagues avec les mains !

Cette chanson rendra populaire l'image du Fernandel nouveau : l'apologie de la bonhomie et du savoir-vivre provençal, en petites touches émouvantes et en échos nostalgiques. Lequel d'entre nous a oublié « La chanson du cabanon », « Aujourd'hui peut-être », « L'accent », mais aussi des titres moins connus comme « Le roman de la daurade », « Le cul du berger » ou « Vacances » ?

Au Town Hall, cinquante-sept minutes de spectacle et dix-neuf chansons suffisent à conquérir l'auditoire, à faire de tous ceux qui souvent ne comprennent pas un traître mot du récital, des admirateurs inconditionnels. Par son faciès, ses mimiques, son sens du spectacle, Fernandel fait mouche et atteint une forme d'universalité. Celui que les Américains surnomment désormais « The Frenchman » (Le Français) peut feuilleter avec ravissement l'album souvenir spécialement conçu à cette occasion; l'entretien consiste en une série d'images sans paroles, de grimaces en réponse aux questions posées par le photographe Philippe Halsman du magazine *Life*. On ne peut que s'étonner de cette immense leçon avec, par exemple, la façon si paradoxale qu'il a de souligner ses effets par un geste de la main, le pouce et l'index réunis en un zéro composé. « Ça c'est la trouvaille, ça vient tout seul, confie-t-il. Un tas de trouvailles viennent toutes seules. Il reste à choisir les bonnes, à les perfectionner. J'ai d'ailleurs des méthodes de travail très personnelles. [...] Pour une chanson, par exemple, j'apprends les paroles et la musique et puis c'est devant le public que je trouve mes effets. Si ça rate le premier soir, je renonce à la chanson et je ne la chante plus jamais. »

En mars 1950, à Aix, les Provençaux assistent aux retrouvailles du cinéaste Richard Pottier et de Fernandel. Pour le comique, cette collaboration marque également un grand tournant dans sa carrière : avec *Meurtres*, le voilà tout à coup plongé dans une tragédie où il est question d'euthanasie.

Isabelle Annequin, atteinte d'une maladie incurable, sera définitivement soulagée par son mari, Noël-Fernandel, qui désormais se retrouve seul avec son drame et sa conscience. Lorsqu'il veut se dénoncer, on va l'en empêcher par peur du scandale...

Conscient de la gravité de l'enjeu, Fernandel aborde avec prudence cet emploi original. La publicité du film annoncera d'ailleurs le « premier rôle purement dramatique de Fernandel ». Avec *Meurtres,* il doit gommer tous ses effets les plus faciles et mettre en avant sa sensibilité et son émotion. « Mon public sera un peu dérouté... », s'inquiète-t-il. Pour faciliter l'entreprise, l'acteur a demandé à son réalisateur de transposer l'action du *Meurtre d'Isabelle* (devenu *Meurtres*), roman écrit par le belge Charles Plisnier, de Valenciennes à... Aix-en-Provence. Ainsi, son accent ne gênera pas la vraisemblance du récit. Pottier a su excellemment entourer Fernandel. Il y a d'abord cette jeune partenaire de vingt-deux ans dont la destinée est chargée de glorieuses promesses : Jeanne Moreau (elle incarne sa nièce Martine). Pour la jeune révélation du Français, la confrontation avec le grand acteur est certainement profitable. Il en va de même pour les trois autres membres de la maison de Molière que sont Line Noro, Germaine Kerjean et Georges Chamarat.

Jacques Varennes (son frère dans le film) est, lui, un ancien de la famille cinématographique du grand comédien ; mais avec *Meurtres,* il trouve son dernier rôle car, hélas, il décédera peu après le tournage. On remarque également au sein de l'équipe deux futures célébrités du petit écran, Raymond Souplex et Philippe Nicaud. Plus tard, Fernandel, jugera durement leur succès sur l'étrange lucarne (l'acteur, on le constatera, ne nourrit pas une passion démesurée pour la télévision) : « Souplex a tourné *Meurtres* avec moi ; à l'époque, il faisait du cinéma, maintenant les producteurs n'en veulent plus, ils disent : " On va dire : Mais c'est Bourrel ! " Et puis le petit Nicaud, c'est la même chose. Avant il faisait du cinéma, depuis *L'Inspecteur Leclerc,* c'est fini... »

Le film étant tourné en Provence, la distribution abonde naturellement en personnages pittoresques à l'accent du terroir et donc en comédiens que l'on retrouvera souvent dans le sillage de Fernandel : Henri Vilbert, Fernand Sardou, Arius et un petit bout de femme déjà rondelette : Jackie Rollin. Cette donzelle charmante et gouailleuse partage la vie du comédien Sardou, et donnera naissance à un certain Michel Sardou (on verra d'ailleurs cet autre « pitchoun » faire de la figuration, bien plus tard, derrière Fernandel).

Afin de mettre toutes les chances de son côté, le metteur en scène a engagé la meilleure équipe du moment, dont le dialoguiste et journaliste Henri Jeanson. Quelques années auparavant, ce dernier a écrit une phrase lourde de sous-entendus et qui a causé une brouille durable : « Fernandel ? C'est " Je Manse donc je suis ! " », faisant référence à la sempiternelle présence du beau-frère et à son influence sur la vedette.

Fernandel n'a pas oublié l'insulte mais il se veut avant tout professionnel : « J'ai accepté à condition de ne pas l'apercevoir sur le plateau, et je ne l'ai jamais regretté car son dialogue est tout à fait remarquable. »

A la fin avril, après presque deux mois de tournage, le film est retardé à cause d'une épidémie de grippe. « Ils ont tous une fièvre de cheval, ironise Fernandel à propos de ses partenaires alités. Je suis le seul à être en pleine forme et, après, c'est moi qu'on traite de " chevalin " ! »

Le film terminé, Fernandel s'en montrera extrêmement satisfait. La presse aussi qui consacre définitivement la qualité dramatique de son jeu. « *Meurtres* donne à Fernandel l'occasion de prouver qu'il est un très grand acteur », s'extasie le critique cinématographique Roger Régent. « Nous le savions et nous n'avons jamais ménagé les louanges au comédien, même lorsqu'il paraissait dans les films les plus bas, car il savait toujours garder une mesure et une discrétion remarquables là où, autour de lui, tout était vulgaire et grossier. Dans *Meurtres*, Fernandel est admirable de justesse, de retenue dans l'effet ; il atteint parfois à la grandeur... »

Adopté par le public puis par la critique, *Meurtres*

le sera plus tard par les ciné-clubs et par les historiens du septième art. Dans son encyclopédie, Roger Boussinot note que Fernandel, avec ce film, « se paie le luxe d'une composition de mélodrame », soulignant que l'acteur a « mûri » et que, « le regard désabusé », il « nuance enfin son jeu ». Un autre dictionnaire, celui des films, paru sous la plume de Bernard Rapp, assure qu'il s'agit bien d' « un Fernandel dramatique dans un drame psychologique ».

Depuis le jour de sa sortie sur les écrans le 10 octobre 1950, cette œuvre a indubitablement transformé Fernandel en un grand comédien. Comme l'écrit encore son ami Carlo Rim : « Que d'habileté, sinon d'astuce, dans cette nouvelle métamorphose ! » A leur tour, Pagnol, Renoir et les autres, en un chœur unanime, saluent sa prestation. Il n'a pas le temps de recueillir ces bravos que déjà un admirateur le réclame : Sacha Guitry.

Le 7 avril, enfin rétabli, le maître reprend *Tu m'as sauvé la vie* sur les planches du théâtre des Variétés. Pendant un mois, le succès est tel qu'il empêche Guitry de se consacrer à l'adaptation de la pièce pour l'écran. Lui et Fernandel triomphent chaque soir. Au matin du 22 mai, toujours sur la scène des Variétés, il donne le premier tour de manivelle de la version filmée de sa pièce. A l'exception de Pauline Carton remplacée par la comédienne Luce Fabiole, la distribution reste la même. « Nous avons tourné le film de la pièce, raconte Fernandel. Ce fut la plus belle affaire de ma vie. Nous avons mis cinq jours, pas un de plus ! Il a installé trois caméras et nous avons joué la comédie comme on la jouait le soir, avec quelques petits suppléments que je lui ai demandé d'ajouter parce que je trouvais que c'était un peu trop statique. Evidemment, c'était du théâtre quand même ! Ce fut vraiment mon contrat le plus important. Pensez donc : cinq jours au lieu de deux mois de tournage, c'est tout de même assez rare. A ce sujet, je me rappelle que l'ingénieur du son est arrivé en disant que lorsque nous marchions sur scène, certaines planches craquaient : “ Cela fait du bruit, c'est gênant ! ”. Sacha a répondu : “ On entend mon texte ? — Oui ! — Alors c'est le principal ! ” Il avait des réflexions à lui comme celle-là et on ne pouvait pas s'en fâcher. »

Dans l'intervalle, à Neubourg, chef-lieu de canton du département de l'Eure, Jean Boyer a planté ses caméras pour un « remake » du *Rosier de Mme Husson* commandité par Pagnol lui-même. Pour la circonstance, l'académicien cinéaste a fait appel à un garçon qui vient de monter en flèche au box-office, un certain... Bourvil ! La roue de la vie tourne. Treize ans plus tard, les deux comédiens partageront l'affiche d'un même film.

En juin 1950, Fernandel repart à Aix pour y tourner les extérieurs d'une pochade militaire signée Manse-Carlier dont René Le Hénaff assure la mise en scène : *Uniformes et grandes manœuvres.* Avec ce jovial quinquagénaire qui a déjà réalisé *Le Mystère Saint-Val* et *Les Gueux au Paradis,* Fernandel connaît une franche convivialité et une grande complicité.

De retour chez lui, le comique se sent particulièrement à l'aise. Il retrouve les pizzas du matin, le pastis du midi et la cuisine qui sent bon l'ail et le romarin : « J'aurais du mal, en vieillissant, à être contraint de me priver de poissons de “ chez moi ”, des soupes, de la bouillabaisse, de la cigale de mer, des fritures. Je n'ai jamais refusé également une bonne charcuterie, un plateau de fromages, du bon pain de campagne et un bon vin. Ni aucune des spécialités de mon Midi, pieds-paquets, bourride, aïoli, daube et autres délices de chez nous. »

L'excellence de la cuisine ne peut toutefois pallier les défauts du film. Le tournage est difficile d'autant que la canicule s'est abattue sur le Midi ; parfois le thermomètre dépasse les cinquante degrés. Seul Andrex baigne dans la béatitude car il a repéré (c'est normal, on est au cinéma !) la jeune vedette du film, une jolie fille nommée Ginette Baudin. « Ce film, qui n'a pas pris place dans la liste des grands classiques, n'en demeure pas moins très important pour moi car il est chargé d'un souvenir bien doux ! » confesse-t-il. En effet, deux ans plus tard, Andrex épousera ladite comédienne.

Le 19 avril 1950, Fernandel fait une apparition à Cannes, sur la Croisette, où *Uniformes et grandes manœuvres* est présenté en avant-première. Mondanité rare de sa part, la venue de Fernandel éclipse la projection du film qu'il était censé défendre...

Le 10 octobre 1950, *Meurtres* sort sur les écrans, bénéficiant, on l'a constaté, d'une ferveur critique sans précédent. Une semaine auparavant, le 2 octobre au matin, Fernandel est arrivé aux studios de Saint-Maurice pour y tourner la troisième version cinématographique du fameux *Topaze.*

Décidé de manière presque improvisée, accepté avec ravissement par Fernandel malgré un difficile emploi du temps, *Topaze* fournit surtout à Marcel Pagnol un prétexte pour revenir à ce septième art dont il s'est absenté depuis *La Belle Meunière,* en 1948. Telle a donc été la genèse de ce « remake » inattendu : d'une part, pour lui, réalisateur mais, aussi producteur, « un Pagnol avec Fernandel » est assuré de faire recette. D'autre part, la beauté de sa bien-aimée Jacqueline mérite que le cinéma rende hommage à sa grâce et à son talent.

Mais, pour l'acteur méridional, le pari est plus difficile : il s'agit non seulement de reprendre le texte après Arnaudy (vedette de la deuxième version, en 1936), mais de faire oublier le souvenir de Louis Jouvet, dans la version de 1932 réalisée par Louis Gasnier. Pourtant l'enthousiasme initial de Pagnol retombe vite ; il s'absente souvent du plateau, laisse des directives à son assistant François Gir — le fils de la comédienne Jeanne Fusier-Gir — et se retire dans un petit manoir loué non loin des studios. Cette attitude est peu appréciée par l'irréprochable professionnel qu'est Fernandel; souvent, il fulmine derrière sa barbiche et ses moustaches postiches.

Personne ne comprendra jamais tout à fait le vrai pourquoi de cette désinvolture. Au départ, Pagnol souhaitait ardemment rendre justice à son *Topaze* que, selon lui, on « massacre » depuis sa création, en 1928.

« Je n'ai pas eu de chance avec *Topaze* au cinéma. La première version cinématographique de ma pièce l'avait trahi au point que je ne reconnaissais plus mon enfant. Les droits avaient été achetés par une firme de Hollywood et *Topaze* qui fait aujourd'hui partie des " classiques " français étudiés dans les universités américaines, ne m'appartenait plus. On l'accommoda à une sauce bizarre. On tailla, on rajouta. On chargea mon ami Léopold Marchand de refaire les dialogues. Jouvet en était consterné. » Entre 1932 et 1950, cinq autres versions seront tournées dont quatre à l'étranger. Aucune, même la sienne — surtout la sienne, d'ailleurs — ne l'a jamais complètement satisfait. Certes, toujours selon Pagnol, son nouveau *Topaze*, Fernandel, vaut largement ses prédécesseurs. Mieux, il les écrase par son talent, sa gaieté, sa sincérité.

Or, comme les autres cette ultime version a connu les foudres de la censure. « Cette fois, je n'allais laisser à personne d'autre le soin de couper dans mon propre ouvrage. Malheureux ! Je n'avais oublié qu'une chose : la censure. Elle aussi a voulu couper. [...] La première scène coupée est celle où Topaze fait une affaire au Maroc, non sans pots-de-vin. On lui demande " Vous travaillez donc avec des ministres ? " Et il répond. " Pas encore. Un sénateur, un banquier, un boucher et la première danseuse du caïd des Beni-Mellal. Ce n'est d'ailleurs pas une affaire malhonnête. Elle comporte des pots-de-vin comme toutes les affaires coloniales, mais légalement le coup est régulier. " La deuxième scène coupée est tout aussi innocente. On demande à

Topaze : “ Où est Untel ? ” Il répond : “ A Madagascar. On lui a donné une chaîne de montagnes du côté de Tananarive. Il est allé là-bas pour la vendre à ceux qui l'habitent. ” Voilà ce qu'on me demande de couper ! » On supprime aussi le nom de Stavisky lié à l'énorme scandale financier que l'on sait.

Le dépit de Pagnol semble mal fondé. Car le film abonde en numéros d'acteurs très nombreux et fort réussis. On y trouve l'extraordinaire Pierre Larquey (qui reprend le personnage qu'il tenait déjà en... 1932 (!), Tamise, le miteux petit professeur), Marcel Vallée (lui aussi déjà directeur de la pension Muche dans le même film), Hélène Perdrière, Jacques Castelot, sans oublier Jacqueline Pagnol dont la grâce illumine l'écran.

On remarque aussi — en cynique magouilleur financier — le sympathique Jacques Morel, excellent second rôle qui faillit bien, l'année suivante, rafler à Fernandel son rôle le plus célèbre : don Camillo. Imitateur, chansonnier, auteur et comédien, Morel avait rencontré Pagnol par l'intermédiaire de l'ancien agent artistique de Raimu :

« Pagnol me confia le rôle de Castel Vernac dans ce “ remake ” de *Topaze*. Le tournage se passa “ à la Pagnol ! ” aux studios de Saint-Maurice où l'auteur se préoccupait plus de son texte que de la direction des acteurs à tel point qu'à chaque prise de vue, il prenait la place de l'ingénieur du son et, les écouteurs aux oreilles, il ne veillait qu'à la stricte interprétation de son dialogue. Ceci provoqua quelques heurts avec Fernandel qui avait pour habitude de ne pas approfondir la connaissance de son texte avant le tournage et se fiait à sa mémoire pour l'apprendre (à peu près) au cours des répétitions.

« Les exigences de Pagnol l'avaient vexé et il avait alors décidé de “ lire ” tout son rôle pour ne pas en omettre un seul mot. Son adresse alliée à son talent et à son métier lui permirent de réaliser cette prouesse avec aisance, mais les autres interprètes firent les frais de ce mouvement de mauvaise humeur. Il n'y avait pas de scénario et nous nous servions, pour manuscrit, de l'édition en librairie de la pièce (format livre classique). J'ai joué presque toutes mes scènes placé de dos ou de trois quarts à la caméra, avec, épinglées sur ma cravate, mes revers de veston, ma poitrine ou mes manches, les pages détachées du livre, sur lesquelles mon partenaire dont j'ai rarement pu (et pour cause !) rencontrer le regard, lisait " à la virgule près " le texte sacro-saint de l'auteur. Fernandel n'admettait pas non plus de bonne grâce que l'on fit des " contrechamps " de ses partenaires et je suis venu quelquefois à son insu le matin avant le tournage, avec Pagnol et l'équipe technique, pour tourner ces plans qu'il n'a connus que le film monté et terminé. »

Fernandel, en tout cas, a gagné son pari. La critique est unanime. « Fernandel sait, comme dirait Cocteau, jusqu'où l'on peut aller trop loin, note Jean-Jacques Gautier. Nous avons eu le phénomène Raimu. Il existe aussi un phénomène Fernandel. Et je le dis avec admiration. »

Sacha Guitry de son côté interprète *Debureau* au théâtre du Gymnase. De retour à son hôtel particulier, il prend chaque nuit la plume, peaufinant un personnage dont Fernandel n'aura qu'à se réjouir, un certain Adhémar. « L'idée de ce film m'est venue, raconte Guitry à son confident Jacques Lorcey, à l'époque où Fernandel et moi tournions *Tu m'as sauvé la vie*. Tous deux, chacun dans notre voiture, nous remontions les Champs-Elysées en nous dirigeant vers la salle de projection lorsqu'une automobile, qui descendait, passa près des nôtres. Ses quatre occupants me regardèrent, me reconnurent... peut-être mais ne dirent rien. Par contre, ils se montrèrent Fernandel du doigt et se mirent à éclater de rire. " Quel merveilleux pouvoir pour un artiste, pensai-je, que de faire rire ainsi ! Mais combien il serait effrayant pour un homme qui ne serait pas un artiste ! " Aussitôt naquit en moi l'idée d'*Adhémar*. Elle a eu immédiatement l'approbation de Fernandel. »

Le comédien ne peut se dérober lorsque Guitry, souffrant, lui offre de se diriger lui-même comme il l'a déjà fait à quelques reprises. Le comédien hésite, puis finit par accepter, à la fois fier et inquiet de cette responsabilité que lui accorde l'inestimable auteur. Fernandel annonce donc à la presse qu'il respectera, au mot près, les indications du Maître, représenté sur le plateau par François Gir, déjà exécuteur de ce type de besogne chez Pagnol.

En même temps, le comique se lance dans les activités les plus diverses. Le 24 novembre, il s'installe pour trois semaines sur la scène de l'ABC où il donne un nouveau tour de chant. Il vient tout juste d'enregistrer la chanson « Aujourd'hui peut-être » de son ami et compatriote Marcel Sicard, ainsi qu'une version remaniée du *Schpountz* en compagnie d'Henri Vilbert, Julien Maffre et Charblay. C'est, pour l'anecdote, l'ultime soixante-dix-huit tours de sa carrière. Mais albums et microsillons vont suivre à la même cadence.

Le 28 novembre, pour la première fois à la télévision, il anime une soirée marseillaise ; Henri Spade et André Hugues ont réuni autour de lui un plateau à faire pâlir d'envie Pagnol lui-même : Andrex, Rellys, Ardisson, Fernand Sardou, Delmont, Berval, Jean Marsac, etc.

Cette joyeuse compagnie évoque bien sûr Raimu, Tramel, Maupi, Max Dearly et tous les autres disparus de la scène phocéenne. Entre-temps, Fernandel a commencé le tournage de *Boniface somnambule*, suite attendue de *L'Héroïque Monsieur Boniface*, toujours sous la direction de Maurice Labro. Imaginé par Jean Manse et Gérard Carlier, ce « Boniface numéro deux », joyeux divertissement du samedi soir, révèle un jeune acteur de trente-sept ans aux dents longues et au cheveu rare : Louis de Funès.

Cette première confrontation sera suivie de *Mam'zelle Nitouche,* du *Mouton à cinq pattes* et du *Diable et les Dix Commandements.* Dès 1964, reconnu comme l'égal de Fernandel, de Funès va rapidement le dépasser au box-office. Fernandel lui rendra d'ailleurs un bel hommage : « Les gens ont mis vingt ans à s'apercevoir qu'il faisait rire. Aujourd'hui, c'est notre plus grande vedette commerciale et je suis très heureux que ce numéro un soit un comique. »

Mais revenons à cette année 1951 où, le 20 janvier, le comique provençal descend à Nice pour diriger et interpréter *Adhémar.* Quatre jours plus tard, Sacha Guitry entrera d'urgence à l'hôpital américain de Neuilly puis il entamera une longue convalescence. Fernandel, seul, va s'appliquer consciencieusement à mettre en images l'enfer vécu par Adhémar, éternelle victime de son visage.

« Messieurs, je suis le jouet de la fatalité ! › explique Adhémar à un comité chargé de juger le bien-fondé de son admission dans une institution venant en aide à tous ceux que la société a rejetés à cause de leur physique.

Suit une plaidoirie sur la difficulté de vivre lors qu'on a un visage qui déclenche le rire.

« Si je ne me surveille pas, si je m'anime un peu, si je fais n'importe quoi ou bien si mon visage exprime un sentiment quelconque, je provoque le rire. En ce moment, je m'applique à ne rien exprimer et c'est très fatigant pour moi car, étant provençal, je suis d'une nature plutôt expansive. Or, si je me laisse aller, si je trouve une femme jolie, si je mange un gâteau, si j'appelle un taxi, si je retire mon chapeau pour saluer quelqu'un, si j'entre brusquement dans une épicerie, les clients, le patron, l'homme que j'ai salué, le chauffeur de taxi et la petite femme, tout ce monde-là sourit comme vous souriez vous-même en ce moment... Et s'il m'arrive à moi de sourire par politesse, comme ça... Ah ! ça y est ! Allez-y... Allez... oui, c'est ça : on me rit au nez ! Non, croyez-moi, ce n'est pas une vie ! Qu'est-ce que vous voulez que je fasse dans la vie ? Ça ne peut être considéré comme un métier. » La fiction offre ici une perspective renversée de la réalité !

Adhémar offre à Fernandel l'aubaine de retrouver sa partenaire de *Naïs,* Jacqueline Pagnol, confinée dans un rôle bref mais clé dont dépend la chute inattendue de l'histoire.

Personne ne se trouve derrière la caméra pour freiner ses impulsions et ses traits de génie. Comique et clown, Fernandel va utiliser toute l'étendue de son registre sans aucune retenue.

Andrex, ravi d'avoir à nouveau un rôle dans le sillage de son ami, raconte en demi-teintes la fin de cette aventure : « Malheureusement, quand le film sortit [le 14 septembre 1951], Sacha Guitry, remis, ne fut pas satisfait du résultat et il y eut quelques nuages entre lui et Fernandel. Il avait dû tourner le film sans lui, avec son accord bien sûr, mais sous la contrainte du producteur. Je crois qu'il s'y plia de très mauvaise grâce ».

En fait, Sacha Guitry, dès qu'il est sur pied, s'en va visionner la copie du film accompagné d'un... huissier ! A l'issue de la projection, jugeant d'assez mauvaise foi que le résultat n'est pas conforme à ses intentions initiales, il décide d'attaquer en justice le producteur et, par là, le travail de Fernandel. Rupture définitive, infiniment regrettable, et au sujet de laquelle le comédien préféra ne jamais épiloguer, à l'exception de l'une de ces pirouettes humoristiques dont il avait le secret : « Il n'aimait guère qu'on lui dise ses vérités. Moi, je suis un sincère. Quand quelque chose ne va pas, je le dis... » A la mort de Guitry, le 14 juillet 1957, on notera cependant cet élégant hommage d'un acteur à un autre acteur : « Certaines pièces de lui resteront. Et c'est quand un acteur de cette classe a disparu qu'on s'aperçoit de sa vraie valeur. »

Le 1er mars 1951, Fernandel se rend en Savoie à l'invitation de Claude Autant-Lara pour y tourner *L'Auberge rouge*. Ce sera la première et dernière expérience de Fernandel avec le célèbre cinéaste dont *Le Diable au corps*, avec Micheline Presle et Gérard Philipe, sorti en 1947, a fait la renommée. Les deux hommes se sont déjà rencontrés sur le plateau de *Fric-frac* où, « conseiller technique » de Maurice Lehmann, Autant-Lara était en fait le véritable directeur.

A l'origine, Autant-Lara voulait adapter une œuvre et y associer le nom de Fernandel. Des difficultés de financement l'ont obligé à modifier son projet et à présenter au producteur l'idée d'un conte de Noël avec le même comédien.

Séduit, ce dernier a donné son accord. Aussitôt, les collaborateurs habituels d'Autant-Lara, Jean Aurenche et Pierre Bost, ont concocté un sujet audacieux tiré d' « un sanglant et authentique fait divers ».

L'action se situe au siècle dernier, en 1883 très exactement. A Peyrebeille, en Savoie, Pierre et Marie Martin, un couple d'aubergistes, assassinent tous les voyageurs afin de les détrousser. Au cours de cet hiver très rude, un soir arrive une diligence. Un capucin accompagné d'un jeune novice demandent l'hospitalité pour la nuit. Prise de remords, la patronne avoue au religieux les crimes commis. Mais ce dernier est prisonnier du secret de la confession. Grâce à la découverte accidentelle d'un cadavre caché dans un bonhomme de neige, le bon capucin pourra faire arrêter les meurtriers. Momentanément sauvés, les voyageurs ne se doutent pas que la mort les attend au passage d'un pont qui s'écroulera.

« Pour ce personnage de moine, très amusant, il me fallait quelqu'un avec une force et une vertu comiques. Fernandel était évidemment l'un de ceux qui pouvait le mieux tenir ce rôle, et puis, à l'époque, il n'y avait déjà plus beaucoup de grands acteurs comiques... Et, de fait, Fernandel a tout de suite aimé ce sujet. » Aux yeux d'Autant-Lara, cette farce, bien que tragique, est une bouffonnerie, une satire des mœurs, se moquant de la religion. « Ainsi faite, s'interroge le cinéaste, de son aspect apparemment dramatique, *L'Auberge rouge* tire-t-elle une force comique originale ? Ce n'est pas à moi, mais au public de répondre tout en ne méconnaissant pas que cet " exercice de style " exige de son spectateur un petit effort. »

Ce travail d'approche, les critiques, eux, n'accepteront pas de l'accomplir en faveur du cinéaste. Souvent « maudit » par ses pairs, Autant-Lara sera finalement reconnu comme l'auteur de quelques chefs-d'œuvre, dont cette *Auberge rouge* initialement mal-aimée. D'ailleurs, certaines scènes macabres ou polémiques iront jusqu'à déranger Fernandel lors des premières projections du film : « C'est sans doute un bon film, bien fait. Mais je n'aime pas beaucoup mon personnage, avoue-t-il. Voyez-vous, il y a un genre de plaisanterie qui ne me fait pas rire : je n'admets pas que l'on touche à la religion... » Egalement surpris par le ton du film — et la virulence inhabituelle du propos —, le producteur a obligé le cinéaste à couper certaines séquences. « Bien sûr, cette *Auberge rouge* brocardait un peu la religion, admet Autant-Lara, ce qui était tout à fait mon propos car je ne suis pas particulièrement clérical, on le sait, et Fernandel ne s'en est pas aperçu tout de suite. » Un jour, lors du tournage, à l'acteur ému, le metteur en scène, intraitable, a expliqué qu'après tout il n'a pas été engagé pour « faire du Fernandel », mais essentiellement du Autant-Lara ! La conversation s'est vite enflammée entre les deux hommes.

« Mon petit, ça fait quarante ans que je " les " fais rire, et j'en sais plus que toi là-dessus ! », lui lance le comédien. Grand silence. On décide d'en rester là et de commencer à tourner. Immédiatement, le comique fait son numéro : ce n'est plus le capucin de *L'Auberge rouge,* c'est « Ignace ». « J'ai eu un mal fou avec Fernandel, confirme le réalisateur. J'usais d'artifices, j'avais mon truc. Je sais que, quand on tourne " beaucoup ", l'acteur se fatigue à la fin. La pression baisse. Et, vers la septième ou huitième prise, Fernandel, tout Fernandel qu'il était, n'y échappait pas. Son jeu devenait de moins en moins " appuyé "; j'avais à peu près ce que je voulais. Je dis bien à peu près seulement. Pour le reste, au montage, avec Madeleine Gug, ma remarquable monteuse, on lui faisait sauter les " gros effets ", tous les passages, les plans mêmes, où il avait " mis le paquet ". Et quand ce n'était pas possible, on utilisait, en le supprimant, le " contrechamp " de l'autre partenaire. Tout le film a été fait comme ça. »

Sur le plateau, et ce fut sans doute l'unique fois ou presque avec Fernandel, l'allégresse faisait cruellement défaut. Malgré les bons offices et le talent de Françoise Rosay, extraordinaire en matrone sanguinaire, de Grégoire « Coco » Aslan, merveilleux camarade de travail, de Jean-Roger Caussimon, idéal de précision et d'ironie, le tournage s'éternisait dans le froid et la grisaille des montagnes jurassiennes, peu accueillantes cette année-là.

Vint enfin la fin du tournage, après — selon l'expression d'Autant-Lara — « mille emmerdements où j'ai bien failli ne pas mettre mes dernières scènes en boîte ».

« Lors du tout dernier plan, raconte-t-il dans *Les Fourgons du malheur,* l'ultime plan, quand j'ai eu dit le " coupez " final, Fernandel s'est tourné vers moi et, rageur, de manière que tous les techniciens assemblés l'entendent bien, m'a dit, à voix forcée :

« — C'est terminé, Lara ?

« — Oui.
« — Eh bien moi, les films de qualité, j'ai compris.
« Et il m'a fait, manche relevée, un formidable et grossier bras d'honneur, devant tout le monde.
« Là-dessus, M. Contandin — le " Fernand d'elle " origine de son nom de théâtre —, s'est retourné et est reparti rapidement, presque courant. Sans même me dire au revoir. A personne non plus d'ailleurs. Et moi, je ne l'ai jamais revu. Avec lui, ça a été comme avec Gabin : nous n'avons plus jamais refait un film ensemble. Ils me refusaient. C'est comme ça qu'ils remercient, les comédiens, les gens qui ont passé un an, un an et demi, à les mettre en valeur. A leur faire faire un de leurs meilleurs, sinon peut-être le meilleur film. »

Il est vrai, sans toutefois donner raison à Autant-Lara, que l'acteur tient là son meilleur rôle depuis longtemps... Certainement le plus racé de toute sa carrière. C'est souvent dans les entreprises les plus compliquées, les plus incertaines, qu'un grand comédien peut le mieux prouver la maîtrise de son art et de son talent. Fernandel, cette « force comique tellement extraordinaire que les gens n'y résistent pas », comme le définira plus tard le peu rancunier Autant-Lara, Fernandel, donc, ne pouvait pas se douter que *L'Auberge rouge* allait servir à sa réhabilitation auprès de la plupart de ses nombreux et féroces détracteurs.

« Que cette sanglante affaire vous serve à tous de leçon, la vertu vous sera chère et Dieu pour vous sera bon », entend-on en ouverture et en conclusion de *L'Auberge rouge,* vers chantés d'une voix suave : celle d'Yves Montand, et qui constituent l'unique « rencontre » cinématographique des deux Méditerranéens !

Le 24 avril 1951, Jules Berry meurt. Avec le départ de ce merveilleux excentrique de l'écran, Fernandel perd un partenaire précieux. Le complaisant organisateur de combats truqués dans *Les Rois du sport,* le chef de publicité dans *Hercule* ou encore le curieux mage aigrefin dans *L'Héritier des Mondésir* n'est plus.

En octobre, le 29 très exactement, c'est au tour de René Sti de disparaître ; Sti, le modeste tâcheron qui, jadis, dirigea Fernandel dans *La Porteuse de pain* en 1934, puis dans *Ferdinand le noceur,* l'année suivante. Dix-sept ans ont passé. Une nouvelle génération va prendre la relève. Des amitiés s'éteignent, d'autres naissent comme celle avec Pierre Chevalier rencontré à Aix sur le tournage de *La Table aux crevés,* entamé le 18 juin 1951.

Sur le plateau, Fernandel retrouve le « petit Malakian » devenu Henri Verneuil, d'après le nom de la rue de Marseille où cet Arménien de Turquie a grandi. Henri Vilbert se souvient : « Verneuil, méconnu jusque-là, metteur en scène de quelques courts métrages (dont *Escale au soleil* tourné gratuitement par Fernandel), avait l'ambition d'un grand film. Il nous a tous contactés (Andrex, Delmont, Sardou, Berval, Ardisson et Maria Mauban) et, fort d'un casting appétissant, il a trouvé des producteurs. »

Or, dans le roman de Marcel Aymé, *La Table aux crevés* se déroule dans le Jura. Après *L'Auberge rouge,* Fernandel s'est juré deux choses : une, ne pas retourner de sitôt dans ces montagnes « où l'on attrape la mort », deux, ne plus jamais interpréter un rôle d'ecclésiastique. Tenant bon sur la première de ses promesses, on sait qu'il ne respectera pas le vœu (pieux) de la seconde !... Après une fin de non-recevoir de l'écrivain que Fernandel jugea « plutôt taciturne », et au nez duquel Verneuil claquera la porte, le film se tourne donc sous le soleil de Provence à Cabries, petit village des Bouches-du-Rhône.

Fernandel et Verneuil sont chez eux ; leur présence n'en est pas moins un événement.

« Délaissant l'étable ou le fourneau, toute la population nous suivait pour voir ce que nous faisions. La vie du village était comme suspendue. »

L'équipe du film assiste parfois à de véritables émeutes autour de la vedette qui, jamais, ne se départira de sa bonne humeur.

« Un acteur passe six mois par an de sa vie sur les plateaux, explique-t-il alors. S'il prend son travail au tragique, s'il est vétilleux et engueule tout le monde, alors mieux vaut qu'il reste chez lui. »

Le film raconte un drame campagnard plutôt sordide où deux clans se disputent autour du paysan Urbain Coindet (Fernandel), les uns l'accusant du meurtre de sa femme, les autres retenant l'hypothèse du suicide. *La Table aux crevés* offre au comédien un remarquable rôle de composition d'où sont absents les habituels tics ou mimiques. « Il ne faut pas croire que tout ce qu'il faisait était mécanique, constate Henri Verneuil, il possédait une nature. Et c'est cette prodigieuse nature qu'il mettait au service de la scène qu'il jouait. »

Entre l'acteur et le metteur en scène, le ciment de l'amitié est scellé. Il ne leur reste plus qu'à bâtir une carrière commune. Car, selon Henri Vilbert, « déjà Napoléon perçait sous Bonaparte » ; le sens aigu de la belle ouvrage démontré par Verneuil allait s'affirmer dans leurs prochaines collaborations. Déjà *La Table aux crevés* représente la France au festival de Londres. Le nom de Fernandel est devenu un synonyme de succès. « Il a d'ailleurs énormément contribué à l'essor du cinéma français à l'étranger, confirme le producteur Pierre Braunberger. Nul autre que lui, mis à part Raimu, n'a eu les qualités internationales qu'il possédait... »

Du mont Revard, Fernandel gagne l'Italie où l'attend un autre challenge.

En décembre 1946, le journaliste Giovanni

Guareschi a publié une nouvelle intitulée *Péché confessé* : cent cinquante feuillets où il est question de la confession de Peppone, maire communiste d'un petit village, à son ami prêtre, un certain don Camillo. Devant le succès recueilli, trois ans plus tard en 1949, Guareschi a donné naissance à trente-six histoires de ce curé de choc et son éditeur les a réunies sous le titre du *Petit monde de don Camillo*.

C'est sur une bande de terre du nord de l'Italie, prise entre le Pô aux mille crues et l'arc des Apennins, que l'auteur a situé le lieu de l'affrontement épique, titanesque et comique de l'homme d'Eglise et du communiste. Folie typiquement péninsulaire, *Le Petit Monde de don Camillo* a peu de chances d'intéresser les étrangers. Toutefois, l'éditeur se hasarde, à proposer l'ouvrage aux plus grandes maisons parisiennes. Neuf fois, on le lui renvoie avec la mention « sans aucun intérêt » ou encore « trop régional », La dixième fois, un jeune directeur littéraire décide de prendre le risque : « Si en Italie vous en avez vendu 150 000 exemplaires, je joue la carte du dixième sur notre territoire... » Paul Flamand, des éditions du Seuil, met donc en vente un premier lot de 15 000 volumes au début de l'année 1951. En un clin d'œil, dix mille exemplaires partent des étagères des libraires. Personne n'en revient ! Aux Etats-Unis, c'est un Italien qui, le premier, se met sur les rangs pour acheter les droits d'adaptation du livre : Frank Capra. Il envisagera même d'en tirer une comédie musicale avec Bing Crosby, mais l'affaire tournera court. En Europe, un, deux, puis trois producteurs ont déjà décidé de s'associer pour « monter » le projet.

On en vient vite au choix du réalisateur. Plusieurs noms sont avancés, mais c'est celui de Julien Duvivier qui est retenu. Certes, âgé de cinquante-cinq ans, le cinéaste se trouve alors au creux de la vague. L'échec de ses récentes productions ne peut pourtant pas effacer son glorieux passé (*La Belle Equipe, Pépé le Moko, La Fin du jour,* etc.) et ses solides qualités techniques acquises en trente ans de métier.

Duvivier, adapteur entre autres de Tolstoï et de Mac Orlan, se montre quelque peu réticent avant d'accepter ce nouveau pari cinématographique. Soucieux de préserver la spontanéité et le charme de ces chroniques, il demande néanmoins aux producteurs d'engager René Barjavel. Ce dernier aura pour charge d'apporter à ces récits la continuité qui leur fait défaut. Peut-être Duvivier a-t-il lu les phrases prophétiques que ce jeune écrivain a distillé dans son célèbre *Cinéma total* paru en 1944. « Le plus grand acteur de cinéma est celui qui oublie qu'il est acteur, qui oublie son talent, son habileté et tous ses trucs, pour laisser monter à la surface de sa peau la vie simple et nue. » Pensait-il alors à Fernandel ? Pour l'heure, lui et Duvivier penchent plutôt pour Pierre Brasseur, ou encore Jean Gabin.

Ce sont d'autres comédiens moins connus qui défilent lors des essais. On lance le nom de Jacques Morel, partenaire de Fernandel dans *Adhémar,* et qui joue toujours sous la direction de Sacha Guitry au théâtre des Variétés. Il est malheureusement lié par un contrat de longue durée. Par la suite, Morel évoquera avec amertume ce souvenir. « Vers 9 heures du matin, Duvivier m'appela et je l'entends encore me dire : “ Ça vous plairait d'être don Camillo ? Fernandel veut faire le film mais je préférerais un acteur moins connu et j'aimerais que ça soit vous ! ” » Morel accepte, les essais sont convaincants ; il est même question qu'il partage le rôle avec la vedette italienne Aldo Fabrizzi (soixante-dix rôles marquants, dont, sous la direction de Rossellini, le prêtre de *Rome, ville ouverte* en 1944) qui, lui, tournerait la version transalpine.

Mais le retard pris dans le tournage et certains différends financiers ne permettront pas à Morel de se présenter à la date prévue. Guitry refuse obstinément d'accorder sa liberté au comédien, lequel la mort dans l'âme doit renoncer à ses belles espérances. Si Jacques Morel parle d'une « cruelle déception », d'autres y voient selon le proverbe, que « le malheur des uns... ».

Le 30 septembre 1951, Fernandel prend la route de l'Italie, pays ami où il a déjà tourné *Botta e riposta* [Je suis de la revue] film sans ambitions et prétexte à quelques numéros musicaux sous la direction de Mario Soldati. Toutefois, Fernandel se sent mal à l'aise dans le train qui l'emporte vers Parme car il a été contraint, pour satisfaire Duvivier, de faire avancer le tournage de *La Table aux crevés* et de *Coiffeur pour dames*. La suite des événements va prouver le bien-fondé de son choix.

Son futur compère est déjà sur les lieux du tournage. Après avoir exigé le rôle de don Camillo, Gino Cervi a finalement accepté celui de Peppone. A l'image de Fernandel, cet acteur mythique de la péninsule italienne, né à Bologne en 1901, a poursuivi une double carrière sur scène et à l'écran, accumulant films « alimentaires » et œuvres parfois plus ambitieuses. Et tout comme à Fernandel, ce film allait lui conférer une immense notoriété internationale. Les deux hommes vont s'entendre à merveille, mais le tournage ne se déroulera pas sans heurts. Il y a d'abord les hésitations de l'auteur. Dès les premiers jours, Guareschi vient sur le plateau dire son inquiétude à Julien Duvivier. Ce dernier tâche de le rassurer, lui affirmant que le Français possède à la fois la force de caractère, la verve et la naïveté de « son » don Camillo et qu'il apportera au personnage une dimension comique et picaresque.

Guareschi est plus facile à convaincre que les villageois de Brescello, ce petit bourg désormais célèbre situé à une cinquantaine de kilomètres de Parme. Ceux-ci manifestent rapidement leur désaccord avec la peinture qui est faite de leur village, de leur région, de leur pays et surtout de leur religion, selon eux tournés en dérision par le cinéaste. De son côté, Fernandel n'est pas totalement rassuré et craint, à chaque prise, de déclencher les célèbres colères de Duvivier. Miraculeusement aucun nuage ne viendra obscurcir leur collaboration, ce qui permet à Fernandel d'affirmer : « L'atmosphère d'un plateau doit être au beau fixe. Je suis même arrivé à travailler dans la bonne humeur avec Duvivier ! »

Finalement, le tournage s'achève sans encombre. Au fil des jours, une réelle amitié est née entre Fernandel et ses partenaires, Gino Cervi bien sûr, mais aussi Léda Gloria, épouse de ce dernier à l'écran. Cette attrayante comédienne italienne deviendra la femme de Fernandel dans *Cocagne* mais il devra la partager (!) avec Toto dans *La Loi, c'est la loi.* « Je les aimais tous les deux de la même façon », dira-t-elle. Dans *Le Boulanger de Valorgue,* elle incarne la belle-mère de Fernandel. Lorsqu'elle rendra l'âme, le comique reconnaîtra d'une tendre plaisanterie : « C'était l'une des rares comédiennes à faire réellement partie de ma famille. »

Lors des premières projections publiques, les avis sont unanimes : *Don Camillo* est un échec. Producteurs, réalisateur, acteurs et même Fernandel sortent dépités des salles. A son habitude, la critique leur a emboîté le pas et fait chorus aux lamentations professionnelles. La presse de gauche est furieuse : « *Don Camillo* est un film de propagande où l'art ne tient aucune place » affirme Georges Sadoul dans *Les Lettres françaises.* « On a rarement été aussi loin sur un écran dans la démagogie et l'hypocrisie », répond en écho Jacques Doniol-Valcroze dans *L'Observateur.* « Drôle de curé, s'indigne à son tour Francis Cohen dans *l'Humanité,* en perpétuelle conversation familière avec Jésus-Christ » (lequel a pris, en France, la sainte voix du comédien Jean Debucourt).

Or, Julien Duvivier s'est efforcé de justifier sa démarche :

« Mes deux personnages sont peut-être des types

d'exception, mais j'espère qu'ils seront jugés l'un et l'autre sans esprit de parti. Ce qui m'a séduit en eux, c'est leur qualité d'hommes. Ma préoccupation constante a été d'éviter que l'on puisse dire : " C'est la critique d'un parti. " Je me suis efforcé de laisser à l'ouvrage son allure bon enfant, son charme humain. »

De son côté, Guareschi s'efforce de calmer l'indignation de l'Eglise en précisant à l'intention des spectateurs catholiques que la voix du Christ est en fait celle de la conscience de don Camillo ! Ces bonnes paroles ne calment ni n'endiguent le bruit et la fureur de ce « nouveau scandale cinématographique ». Or un phénomène extraordinaire va radicalement transformer cette querelle de chapelles.

Sorti le 4 juin 1952, le film attire mille, dix mille, cent mille, cinq cent mille spectateurs en quelques semaines. D'abord vague d'intérêt, puis passion communicative, c'est une véritable frénésie qui s'empare des Français. Ils sont tous à se précipiter dans les salles de cinéma afin de découvrir *Don Camillo.* En mai, alors que le Festival de Cannes récompense Christian-Jaque pour sa mise en scène de *Fanfan la tulipe,* Fernandel comptabilise déjà un million d'entrées. A la fin de l'année, *Don Camillo* rejoint *Limelight* (de Charlie Chaplin) et *Ivanhoé* (avec Robert Taylor et Elizabeth Taylor) dans le peloton de tête des meilleures recettes de l'année. Près de sept millions de spectateurs se sont rués dans les salles obscures pour voir Camillo incarné par Fernandel. Désormais, ce personnage imaginaire se confond avec lui. A tel point que Giovanni Guareschi lui déclare un jour : « Désormais, je ne pourrais plus écrire une seule histoire de don Camillo sans voir votre visage. »

« Son » Camillo a donc pris les traits de Fernandel et, subrepticement, une grande partie de la profession se rallie au suffrage populaire. « Grâce à Fernandel, écrit Carlo Rim, la farce rustique atteint à l'apogée, le chromo prend les proportions d'une fresque. *Don Camillo* a donné à Fernandel l'occasion de camper l'un des personnages les plus vrais, les plus touchants, les plus cocasses. Qui oserait prétendre, après une création d'une telle ampleur, que ce comédien n'est pas l'un des plus grands parmi ceux — sont-ils si nombreux — qui ont pour mission d'offrir aux hommes la plus valable image d'eux-mêmes ? » Même son de cloche chez Arletty lorsqu'elle affirmera, trente ans plus tard :

« Pas un acteur au monde ne pouvait jouer ce personnage de don Camillo. Il fallait un être pur. Imaginez que vous ayez mis un acteur ordure là-dedans. D'abord, il choquait la religion, il choquait les communistes, il choquait tout le monde. Tandis que lui, avec son partenaire qui était remarquable, il se fondait. »

Ses amis du spectacle s'accordent à reconnaître que Fernandel tient là une de ses meilleures prestations. D'ailleurs, lorsqu'on demande à l'intéressé quel est son rôle préféré, il répond désormais invariablement et sans aucune hésitation :

« Don Camillo, car il m'a rendu dix fois plus célèbre qu'*Angèle, Ignace* ou *Barnabé* réunis ! Ce rôle est une vraie bénédiction, une bénédiction d'autant plus émouvante que j'y ai le plus grand des partenaires : Dieu lui-même ! »

Le personnage mythique et légendaire s'émancipe même de son interprète. A Carry-le-Rouet, où Fernandel possède une résidence pour les vacances, la municipalité a fait baptiser la rue où il habite « Don Camillo ». C'est sur le plateau du sixième volet de la série — inachevé — que le grand acteur sentira les premiers violents symptômes de l'irrémédiable mal qui va l'emporter. Le coup du sort sera dur pour cet homme bon, dévoué, et généreux. « Bien sûr, regrettait-il, je ne pratique plus depuis longtemps. Vous me voyez entrer dans une église ? » Il continuera pourtant d'incarner les vertus de la foi, et ce jusqu'à ses derniers moments.

Venu assister au triomphe français de *Don Camillo,* Guareschi débarque à Paris au début du mois de juin 1951. Assiégé dans son hôtel par une presse avide de sensationnel, on l'interroge sur Fernandel. « Il est extraordinaire », s'empresse-t-il de répondre. On le questionne sur sa fortune : « J'ai deux voitures et plus une minute à moi ! », et bien évidemment sur une éventuelle suite des aventures de *Don Camillo* à l'écran : « Je ne suis pas très chaud. On envisage deux directions qui ne me plaisent pas : Camillo et Peppone évolueraient en sens inverse, l'un penchant vers le socialisme rouge, et l'autre devenant un bourgeois, ou bien encore Duvivier voudrait que don Camillo meure à la fin. »

Le possible décès du curé fera couler beaucoup d'encre et suscitera bien des controverses entre l'auteur, le metteur en scène, l'adaptateur et bien sûr le comédien. Finalement, tout ce petit monde tombe d'accord avec les producteurs : Guareschi, Duvivier, Barjavel et Fernandel se retrouveront pour un deuxième épisode auquel don Camillo survivra. Dieu, pour sa part, doit fulminer entre deux projections du film, lorsqu'il entend son Camillo, sans soutane, chanter des refrains grivois. Car, Fernandel, aussitôt le film achevé, s'est empressé de rejoindre Paris et les studios d'enregistrement.

Parmi ses chansons, nouvelles et anciennes, certaines ne brillent pas par leur caractère édifiant. Souvenez-vous de « Félicie aussi » :

J' trouvais la chambre ordinaire
Elle était plein' de poussière
Félicie aussi !
J' me lavai la main tout d' suite
L' lavabo avait un' fuite
Félicie aussi !

Fernandel l'a créée en 1939 à l'occasion d'un court métrage intitulé *Les comédiens ambulants,* mais il aime donner des versions rafraîchies de sa production d'avant-guerre. Au verso de la pochette du disque, on trouvera un des plus beaux poèmes jamais enregistrés par le comédien et dont Miguel Zamacoïs est l'auteur :

De l'accent ! De l'accent ! Mais après tout en ai-je ?
Pourquoi cette faveur ? Pourquoi ce privilège ?
Et si je vous disais à mon tour, gens du Nord,
Que c'est vous qui pour nous semblez l'avoir très fort
Que nous disons de vous, du Rhône à la Gironde,
« Ces gens-là n'ont pas le parler de tout le monde ! »
Et que, tout dépendant de la façon de voir,
Ne pas avoir d'accent, pour nous, c'est en avoir...

L'automne 1951 survient avec son habituelle moisson de « Fernandel ». Ainsi, entre le 14 septembre et le 10 octobre, pas moins de trois films sortent sur les écrans : *Adhémar ou le jouet de la fatalité, L'Auberge rouge* et *La Table aux crevés.*

Après Guitry, Autant-Lara, Verneuil et Duvivier, Fernandel va travailler à nouveau sous la direction de son ami Jean Boyer.

Avec *Coiffeur pour dames,* une comédie sans prétention tournée en février et mars 1952, Fernandel-Mario revient à un cinéma familial de pur divertissement. On pourrait le blâmer de tant de complaisance. Mais grâce à son autorité professionnelle et à sa faconde méridionale, il parvient à éviter autant les niaiseries faciles que les prétentions d'auteur. Dans cette aimable production se retrouvent les figures habituelles des « Fernandelades » : Georges Chamarat, Manuel Gary, Julien Maffre, etc.

Côté dames, ce coiffeur n'a pas à se plaindre puisque Blanchette Brunoy, Arlette Poirier, Françoise Soulié, Jane Sourza, Germaine Kerjean et bien d'autres sont de la fête.

Quelques dizaines de films alimentaires lui ont permis de maîtriser ce genre de cinéma et à chaque fois d'en tirer le meilleur parti. C'est le cas de cette œuvrette.

L'étape suivante, au mois de mai, se déroulera en compagnie d'Henri Verneuil aux studios de Saint-Maurice, puis en Arles. Autrement plus ambitieux, *Le Fruit défendu* conte l'épreuve d'un brave docteur de province saisi par le démon de midi à la suite de sa rencontre avec une jeune et jolie garce... A l'écran, elle aura le visage et le charme de Françoise Arnoul.

« Il m'a adoptée tout de suite, affirme la comédienne. J'étais débutante et très inquiète, très angoissée à l'idée de donner la réplique à un aussi grand acteur, à une aussi grande personnalité. Je me suis aperçue très vite que c'était plus facile de jouer face à un grand comédien, surtout que Fernandel a toujours été là pour m'aider à jouer, même quand il n'était pas dans le champ de la caméra, ce qui est le fait des grands professionnels ! Des souvenirs de bouffes extraordinaires. Il aimait sa région, le Midi. Il me faisait découvrir les pieds-paquets et autres bouillabaisses. »

Grâce à Fernandel, la belle et sensuelle Arnoul, qui allait faire rêver toute une génération d'adolescents, s'échappe donc de l'atmosphère étouffante de ce sujet emprunté à l'ouvrage de Georges Simenon : *Lettre à mon juge.*

Outre les nombreuses retrouvailles — Raymond Pellegrin a croisé Fernandel dans *Naïs,* Sardou et René Génin viennent de le quitter dans *La Table aux crevés,* Sylvie dans *Don Camillo,* Jacques Castelot dans *Topaze,* le film permet la découverte de la Marseillaise Pierrette Bruno. Satisfait de sa prestation, Henri Verneuil lui offrira le premier rôle de son prochain film avec Fernandel, *Le Boulanger de Valorgue.*

Au printemps 1952, toute la petite communauté des Provençaux du spectacle attend avec impatience l'événement le plus important de la saison. Ce n'est pas la préparation de *Manon des Sources* à Aubagne, où Pagnol, toujours « fâché » avec Fernandel, s'est finalement décidé à offrir le rôle d'Ugolin à Rellys ; ni même le succès croissant de *Don Camillo* qui agace le Maître.

— Et me voilà mari, s'exclame Andrex. Un emploi nouveau !

Le 25 juin, le vieux complice âgé de quarante-cinq ans prend pour femme Ginette Baudin.

Rendez-vous a été pris avec Henri Verneuil dès le 22 septembre pour *Le Boulanger de Valorgue*. Le petit village de Provence où l'action est censée se dérouler est imaginaire. En réalité, les deux amis se retrouvent à Mimet, dans les Bouches-du-Rhône, où ils sont venus en voisins, presque en promenade. « Pensez, j'ai passé les vacances d'été en famille à Carry-le-Rouet et maintenant, il faut que je " monte " (quelques dizaines de kilomètres) à Mimet pour mettre la main à la pâte ! » plaisante-t-il.

Là, à vingt-cinq kilomètres d'Aix, l'équipe va bousculer les habitudes et surtout la quiétude de ce hameau où la boulangerie va devenir... boucherie, les habitants figurants et Fernandel... boulanger contestataire devant les « cagades » (bêtises) de son fils (le fantaisiste marseillais Francis Linel).

Le sujet fleure le Pagnol, la signature de Jean Manse et Yves Favier (autre acteur-auteur du terroir) ne laisse planer aucun doute : c'est un film de la verve provençale. Toutefois, le métier grandissant de Verneuil sauve bien des faiblesses et le réalisateur ne mérite aucunement la volée de bois vert dont il sera l'objet à la sortie du film :

« ... quand on est jeune et qu'on a du talent, on peut rendre d'autres services au cinéma français, s'indigne par exemple André Bazin. Enfin, cela regarde M. Verneuil et il me répondra peut-être que ses producteurs ne pensent pas comme moi ; je ne lui reproche que de penser comme eux. Cela dit, cette histoire n'est pas pire, évidemment, que bien d'autres scénarios. Dommage seulement que les auteurs aient été incapables de la traiter sur quatre-vingt-dix minutes et qu'ils aient dû " tirer à la ligne " ! »

Et de conclure : « Ils doivent à Fernandel une fière chandelle. Son talent n'est pas de trop pour faire durer un quart d'heure les gags qui devraient être épuisés en trois minutes. Mais il faut reconnaître qu'il y parvient avec brio. »

De retour à Paris en octobre, Fernandel est invité à une rencontre au sommet avec Charlie Chaplin. Ce dernier vient de quitter les USA pour une tournée européenne afin de présenter son dernier film *Limelight (Les Feux de la rampe)*. La rencontre a lieu le 30 octobre à l'hôtel Ritz en présence de Oona, l'épouse du comédien.

« Dans le salon où je l'attendais, se souvient Fernandel, j'avais le cœur qui battait comme quand j'avais douze ans. Charlie Chaplin est entré, tout souriant, et il m'a tapé sur l'épaule comme si j'étais un vieil ami. Aussitôt j'ai dit à l'interprète : " Voulez-vous dire à M. Chaplin que je suis très ému de le voir, vu qu'il est toute ma jeunesse. Il est notre maître à tous, étant donné que tout ce que nous avons fait, nous les comiques, il l'a fait bien avant nous. " » Charlot a fait répondre : « Dites à Fernandel que je l'ai vu dans un film à Hollywood et qu'il est un grand artiste. C'est pourquoi j'ai voulu le connaître. »

Le lendemain, pur fait du hasard, Charlot, invité par la Société des auteurs, se rend à la réception accompagné d'un certain... Carlo Rim ! L'ex-complice de Fernandel lui révélera, dix ans plus tard, une extraordinaire anecdote.

« Le pauvre Chaplin était si pâle, si anxieux, si nerveux que nous nous sommes demandé s'il n'était pas souffrant. Mais brusquement, Chaplin voulut oublier ou vaincre son trac, et il se mit à chanter, en un français irréprochable — lui qui ne parle pas un mot de notre langue — et avec une ébouriffante mimique, le grand succès de Polin qu'il avait entendu en 1913 aux Folies-Bergère : " Mademoiselle Rose ". » C'était justement la chanson porte-bonheur de Fernandel...

A l'automne 1952, le poète surréaliste Paul Eluard meurt, le prix Nobel est attribué à François Mauriac, la première bombe à hydrogène américaine explose et le film *Les Belles de nuit* de René Clair sort sur les écrans. Ces événements majeurs jettent un voile discret sur la disparition de Vincent Scotto, à l'âge de soixante-dix-huit ans.

Parmi les quatre mille chansons que ce compositeur marseillais d'origine napolitaine avait livrées à la postérité, Fernandel en avait inscrit plus d'une à son répertoire. Scotto avait aussi signé la musique de onze de ses films.

Comble de l'ironie, celui qui avait si bien su chanter le soleil du Midi fut enterré sous la neige. « Prosper », « Marinella » et « La petite Tonkinoise » étaient brutalement devenus orphelins. « On ne sait pas qui a écrit " Auprès de ma blonde ", avait un jour dit Pagnol à son ami Scotto. Ton nom ne restera peut-être pas, tu ne t'en es pas assez occupé. Mais quand tu partiras, tu laisseras deux cents chansons (à l'époque), des sentiments à toi, des idées à toi, qui feront encore du bien à des gens qui ne sont pas nés. »

Pour Fernandel, Tino Rossi, Maurice Chevalier, tous en deuil, une page du music-hall vient de se clore, ce 15 octobre 1952.

Tandis qu'à Montmartre une petite pâtissière amorce ses débuts au cabaret — une certaine Patachou — et que Mariano répète « Le chanteur de Mexico » sur la scène du Châtelet, Fernandel quitte Paris pour Brescello où l'attend, à nouveau, Julien Duvivier pour *Le Retour de don Camillo*. Dans ses « bagages », il a souhaité emmener ses amis Delmont et Rignault. Edouard Delmont tiendra le rôle du vieux Spiletti, que Camillo « ressuscite », tandis qu'Alexandre Rignault incarnera un borné et fidèle lieutenant de Peppone aussi farouche que son célèbre camarade. La trame de ce deuxième épisode est simple : don Camillo a été exilé par son rival dans les montagnes. En son absence, les disputes entre les divers clans du village mettent en péril Brescello. Les ouailles appellent alors le brave curé à la rescousse. Profitant d'une vraie crue du Pô, Duvivier tournera en extérieurs la fameuse séquence de la noyade où le sauvetage héroïque de don Camillo par Peppone amène finalement la réconciliation. « Ce n'est pas le moment de te reposer, entend-on, venant des cieux à l'attention de don Camillo. Il y a encore tellement à faire. » « Au revoir les enfants, à bientôt », lance-t-il à ses fidèles et aux spectateurs auxquels il fixe visiblement un autre rendez-vous. Et, après une pluie diluvienne, le soleil fait miraculeusement sa réapparition.

Lorsque s'inscrit le mot « fin », l'enthousiasme soulève les salles, en ce vendredi 5 juin 1953, jour de sortie du film à Paris. Le plaisir est partagé par la presse qui salue à nouveau la performance de Fernandel-Camillo, plus vrai que nature. Guareschi peut avouer qu'il s'est inspiré du cardinal-archevêque de Bologne pour écrire le personnage de ce curé de choc. Il est trop tard : Fernandel est don Camillo. Preuve en est l'anecdote de cette petite fille rencontrée un jour entre deux prises de vues, sur un chemin de campagne. « Bien sûr, conte Fernandel, j'avais gardé la soutane de mon personnage. Tout d'un coup, dans un chemin, je vois s'avancer vers moi une petite fille. Elle avait sept ou huit ans. Elle tenait sa poupée dans ses bras. Elle se met à genoux devant moi et me demande : “ Mon père, bénissez-moi. ” Moi, je la fais se relever. Et je lui dis que je ne suis pas un vrai curé, que je suis un curé de cinéma, un curé pour rire, quoi. Elle réfléchit. Puis elle me tend sa poupée et elle me dit : “ Alors, bénissez ma petite fille. ” Je te répète que je ne suis pas un curé pour de vrai ! Alors, avec la plus implacable des logiques : “ Mais elle non plus, me dit-elle, ce n'est pas une petite fille pour de vrai ! ” »

Grâce à ce personnage, Fernandel opère de véritables miracles dans la vie des gens. Tout comme Gino Cervi, qui changé de la même façon en Peppone va jusqu'à influencer la vie politique de l'Italie. Là-bas, à Brescello, l'église du village, mais aussi son café, sa mairie et ses habitants sont devenus la proie constante des paparazzi. Endormi sous l'ardent soleil de la péninsule ou transi sous la neige, ce petit village sera également envahi par des centaines de touristes venus en pèlerinage sur des lieux devenus sacrés.

D'autant que le premier *Don Camillo* a battu tous les records d'affluence en Italie et même décroché le prix très convoité de l'écran d'Argent, décerné chaque année à la meilleure œuvre étrangère. Un tel succès incite le pape lui-même à visionner ce film dont certains prélats lui ont dit le plus grand bien. Quelque temps après, Pie XII demande à recevoir en personne ce nouvel ambassadeur de Dieu qui sans avoir jamais été ordonné déclenche plus de vocations, plus de processions que le plus habile de ses cardinaux.

Pour Fernandel, l'intérêt manifesté par le Saint-Père est la confirmation d'une gloire sans précédent dans l'histoire du cinéma. Le dimanche 18 janvier 1953, lors des derniers jours de tournage du *Retour de don Camillo,* Fernandel et sa fille Janine sont reçus en audience privée. « A l'heure dite, nous sommes arrivés au Vatican, raconte-t-il par la suite. Les gardes pontificaux nous ont présenté les armes. Nous avons traversé je ne sais combien de galeries et d'escaliers pleins de curés qui nous faisaient de grands saluts avec de grands sourires. Moi, bien entendu, je répondais mais je me suis bien vite aperçu que tous ces gens si polis ne saluaient pas seulement un étranger. Ils me connaissaient. Ils disaient bonjour à don Camillo, leur collègue en quelque sorte [...]. Nous avons été introduits dans une pièce où se trouvait un père blanc. Nous bavardions depuis un petit moment quand, tout à coup, il s'est mis à genoux. Aussitôt, ma fille et moi, nous en avons fait autant. Le pape venait de faire son entrée. Il m'a fait un effet prodigieux, tout mince dans sa soutane blanche. Pendant un quart d'heure, il m'a parlé de la France qu'il adorait, de ma famille. Pas une seule fois de cinéma ! »

Il était en effet difficile pour le pape en charge de l'Eglise universelle d'admettre qu'il avait joué pendant deux heures au spectateur. De plus toute mention du film serait apparu comme une prise de position en sa faveur.

Or, *Don Camillo* n'est pas en mal de publicité. Car, après l'Europe, les Etats-Unis s'intéressent à cette soutane magique qui fait entrer des millions de lires dans les caisses des cinémas italiens. A New York, *Don Camillo* est projeté en version originale avec un commentaire d'Orson Welles. La précieuse soutane a enfin débarrassé à tout jamais Fernandel de son encombrant costume de tourlourou, cette camisole de conscrit qui l'avait enfermé, depuis un quart de siècle, dans le même type de rôle.

Il est ravi de retrouver, sur les bord du Pô, des histoires similaires à celles que Marcel Pagnol a cessé de lui proposer. Pour Fernandel, ce don Camillo, c'est bel et bien un enfant digne de Giono et de Daudet. « Vous comprenez, ce curé, il me plaît car il est comme tout le monde... Il est de la même viande que vous et moi. Il a aussi des faiblesses. Il rit et pleure comme les hommes ! Oui, il me plaît don Camillo. » Cette figure picaresque du sacerdoce plaît aussi aux hommes d'Église. Le père Di Falco, porte-parole de la conférence des évêques de France, souligne que « personne, au sein du clergé, n'a reçu *Don Camillo* de manière offensante. Marseillais comme lui, j'ai pour lui une affection toute particulière. Je crois qu'en tant que comédien, il nous a beaucoup apporté à nous chrétiens ! »

Monseigneur Marty, archevêque de Paris, lors de la messe donnée à la mémoire du comédien, disparu en 1971, prononcera une poignante homélie. « Bienheureux Fernandel, lança-t-il en chaire, il n'a pas seulement tenté de nous faire rire, il a suscité en nous bien des sentiments humains. Lui-même était profondément humain. Par son rire, Fernandel nous a redonné le goût d'une certaine vie ; nous sommes aussi destinés à rire, à vivre joyeusement », conclura-t-il.

Présent à son enterrement, Marcel Pagnol saluera son vieux compagnon en déclarant que « son grand chef-d'œuvre restera sans aucun doute *Don Camillo* ».

En cette année 1953 c'est Fernandel qui pleure la disparition du patriarche tyrannique d'*Angèle,* de l'obséquieux comédien du *Schpountz,* du jaloux père Micoulin de *Naïs.* Le 16 février, Henri Poupon, âgé de soixante-neuf ans, est mort à Toulon. Ce départ crée un grand vide dans la troupe des Marseillais. Andrex a évoqué leurs souvenirs communs, à la « grande époque » où Poupon était un de ces aînés bourrus et cordiaux dont la parole est d'or : « Il y a trop de cons dans les rues, disait-il souvent. La nuit, on les voit moins ! »

Pour Fernandel, c'est un ami et un partenaire qui disparaît. On l'avait aperçu dans les films de Pagnol, mais aussi dans *Hercule* et *L'Aventure de Cabassou.* Il avait accompagné la vedette à la radio et dans les studios. Car Poupon, chanteur, était également l'auteur d'une œuvre immortelle que Montand, Sablon, Chevalier, Ventura, Dassary et bien d'autres inscriront à leur tour de chant : « Je sais que vous êtes jolie ».

En 1953, Fernandel enregistre les *Lettres de mon*

moulin d'Alphonse Daudet dont une poignante version de « La chèvre de Monsieur Seguin ». Jamais « Le curé de Cucugnan », « Les trois messes basses » ou « Les vieux » ne trouveront meilleur conteur que lui.

L'Académie Charles Cros lui décerne, à l'unanimité, le Grand Prix du disque français. Insigne honneur, ce même enregistrement lui vaut de recevoir le prix Colette. Pagnol adaptera lui aussi les *Lettres de mon moulin*, mais dans une version filmée. Pour l'heure, il propose à Fernandel de camper un cocu magnifique emprunté à une attrayante comédie signée Emile Mazaud. Ce tournage marquera la rupture définitive entre les deux hommes. Dans un premier temps, Fernandel impose Henri Verneuil comme metteur en scène; Pagnol ne sera que le scénariste de *Dardamelle.* Dépité, il va se montrer négligent.

Lors du premier « moteur », le 26 février 1953 à Aix-en-Provence, il n'a toujours pas fini l'adaptation. Les jours s'écoulent; face à un Pagnol insouciant du retard pris, Fernandel cache mal son irritation.

Par le passé les deux hommes ont connu de nombreuses brouilles suivies de réconciliations. Le rôle d'Ugolin tenu par Rellys dans *Manon des Sources,* le remake du *Rosier de Mme Husson* avec Bourvil, les phrases blessantes confiées à la presse lors de la sortie d'*Angèle* ou du *Schpountz* ont été autant d'occasions de malentendus.

Un jour donc, après un déjeuner trop arrosé, Pagnol, de mauvaise humeur, réplique vivement à une remarque du comédien. Ce qui s'est dit alors reste un mystère. D'après certains, Marcel lança à Fernand :

« Mais d'abord, môssieur, qui êtes-vous ? » Selon le producteur Alain Poiré, Pagnol se serait exclamé avant de claquer la porte du studio : « Tu es un mauvais comédien... et le pire, c'est que tu te prends pour Jules (Raimu). » Raymond Castans, pour sa part, dit avoir entendu des mots comme « paillaisse », « grimacier », et « pitre » !

Toujours est-il qu'après cette violente altercation, le tournage semble compromis. Henri Verneuil et Jacqueline Pagnol tâchent de minimiser et de dédramatiser la situation. Au moment de reprendre, la secrétaire de Marcel apporte un pli à Fernand. L'équipe se prend à espérer une prompte réconciliation. La plume du maître est magique. « Mon cher Fernand », écrit-il...

L'acteur est rassuré, Marcel s'excuse. « Tout à l'heure, j'étais en colère et quand on est en colère, il nous arrive de dire n'importe quoi. Je tiens à ce qu'il ne subsiste aucun malentendu entre nous... »

Fernand, amusé, sourit avant de continuer sa lecture. « Je viens par cette lettre te confirmer que tu n'es et n'as jamais été qu'un paillasse, qu'un pitre, qu'un grimacier... » Telle est, du moins, la version de Raymond Castans ; car Lorcey se contente de mentionner une lettre traitant l'acteur de « couillon ».

En fait, le vrai drame, comme l'explique Alain Poiré, tiendrait à ce que Fernandel, trop sûr de son bon droit fit une lecture à haute voix de la lettre : « Beaucoup de témoins ont entendu en même temps que moi et, par conséquent, l'ont relatée. Mais personne ne sait ce qui avait mis, ce jour-là plus qu'un autre, le feu aux poudres. »

Pagnol avait peut-être le sentiment d'avoir été mis hors jeu. Toujours selon Alain Poiré, il était révolté par les libertés que Verneuil et Fernandel prenaient avec ses dialogues : « Pendant que nous déjeunions, tous les deux, il ne pouvait en distraire sa pensée. Il y revenait malgré lui et n'arrivait pas à maîtriser son énervement. Nous en étions au café quand il a dit : " Je ne veux pas me faire donner des leçons de français par M. Achod Malakian dit Verneuil ! " Et il a quitté la table en direction du plateau. »

La suite du tournage, le film lui-même eurent beaucoup à souffrir de cet incident. En contemplant rétrospectivement cette production bâclée, Henri Verneuil confesse sereinement : « Je n'avais rien à gagner en tournant ce film, j'avais d'ailleurs reçu deux autres propositions dans le même temps. Mais je l'ai fait pour Fernand à qui je devais tout et bien plus encore. Je me disais, de toute façon, j'y suis forcé, si je le rate, j'ai raté “ un Pagnol ”, si c'est un succès, ce sera un succès pour Pagnol ! Pagnol écrivait la veille ce qu'on devait tourner le lendemain, imaginez un peu le cirque que ça pouvait donner au niveau des comédiens ! Puis, il y a eu ces quelques “ gracieusetés ” par missives interposées. Sans doute le résultat de jalousies, de rancœurs, car Pagnol avait son clan, et Fernand le sien. Mais, à la décharge de Fernandel, je dirais que la colère de Pagnol était intervenue entre deux fortes doses de pastis. »

A dater de ce jour, le souvenir de cette humiliation publique hantera Fernandel. Tout au plus l'oubliera-t-il en des moments plus heureux. Lors de la cérémonie où il reçoit la Légion d'honneur, on lui fait l'hommage d'un long et beau discours : « Vous êtes bien le fils de cette mer au bord de laquelle naquit l'ingénieux Ulysse. » Certes, mais on ne verra pas Fernandel dans *les Lettres de mon moulin,* le dernier film de Marcel Pagnol.

Le tournage suivant, celui de *L'Ennemi public numéro un,* prend place aux Etats-Unis. Fernandel doit y retrouver la fringante Zsa Zsa Gabor, que l'on surnomme « Madame croque-maris ». A son habitude, la presse à scandales va se répandre en calomnies. Mais cette fois sans grand succès, car le public ne doute pas, et à raison, des vertus familiales du comique marseillais.

D'autres difficultés se posent, bien plus graves. Jules Dassin a été pressenti pour diriger le film. Ce grand cinéaste, futur époux de Melina Mercouri et père de Joe Dassin, a dirigé John Wayne, Burt Lancaster et Charles Laughton. Pourtant les autorités américaines viennent de l'interdire des plateaux, l'accusant d'« activités communistes ». C'est l'ère du maccarthysme. Zsa Zsa Gabor en personne se joint au chœur patriotique orchestré par le FBI et condamne Dassin.

Chagriné, Fernandel avance le nom d'Henri Verneuil. Ce dernier mettra en images cette satire du film noir d'après un scénario de Max Favalelli et des dialogues signés Michel Audiard.

Grâce à ces excellents artisans, Fernandel, plus drôle, crédible et naturel que jamais, réussit là une étonnante composition. Franco-américain perdu à New York, atteint d'une myopie galopante, le héros est victime de quiproquos en cascade au terme desquels il sera pris pour l'homme à abattre. Le tout vaut son pesant d'humour et de malice, car à vrai dire le film oppose de manière assez manichéenne les bons Français aux méchants Américains.

Zsa Zsa Gabor, pour sa part, se livre à un extraordinaire numéro où elle se parodie elle-même, exaspérante à souhait dans le rôle de la jolie plantureuse « Lola la blonde ».

Cette aventure américaine, et même internationale : on y trouve l'acteur italien Paolo Stoppa, représente une victoire totale pour le comique marseillais.

Le 8 mai 1953, Fernandel fête ses cinquante ans en famille. Ce matin-là, il a reçu une lettre de sa mère.

Depuis 1925, l'acteur n'a pas revu l'anonyme Mme veuve Contandin. Il lui a offert un bel appartement, en plein cœur de Marseille, mais ne veut pas entretenir de relations avec elle.

Il évite celle qui, un jour d'avril 1903, le mit au monde pour le meilleur et pour le pire. Le meilleur, Fernandel considère l'avoir choisi en épousant Henriette. Le pire a été le refus maternel de ce mariage, d'un défi « à la Pagnol », disait-il, encore que chez Pagnol ce soient les pères qui font obstacle aux désirs de leurs filles :

« Quand j'ai voulu me marier, en 1925, au moment de partir pour le régiment, ma mère m'a dit : " Tu es trop jeune pour prendre femme ! " Je lui ai répondu : " Puisque je l'aime ! "

« Elle a fait un grand geste, comme au théâtre, et elle a crié : " Si tu te maries, tu n'es plus mon fils ! " En somme, on me donnait à choisir entre une mère et une épouse. A cet âge-là, on n'hésite pas », confie-t-il à Carlo Rim. Avec le temps, Mme veuve Contandin, elle, a pris mesure de son fourvoiement : « C'est vrai que je n'ai jamais revu mon fils. Ce n'est pas la faute de Fernand, c'est la mienne. Mais il m'a fait payer cher mon erreur... Le temps a passé, beaucoup de choses ont changé. Je reconnais que j'ai eu tort de m'opposer à son mariage. »

La lettre expiatoire de ce 8 mai 1953 ne changera rien. L'acteur inébranlable ne veut pas céder. Il refuse même d'en parler. Il y a un mur d'incompréhension dressé entre sa mère et lui. A en croire Carlo Rim, le drame est ancien, peut-être originel :

« Quand je suis né, ma mère en a eu les sangs retournés, elle n'avait jamais vu un " caganis " (gosse) aussi raté ! J'étais noir comme une esque, la bouche plus large que ma figure. Ç'a été une journée de deuil dans la famille. »

Cette difficile naissance ne peut pas tout expliquer cependant. La rupture entre le fils et la mère est trop intime pour ne pas rester un mystère. Mais elle explique certainement le goût de la vie, le désir de faire rire et de consoler manifestés par l'artiste.

Toujours en 1953, le 9 novembre, Fernandel retrouve Yves Allégret, qui fait partie de son autre famille, celle du cinéma.

Le frère de Marc, ancien assistant de Jean Renoir, marié à Simone Signoret, vient de réaliser quelques films remarqués où se sont illustrés son épouse (*Dédée d'Anvers*), mais aussi Gérard Philipe

(*Les Orgueilleux*) et Jean Marais (*Nez de cuir*). Il veut tourner avec Fernandel une nouvelle version de *Mam'zelle Nitouche.*

Cette adaptation de l'opérette d'Henri Meilhac, Albert Millaud, Blum et Hervé, créée le 26 décembre 1883 sur la scène du théâtre des Variétés, permettra à Fernandel de camper le double rôle de Célestin-Floridor que Raimu a incarné trente ans plus tôt sous la direction de Marc Allégret.

A l'origine, les producteurs ont pensé à Max Ophüls pour mettre en scène ce remake. Le futur auteur de *Lola Montès* a proposé un découpage digne de Méliès où mille Fernandel, sous divers déguisements, peupleraient l'image. Mais le projet paraît trop ambitieux. Max Ophüls préfère renoncer et Yves Allégret le remplace. On retrouvera donc les habituelles chansonnettes de Van Parys et les inévitables Chamarat, Debucourt, Orbal et Lajarrige, tous des « fidèles » de l'écurie Fernandel.

Un autre de ses partenaires, un nerveux petit bonhomme rempli de tics et de malice, qui incarne ici un maréchal des logis névrotique, n'est autre que Louis de Funès :

« A l'époque de mes débuts, Fernandel me fit tourner auprès de lui plusieurs petits rôles et il me donna mille conseils qui me sont toujours très utiles aujourd'hui », précisera ce dernier quelques mois avant de disparaître.

On remarque aussi au générique trois petits nouveaux : Daniel Ceccaldi (vingt-six ans) venu du cabaret et dont la silhouette va très vite s'imposer au grand comme au petit écran ; le jeune Jacques Dynam, merveilleux « second couteau » qui, contre la rumeur, insistera toujours sur la grande générosité de la vedette : « C'était un cœur d'or ! » ; enfin Anna-Maria Pierangeli, madone du cinéma italien de l'époque. « Il me fait mourir de rire », dit-elle de Fernandel lors de la dernière prise de vues aux studios de Saint-Maurice avant de rejoindre l'hôtel

George-V où elle est descendue entre deux amours (son dernier flirt s'appelle... Kirk Douglas !), deux films (*The Flame and the Flesh* et *Le Calice d'argent*), et deux folies (la neurasthénie et les barbituriques). Bientôt, elle ira rejoindre James Dean tombé fou amoureux de cette nouvelle diva. De la cité-mirage qu'est Hollywood, la belle Anna-Maria ne reviendra pas. Coïncidence, hasard, elle se suicidera dans sa villa de Beverly Hills quelques mois à peine après la disparition de Fernandel.

Une quatrième reprise d'*Ignace,* créé dix-huit ans plus tôt à Marseille, clôt cette année 1953. Le 23 décembre, face au public enthousiasmé du théâtre de l'Etoile, Fernandel constate avec plaisir que son vieux numéro de bidasse est désormais entré dans la légende.

Avec *Le Mouton à cinq pattes,* Fernandel va réaliser le rêve de tout grand acteur : interpréter plusieurs rôles à la fois. Ici, Henri Verneuil ne lui en propose pas moins de six. Soucieux de maîtriser le tempérament du comédien, il a néanmoins pris quelques précautions :

« Au début, avec Fernandel, j'ai toujours fait très attention de lui donner l'impression que je ne le mettrais pas en scène et que c'était lui qui avait trouvé l'idée du plan, de ce qu'il fallait tourner. Moi, j'étais souvent bien plus préoccupé par ses " effets ", car il marquait beaucoup ses " effets " comiques. Un peu trop d'ailleurs. »

Confortablement installé dans les studios de Boulogne, Verneuil s'est entouré de plusieurs scénaristes afin de bien composer chacune des « époques » du film. En apparence, la trame est plutôt simple : le maire d'un petit village, désireux d'en faire un lieu touristique, décide de réunir autour de leur vieux père, les quintuplés qui y ont vu le jour. Rentrés au bercail, ils en constitueront l'attraction. Leur parrain, le docteur Bollène (admirable Delmont), est chargé de les retrouver et de les ramener. C'est évidemment Fernandel qui incarne tour à tour chacun des quintuplés. La difficulté était donc de créer cinq personnages jumeaux et pourtant singuliers : Alain, directeur d'un institut de beauté (écrit par Jean Marsan), est d'un caractère précieux et snob ; il connaît quelques problèmes sentimentaux avec certaines belles clientes... Désiré (dû à la plume d'Henri Troyat), laveur de carreaux, trouvera sur sa route le croque-mort Pilate (merveilleux Louis de Funès) et l'occasion de faire fortune... Etienne (signé Jacques Perret), le rouquin truculent capitaine de cargo, ivrogne et bagarreur, joue au « biki-boka », une distraction coloniale dite aussi « jeu de la mouche »... Bernard (imaginé par Henri Verneuil et Jean Marsan), pipe à la bouche, tient le courrier du cœur dans un grand hebdomadaire parisien sous le pseudonyme de « Tante Nicole »... Charles, modeste curé de campagne, que l'on n'aperçoit pratiquement que de dos, ressemble à s'y méprendre (selon le souhait de Raoul Ploquin) à un certain don Camillo.

Fernandel maquillé en vieillard chenu interprète enfin Edouard, vigneron mauvaise tête qui n'accepte pas facilement de revoir ses célèbres rejetons. Tout se terminera par la naissance de sextuplés au sein de cette divine famille.

Le climat, lors du tournage, a été particulièrement heureux. Denise Grey se dit contente d'avoir retrouvé Fernandel « homme charmant et très famille ». Andrex, le vieux complice, est là aussi dans un rôle bref mais pittoresque de marin canaille qui ne cesse d'ânonner « Ta gueule ! ». Quant à l'ineffable et rondouillard Dario Moréno, il affirme : « C'est la plus belle rencontre de ma vie. »

Lors de la sortie du film, Jean-Jacques Gautier résume les sentiments de la critique unanime : « J'ai été long à venir à Fernandel, écrit-il dans sa chronique quotidienne du *Figaro*. Je crois, depuis quelques années, qu'il est un très grand acteur capable de faire passer les plus surprenantes facéties, les produits les plus discutables. Ici, il se révèle excellent et même incomparable dans toutes les compositions qu'on lui a confiées. »

Le 8 février 1954, Fernandel reçoit à Bruxelles la médaille de l' « acteur le plus populaire ». Ravi, il constate que, peu à peu, toute l'Europe le porte au pinacle. En Italie, il est aussi populaire que De Sica, Mastroianni, Sordi, Tognazzi et même Gina Lollobrigida ou Sophia Loren, nouvelles vamps latines. Partout dans le monde, *Don Camillo* a rameuté les foules et fait de Fernandel l'exemple même du comédien populaire.

Le 20, Estelle, la fille de Jacqueline et Marcel Pagnol, meurt à l'âge de deux ans et demi, des suites d'une crise foudroyante d'acétonémie.

A « La Lestra », magnifique villa qui domine la baie de Monaco où Pagnol, devenu citoyen d'honneur et ambassadeur de la Principauté, s'est installé, Raymond Castans est venu retrouver l'écrivain déchiré : « Tu vois, Raymond, lui murmure Pagnol effondré, Raimu est mort depuis dix ans. Et je vais peut-être recevoir un télégramme signé Jules. Je n'en recevrai pas signé Fernand. » A cette minute, très exactement, arrive le télégramme de Fernandel qui a tenu à partager un peu du chagrin de son vieil ami. La fidélité par-delà les disputes est une vertu du Sud.

Le lendemain, après une pénible cérémonie, les Pagnol fermeront pour toujours les volets de la propriété. Ils n'y remettront plus jamais les pieds...

Pour Fernandel, c'est déjà l'heure d'un nouveau tournage, d'un nouveau voyage. L'aventure est peu ordinaire puisqu'il s'agit d'*Ali Baba et les quarante voleurs* que Jacques Becker a décidé de filmer à Taroudant, petite cité marocaine en bordure de l'Atlas. Becker est un fantastique directeur d'acteurs. Il l'a prouvé avec Daniel Gélin (*Rendez-*

vous de juillet), Serge Reggiani (*Casque d'or*), Fernand Ledoux (*Goupi Mains rouges*), et surtout Jean Gabin (*Touchez pas au grisbi*).

Le producteur Walter Rupp lui a donc commandé une comédie légère qui illustrerait de manière originale le talent de Fernandel. Pour Becker, l'occasion était trop belle de réaliser un vieux rêve : « Il y a bien longtemps que j'avais envie de tourner *Ali Baba* pour m'amuser. J'y avais songé, il y a dix ans. Mais à cette époque, il était impossible de tourner en Afrique du Nord. J'avais donc renoncé. » Pour écrire cette parodie de conte oriental au savoureux et déroutant accent marseillais, Becker usera onze adaptateurs. Certains, comme Jean Manse, imposé par l'acteur, n'ont pas son assentiment.

En quelques jours et une dizaine de feuilles griffonnées, le metteur en scène vient à bout de la patience du célèbre Césare Zavattini, l'auteur du *Voleur de bicyclette* réduit au chômage par la crise que traverse le cinéma italien dans les années cinquante. Vont alors défiler Maurice Griffe, Annette Wademant, Gérard Carlier, Georges Tabet et même Fernandel, non crédités au générique où l'on retrouve cependant Marc Maurette, Jean Manse, André Tabet, frère de Georges, et finalement Becker lui-même. Georges Tabet raconte ainsi cet étrange épisode comico-littéraire : « Avec Jacques Becker, et pour Fernandel, nous avons transposé l'histoire d'*Ali Baba*. Mais Becker, homme de grand talent, épris d'originalité et rétif aux formules prévues, voulut faire du conte oriental un plaidoyer pour une meilleure justice sociale : les richesses amassées par les quarante voleurs seraient dérobées par Ali Baba qui les redistribuerait aux pauvres. Ainsi accentué, ce fut plus doctrinal mais moins comique et les amateurs de bouffonneries restèrent sur leur faim. Il n'est pas prudent de servir du homard à qui attend une crème caramel. »

De plus, Becker n'aime pas employer des acteurs

trop célèbres dont le visage, pense-t-il, peut ôter d'une œuvre toute l'authenticité. « Si Renoir, au lieu d'un acteur peu connu comme Blavette, avait choisi Fernandel pour le rôle de Toni, nous n'aurions pas eu cette étonnante impression de néo-réalisme avant la lettre », confie-t-il à Claude-Marie Trémois.

Présent sur les lieux du tournage, l'historien du cinéma Pierre Leprohon a eu tout loisir d'éprouver cette réticence, vite devenue mutuelle :

« Dès le premier soir passé à Taroudant, j'avais compris que le réalisateur et l'interprète marchaient sur des voies différentes et sentis le climat d'inimitié sous les concessions de façade. L'un et l'autre me le confirmèrent. » Le comédien Henri Vilbert parle aussi d' « un tournage nerveux mené de main de maître par Jacques Becker, un grand ». Mais dans la mémoire de Vilbert, *Ali Baba* reste surtout associé à une séquence mouvementée du film, celle où lui et Abdul, le chef des quarante voleurs (l'acteur allemand Dieter Borsche), enfermés dans des cages suspendues, sont lapidés par la foule. « Nous avons tourné ce plan presque final du film dans un " fondouk " (une sorte de cour) d'un petit village. Afin de minimiser le danger de la lapidation, les projectiles prévus — pommes de terre et betteraves — avaient été préalablement bouillis. Hélas, un figurant trouva sans doute plus amusant de ramasser une pierre et de la balancer juste après le " coupez " de Becker. Malignité des objets, cette pierre projetée avec force m'est arrivée sur la tempe gauche, touchant le blanc de l'œil. »

De ce tournage, Fernandel gardera également un mauvais souvenir, celui des extérieurs dans le désert, sous un soleil de plomb. L'effort physique dû au climat, l'impétuosité des figurants, l'utilisation de maquillages très violents et nocifs, les effets spéciaux de lumières (car, chose rare à l'époque, c'est un film en couleurs), ont vite eu raison de la bonne volonté de la vedette : « Le soleil, c'était encore rien, mais l'opérateur Robert Lefebvre, avec ses prises de vue en Eastmancolor, m'a fait fondre le suif. Un vrai mouton ! Maintenant, j'ai le poids idéal : soixante-seize kilos pour un mètre soixante-seize ! Ça ne m'était jamais arrivé ! »

Sa partenaire, Samia Gamal, la « Gina Lollobrigida du monde arabe », danseuse et comédienne, a été choisie par Becker pour sa plastique impeccable, mais aussi parce qu'elle représente une indiscutable attraction pour le public oriental. Delmont, Maffre, Orbal, Ardisson complètent la distribution du film où, à son habitude, Fernandel effectue quelques vocalises en ouverture :

Ali, Ali, Ali Baba
De la mosquée à la Casbah
Quand on m'aperçoit, ce n'est qu'un cri :
Bonjour Baba, adieu Ali !

Si paradoxal que cela puisse paraître, la réalisation de Becker est critiquée alors que la composition de Fernandel déclenche une avalanche de propos dithyrambiques. Même François Truffaut pourtant méprisant jusque-là se met à encenser le comique : « Fernandel, comme Gabin, Michel Simon ou naguère Raimu, et plus généralement comme tous les acteurs venus au cinéma par le music-hall, est arrivé, après vingt-cinq ans de métier, à une sûreté de soi, une connaissance de ses possibilités, un sens de l'efficacité extraordinaires ; chaque mimique, chaque grimace, l'angle d'ouverture de la bouche sur la fin d'une phrase, l'abaissement complice d'une paupière, tout est mesuré au millimètre. On peut ne pas aimer cela, mais comment ne pas reconnaître qu'il y a là une technique de l'achevé, de la perfection qui force le respect et l'admiration ? » D'autres, hélas, y voient une bouffonnerie, absurde et artificielle. Il est vrai qu'au doublage les intonations méridionales de l'actrice arabe et du comédien allemand laissent perplexe le spectateur. C'est — diront les plus abrupts — un *Naïs* berbère de mauvais goût. Plus prosaïquement, on peut souligner que ce film est une triple réussite : technique d'abord, car *Ali Baba,* première œuvre en couleurs réalisée par Becker ne souffre d'aucun défaut ; esthétique ensuite grâce aux décors signés Georges Wakhévitch ; financière enfin puisque divertissement vraiment populaire.

« Ali Baba n'est pas Shéhérazade, s'indigne ce dernier à son retour en France ; je ne veux pas en faire une vague turquerie dans une atmosphère des *Mille et Une Nuits*. J'ai tenu tout d'abord à une grande précision de lieu et de climat. Nous sommes allés tourner les extérieurs au Maroc. Là, j'ai recruté cinq mille figurants si parfaitement authentiques qu'ils ne parlaient pas français. J'ai six interprètes arabes, à cheval, pour les faire manœuvrer. Les costumes marocains sont eux aussi authentiques, sauf ceux de Samia Gamal que Wakhévitch a été obligé d'interpréter : la mode féminine n'est guère seyante au Maroc. Enfin, Bousouf, le mulet d'Ali Baba lui-même, a été engagé au Maroc et nous l'avons ramené au studio car le film est en couleurs et il n'existe pas deux mulets exactement semblables. »

Une fois encore, Fernandel s'est attiré les foudres des uns et l'admiration des autres. Mais entre critique et public, il a, depuis longtemps, choisi son camp : « ... je n'ai jamais cessé de penser à mon public populaire, aux grands et aux petits enfants qui m'ont fait ce que je suis et qui n'ont peut-être pas toujours le niveau de ceux qu'on appelle les " intellectuels ". Et je suis heureux de leur témoigner ma reconnaissance en les faisant rire avec une histoire simplement et franchement comique, sans arrière-pensée ni complications esthétiques. »

Depuis le début des années cinquante, Fernandel s'est mis en tête d'enregistrer l'intégrale des contes de Daudet, ces chefs-d'œuvre de poésie tour à tour gais, mélancoliques et satiriques, auxquels il apporte sa diction savoureuse et une franche émotion. Son premier disque a été un succès. Il revient donc aux studios parfaire son hommage au plus grand chantre de la Provence.

Cette nouvelle prestation sera saluée par tous, dont une certaine Arletty :

« C'était un homme qui, au départ, était " fort " et il avait cette diction — on n'a qu'à l'entendre dans les Daudet — c'est formidable. Il faut vraiment avoir une diction impeccable, changement de tons... c'est sensationnel ! Pour moi, à cinq ans, il était déjà Fernandel. Rien ne l'arrêtait, n'importe quoi, il savait tout faire. Il a exploité sa gueule, il a tout exploité merveilleusement. »

Pourtant, avec *Le Printemps, l'Automne et l'Amour*, film qu'il tourne immédiatement après l'enregistrement de son disque, Fernandel semble vouloir faire mentir Arletty. Certes, on y retrouve l'habituelle escorte composée d'Andrex, Chamarat, Ardisson, Sardou, Maffre et même Denise Grey et Paolo Stoppa ; un sujet similaire au *Fruit défendu* (ici un nougatier quinquagénaire tombe amoureux d'une jeunesse) ; un réalisateur à l'irréfutable savoir-faire, Gilles Grangier. Mais le résultat est d'une décevante fadeur.

« Au départ, expliquera Grangier à Marlyse Lowenbach, j'avais un scénario de Raymond Asso, le parolier de Piaf, un personnage un peu mélodramatique, toujours en pull-over et en cravate bien ajustée. Il avait traité l'histoire en drame. Ça plaisait beaucoup à Fernandel. Il était en effet toujours plus ou moins à la recherche d'un rôle comportant une certaine tenue dramatique, capable de lui rappeler les meilleurs films de Pagnol. Pourtant, lorsque Fernandel montra le scénario à ses producteurs, ceux-ci le donnèrent à réécrire à Henri Jeanson (qui refusa de le signer) : il en fit une comédie légère. »

Cécilia, « fruit défendu » de vingt printemps et objet de la flamme de Fernand Sarrazin (Fernandel) a failli prendre les traits de Brigitte Bardot. Grangier a finalement préféré le visage angélique de Nicole Berger. Fille du producteur Roger Féral, cette jeune vedette trouvera la mort dans un accident de voiture en 1967, à l'âge de trente ans. « A l'époque du film, poursuit Grangier, elle devait avoir tout juste vingt ans, car elle avait falsifié son passeport pour se vieillir. Je m'en souviens d'autant mieux qu'elle avait si maladroitement gratté sa date de naissance que toute notre équipe a été arrêtée à la douane, à Rome, où l'on tournait une séquence importante du film. C'était une vraie môme, un petit être gracieux et attachant. On la sentait un peu désarmée devant la vie. Elle était toujours seule. Elle regardait Fernandel avec de grands yeux. Je me demandais : elle l'adore ou elle le hait ? »

Tourné en près de dix semaines — le tournage commença très exactement le 15 novembre 1954, le même jour où on présenta à Paris *Les Lettres de mon moulin* adaptées par Pagnol, *Le Printemps, l'Automne et l'Amour* ne brille guère dans la filmographie de l'acteur. L'accueil plutôt tiède du public et de la critique n'ébranlera pourtant pas son statut de numéro un. Dans un sondage de la même année, il arrive toujours en tête devant Gérard Philipe et Jean Gabin. En ce milieu des années cinquante, jamais sa popularité n'a été aussi grande ; après avoir remporté le « Triomphe du cinéma français », récompensant l'acteur le plus populaire du pays, il est élu « vedette de l'année » par les lecteurs d'une grande revue cinématographique, devant Marlon Brando, Gary Cooper et Gregory Peck. A l'évidence, Fernandel a pris du galon depuis le temps où il était simple troupier.

« A cette époque, il n'était pas très commode parce

qu'il était convaincu que sa présence suffisait à tout arranger », conclut Gilles Grangier à propos de leur film.

Au printemps 1955, Julien Duvivier s'étant rétracté, les producteurs de *Don Camillo* proposent au cinéaste Carmine Gallone de prendre la relève. *La Grande Bagarre,* troisième épisode des aventures du curé le plus célèbre de la planète, sera donc réalisé par l'une des gloires du cinéma italien et l'étonnant animateur des premières comédies musicales tournées dans la péninsule au cours des années trente.

Agé de presque soixante-dix ans, assisté des scénaristes Leo Benvenuti et Age Scarpelli, Gallone décide de donner un tour plus réaliste et social aux personnages. L'enjeu est cette fois de montrer l'illusion des ambitions et des honneurs : Peppone veut devenir député, don Camillo cherche à l'en dissuader.

Comme à l'habitude, les deux hommes finiront par se retrouver. L'athéisme du maire et la virulence du prêtre ne sont que des attitudes de façade cachant mal une profonde amitié. Cet univers d'opérette permet ainsi, par moments, de brosser une peinture exacte de l'Italie rurale des années cinquante. Gallone a pour ambition avouée de dépasser la traditionnelle opposition entre le militantisme politique et l'Eglise.

A la fin du film, on voit les deux adversaires rouler à vélo sur une même route Peppone à gauche, don Camillo à droite ! Mais le tout laisse présager une suite certaine... Hélas, don Camillo ne reviendra que six ans plus tard sur les écrans, devenu *Monseigneur* et comme un don du ciel pour les fêtes de Noël 1961. Dans l'intervalle, pas moins de vingt films seront venus grossir la carrière la plus prolifique du cinéma français.

Ouvrons une parenthèse... Alors que Fernandel tourne en Italie, Marcel Pagnol préside le jury du VIIIe Festival international du film de Cannes. Là, siègent, entre autres célébrités, Marcel Achard, Isa

Miranda, Juan Antonio Bardem, Anatole Litvak. Tous ont travaillé avec Fernandel. L'académicien s'interroge sur l'existence de telles manifestations cinématographiques.

« Ce qui les condamne, se plaint-il à Raymond Castans, c'est que si tu consultes leur palmarès, tu y trouveras des noms de comédiens qui ont disparu aussitôt qu'ils avaient été promus et que tu n'y as jamais vu ni Raimu, ni Gabin, ni Fernandel. » Croirait-on les deux hommes fâchés ?

Fermons la parenthèse...

De retour en France, Fernandel se retire quelque temps dans sa propriété familiale afin d'y goûter un repos amplement mérité.

Dès le mois de décembre 1955, il est prêt à se rendre sur le plateau de *Don Juan.* Dans ce film hybride, le casting essentiellement espagnol est dirigé par John Berry, un excellent cinéaste américain victime du maccarthysme et exilé en France. Après deux films avec Eddie Constantine, *Ça va barder* et *Je suis un sentimental,* efficaces polars « à la française », on l'a chargé de retailler le mythe de don Juan à la mesure du talent comique de Fernandel. Le scénario original de Maurice Clavel et Jacques Emmanuel a été retravaillé par Juan Antonio Bardem et Jean Manse. John Berry a mis la main à la pâte. Les cinq adaptateurs sont épaulés par les dialoguistes Pierre Bost et Jacques Laurent. Cet aréopage de belles plumes n'accouchera pourtant que d'une cahotique suite d'effets burlesques particulièrement pauvres. Pour sauver le film, il reste heureusement une superbe distribution féminine dominée par la beauté ibérique de Carmen Sévilla (inoubliable *Belle de Cadix* chère à Luis Mariano), le charme de Christine Carrère, cette jeune Dijonnaise qui fera un beau brin de carrière à Hollywood, ainsi que par les fortes présences de Simone Paris et Micheline Dax. L'un des rôles masculins, celui de don Inigo, vindicatif chef de la police, est tenu par l'acteur le plus célèbre du cinéma espagnol, Fernando Rey, que le cinéaste Luis Buñuel révélera au public français, six ans plus tard, grâce à l'émouvant *Viridiana*.

Quant à Fernandel, le scénario l'oblige à caracoler tel Gérard Philipe ou Errol Flynn. Mais à cinquante-deux ans, le cœur manque pour se réjouir de ces prouesses de jeune premier. D'autant que le 22 novembre 1955, celui que la célèbre phalange marseillaise de Pagnol surnommait affectueusement l'« oncle », Edouard Delmont, vient de disparaître, à Toulon, à l'âge de soixante-douze ans. Il avait été l'inoubliable Amédée, le mal rasé d'*Angèle,* le vieux forgeron de *Regain,* l'attachant Papet de *Simplet,* l'odieux Capucet de *La Table aux crevés,* l'étourdissant Haroun d'*Ali Baba,* mais aussi le rêveur Panama, patron de bistrot dans *Quai des brumes*. Chacun de ses rôles avait révélé un acteur au jeu sobre et dépouillé dont la justesse de ton tranchait avec celui volontairement outrancier de Fernandel. Ce dernier devenu une vedette n'avait jamais oublié son aîné.

La mort de Delmont passe presque inaperçue. Deux semaines plus tard, Arthur Honegger va disparaître à son tour ; Honegger qui lui aussi avait été un des artisans de *Regain.* C'est toute une génération qui peu à peu s'efface.

Après avoir été le coiffeur de ces dames, puis leur don Juan, Fernandel se voit proposer par Jean Boyer d'en être... le couturier ! C'est l'occasion de réunir autour de l'acteur un essaim de talents féminins où s'illustre particulièrement la pulpeuse Suzy Delair entrevue dans *Je suis de la revue,* comme lui enfant de la balle et des caf' conc' parisiens.

Le Couturier de ces dames, film fourre-tout et laborieux, présente néanmoins quelques séquences d'une drôlerie incontestable grâce au savoir-faire de Fernandel et de ses camarades de plateau : Georges Chamarat, Manuel Gary, Robert Pizani et surtout

Gaston Orbal, cet ancien fantaisiste des Folies-Bergère à la verve impayable et au physique hilarant. Toutes ces figures familières, comme Delmont, disparaîtront progressivement, remplacées par d'autres « heavies » — comme les appellent les studios américains — ces comédiens extraordinaires qui se consacrent aux seconds rôles avec noblesse et humilité pour la plus grande joie des spectateurs attendris.

Les années soixante verront l'arrivée de nouveaux permanents autour de Fernandel, tous natifs de cette bande de terre bénie et désolée qui s'étend des Alpilles au chateau d'If.

Toutes ces silhouettes, Henri Crémieux, Rellys, Edmond Ardisson, Pierre Mirat, Paul et Jacques Préboist, Max Amyl, Francis Lax et, côté dames, la plus fidèle, Hélène Tossy, tous ceux-là donc se mettront au service de Fernandel d'une manière à chaque fois unique et irremplaçable. Leur force réside justement dans l'anonymat jusqu'au jour où, au détour d'un écran, on s'aperçoit que le sympathique garagiste s'est transformé en vilain gangster, ou que l'irritant voyageur est devenu un jovial chef de train. Ces artisans consciencieux honorent la grande famille du cinéma car sans eux l'écran ne brillerait pas de la même intensité. Cela, Fernandel l'a toujours reconnu.

Au printemps 1956, le comique passe sans transition du *Couturier de ces dames*, divertissement typiquement français, à un drame néo-réaliste italien d'abord intitulé *Quatre pas dans les nuages* et qui sera finalement rebaptisé *Sous le ciel de Provence.* Nouvelle version du fameux *Quattro passi fra le nuvole* tourné en 1942 par Alessandro Blasetti — et dans lequel le rôle principal était tenu par... Gino Cervi —, le film de Mario Soldati est d'autant plus digne d'intérêt que le partenaire principal de Fernandel est Alberto Sordi. Le grand acteur italien, lancé par *I Vitelloni* de Fellini, après avoir été la

« voix » italienne d'Oliver Hardy (le compagnon de Laurel) ne réussit pas à sauver l'entreprise du désastre. Il est vrai qu'à l'image de Fernandel, lui aussi tourne trop : l'année précédente, en 1954, il est apparu dans treize films. Il admet d'ailleurs volontiers le parallèle : « J'ai suivi, il est vrai, une carrière similaire à votre grand comique national. Comme lui, je me sers de l'Italien moyen sans me préoccuper du grotesque de certaines situations. Mon public aime ça, le sien aussi sans doute. Je pense que nous savons trouver les mimiques et les placer au moment où il faut. »

Avant d'accepter le rôle de ce représentant en confiserie qui va vivre un conte de fées puis de replonger dans la grisaille quotidienne, Fernandel a demandé à visionner la première version du film (avec Cervi) et a ensuite conseillé à Zavattini de modifier le scénario : « Je suis devenu, à Marseille (et non en Italie comme le prévoyait le scénario original), le représentant de commerce Paul Verrier, timoré, timide et mené à la baguette par une épouse acariâtre et dominatrice. J'avais accepté ce rôle car c'était une situation que je ne connaissais pas, étant maître à bord dans ma famille... »

Ces *Quatre pas dans les nuages* ne mènent pas loin malgré la prestigieuse signature de l'auteur du *Voleur de bicyclette,* Cesare Zavattini, dont le texte a été adapté en français par Marc-Gilbert Sauvajon, ceci expliquant peut-être cela.

« Dans ce film, dira le célèbre scénariste, il y avait un peu de fraîcheur parce qu'il ne nous montrait déjà plus les personnages habituels du comique populaire ; il y avait là-dedans de l'amertume et de l'autocritique. » C'était certainement trop ou pas assez.

Fernandel revient en France pour y être l'objet de l'attaque des critiques. La presse peste contre lui ; elle accepte mal, par exemple, qu'un maître du renom de Juan Antonio Bardem (scénariste et réalisateur d'un film-phare du néo-réalisme espagnol, *La Mort d'un cycliste*, en 1955) « se compromette » avec un comédien comique. Tel est du moins l'opinion du futur cinéaste Eric Rohmer, alors journaliste à la revue *Arts*, où se distingue également un certain François Truffaut.

Si *Don Juan* est proprement liquidé par ces jeunes loups de la plume, *Le Couturier de ces dames* n'a même pas l'honneur de figurer dans les colonnes de leurs gazettes. L'échec cuisant de ce film est d'ailleurs sans égal ; bâclé aux studios de Saint-Maurice en une quarantaine de jours, il n'a même pas obtenu les faveurs du public fidèle à Fernandel.

Cette « comédie facile », d'un « genre mineur », faite de « situations équivoques » n'empêche pas une jeune débutante de s'y faire remarquer : Françoise Fabian. Avant de devenir l'égérie de la nouvelle vague, Malle, Buñuel et Eric Rohmer emploieront la future épouse de Jacques Becker, puis de Marcel Bozzuffi ; elle tire donc un bénéfice certain de cette rencontre avec Fernandel.

En fait, dans la prodigieuse carrière du Marseillais, on trouve souvent au hasard d'un film ce coup de pouce du destin, dont, de Françoise Arnoul à Françoise Fabian, en passant par Maria Mauban, Jeanne Moreau, Sylva Koscina, Marie Dubois, beaucoup d'autres encore ont profité. Timides débutantes, elles ont toutes été impressionnées puis séduites par le charme, la gentillesse et la délicatesse de cet acteur exemplaire.

En cette année 1956, le monde entier réclame Fernandel. Il répond présent à l'invitation du « Bob Hope Show », enregistré le 8 février à Londres. Cette émission va littéralement stupéfier le public anglo-saxon. Le célèbre comique américain se jure de rallier un jour son confrère à La Mecque du spectacle, à Hollywood, où une forte communauté française s'est installée avec succès dans les années quarante. Mais le Marseillais demeure intraitable et ne veut pas de cet exil doré. Il répond d'ailleurs par la négative à presque toutes les invitations d'autant qu'il a une peur panique des voyages en avion. Et puis il y a Henriette et les enfants. Sans doute trop occupé par sa famille, ses amis, son « yacht » — en réalité un minuscule bateau de pêche qu'il a baptisé *Caméra* — et sa carrière italo-française, il oppose un net refus à la plupart des propositions qu'on lui fait de l'étranger. Puisque le numéro un du cinéma français ne veut point se déplacer à Hollywood, l'Amérique déléguera un de ses prestigieux comédiens pour venir à lui. Ce sera le cas de Bob Hope, en 1957. Toujours aux USA Danny Kaye souhaite l'avoir comme partenaire ; en Angleterre on veut l'associer à Peter Ustinov ou même à Laurence Olivier ; en Italie enfin, il est question d'un duo avec Marcello Mastroianni.

Mais à la compagnie de tous ces grands, Fernandel préfère celle de Toto, l'immense comique transalpin. Toto sera son partenaire dans un film de l'ami Christian-Jaque. On n'en est encore qu'aux pourparlers, car le temps manque : entre deux films, deux disques et deux séjours à Marseille, il est difficile de décider ce que sera l'avenir.

C'est la raison pour laquelle Fernandel choisira finalement de devenir producteur. Pour l'heure, comme il l'a fait à l'égard d'Henri Verneuil — et la carrière du cinéaste a confirmé le bien-fondé de son choix — il offre sa chance à Maurice Regamey, un ancien comédien désireux de s'essayer à la mise en scène. Sérieux, le jeune homme inspire confiance. Il affiche de solides connaissances techniques et veut éviter la facilité et la vulgarité ; mieux, il ambitionne d'offrir aux spectateurs leur « film du dimanche ». Il n'en faut pas plus à Fernandel pour lui confier la direction artistique de deux courts métrages produits par Cité-Films : *Au téléphone* et *L'Art d'être papa*. Regamey, ayant fait ses preuves, est désormais chargé de préparer en collaboration avec Jean

Manse l'ossature d'*Honoré de Marseille.* Ce film à la gloire de la cité phocéenne a toutes les chances de confirmer les plus sombres pronostics de l'étiolement du style méridional. « Chaque folklore a son héros, écrit André Sallée. Celui de Marseille s'appelle Fernandel. Chaque héros a " une gueule ". Celle de Fernandel, envahie par la denture, le précède comme la réclame d'un phénomène en exhibition. »

Fernandel, dans un triple rôle — Honoré, Honorus et Protis, fondateur de Marseille —, emporte dans son sillage Crémieux, Arius, Ardisson, Maffre, tous de merveilleux « fadas » à son service. Andrex n'est pas oublié ; ses difficultés du moment ravivent même la bienveillance que lui témoigne Fernandel : « C'était devenu une habitude, raconte-t-il. Quand on le contactait pour un film, il demandait, comme si cela allait de soi : " Et quel sera le rôle d'Andrex ? " » Dans *Honoré de Marseille,* version méridionale de *Si Versailles m'était conté,* il hérite du rôle de Pastèque, le meilleur ami du héros. Tourné à Marseille bien sûr, mais aussi au large de Bandol et à l'île de Bendor, le film fournit l'occasion aux deux compères de s'adonner à l'un de leurs passe-temps favoris : la pêche. « Il y avait une scène de mal de mer, rappelle encore Andrex, où Fernand avait cette superbe réplique : " C'est pas la mer qui me rend malade, c'est le bateau ! " » Pour les besoins d'*Honoré de Marseille,* Regamey a engagé deux acteurs « parisiens ». L'un est Michel Etcheverry, disciple de Louis Jouvet et qui deviendra un pilier de la maison de Molière. L'autre n'est pas encore le roi du canular radiophonique, mais il s'appelle déjà Francis Blanche. Au sujet de Fernandel, ce dernier dira d'ailleurs « qu'il fut un acteur utilisé, mais dont les quelques rares réussites prouvent au moins qu'il aurait, dans un pays comme l'Amérique, été l'un des plus grands, à l'égal d'un Keaton ou d'un Chaplin ».

Pour revenir à *Honoré,* disons que c'est loin d'être une réussite. Rappelons toutefois qu'à l'origine,

Fernandel projetait une série télévisée. Quelques mois plus tard, les douze épisodes prévus étaient devenus le sujet d'un film sous la direction de Regamey, que Fernandel finira par surnommer « le barbare du Nord ».

Dans l'esprit de l'acteur, *Honoré* doit marquer le retour aux trois sources de sa réussite : Marseille, le comique méridional et le film musical. C'est effectivement en chansons et de manière cocasse qu'Honoré entreprend de nous conter les vingt-cinq siècles de l'histoire de La Cité, depuis l'an 600 avant notre ère et l'arrivée du Grec Protis dans les calanques de Cassis, jusqu'à nos jours, où chaque Phocéen pourra se reconnaître à loisir dans les caricatures fixées sur la pellicule. « Un film qui ne fit de mal qu'à Fernandel et à la Bonne Mère », comme l'écrira un critique indulgent.

Cela fait vingt-cinq ans que l'ancien comique-troupier occupe le haut de l'affiche, une telle longévité correspond toujours à une forme de miracle. Si Fernandel est parvenu à durer jusqu'au bout, malgré un répertoire déroutant, il le doit essentiellement à son jeu fondé sur un visage, une gestuelle, des tics et l'accent. Fernandel n'a jamais couru après le cinéma, c'est le cinéma qui est toujours venu à lui. Cette fois, c'est Duvivier qui insiste pour qu'il lise le scénario de *L'Homme à l'imperméable,* un polar violent signé par l'un des maîtres du genre, le Britannique James Hadley Chase. Cette offre inespérée peut le faire sortir de l'ornière, de la répétition. « Je me suis fait soumettre le découpage, comme c'était mon droit, mais il n'y avait absolument rien à retoucher. Pourtant, Duvivier n'a gardé que le point de départ de Chase. Duvivier est un grand adaptateur. Il est aussi un réalisateur qui serre son sujet de très près, sans une seconde de répit, tout en connaissant son métier de A à Z, tandis qu'un tas d'autres metteurs en scène auraient une très fâcheuse tendance, pour un oui ou pour un non, à laisser tomber les acteurs pour photographier un palmier... » Etait-ce une allusion à *Ali Baba* ? Nul ne le saura jamais...

Toujours est-il qu'au mois d'octobre 1956, Fernandel rejoint Duvivier à Paris où doivent commencer les prises de vues de *L'Homme à l'imperméable.* Au Châtelet, une loge somptueuse lui sert de cuisine. Déjà sa fidèle Rita lui mitonne de bons petits plats, car, seule marque de sa célébrité, il partage rarement l'ordinaire avec le reste de l'équipe. Il prend garde toutefois à ne pas trop envahir les lieux par amitié pour leur véritable occupant, Tino Rossi qui, chaque soir, affole les nombreuses spectatrices de l'opérette *Méditerranée.*

Fernandel s'efforce d'entrer peu à peu dans la peau de l'énigmatique personnage imaginé par Chase : un clarinettiste poursuivi par la fatalité. René Barjavel, dans son adaptation, a accentué les détails réalistes pour rendre plus crédible le climat d'angoisse que dégage cet étrange bonhomme. Une fois encore, Duvivier s'est assuré le concours de deux des meilleurs seconds rôles de l'époque : Julien Bertheau, qui compose un étourdissant metteur en scène, et surtout Bernard Blier, extraordinaire en ordure inquiétante à la fois ignoble et pitoyable.

« Un rôle presque sans concessions ! » noteront les mauvaises langues. Blier, au légendaire franc-parler, a avoué un jour qu'il n'aimait guère la tradition des troupiers au cinéma : « Dans ma carrière, j'ai joué le moins possible de militaires car je ne conserve pas de souvenirs émus de l'armée », résumait-il. Son hussard, face à Bourvil, lui offrit pourtant son meilleur rôle et, mis à part les intimes, il sera l'un des rares comédiens présents à l'enterrement de Fernandel.

Dans *L'Homme à l'imperméable,* on notera aussi deux savoureuses présences à la limite de la parodie : celle du compositeur Pierre Spiers en chef d'orchestre et celle du chansonnier Jean Rigaux en flûtiste. Tous deux ont participé à l'aventure par amitié pour Fernandel. A la sortie du film, le jeune critique François Truffaut se montre égal à sa réputation : il rend Fernandel responsable de ce qu'il considère comme « un grave échec dans la carrière du brillant cinéaste Julien Duvivier ». Dans les colonnes de la revue *Arts,* il laisse percer toute son aversion. « Personnellement, je ne puis plus supporter Fernandel, il m'agace, m'insupporte et je le trouve faux. Le plus grave, c'est qu'il fait la loi sur le plateau et qu'aucun metteur en scène n'a l'autorité suffisante pour le diriger véritablement. » Là, Truffaut fait erreur, car Fernandel ne se comporte pas en grand seigneur lors d'un tournage. Julien Duvivier, conscient de l'échec et de ce face à face un peu raté, prend la défense de son interprète : « Fernandel est une véritable présence du cinéma contemporain, même si parfois il n'a pas le côté choc d'un Harry Baur ou la finesse d'un Gabin. Il restera l'une des plus fortes natures du cinéma comique français de ce siècle... » Car quoi qu'on en dise, Julien Duvivier et Fernandel, l'un des plus efficaces tandems des années cinquante, nous ont conviés à cinq merveilleux voyages.

En 1956, disparaissent deux proches de Fernandel : Mistinguett et Pierre Colombier, le metteur en scène en compagnie duquel il a tourné *Ignace, Les Rois du sport* et *Tricoche et Cacolet.* Avant de se lancer dans un drôle de tour du monde, il s'arrête à Paris, le 10 novembre 1956, pour un unique gala dont la recette sera versée à la maison de retraite des vieux comédiens, à Ris-Orangis. Lorsqu'il se présente sur scène pour cette « revue du Pont-aux-Dames », un tonnerre d'applaudissements accompagne son entrée. Le public salue le talent de l'artiste et la générosité de l'homme. Entre-temps, chose rare, il accepte de se produire à la télévision au cours de la célèbre émission de Jean Nohain,

« Trente-Six chandelles ». « J'ai acheté un poste de télévision pour voir cette émission. A cette époque, il y avait peut-être vingt-cinq mille postes. Aujourd'hui, j'en ai deux, car les postes, c'est comme nous, ça vieillit [...]. A Paris, j'en ai donc un dans le salon et un dans la salle à manger, car nous dînons tous les soirs à 8 heures et c'est l'heure du " Journal " [...] Avec ma femme, on se demande souvent : " Si on n'avait pas la télévision, qu'est-ce qu'on ferait après le repas ? " Pourtant, nous sommes restés près de trente ans sans télévision. »

Fernandel, on l'a vu, se montre très réservé à l'égard du petit écran. Qu'est-ce donc que la télévision pour lui ? D'abord un excellent moyen de détente, il en convient, mais surtout l'assurance d'être un spectateur en toute tranquillité. « Avec ma popularité, il m'est difficile d'aller au spectacle ; lorsque je vais voir un film, j'entre quand il est commencé, je pars avant la fin pour ne pas être reconnu. Je ne peux pas non plus aller dans les stades. Or, j'adore la boxe [...] Une fois, étant au Palais des sports, j'ai dû être ramené par cinq inspecteurs de police comme si j'avais été un criminel. Alors, pour moi, la télévision m'a apporté la sécurité dans la popularité. »

Sa notoriété, certes, a largement dépassé les frontières, faisant venir l'étranger à lui. Un jour, il reçoit la visite de l'Américain Michael Todd, l'époux du moment d'Elizabeth Taylor ; ce judicieux producteur a financé les travaux de l'ingénieur Lowell Thomas et s'est approprié la découverte de ce dernier. Le Todd-Ao est né. Ce procédé scope sans déformation d'optique va révolutionner le cinéma. Le film *Oklahoma,* adapté de la célèbre comédie musicale évoquant l'histoire de l'Ouest américain, a été le premier succès marqué par cette nouvelle technique. Todd décide de continuer dans le gigantisme et projette aussitôt une version « grand spectacle » du roman de Jules Verne *Le Tour du monde en quatre-vingts jours.* Il en confie la réalisation au Britannique Michael Anderson, même si l'affiche annonce « un film de Michael Todd ». Chacun connaît l'histoire de Phileas Fogg qui, un soir de 1872, quitte Londres en compagnie de son domestique Passepartout. Le gentleman a parié vingt mille livres avec les membres de son club qu'il fera le tour du monde en quatre-vingts jours.

Dans un premier temps, Todd propose à Fernandel le rôle du génial Passepartout. Hélas, le comédien ne parle pas un traître mot de la langue de Shakespeare et l'affaire en reste là. Mais Todd ne lâche pas si facilement sa proie. Il rappelle le Marseillais pour lui proposer un tout petit rôle dans le même film. Entre-temps, Cantinflas, « un Fernandel sud-américain », a finalement été choisi pour personnifier le domestique attaché à Phileas. Aux yeux de Todd, la distribution se doit d'être internationale. Entre deux avions, deux hôtels, deux rendez-vous, celui que Hollywood considère comme un bateleur, un promoteur, un joueur et un filou, s'efforce de gagner ce pari fou.

« Ça vous plairait de jouer Phileas Fogg ? demande-t-il au Britannique David Niven.

— Je le ferais même gratis », soupire l'acteur.

Todd jette son cigare, remet son chapeau et disparaît après avoir lancé un ultime : « Marché conclu ! »

“ A partir de ce jour ”, raconte Niven (nous sommes alors en été 1956) “ jusqu'au jour où, six mois plus tard, le film fut terminé, j'ai vécu une atmosphère de pure fantaisie. Personne ne sait où Todd trouva les sept millions de dollars nécessaires... ”

Ce tournage, exceptionnel, débute sous la direction du metteur en scène John Farrow, qui a été scénariste des premiers *Tarzan,* réalisateur de films d'action dans les années quarante, puis de westerns. Très vite, Farrow va renoncer ; il abandonne le plateau en Espagne lors des prises de vues d'une corrida où le toréro Luis Miguel Dominguin joue son propre rôle. Les extérieurs continuent sans lui et emmènent l'équipe dans le Colorado, puis à Londres où Noël Coward, John Gielgud, Trevor Howard, Robert Morley, John Mills font à leur tour une courte apparition.

« De retour en Californie, je finis par ne plus m'étonner de trouver chaque jour en face de moi une vedette différente », poursuit David Niven. Marlene Dietrich, George Raft, Red Skelton, Frank Sinatra et même un membre de la « colonie française » de Hollywood, Charles Boyer, défilent ainsi devant la caméra. Au cours d'un voyage éclair à Paris, Mike Todd vient demander la participation d'une vedette nationale pour représenter dignement notre pays. Il contacte d'abord Sacha Guitry, mais le Maître, malade, se voit contraint de refuser. Au passage, il propose néanmoins le concours technique de son assistant Georges Lourié et avance de nouveau le nom de Fernandel. Finalement, en août 1956, Todd et Lourié tournent la séquence avec Fernandel. Le producteur de ce *Tour du monde en quatre-vingts jours* n'hésite pas une seconde à faire bloquer, durant quarante-huit heures, les rues de Rivoli et de la Paix afin de pouvoir filmer en toute quiétude une séquence qui, à l'écran, durera à peine plus d'une minute. C'est plus qu'il n'en faut au cocher Fernandel pour emmener en fiacre Phileas Fogg-David Niven et Passepartout-Cantinflas à leur hôtel. Par chance, ce fut le seul jour ensoleillé après cinq semaines de grisaille. Après remaniement du script, on verra aussi Fernandel dans une autre séquence, tournée dans la gare du Nord, où il rencontre une ravissante voyageuse blonde nommée Martine Carol.

A Londres, Mike Todd filme clandestinement les bobbies, ce qui lui vaut quelques ennuis. A Balboa, il fait convertir un ancien yacht en bateau à aubes du siècle dernier. Au passage, on aperçoit Shirley Mac Laine, John Carradine, Peter Lorre, Robert Newton, Buster Keaton et bien d'autres encore...

Pour glorifier cette œuvre gigantesque, on annonce à grand renfort de publicité plus de cent vedettes, deux mille décors, trente-six mille six cent quatre-vingt costumes et soixante-huit mille huit cent quatre-vingt-quatorze figurants. Le générique, aussi long qu'éblouissant, consiste en un véritable bijou d'animation signé Saul Bass, le grand patron du genre. La France a son ambassadeur vedette au sein de ce maxi-puzzle international de célébrités diverses. Le 2 mai 1957, la projection de ce fastueux *Tour du monde en quatre-vingts jours* ouvre la soirée d'inauguration du Xe Festival international du film de Cannes, marquée par la présence exceptionnelle de Mme Mike Todd, Elizabeth Taylor, et sous la présidence d'André Maurois et de Jean Cocteau. Bien sûr, Fernandel est de la fête. Au hasard du fastueux souper offert par le producteur, il croisera même Marcel Pagnol qui est membre du jury.

« Nous nous disons bonjour mais nous ne nous parlons plus ! » affirment les deux hommes. Le 27 mai, à Hollywood, *Le Tour du monde en quatre-vingts jours* entame une prestigieuse carrière internationale en décrochant d'emblée l'oscar du meilleur film. Cinquante et un autres prix suivront à travers le monde. En France, Fernandel travaille à parfaire sa discographie. Après avoir enregistré une version remarquable des *Fables de la Fontaine,* il met « en boîte » une comédie de Molière. Pour interpréter *Le Médecin malgré lui,* il s'est entouré de Georges Chamarat, Jacques Charon, Bernard Dhéran, Béatrice Bretty, Mireille Perrey et du directeur artistique des disques Decca, Max de Rieux. « Chaque année, on me propose au moins cinquante pièces de théâtre toutes plus idiotes les unes que les autres, assure Fernandel. Alors, évidemment, je préfère jouer du Molière avec les grands sociétaires de la Comédie-Française. Ça me change de mes âneries. »

Le 6 février 1957, Fernandel a retrouvé sa loge du studio de Boulogne pour le tournage de *Sénéchal le magnifique,* un film de Jean Boyer. Ce sera son ultime face à face cinématographique avec Paul Azaïs. A cinquante-cinq ans, ce dernier a décidé de raccrocher. Il veut se consacrer entièrement à l'association humanitaire « La roue tourne », qu'il a fondée avec son épouse Janalla Jarnach. Le modeste restaurant baptisé « Fortune » deviendra avec le temps une maison d'accueil pour les nombreux comédiens dans le besoin.

Sept fois, Fernand et Paul ont tourné ensemble. Mille fois, le Marseillais viendra au secours du Parisien et de son organisation qui demeure l'une des plus belles œuvres charitables de France : atténuer les misères cachées de ceux qui, jadis, ont connu une gloire furtive et illusoire...

Dans *Sénéchal le magnifique,* Fernandel tient d'ailleurs le rôle d'un acteur légèrement « cabot » échoué à Dreux, ville de garnison, à l'occasion d'une minable tournée de province. Là, après toute une série de quiproquos, on le prendra pour un légionnaire. Le scénario de Jean-Jacques Rouff et les dialogues du trio Manse-Veber-Boyer offrent à Fernandel l'occasion d'une composition spirituelle et élégante, mêlant habilement fiction et réalité. De plus, depuis *Le Schpountz,* il rêvait d'un rôle où il lui faudrait, à l'aube d'une retraite bien méritée, démystifier enfin cette corporation dont il connaît désormais toutes les ficelles, dont il a utilisé tous les trucs. « Au sein de ce métier, j'ai connu quelques aventures dont j'aurais très bien pu me passer ! » avoue-t-il. *Sénéchal,* au contraire, entre dans la catégorie des expériences heureuses et emporte l'adhésion du public et de la critique dès sa sortie.

Avec ravissement, il accepte de tourner dans la foulée *Le Chômeur de Clochemerle* sous la direction de l'éternel Jean Boyer. Du 17 juin au 5 août 1957, Fernandel est de retour dans son Midi, à Velaux, dans les Bouches-du-Rhône où, épisodiquement, viennent le rejoindre Rellys, Vilbert, Callamand, Arius, Crémieux et Marcel Peres. Depuis longtemps déjà, ce dernier fait partie des intimes de la vedette ; silhouette presque anonyme, son sourcil charbonneux, son nez busqué, sa voix bougonne le rendent idéal pour composer les personnages les plus bourrus, tantôt garde champêtre ou gendarme, tantôt ouvrier ou paysan. Dans *Le Chômeur de Clochemerle,* il incarne le singulier et sauvage Beausoleil.

Côté dames, Fernandel retrouve son épisodique partenaire du Français, Béatrice Bretty mais aussi Ginette Leclerc. Ce sera leur dernier film ensemble. Une scène du tournage a donné lieu à une anecdote demeurée dans les annales, celle de la gifle. « Il y avait un moment où, dans *Clochemerle,* il devait me gifler, raconte la comédienne. Il était très ennuyé d'avoir à le faire. Cela le contrariait beaucoup parce que c'était un non-violent. Il a tout de même bien fallu qu'il me gifle, et assez fortement pour que cela passe bien à l'écran. Bien entendu, on a enregistré la scène à plusieurs reprises. Une fois la scène en boîte, j'avais la joue toute rouge, il en a été si navré qu'il est allé chercher une bouteille de champagne. Il m'a embrassée et m'a dit : " Je suis tellement désolé de t'avoir fait cela, moi qui t'aime tant. " Fernandel était un homme très bon. Au travail, il y avait d'abord le soleil, les copains, la bonne bouffe. Il voulait faire des films mais pas trop se fatiguer. Entre un très bon film qu'il aurait tourné à Paris et un film moyen qu'il aurait tourné dans le Midi, il choisissait le Midi. »

On se souviendra de Zozotte, ce rôle de fille légère qui peuple l'essentiel de la carrière de Ginette Leclerc, mais peu représentatif de sa vraie personnalité. Elle restera fidèle à son ami Fernandel et des années plus tard pleurera sa disparition.

Le 24 juillet 1957, un des grands artisans du succès du marseillais, Sacha Guitry, quitte ce bas monde. Le génial auteur avait révélé un Fernandel jusque-là insoupçonné. Et depuis l'acteur, à raison, lui a voué une éternelle reconnaissance.

Le 27 juillet, à 10 heures trente précises, les amis du disparu se retrouvent à son hôtel particulier pour une cérémonie d'adieu. On prononce des discours. Fernandel peut remarquer que les places des invités ont été réservées par deux, comme au théâtre ou au cinéma. C'est le dernier clin d'œil du maître de céans qui n'a jamais voulu inscrire le mot « fin » sur l'une de ses œuvres.

Pour Fernandel, le reste de l'été 1957 va se dérouler de manière paisible, entre les « Mille Roses » et l' « Oustau de la mar ».

Au mois de septembre, Bop Hope atterrit à Paris. Il vient y préparer le film qu'il doit tourner avec son « ami » Fernandel, intitulé *Paris Holiday* (titre français : *A Paris tous les deux*). Depuis l'arrêt de la série « En route pour... » où il formait un extraordinaire trio comique avec Dorothy Lamour et Bing Crosby, le grimaçant clown américain (bien que né en Angleterre) cherche un nouveau partenaire pour une éventuelle saga. Producteur de l'œuvre, Hope a engagé une partie de l'équipe du film en France : l'assistant Paul Feyder, le décorateur Georges Wakhévitch, le chef opérateur Roger Hubert et le couturier Pierre Balmain. De plus, quelques comédiens du cru, dont Maurice Teynac, Yves Brainville, Jean Murat, Marcel Peres et André Morell, feront bonne figure dans cette « comédie parisienne » destinée au public américain.

Bob Hope s'est pris d'amitié pour ce « grand comique européen » ; il aime souligner leur mutuelle ressemblance : « N'ai-je pas été l'un des plus grands acteurs du vaudeville d'avant-guerre aux Etats-Unis ? » précise-t-il.

Convaincu de la nécessité de ce face à face historique, le comique américain s'est engagé sans retenue dans l'aventure. Il a confié la réalisation du film à Gerd Oswald, le fils du célèbre cinéaste allemand Richard Oswald qui s'était réfugié en France après l'arrivée au pouvoir de Hitler.

Le résultat est malheureusement mitigé, le film sombrant dans la banalité. Jusqu'aux pulpeuses Martha Hyer et Anita Ekberg qui passent inaperçues car, selon la critique, « elles ne sont là que pour faire de la figuration, laissant Paris tenir la vedette ». Un rendez-vous a été manqué. Dès l'année suivante, Martha Hyer éclatera en vamp blonde et fatale face au duo Frank Sinatra-Dean Martin dans le célèbre film de Vincente Minnelli : *Comme un torrent ;* et grâce à son extraordinaire numéro dans *La Dolce Vita,* Anita Ekberg deviendra le sex-symbol des années soixante.

A Paris tous les deux a été bâclé en quinze jours sous les yeux ravis d'une multitude de Parisiens. L'événement du tournage a pris le pas sur la réalisation du film. Un milliard deux cents millions de centimes sont ainsi partis en fumée. La rencontre « au sommet entre les deux plus grands comiques mondiaux » annoncée par la publicité n'a débouché que sur une œuvre facile et complaisante. On est en droit de regretter cet échec. Pour l'anecdote, à la fin du tournage, Fernandel et Bob Hope ont donné un sketch sur la scène de l'Opéra de Paris en avant-première du film d'Otto Preminger *Bonjour tristesse* et au profit de l'Union des polios. Ce bel acte de générosité ne sauvera pas pour autant le film. Mais au passage, l'association avec Bob Hope, « monstre sacré » de l'écran américain, conférera à Fernandel une stature unique.

Après l'Américain, le Marseillais va se frotter à un autre grand arlequin du cinéma international : Toto.

Pour l'heure, en 1957, à la mi-octobre, il s'embarque à destination des Etats-Unis pour assister à une immense party offerte par Mike Todd : c'est le premier anniversaire de la sortie du *Tour du monde en quatre-vingts jours.* Sur place, Todd annonce le prochain tournage de *Don Quichotte* dont Fernandel sera la vedette.

Les dix-huit mille invités de cette gigantesque réception applaudissent le fameux « Frenchman », venu en chair et en os sur la scène du Madison Square Garden de New York. Le 16 décembre 1957, le très sérieux *Times* titre *Fernandel at the top of his form.*

De retour à Paris, il retrouve son bureau où s'entassent les scripts. Propositions, demandes, engagements se multiplient. On demande Fernandel partout. C'est la rançon de cette gloire internationale qui déjà fait paraître l'année 1958 trop courte. Ce sera d'abord l'Italie, à Cassino, au sud-est de Rome où Fernandel s'est installé avec Christian-Jaque pour les besoins du film *La loi, c'est la loi.* L'acteur fera lui-même un compte rendu amusant des conditions du tournage. « Lorsque je suis arrivé à Cassino, je pesais exactement soixante-quatorze kilos, mon poids de forme. On m'avait réservé l'unique chambre attenante à une salle de bains. On avait, en mon honneur, donné congé aux enfants des écoles. On m'avait préparé un repas composé de cannelloni, ravioli, tagliatelle... Le lendemain, à 6 heures du matin, j'étais debout. Prises de vues à Venafro. A 10 heures, j'avais une fringale terrible. Arrêt casse-croûte : boule de pain militaire, thon, sardines à l'huile, saumon... A 3 heures, arrêt repas : boule militaire, minestrone, cannelloni, spaghetti, ravioli. Le soir, retour à l'hôtel, souper léger : minestrone, spaghetti, ravioli, pizza. Le lendemain, on recommence, le surlendemain de même... »

Les producteurs ont tâché de mettre tous les atouts de leur côté. Le sujet a été proposé par le duo fondateur de la comédie italienne Aga-Scarpelli et adapté par un débutant très doué, nommé Jean-Charles Tacchella. La musique est signée Nino Rota. Christian-Jaque est là, avec son sens inné de la direction des acteurs. Cela est d'autant plus important que le film repose sur le principe de la confrontation : dans un village à cheval sur la frontière franco-italienne, un contrebandier (Toto) et un douanier (Fernandel) se font face. A l'arrivée, cependant, l'ambitieux pari a laissé la place à une œuvre plutôt anodine. Certainement parce que Toto, loin des grimaces et du génie ubuesque de ses débuts, en 1937, n'est plus que l'ombre de lui-même. A soixante ans, ce fabuleux comique latin — le plus grand de l'histoire du cinéma italien — est atteint d'une grave maladie des yeux. Du même coup, son sens de la farce, de l'ironie grotesque, le jeu merveilleusement malicieux de son regard, sont absents des plans. Sa présence est devenue soudain vide de tout sens comique : « C'était tragique, constate Fernandel, nous avons été face à face pendant deux mois et j'avais l'impression qu'il ne me voyait jamais. »

On notera, à leurs côtés, la bonne tenue de Noël Roquevert, un des rares comédiens à la filmographie aussi abondante que celle de Fernandel. Roquevert déclarera d'ailleurs : « Je dois avouer que j'ai trouvé là un de mes plus grands rôles. De Fernandel, je conserve le souvenir d'un type assez curieux, sympathique mais pas toujours très bon camarade. Il était très spécial, à la fois glacial et chaleureux. » A la fin du tournage, lorsque Fernandel dit au revoir à Christian-Jaque, il ne se doute pas que c'était là leur dernier film commun.

Fin février 1958, Fernandel est de retour à Paris. Le cinéaste Clément Duhour lui propose de participer à ce que Jacques Lorcey nomme justement « une petite anthologie filmée du théâtre de Sacha Guitry ». Fernandel reprendra le rôle tenu par Raimu dans *Le Blanc et le Noir*.

Dans *La Vie à deux* — titre de cette évocation — Duhour lui a composé une autre identité (Raimu s'appelait Marcel Desnoyers, ici Fernandel se nomme Marcel... Caboufigue !). Dans ce montage de sketches empruntés aux œuvres du dramaturge — *Désiré, Françoise, L'Illusionniste* et *Le Blanc et le Noir* — la production a réuni des couples prestigieux : Lili Palmer et Jean Marais, puis Gérard Philipe; Danielle Darrieux en compagnie de Robert Lamoureux et Pierre Mondy; Edwige Feuillère et Pierre Brasseur, et enfin Fernandel en époux de Sophie Desmarets. « Ce sera l'unique fois où nous avons tourné ensemble, semble regretter la comédienne. Quoi qu'on puisse en dire, pour moi cela reste un remarquable souvenir professionnel car c'était un acteur agréable, souriant et plein de prévenances. » Dans *La Vie à deux,* le spectateur reconnaîtra également les silhouettes de Jean Richard, Pierre Larquey, Maria Mauban et Louis de Funès.

Après avoir rendu cet ultime hommage au Maître disparu, le 27 février, il se rend à Londres. Bob Hope l'a chaleureusement invité à la « première » de leur film en présence de la famille royale. Don Camillo au pays de Shakespeare : l'événement fera date et aurait pu servir de canevas à un film.

Entre deux plans de *La loi, c'est la loi,* il a déjà reçu et essayé plusieurs costumes de don Quichotte envoyés d'Angleterre par Mike Todd. Hélas, le 21 mars suivant, la radio annonce la mort du producteur. Alors qu'il survolait le Nouveau-Mexique, aux commandes d'un avion de tourisme baptisé, ironie du sort, le *Lucky Liz* — « Liz porte-chance » —, Todd a disparu, victime d'une erreur de pilotage. Cette catastrophe renvoie Fernandel à d'autres projets et jettera Elizabeth Taylor dans les bras de Richard Burton.

D'autres décès vont suivre. Celui de Jacques Varennes, le compagnon de tant d'aventures, celui de Jean Debucourt, l'ami qui a prêté sa voix à Dieu pour l'éternité... cinématographique. Chaque jour fait Fernandel-Camillo un peu plus orphelin.

Au mois d'avril, il reprend le rôle d'un autre regretté comédien Victor Boucher qui, en 1932, s'était imposé dans l'extraordinaire composition d'Henri Levrier, buveur repenti devant l'Éternel. Déjà, dans *Fric-frac,* Fernandel réussissait une création du même Boucher. *La loi, c'est la loi* est projeté d'abord à Vichy, le 13 juin, avant la sortie parisienne prévue pour le 17 septembre. Une semaine plus tard un autre film de Fernandel est déjà sur les écrans : *La Vie à deux.* Le comédien, de bonne grâce, se plie encore et toujours aux inévitables interviews. On lui demande quelles sont ses fiertés professionnelles : « Peut-être d'être parvenu à durer aussi longtemps sans lasser le public », s'exclame-t-il.

En fait, Fernandel pense souvent au héros de Cervantès, l'un de ses grands regrets. Il déplore aussi de n'avoir pas rencontré Humphrey Bogart auquel un producteur avait tenté de l'opposer, en gangster, dans *L'Ennemi public numéro un.* Ou encore l'échec du projet de *Quasimodo* pour lequel la grande actrice américaine Jennifer Jones avait accepté d'être son Esméralda. Dix, cent, mille autres projets ont avorté ou n'aboutiront pas.

Le 20 octobre 1958, il retrouve Gino Cervi, pour *Le Grand Chef.* Dans ce film d'Henri Verneuil, les deux hommes organisent le rapt d'un enfant, Eric, lequel va se révéler être un vrai démon. Désormais, Antoine (Fernandel) et Paul (Cervi) ne connaîtront plus de repos. Verneuil et ses deux scénaristes, Henri Troyat et l'inévitable Jean Manse, ont tiré une fable poétique et comique d'un sujet particulièrement dramatique. Rappelons au passage qu'Henri Troyat, célèbre romancier et académicien français, d'origine russe, signe là sa deuxième adaptation pour Fernandel, après *Le Mouton à cinq pattes* du même réalisateur. A sa sortie, le 20 mars 1959, le film reçoit un accueil glacial de la critique. Celui du public plutôt tiède devrait inciter le comédien à plus de discernement dans le choix de ses sujets car il enregistre l'un des scores les plus bas de son box-office : seulement 87 025 entrées en première exclusivité parisienne.

Exploité dans quatre salles de la capitale, le 19 août, *Le Confident de ces dames* marquera une nouvelle chute spectaculaire avec un score de 62483 entrées. A titre d'exemple, *Le Chômeur de Clochemerle, La loi, c'est la loi* ou *Les Vignes du Seigneur* annoncent respectivement 156 000, 126 000, et 120 000 entrées. S'il n'atteint pas le moral du comédien, le semi-échec commercial du *Grand Chef* désole son metteur en scène. « Henriette, son épouse, était impitoyable sur les films de son mari, raconte-t-il. Je l'ai entendue dire une fois à Fernandel : " Hier, je suis allée voir ton film et j'ai soudain eu honte d'être Madame Fernandel ! " »

Le Confident de ces dames semble confirmer ce jugement. Toujours en compagnie de Jean Boyer, Serge Veber et Jean Manse, Fernandel a regagné l'Italie pour le tournage de cette pastorale comique. Le vétérinaire Julien Goberti (Fernandel) soigne avec un égal bonheur bêtes et gens du village de Figuerol, jusqu'au jour où Mlle Bonifaci, une jolie doctoresse, vient lui faire concurrence...

Rivale haïe et aimée, Mlle Bonifaci a pris les traits de la pulpeuse starlette italo-yougoslave Sylva Koscina ; portée par la vague de péplums et de films d'espionnage ; elle retombera dans l'oubli après la disparition de cette mode. Jean Boyer a eu aussi la délicate attention d'engager la rayonnante Denise Grey. Ce sera sa dernière composition dans le sillage de Fernandel ; pourtant, sa carrière est loin d'être terminée... Dernier partenaire du Marseillais, et non des moindres, le regretté Ugo Tognazzi fait là sa première incursion dans le cinéma français. Plus tard, *La Grande Bouffe* et la série de *La Cage aux folles* l'imposeront chez nous comme une authentique vedette. Mais il n'aimera jamais trop parler du

Confident de ces dames dont « il n'a jamais bien compris la signification ».

Lors de la première du film, la presse reprochera encore à Fernandel l'éternelle bonhomie de ses personnages : « Que voulez-vous ? répondra-t-il. Je n'y peux rien. C'est comme ça. J'ai toujours fait des hommes bons, des hommes au grand cœur, avec de l'humanité, je n'ai jamais commis une mauvaise action. Ce brave type que j'ai incarné dès le début de ma carrière, je tiens à le conserver jusqu'à la fin car il m'est impossible, moi, de jouer un mauvais garçon. »

Après l'Italie en mars, l'Amérique en avril : Fernandel a été invité par la chaîne NBC à participer au show de Perry Como, un crooner devenu animateur vedette. Le Français se présente dans un complet bleu-vert impeccablement taillé et un chapeau melon noir vissé sur la tête. Son apparition électrise le public américain. Il succède dignement à Charles Boyer et à Maurice Chevalier. Descendu au célèbre hôtel Waldorf Astoria de New York, il ne peut en sortir sans provoquer d'immenses attroupements, preuve de sa popularité. La revanche est belle pour le petit Marseillais !

En fait, il prend goût à ce rôle de star ; il s'entoure d'une cour et ne se déplace plus sans son habilleuse et sa cuisinière, dans une grosse limousine avec chauffeur à casquette. Ces symboles de richesse sont avant tout un jeu et ne lui font pas oublier l'amitié. Ceux qui travaillent pour lui sont de la tribu. Ainsi son chauffeur qu'il impose dans nombre de ses films : vous ne pouvez pas ne pas l'avoir vu. Son nom ? Manuel Gary. De *Raphaël* tourné en 1938, jusqu'à *Sénéchal* en 1957, Gary (affectueusement « garçon » en provençal) a été l'éminence grise de son célèbre patron et accessoirement son partenaire.

1958 restera comme une année de bouleversements dans l'histoire du cinéma français. Le public, étonné, découvre l'humour de Jacques Tati, et la rage des jeunes loups de la nouvelle vague : Louis Malle *(Les Amants)*, Roger Vadim *(Les Liaisons dangereuses)* et Jean-Luc Godard *(A bout de souffle)*. Cette fin de décennie voit aussi l'apparition des évocations grandioses qui font désormais courir les foules : *Les Dix Commandements* en 1958, *Salomon et la reine de Saba* en 1959, *Ben Hur* ou *Austerlitz* en 1960. Fernandel, bien que toujours en bonne place au box-office, pâtit du mauvais choix de ses derniers rôles. Bourvil, au contraire, connaît une ascension fulgurante.

Depuis les succès de *La Traversée de Paris* et de *La Jument verte*, Claude Autant-Lara ne jure plus que par le comique normand. En ce début d'année, le cinéaste s'est d'ailleurs attelé à la préparation d'un nouveau film. Bourvil doit être le héros de cette histoire vraie racontée par l'écrivain Jacques Antoine : *La Vache et le Prisonnier*.

En 1943, un Français, employé de force dans une ferme allemande, décide de s'évader. Il emmène une vache qui va servir d'alibi à ses pérégrinations. Les deux étranges voyageurs, perdus dans une Allemagne en flammes, réussiront, en partie, leur extraordinaire pari. Or ce projet va échapper à Autant-Lara. « J'aurais dû tourner *La Vache et le Prisonnier* avec Bourvil, mais j'ai manœuvré comme un con, s'indigne le cinéaste. Et c'est Fernandel qui l'a tourné. Moi, j'avais trouvé le sujet avant Henri Verneuil dans une nouvelle qu'avait écrit Yvan Audouard en collaboration avec le dessinateur Gus. Elle datait des années cinquante. J'aurais pu la tourner alors que j'étais en pourparlers pour *La Jument verte* avec Gaumont. Verneuil est allé plus vite que moi. Et il a fait un malheur. Pourtant, je pense que Bourvil aurait été meilleur que Fernandel. Ne serait-ce que parce qu'il était plus jeune », conclut Autant-Lara.

On peut douter de ce dernier argument. Alors âgé de cinquante-cinq ans (Bourvil en a quarante et un),

Fernandel confère une extraordinaire maturité à ce personnage attendrissant de prisonnier dont le compagnon d'évasion s'avère être un bovin. Cette vache, prénommée Marguerite, deviendra presque aussi célèbre que son partenaire. Née en Bavière, elle s'appelle en réalité Dora. En quelques jours, il faut lui apprendre son nouveau prénom et les rudiments de la langue française (!). Pour les besoins du tournage, la production a acheté deux vaches méticuleusement identiques. La vedette à quatre pattes se doit d'avoir une « doublure » en cas d'accident ou de fatigue.

« Elle était parfaite, dit Fernandel, jouant avec nous sans qu'on ait besoin de recourir aux trucages. Elle me connaissait. Dès que j'arrivais, elle venait vers moi et je peux dire que c'est une partenaire qui m'a beaucoup plu. Une séquence du film me montre fuyant sur une barque, Marguerite abandonnée sur le rivage. Eh bien ! les meuglements de la vache (que l'on entend dans le film), ma compagne d'évasion, étaient sincères et émouvants. » Très occupée — et peut-être préoccupée — par le tournage, n'ayant pas le temps de paître dans la journée, Marguerite maigrira de vingt kilos. Excellente « comédienne », elle va étonner plus d'une fois son partenaire : « Si dans la séquence du bombardement de Munich, elle a eu peur des explosions, ce qui était d'ailleurs prévu dans le scénario, en revanche, elle n'a pas du tout craint les lueurs d'incendie. Cette vache, elle m'aurait suivi en enfer. »

Fernandel s'extasie sur la « sincérité, l'émotion et le professionnalisme » dont fait preuve Marguerite : « Durant tout le tournage, sous la chaleur des projecteurs, elle n'a jamais beuglé une seule fois, alors que moi, pour reprendre l'expression de certains critiques, il m'est arrivé de " hennir " souvent... »

Réalisé en extérieurs sur les lieux supposés de l'action, *La Vache et le Prisonnier* n'a pas été un tournage de tout repos. Deux mois durant, le comédien a traîné derrière lui sa charmante mais encombrante partenaire. « On peut dire par monts et par... veaux ! plaisante Fernandel. J'ai dû faire réellement mes deux cent trente kilomètres (la distance entre Munich et Stuttgart qu'il est censé parcourir au cours de cette spectaculaire évasion). Dans le marais d'Augsbourg, on a attendu vainement la pluie pendant plusieurs jours. Au moment où les techniciens, en désespoir de cause, installaient la grande manche à eau et les lances pour la pluie artificielle, il y a eu un orage si épouvantable qu'on n'a pas pu tourner ! [...] Une autre fois, dans les bois de Fribourg, j'ai perdu ma vache au milieu d'un troupeau — comme le voulait l'action — et j'ai dû tourner au milieu de deux cent bovins surexcités par tout ce remue-ménage : je n'étais pas très rassuré. »

Faute de moyens, Verneuil est forcé de déployer des trésors d'ingéniosité. L'amitié et la complicité de Fernandel lui sont d'un grand secours. Manque-t-il une passerelle indispensable au tournage d'une séquence ? Immédiatement une équipe de pontonniers de l'armée allemande se porte volontaire pour y remédier : « Ces ouvriers nourrissaient pour Fernandel une admiration sans borne. Nous avions besoin d'un pont sur le Danube ; ils l'ont construit eux-mêmes et, lorsqu'il a été question de les payer, ils ont refusé énergiquement, raconte Henri Verneuil. " Que Fernandel nous fasse l'honneur de présider un dîner du régiment et qu'il nous serre la main à tous ", ont-ils dit. Le soir même, cinq cents mains se tendaient vers Fernandel. Celui-ci eut un moment de panique. Pas en apercevant ce régiment de mains mais en considérant la colossale choucroute à laquelle il allait être obligé de faire honneur. » C'était là un véritable acte d'exotisme gastronomique pour l'acteur qui, comme chacun sait, mangeait méridional.

Pour Fernandel ce rôle est une véritable bénédiction. Il marque un nouveau tournant dans sa carrière et lui permet de renouer de manière incontestable avec le succès. Le film peut bien faire l'objet d'un retentissant procès entre Claude Autant-Lara et Henri Verneuil ; le public qui n'en a cure lui réserve un accueil triomphal.

Sorti le 16 décembre 1959 en onze semaines d'exploitation, le film enregistre 401 345 entrées : c'est le meilleur score de Fernandel depuis longtemps.

Ce résultat fracassant le place en tête des « best-sellers » de l'année 1959 où l'on retrouve *Certains l'aiment chaud* de l'Américain Billy Wilder (avec Marilyn Monroe) ou *Le Bossu* d'André Hunebelle (avec Jean Marais) ; les deux derniers sont en couleurs et pour écran large alors que *La Vache et le Prisonnier* a été tourné en noir et blanc. Pourtant, trente ans plus tard, ce film créera à nouveau l'événement dans une version coloriée à l'usage de la télévision. L'affaire suscite un débat national : avec cet artifice ne va-t-on pas dénaturer l'œuvre grinçante et pleine de dérision qui se cache derrière le ton anodin de la comédie traditionnelle ? « Pour s'évader d'Allemagne, raconte Verneuil, un homme traverse tout le pays avec une vache en disant “ Je suis de la ferme d'à côté ” ; et ça marche jusqu'à ce qu'il soit arrêté par la police... française ! Là, on voulait me faire changer la fin. Cela ne se pouvait pas. Des Français ! »

Verneuil pense et à raison que son œuvre n'a pas vieilli. Il accepte les couleurs mais refuse toute adaptation : « Comme on ne peut colorier un film sans l'autorisation de l'auteur, au lieu de répondre non inconditionnellement, j'ai demandé à voir. Le procédé est entièrement américain, l'équipe Robur opère à San Diego en Californie, dans les meilleures conditions. J'ai travaillé un an dessus, avec eux, en surveillant chaque plan. Nous étions convenus que, si cela ne me plaisait pas, on ne sortirait pas le film en couleurs. Le résultat est remarquable. On m'envoyait chaque plan, je corrigeais les teintes, les nuances et on me renvoyait les corrections. Plan par plan, je supervisais, donnais mon accord ou pas, il y a eu pendant des mois nombre d'aller-retour, de refus, surtout pour les teintes des différentes verts de la Bavière. J'ai été soufflé par les nuances qu'ils ont pu obtenir. La difficulté consiste à obtenir des couleurs naturelles, je crois que nous y sommes parvenus. » De plus, les nostalgiques du noir et blanc pourront toujours avoir recours au filtrage s'ils veulent retrouver l'œuvre originale. Finalement programmé, *La Vache et le Prisonnier* bat tous les records d'audience. Ce soir-là, Henri Verneuil n'a qu'un seul regret ; Fernandel et Marguerite (présente sur scène lors de la « première ») ne sont plus là pour se voir enfin en couleurs...

Au mois de septembre 1959, Fernandel se rend à Manosque où l'attend Jean Giono. Il est convaincu qu'il entame là l'un des voyages les plus importants de sa carrière. Il va rencontrer celui qui incarne la Provence et en est certainement le plus lyrique des poètes. Cette aventure, ce sera *Crésus*. Jean Giono, le véritable auteur de *Regain* et d'*Angèle* détournés par Marcel Pagnol, considère que le cinéma a mal servi son œuvre. En dirigeant lui-même un film, il compte prendre sa revanche sur ce qu'il juge avoir été un pillage outrancier.

Le 11 septembre 1959, avec l'aide de la comédienne Andrée Debar, Jean Giono crée sa propre maison de production et s'attelle à la préparation de *Crésus* dont Fernandel accepte, à priori, d'être la vedette. Plutôt que de porter à l'écran un de ses romans qui conviennent peu à la personnalité du Marseillais, Giono choisit d'écrire une sorte de conte cinématographique. Inspirée d'un fait divers, l'histoire de *Crésus* semble avoir été taillée sur mesures pour Fernandel : « Il y a eu, en effet, dans les Basses-Alpes, en 1945, un brave paysan qui avait trouvé dans sa campagne caillouteuse un container abandonné par les Allemands. Au lieu d'une bombe de mort, l'engin était rempli de faux billets de la Banque de France, signés et numérotés. L'homme avait pensé que la guerre était une bonne chose, que l'ennemi n'était pas si méchant. Et il était parti à la conquête du Graal : le bonheur par l'argent. »

Fort de l'accord du comédien et de l'agrément de la Gaumont, Giono demande à son collaborateur Alain Allioux de lui livrer une ébauche de scénario. Quarante-deux feuillets plus tard, le romancier, insatisfait, décide de prendre lui-même la plume. De cette construction erratique va naître une œuvre hybride. Le début du tournage est remis à mars 1960 à cause de cette pénible gestation. Entre-temps, Fernandel ne reste pas inactif et fait une apparition remarquée à la télévision. Généralement, il refuse de s'y montrer. Par amitié pour Henri Spade, François Chalais ou Yves Ciampi, il a bien quelquefois accepté de déroger à cette règle. Or, ce 1er décembre 1959, s'il participe au « Magazine de la chanson » c'est pour y faire de mauvais gré la promotion de son nouveau disque. Ainsi, devant quatre millions de téléspectateurs, il chante « C'est du gâteau » et « L'innocent ». Comme il le fait lui-même remarquer, il se produit « à l'œil », c'est-à-dire gratuitement. Quelques jours auparavant, lors d'une brève apparition au journal télévisé présenté par Claude Darget, l'ancien comique troupier s'en est indigné. Pour lui le nouveau règne de l'image favorisant des vedettes fabriquées signifie la ruine du métier.

Dans les colonnes de *Paris Jour,* il tempérera son propos, sans toutefois manifester plus d'enthousiasme à l'égard du petit écran : « Bien sûr, on me fait des propositions. Mais je me refuserai toujours à participer à un faux music-hall. Je pense qu'un grand nom de la scène ne doit pas créer de précédent, en acceptant un cachet qui se monterait à peine au quart de celui qu'on lui offre d'habitude, avec les moyens du bord. » Pour avoir connu la galère à ses débuts, le comique marseillais croit aux vertus du travail, de la patience, de l'endurance et se refuse à les brader.

Le 21 février 1960, Fernandel apprend avec tristesse le décès de Jean Becker en compagnie duquel il a tourné *Ali Baba*. De ce film, il garde le meilleur souvenir même si, à l'évidence, son exubérance provençale a pu gêner alors la minutieuse retenue de l'auteur de *Casque d'or*... Or, ce talent que Becker n'a pas su utiliser, Giono lui, va l'exploiter à outrance.

Dès le 14 mars — le film sera terminé le 26 avril — Fernandel retrouve le romancier, mais aussi Claude Pinoteau, engagé comme « conseiller technique ». Jean Cocteau, dont il vient d'être l'assistant dans *Le Testament d'Orphée*, l'a vivement recommandé à Giono. « Quand, à la demande d'Andrée Debar, je me suis rendu pour la première fois à Manosque, chez Jean Giono, il commençait à écrire les dialogues, confie Claude Pinoteau à Jacques Meny. Avec Pierre-Louis Thévenet, le décorateur, il avait déjà fait un premier choix de décors. Chaque matin, vers 9 heures, je rejoignais Jean dans son bureau. Après avoir savouré le petit déjeuner, Jean bourrait sa pipe, l'allumait et me donnait à lire les quelques pages de scénario qu'il avait mises au point la veille. Je lisais le texte à haute voix. Il aimait me voir rire à certaines scènes. En fin de matinée, je partais avec ce texte et je commençais le découpage technique. Je me rendais sur les futurs lieux de tournage qu'il me désignait sur des cartes. Il connaissait chaque route, chaque chemin. Nous avons tourné dans des lieux dont il connaissait par cœur chaque arbre, chaque rocher, en particulier au Contadour. Il fallait que je m'attache à cette terre, à ses odeurs, au bruit du vent, que j'entre dans l'univers de Jean, que j'apprenne à vivre à son rythme. Condition importante pour moi qui devais être son interprète technique. Je lui apportais mon propre travail sur le scénario. Il lisait le découpage que j'en proposais. Je lui relisais la scène et lui disais comment tout cela pouvait se présenter techniquement. »

Le tournage prend donc place près de Forcalquier dans les Alpes de Haute-Provence. Les premiers jours se déroulent dans un climat de sympathie, d'entente cordiale et de grande affection, mais très vite les conditions atmosphériques deviennent difficiles en symphonie d'ailleurs avec les exigences de l'apprenti cinéaste qu'est Giono : « Je veux simplement raconter une histoire de la façon la plus vivante possible et dans un climat qui soit celui de mon œuvre. Mon conseiller, Claude Pinoteau, résoud en toute liberté les problèmes techniques. Parfois, je suis en désaccord avec le chef-opérateur ou l'ingénieur du son trop souvent à la recherche d'une perfection qui nuit à la spontanéité. En effet, je ne m'inquiète jamais d'une petite erreur de photographie ou de prise de son si la scène a été jouée avec vérité par les acteurs. »

Le romancier nourrit une admiration sans borne pour Fernandel et les autres interprètes. Selon lui, la magie du cinéma repose sur les comédiens. Aussi, il s'est arrangé pour obtenir une distribution idéale : Fernandel y est Jules, le berger devenu riche comme « Crésus » ; Marcelle Ranson-Hervé campe une extraordinaire « Fine », cette jeune veuve amoureuse et la merveilleuse Sylvie interprète avec bonheur une paysanne saine et forte. Aux côtés de ces « anciens », il y a les petits « nouveaux » comme Paul Préboist en maçon, ou le bégayant Pierre Repp, qui joue un modeste employé de comptoir. « Jean Giono était près de ses acteurs, poursuit Pinoteau. Il leur racontait des histoires, parlait avec eux de la scène. Il leur avait tout dit avant qu'ils ne se trouvent devant la caméra, et tout s'ajustait naturellement. Jean Giono m'expliquait à sa manière, comme Cocteau le faisait pendant un certain temps, ce qu'il voulait. A moi de traduire en images et de mettre en place les moyens. Avec l'opérateur et le cameraman, j'organisais le détail des gestes et des mouvements. Jean nous faisait confiance et nous disait toujours : " C'est bon pour moi ! " C'était à la fois exaltant et difficile, parce que nous ne voulions ni le trahir ni le décevoir...

« Il avait le trac. Il voulait que son film ait un ton qui soit celui de son œuvre. Il était très soucieux de cela. »

Inconsciemment, Giono a mis ses pas dans ceux de Pagnol. A Gréoux, non loin de Forcalquier, il fait transformer le casino local en bergerie pour les besoins du film. Outre ce gigantisme, il manifeste un identique parti pris réaliste lors des prises de vues. « Nous avons enregistré tous les dialogues et les bruits sur place, confirma-t-il. Quand on est sur ce plateau, qu'est-ce qu'on entend ? Le bruit du vent, des arbres. Pas le bruit des violons. » Sans l'intervention diplomatique de Claude Pinoteau et celle plus énergique du distributeur, il ne serait rien resté de la vibrante partition de Joseph Kosma. L'illustrateur musical de tant d'œuvres de Jean Renoir et Marcel Carné signe là sa dernière composition pour le cinéma ; au contraire du jeune Costa-Gavras qui s'initie, lui, au métier d'assistant.

Giono n'aura qu'à se féliciter de cette équipe exceptionnelle ; Fernandel campe magnifiquement Jules, simple berger des hauts plateaux désertiques de la Haute-Provence qui un jour découvre l'argent, ce fléau du monde moderne, et qui, du même coup, se trouve confronté à une crise d'identité. Cette fois Fernand Contandin manie l'accent provençal avec une vigueur nouvelle. Il épouse cette tragédie d'une terre, d'une langue, d'une culture mises à mal par le progrès. De Forcalquier, de Gréoux, des villages tout proches, des paysans viennent observer ce Marseillais qui a « réussi en faisant le couillon devant les Parisiens ». Etonnés ils découvrent en lui « un pays ». Un vieux métayer du Contadour révélera même que « Fernandel, cet homme célèbre, avait étonné tout le monde par sa gentillesse et que, malgré ce qu'en avaient dit les journaux, il payait des bonbons aux gamins des alentours... ».

Depuis longtemps, chroniqueurs et journalistes accusent l'acteur des plus sombres défauts, de la vanité à l'avarice en passant par l'égoïsme. Peu à peu, Fernandel, malgré d'évidentes qualités familiales et professionnelles, est devenu l'objet des plus féroces attaques. De cette légende noire, née de la rancœur et de la jalousie, il va souffrir au point de s'isoler dans les dernières années de sa vie. Sa collaboration avec Giono oppose d'ailleurs un parfait démenti à ces rumeurs. C'est une preuve de générosité, de fidélité et d'amitié. Alors que Giono a déclaré ne pas vouloir d'une carrière cinématographique pour mieux se consacrer à son œuvre écrite, Fernand avoue qu'il a accepté de tourner *Crésus* avant même de lire le scénario : « Je n'ai pas eu à regretter cette confiance, bien au contraire ! Le talent de Jean Giono dans ce métier nouveau pour lui, m'a stupéfié. Il fait de la mise en scène par intuition comme s'il écrivait un nouveau roman. J'ai tourné sans monter un film et jamais je ne me suis trouvé en pareil accord avec mon réalisateur. Après avoir tourné *Angèle* et *Regain,* je n'allais pas refuser à Giono de travailler avec lui quand il décidait lui-même de mettre la main à la pâte. J'aurais eu bonne mine ! »

Jean Giono s'éteindra à Manosque, dans la nuit du 8 au 9 octobre 1970, laissant Fernand — lui-même malade — en pleurs. Ce départ plongera le comédien dans un profond désarroi, et lui apparaîtra comme un signe de son propre destin. Les deux hommes étaient liés par plus que l'amitié. L'acteur avait conféré un visage aux personnages du romancier. Le romancier avait donné à l'acteur de grands rôles à hauteur de son talent. Non sans arrière-pensées, Fernandel résumait ainsi cette rencontre : « Et puis, quoi qu'il en soit, Giono, au moins, c'est un grand écrivain, lui ! »

Quinze jours après le dernier « moteur... coupez » de Giono, Fernandel rejoint les studios de Boulogne pour le tournage du *Caïd.* Ce même jour débute à Cassis celui de *Fanny,* le remake américain du chef-d'œuvre de Pagnol ; américain, le metteur en scène Joshua Logan l'est, mais bel et bien français sont les comédiens : Leslie Caron (Fanny), Charles Boyer (César), Raymond Bussières (Amiral), Georgette Anys (Honorine) et... Maurice Chevalier (Panisse). La Warner a certes pris soin de choisir des vedettes connues aux Etats-Unis mais pourquoi avoir préféré le gars de Ménilmontant au comique marseillais ? « A New York, déclare Chevalier, j'ai vu, et j'ai du mal à le comprendre, un cinéma local où l'on montrait *Paris Holiday* avec Bob Hope et Fernandel devant un public très clairsemé. » L'amitié réelle unissant les deux hommes ne pouvant être mise en cause, l'explication de l'homme au canotier semble être la bonne : à cause du relatif échec commercial de *Paris Holiday,* le nom de Fernandel n'aurait pas été retenu par les producteurs.

Le projet du *Caïd* est de toute façon assez ambitieux pour satisfaire pleinement Fernandel. Ce film doit marquer un tournant dans sa carrière. Pour la mise en scène, il a d'ailleurs fait appel à Bernard Borderie. Ce jeune loup de la série noire a permis au public de découvrir Eddie Constantine.

Avec *Le Caïd,* peinture humoristique du gangstérisme, sorte d'hommage au thriller américain, l'acteur a délibérément accepté un contre-emploi. Il joue le rôle d'un respectable prof de philosophie mêlé à une sombre affaire de truands. Ce faux naïf se révélera néanmoins redoutable et au terme de l'histoire s'appropriera seul le butin.

Malheureusement pour Fernandel, Borderie n'a pas encore le panache et le métier qui caractériseront la série des *Angélique*. Ce policier à la française est accueilli, on s'en doute, par une mauvaise presse. Il dépareille trop dans une actualité où dominent les noms de Godard, Malle et Truffaut.

Henri Jeanson, est un des rares à ne manifester aucun enthousiasme pour cette nouvelle vague. Fernandel, délaissé par une partie de son public, enrage également contre ces nouveaux occupants des salles obscures : « J'ai l'impression de ne plus rien comprendre à ce cinéma pseudo-intellectuel où l'on sort souvent de la salle en se disant, une fois de plus, qu'on n'a rien compris. Je déteste cette nouvelle vague et le cinéma de ce M. Godard. »

Fuyant les feudataires du parisianisme et de l'américanisme, il rejoint, en pays d'Arles, l'équipe avec laquelle il doit tourner *Cocagne*. Le pastiche plein de drôlerie du monde provençal filmé par Maurice Cloche atteint les sommets du pittoresque grâce aux dialogues d'Yvan Audouard. Andrex, Rellys, René Génin et Paul Préboist sont de la fête. Fernandel a laissé au vestiaire l'accent de la Canebière pour prendre celui, plus nuancé et plus profond, d'Alphonse Daudet.

Cocagne raconte l'histoire du cantonnier Marc-Antoine, peintre du dimanche, à qui une gloire aussi soudaine qu'inattendue fait perdre la tête jusqu'au jour où, revenant à la raison, il abandonne sans regret la « vie d'artiste »... A l'écran, l'épouse de Marc-Antoine-Fernandel n'est autre que l'Italienne Léda Gloria, déjà mariée à Peppone Bottazzi dans la série des *Don Camillo*.

Cette œuvrette, pleine de verve et de candeur, séduit ses spectateurs les plus assidus. Les autres, ils viennent tout juste d'avoir vingt ans, découvrent pêle-mêle James Dean, le rock'n' roll et *A bout de souffle.*

Sans se décourager, Fernandel redouble d'activité. Heureux de sa rencontre avec Yvan Audouard, il demande à ce dernier un récit provençal qui puisse servir de matière à un disque. Ce sera la merveilleuse *Création du monde* racontée aux guardians de Camargue, une perle unique dans la discographie de Fernandel.

Lorsque *Cocagne* sort sur les écrans parisiens, Fernandel a déjà commencé le tournage de *Dynamite Jack* dans les environs d'Aix-en-Provence où a été construit, un peu à la manière de Pagnol, un véritable décor « en dur » de vingt-sept bâtisses. Cette parodie de *La Terreur de la pampa* — dont il a été le héros en 1932 — ne vaut que par sa double prestation d'Antoine Esperandieu et de Dynamite Jack, la terreur du canyon des Veuves, en Arizona : « J'interprétais deux personnages à la fois et, de plus, dans un western, confesse le comédien. C'est le genre auquel je n'aurais jamais osé penser si ce projet n'avait été proposé à mon agent. Aussitôt, j'ai été ravi d'accepter ce rôle car je raffole des westerns. J'avais d'ailleurs rencontré auparavant Gary Cooper dont j'avais vu presque tous les films... De plus, j'ai tellement été fâché de constater que les Américains allaient tourner *Marius* sans un seul acteur marseillais, que j'ai décidé de faire un western américain sans un seul Américain... » Le résultat n'est pas probant et la mise en scène laisse à désirer.

Connu pour la série des *Champignol,* le réalisateur Jean Bastia entérine ici un sens plutôt laborieux de la caméra. Fernandel, devenu producteur, fera néanmoins appel à cet intime de la famille pour « superviser » certains de ses films tournés en Italie comme *Avanti la musica.* Quant à *Dynamite Jack,* ce western provençal ne laissera pas un souvenir impérissable.

Après son séjour de cinq semaines à Saint-Antonin, petite bourgade près d'Aix-en-Provence, Fernandel prend le train pour Vintimille. Dans les studios italiens, il tournera un nouvel épisode des aventures de *Don Camillo,* devenu entre-temps *Monseigneur.* Le tournage se déroule près de Parme sous le soleil d'un printemps particulièrement chaud. C'est là qu'il apprendra la disparition de son ami Gary Cooper.

Un autre jour, de passage dans les studios romains de Cinecitta, il a la surprise de rencontrer Maurice Chevalier, comme lui vêtu d'une soutane pour les besoin d'un film tourné en Sicile : *La Sage-Femme, le Curé et le Bon Dieu,* réalisé par Jean Négulesco.

Cette savoureuse rencontre permet aux deux géants de se bénir mutuellement. Les nouveaux exploits cinématographiques de Camillo ne sont pas pour autant touchés par la grâce de la bonne fée du commerce. A sa sortie, *Don Camillo Monseigneur* se maintient honorablement dans les salles, sans plus. Fernandel, lui, est resté en Italie et à l'issue du tournage s'est rendu immédiatement à Naples pour en entamer un autre. Vittorio de Sica l'a invité à être le héros de l'un des sketches qui formeront son nouveau film intitulé *Le Jugement dernier.*

A son tour, le maître du néo-réalisme a cédé à la mode des suites de saynètes qui permettent de composer une affiche racoleuse. Fernandel, pour sa part, interprète un veuf lubrique, qui se fait voler son portefeuille par Ernest Borgnine déguisé en escroc. Il côtoie, sans les rencontrer, une dizaine de vedettes dont Anouk Aimée, Melina Mercouri, Sylvana Mangano, Vittorio Gassman, Nino Manfredi, Alberto Sordi, Jack Palance et surtout Lino Ventura qu'il retrouvera dans un autre film à sketches, *Le Diable et les Dix Commandements.*

Le comique marseillais est ravi de tourner sous la direction de Vittorio de Sica qu'il considère, après Pagnol, comme l'un des pères du cinéma populaire. *Le Jugement dernier,* dont Cezare Zavattini a écrit le scénario, est un enchaînement d'instantanés comiques et poétiques sur Naples à la veille crépusculaire de la fin du monde. Le film présenté à la Mostra de Venise ratera de peu le Grand Prix finalement enlevé par un jeune potentat de la nouvelle vague, Alain Resnais, pour *L'Année dernière à Marienbad.* En compensation, Fernandel se voit tresser une véritable couronne de lauriers, sa composition provoquant l'enthousiasme du public.

Après ces quelques jours passés à Naples, le Marseillais attend sa famille qui doit l'accompagner en cure. Chaque année, il fait un séjour dans une station thermale. En 1961, il troque Capvern, où il avait ses habitudes, contre Fiuggi, située à quatre-vingts kilomètres de la capitale italienne.

Le 20 août suivant, de retour à Carry-le-Rouet, il se prépare pour la rentrée d'automne. A Rouen, dès le mois d'octobre, il tourne les extérieurs du nouveau film de Léo Joannon, un thriller humoristique intitulé *L'assassin est dans l'annuaire.* Tourné en 1953 avec Pierre Fresnay, *Le Défroqué* a valu à cet Aixois les honneurs de la presse. Excellent cinéaste, ce presque compatriote est avant tout un copain : « Nous sommes amis, Léo et moi, depuis plus de vingt ans, mais nous n'avions jamais réussi à travailler ensemble. Puis nous avons fini par tomber d'accord sur le roman de Charles Exbrayat dont le personnage peut sembler un peu insolite pour moi. C'était ce que j'attendais. »

En novembre, aux studios de Joinville où sont tournés les raccords, Fernandel fête sur le plateau son 129ᵉ film... et ses trois décennies de cinéma. L'équipe s'est réunie autour d'un énorme gâteau où sont plantées, noblesse oblige, trente bougies, en l'honneur de ce géant fraternel et généreux. « On fête parfois ce que l'on n'a pas tout à fait. Mais ces trente ans de cinéma, je les ai, et bien ! Regardez : sur ce cahier, j'ai noté un par un, au jour le jour, tous les titres de mes films. Je me replonge dans le passé lorsqu'ils réapparaissent à la télé ou au cinéma. Ce que je pense du Fernandel d'il y a vingt ans ou vingt-cinq ans ? Eh bien ! Je ne suis pas assez couillon pour me dire " Tu n'as pas changé " mais tout de même, on me reconnaît encore. Pas de métamorphose : je me ressemble toujours. Oui, je suis assez fier d'avoir pu me maintenir si longtemps dans le groupe de tête. » Pourquoi s'est-il destiné, de son vivant, à garder secrète sa véritable nature ? Sa générosité n'avait d'égale que sa discrétion, ce qui a laissé la part belle aux mauvaises rumeurs. Ainsi cette histoire de Noël. Vers la fin décembre, on s'aperçoit qu'on a besoin de jeunes figurants sur le plateau. Il fait alors venir une dizaine d'élèves de l'Institution Notre-Dame-du-Sacré-Cœur dont il a longtemps été le voisin, et leur offre un important cachet pour n'apparaître que quelques secondes dans le film. A l'approche de la fête de la Nativité, il veut que les gamins pauvres se réjouissent comme tous les autres enfants du monde.

La critique n'en sera pas moins féroce pour Fernand. " *L'assassin est dans l'annuaire...* qu'il y reste ", titrera *Paris-Presse* sous la plume de Michel Aubriant, le 8 mars 1962.

Mais la ronde continue, avec un nouveau film à sketches de Julien Duvivier. Dans cet ambitieux projet, les enseignements de l'Eglise sont prétextes à une suite de satires où s'illustrent les grandes vedettes de l'époque (il semble ne manquer à l'appel que Brigitte Bardot, Belmondo et Bourvil) : Arnoul, Aznavour, Darrieux, Delon, Fernandel, Presle, Robinson, Simon, Ventura, de Funès, etc.

Audiard, Barjavel et Jeanson se sont partagés les dialogues. L'affiche annonce « 20 vedettes pour 1 000 éclats de rire ». Dans ce film où, selon la critique « l'ermite Duvivier s'est fait diable », l'auteur de *Golgotha* a offert à Fernandel le rôle de... Dieu ! « Je vais mettre un point final à la carrière de Fernandel, ironise le cinéaste. Après le personnage de Dieu le Père, personne ne pourra lui proposer un rôle plus important. »

Ce divertissement conclu, Fernandel ambitionne de retrouver une de ces épopées villageoises qui ont fait sa gloire. *L'assassin est dans l'annuaire* avait été adapté par Jean Manse de « Cet imbécile de Rimoldi », une nouvelle de Charles Exbrayat. Satisfait du travail de son beau-frère, Fernandel lui confie le scénario de son prochain film, toujours tiré d'un roman du maître de la Série noire. Les dialogues seront de Raymond Castans, et Jean Bastia supervisera l'ensemble. *Avanti la musica* emmène Fernandel à Anzio, célèbre petit port italien sur l'Adriatique où débarquèrent les forces alliées en 1943. Le film porte d'ailleurs sur cette période trouble d'affrontements entre les mussoliniens et les résistants. Pour la circonstance, la production reforme le duo magique de *Don Camillo :* Fernandel incarne Attilio, antifasciste notoire, alors que Gino Cervi est Mario le maire du village qui bénéficie de l'appui des chemises noires. Les deux hommes sont amis d'enfance : ils régleront ensemble, et en musique, le risque de guerre civile qui se profile dans l'Italie d'alors. La direction est d'abord confiée au célèbre cinéaste Luigi Zampa qui a été, pendant la guerre, un auteur très fécond de scénarios pamphlétaires. A la suite de différends, Zampa cède la place à Giorgio Bianchi, spécialiste du pastiche sentimental, ami de Toto et metteur en images de ses derniers films. Bianchi se sent assez peu concerné par cette adaptation tragi-comique d'un roman policier et politique.

Au côté du célèbre comédien français paraît pour la première fois Franck, son fils, alors âgé de vingt-sept ans. Jusqu'alors la vedette s'était montrée intraitable, refusant net une telle éventualité : « Il n'y aura pas deux Fernandel ou un Fernandel II sur les affiches ! »

Le père ne voulait surtout pas d'un fils saltimbanque. Alors Franck a fait des études de droit pour devenir clerc de notaire. Mais, avant de disparaître englouti sous la paperasserie, il a hésité et finalement est devenu directeur artistique. On l'a vu alors en coulisses, régisseur des vedettes de l'époque, Annie Cordy ou Henri Salvador. En somme, l'apprentissage des planches. Puis, un jour, sans le consentement paternel, Fernandel junior s'est lancé dans l'aventure de la chanson avec une première ritournelle intitulée... *Fanny* ! Mais c'est le cinéma qui l'intéresse, au grand dam de sa vedette de père.

« Mon père est né avec une force comique extraordinaire, explique Franck. Il n'a qu'à paraître et dire " Il fait beau aujourd'hui " pour que tout le monde se marre. C'est un don de la nature. Moi, je suis né avec le type opposé ; une voix de chanteur de charme et un physique romantique. C'est cette redoutable hérédité qui m'a fait agir avec prudence et lenteur dans le métier. » En 1962, Franck travaille aux disques Philips, rue Jenner, à Paris, lorsque son père part pour l'Italie tourner *Avanti la musica*. La production n'a toujours pas trouvé quelqu'un pour jouer le rôle du fils de Fernandel. Il faut l'accent, bien entendu, et surtout un air de famille !

« On a dit à mon père : " Pourquoi ne pas prendre votre propre fils ? Il fait un peu 'l'artiste', il devrait convenir parfaitement ! " C'est ainsi que j'ai tourné mon premier film, pour m'amuser... »

Fernandel s'étant incliné, Franck peut entamer une véritable carrière : au cinéma, Michel Boisrond l'engagera dans *Cherchez l'idole*, film à prétexte musical où son nom domine celui des vedettes à la mode (Vartan, Hallyday, Mitchell, Aznavour et bien d'autres) ; au théâtre il jouera *Bienheureuse Anaïs ;* à la télévision il sera un des héros de *La Caravane Pacouli ;* au music-hall enfin où, hormis son propre répertoire, il reprendra avec ferveur les succès de Vincent Scotto, le grand ami de la famille, disparu en 1952.

Fernandel père et fils tournent ensemble à Anzio pour la plus grande joie des journalistes annonçant que la relève du grand comique est assurée. Hélas, à sa sortie d'ailleurs très discrète, en février 1963, *Avanti la musica* connaît un échec retentissant. C'est le premier véritable « bide » de la carrière du comique... Prudent, il décide de prendre du recul, de s'absenter momentanément du cinéma et de se consacrer au disque, à la radio et à la télévision.

Pour fêter le quinzième anniversaire de son contrat avec la firme Decca — qu'il avait rejoint après son départ de Columbia — il enregistre des sketches de Jean Manse et un réjouissant *Tartarin sur les Alpes* d'après Daudet. A l'Alhambra où Pierre Bellemare réalise en direct une célèbre émission de radio intitulée « Le bon numéro », Fernandel accepte de faire sa rentrée sur les ondes, après une dizaine d'années d'éloignement. Mais il a aussi le désir de revenir sur scène. En compagnie d'Auger et de Paul Préboist, le comique réussit un extraordinaire spectacle de mime. « C'est lui Fernandel, dis donc, il a pris un sacré coup de vieux », dit l'un d'eux.

Gueule de Fernandel et bien sûr rires du public.

« Moi je trouve qu'il a encore pas mal d'allure », reprend l'autre.

Nouvelle gueule, version sourire chevalin.

« L'allure, ça peut aller. Mais côté gueule, on se croirait à Longchamp ! »

Gueule dépitée de Fernandel et la salle s'esclaffe à nouveau.

Ce sketch, écrit par Jacques Rouland et enregistré pour l'ORTF, fait un véritable triomphe lors de sa présentation le 14 mars 1962. A vrai dire, le public ne veut plus le laisser partir. Surtout lorsqu'il entonne la célèbre chanson « Ah, le tango corse ! » qui déclenche un tonnerre d'applaudissements.

Un jour, des musiciens du Nord
Ont joué trop vite et trop fort
Un vrai tango de salarié
On les a jamais retrouvés

« Quand il est sorti de scène, raconte Rouland, Fernandel était transfiguré. Je n'ai jamais vu un homme aussi heureux. Il avait les yeux embués de larmes et répétait sans cesse à chacun de nous : " Ça a marché hein ? Ils ne m'ont pas oublié... " » Le cri du cœur traduit une sensibilité d'écorché vif, soigneusement dissimulée sous une apparence revêche.

L'été arrive et Fernand prend quelque repos dans la propriété familiale désertée. « Maintenant, les enfants sont " grands ", alors c'est plus comme avant ! » regrette-t-il.

Le 5 août 1962, alors qu'il regarde les actualités télévisées, on annonce la mort de Marilyn Monroe. Aussitôt, les journalistes lui demandent de commenter cette triste disparition. Il déclare à *Cinémonde :* « Je l'ai admirée dans *Sept ans de réflexion, Bus Stop, Certains l'aiment chaud* que j'ai vu en version originale sur le bateau qui m'emmenait en Amérique. Et devant Marilyn, je tire mon chapeau. » Quelques années auparavant, il avait été question d'un film commun, un de ces vagues et multiples projets restés sans suite.

Comme le temps passe ! Sa « famille cinématographique » a changé avec les années ; Raimu, Poupon, Blavette, Delmont, Maupi, Charpin ne sont plus là. D'autres les ont remplacés : Jean-Pierre Marielle, Robert Dalban, Noël Roquevert, Jean Carmet, Daniel Ceccaldi et surtout Michel Galabru. Celui-ci Fernandel l'aime bien, truculent bonhomme venu tout droit de la Comédie-Française, comédien doué, bûcheur et doté d'un rare physique. Il va être de l'aventure du *Voyage à Biarritz*. Dans ce film où il compose un époustouflant Touffanel, Galabru s'impose. Peut-être est-il déjà prêt, d'une certaine manière, à assurer la relève du comique marseillais ? Pour l'heure il n'est qu'un de ces jeunes qui entourent l'ancien, tout comme Jean Lefebvre, autre disciple qui se souvient : « Avec Fernandel, pour moi du moins, c'était l'époque des films médiocres, mais il fallait bien payer le percepteur. Lui, Fernandel, était un monstre de travail, tatillon, besogneux, mais bon camarade de travail. Hélas, à l'époque nous n'étions les uns et les autres que de simples faire-valoir... »

Tourné en 1962, *Le Voyage à Biarritz* de Gilles Grangier est une tentative de pure comédie. Tout à la fois pagnolade et clochemerlerie, le film va être un échec. Selon Grangier, la faute incombe au producteur italien Massimo Uleri : « ... une espèce de sous-producteur, un cinglé, un antiquaire insensé. Il payait mais il voulait se mêler de tout. »

Pendant le tournage se déroule une immense tragédie. Arletty joue là son dernier rôle. Frappée de cécité après un accident survenu au début de l'été, elle a insisté pour remplir cet ultime contrat. « Elle n'y voyait quasiment plus rien », se souvient Grangier.

« Je garde mon infirmité pour moi », dira-t-elle en faisant ses adieux.

Fernandel l'assiste et la préserve de son mieux.

« Il fallait faire attention qu'elle ne se prenne pas les " guibolles " dans les tables car elle s'y tenait pour se repérer. » Pour la consoler, il lui réserve ses plus beaux sourires. A l'écran, jamais il n'a été aussi économe de ses fameux effets comiques. Il est certainement trop touché par le drame d'Arletty. Son attitude s'en ressent, selon Grangier :

« Fernand était le moins possible Fernandel là-dedans, rappelle-t-il. Il avait une façon bien à lui de n'avoir jamais l'air de travailler. Il savait toujours son texte et il n'avait pas l'air de se concentrer sur son travail... Fernandel avait besoin de contacts. Si on le laissait tout seul, il disait : " Alors, on ne m'aime plus ? " »

Le Voyage à Biarritz marque aussi la fin des trente-deux années de la collaboration musicale de Georges Van Parys à la carrière de Fernandel. Si le film apparaît bien banal aux spectateurs, pour toute l'équipe il aura été celui de nombreux adieux.

Début 1963, Fernandel assure la promotion d'*Avanti la musica* en compagnie de son fils et partenaire Franck. Il fait l'éloge de ce dernier :

« J'aurais aimé, à mes débuts, à l'âge de Franck, avoir sa figure de chanteur de charme. Au début, j'ai donc décidé de lui faire confiance, non sans une certaine méfiance [...]. A Rome, je pensais : " Si le petit est trop faible, on le remplacera par un acteur italien. " Il s'en est très bien tiré. Evidemment, il est tout plein de qualités : comme il n'a jamais quitté Marseille, son accent est tout frais et, en prime, il est joli garçon. Moi, quand j'étais jeune, je n'ai jamais eu une gueule comme ça. Il va maintenant mener sa carrière tout seul. Je ne lui donnerai jamais de leçons, ce serait le meilleur moyen de tuer sa personnalité. Mon seul conseil : oublie ton nom et fais bien ce qu'on te demande, si tu l'as accepté. »

Le 6 février suivant, Franck est présent au Fouquet's où son père doit recevoir le prix Courteline des mains de Bourvil. Pour Fernandel, c'est le couronnement de sa carrière et la reconnaissance qu'elle prend racine dans le vaudeville. Il déclare à cette occasion : « Je dois énormément à Courteline. Il est en quelque sorte l'homme qui m'a libéré de mes complexes. C'est grâce à lui que j'ai pu fixer mon personnage. »

En mars, Fernandel répond à l'invitation de Maurice Labro, un vieux routier et un complice de toujours. Après *Boniface somnambule* en 1950, les deux hommes se retrouvent pour *Blague dans le coin*, l'adaptation comique d'un polar américain. Jeff Burlington-Fernandel, piètre fantaisiste, s'attaque à

Sammy Bradford, roi des jeux à Las Perlas, capitale américaine des casinos. Sur ce déplorable scénario, au rythme piteux de la musique d'Alain Goraguer, Fernandel se prête à un twist maussade en compagnie de la chanteuse yé-yé Nancy Holloway. Ni le jeu de Fernandel, ni celui de son partenaire principal François Maistre ne sont en cause. De même que tous les autres membres de l'équipe, ils s'empêtrent dans une adaptation médiocre signée par un dénommé Supe : « Il ne manque que le " o " pour confirmer que c'en est une de soupe et de la pire espèce », constate un critique.

Toujours en 1963, Fernandel renoue avec le genre du film historique. Raymond Castans, soutenu par Jean Manse, lui a proposé une reconstitution parodique de la vie du bon roi Dagobert. Fort du souvenir de *François Ier*, Fernandel a immédiatement entrevu le parti à tirer d'un tel sujet. Il impose comme metteur en scène Pierre Chevalier, auteur de nombreuses comédies dont cinq avec Fernand Raynaud. Ces dernières ont plu à Fernandel. Pourtant, ce choix sera sévèrement critiqué par certains proches considérant que le manque d'envergure du film lui est imputable.

« Fernandel était un ami, se rappelle Pierre Chevalier. Nous nous étions rencontrés lors du tournage du film *La Table aux crevés*, puis ce furent *Le Fruit défendu* et *Le Mouton à cinq pattes*. Pendant ce temps, j'appris à connaître et à apprécier le comédien délicat qui cachait sa sensibilité derrière un sourire célèbre. Après avoir travaillé côte à côte pendant près de trois ans, il me fit appeler pour diriger *Le Bon Roi Dagobert*. Ce que fut le tournage de ce film : un feu d'artifice de blagues énormes, d'histoires où l'esprit de Fernand se racontait avec la poésie de Giono. » *Le Bon Roi Dagobert* est tourné en cinq semaines, à partir du 18 juillet, aux studios de Billancourt.

La critique reconnaîtra que l'intention était des

plus louables et la distribution des plus alléchantes : Gino Cervi interprète saint Eloi, Jacques Dufilho Chilpéric, Darry Cowl le bourreau, Michel Galabru Pépin le Bref, Jean Tissier le Grand Connétable, et Pierre Doris, Césaric.

Ce dernier, venu d'une longue et prolifique carrière au théâtre et dans les cabarets, est presque un débutant au cinéma. Ses souvenirs de *Dagobert* sont empreints d'humour : « Je me souviens du premier jour de tournage, j'étais en retard. Je commence à me faire engueuler comme un chien par un assistant, puis par une " gonzesse " qui m'insulte. Je l'ai envoyée se faire f... puis j'ai demandé qui c'était !

« — Mais qu'est-ce que tu as fait là ? m'a dit un type. C'est l' " éminence grise " de Fernandel, son habilleuse, sa cuisinière... Le tournage a donc repris dans un silence de mort et lorsque je me suis trouvé face à Fernandel, il me lance :

« — Monsieur, je vois que vous en prenez à votre aise !

« — Oui, monsieur, chaque fois que je tourne avec une grande vedette, je fais ça pour mettre mes nerfs à l'épreuve. Il a éclaté de rire et nous sommes devenus amis. »

Pour sceller ce pacte, Doris offre à Fernandel le livre qu'il vient de publier. C'est un recueil d'histoires drôles. Trois mois plus tard, il recevra le disque que le comique marseillais a enregistré à partir des blagues de son ex-partenaire. « Mais franchement, conclut Doris, c'est un honneur bien inutile car elles ne collaient pas à son accent, à sa chaleur méridionale ! »

Après *Le Voyage à Biarritz, Blague dans le coin* et ce *Bon Roi Dagobert,* Fernandel va prendre avec son cent trente-troisième film, l'un des tournants les plus importants de sa longue carrière.

Dans *Les Époux* devenu *La Cuisine au beurre,* le

Marseillais découvre enfin un partenaire à sa mesure : Bourvil. De son côté, le Normand ne cache pas son plaisir : « Tourner avec celui qui fut mon maître a été une des plus grandes joies de ma carrière », dira-t-il plus tard.

A vrai dire, la carrière de Bourvil a dépendu en partie de celle de Fernandel.

Trente-quatre ans avant cette *Cuisine au beurre,* alors que Fernand tournait *Le Rosier de Mme Husson,* le jeune André Raimbourg l'imitait déjà devant quelques amis et parents. En 1950, pendant que Fernandel tournait *Casimir,* énième avatar d'un *Rosier* chantant, Bourvil accédait à la notoriété grâce à une nouvelle version de ce fameux *Rosier.* Mille fois, leurs chemins se sont croisés, mille fois, ils ont pris des routes différentes. Mais en définitive, le Normand a grandi dans l'ombre de son aîné.

Leur rencontre devant les caméras a lieu le 7 juin 1963, aux Martigues, charmant petit port de plaisance situé à l'est de Marseille ; Gilles Grangier connaît bien cet endroit pour y avoir tourné, en 1937, alors qu'il était jeune assistant du cinéaste René Pujol, un film intitulé justement *Tintin des Martigues,* avec Alibert.

Cette *Cuisine au beurre,* Grangier la concocte depuis longtemps déjà ; sur le tournage du *Voyage à Biarritz,* il a rencontré le producteur Robert Dorfmann. « Que dirais-tu d'un film avec Fernandel et de Funès, ou Fernandel et Bourvil, enfin, un couple de vedettes ? » Mis au courant du projet, Fernandel est tombé d'accord ; il restait à Grangier le choix d'un scénario.

Sur une idée de Pierre Levy-Corti, Grangier a obtenu le feu vert de Dorfmann. Le feu vert passe au rouge lorsque à l'issue de quinze jours de tournage, Fernandel annonce au réalisateur : « Ecoute, ce n'est pas ta faute, mais je ne peux pas continuer à tourner cette connerie, ce n'est pas possible. » Là-dessus, Fernandel s'en va, d'ailleurs imité par Bourvil qui lui part dans la direction opposée. Dès lors, le sujet ne cessera d'être remanié. Le film repose en fait sur le face à face des deux comédiens et sur les quiproquos qui peuvent naître entre ces hommes d'âge mûr. Prisonnier de guerre, Fernand (Fernandel) s'évade avant d'être recueilli par Gerda, une plantureuse Tyrolienne (Anne-Marie Carrière). C'est le parfait amour jusqu'au retour de son mari. Entre temps, la femme de Fernand, Christiane (Claire Maurier), le croyant mort, a refait sa vie avec son chef cuisinier André (Bourvil). Du même coup, le restaurant familial à l'enseigne « La Bonne Bouillabaisse » a été rebaptisé « La Sole normande ». Au lieu de se haïr, Fernand et André finiront par s'entendre comme larrons en foire. Sauf au sujet de Christiane. Finalement, le retour de Gerda, nouvellement divorcée, arrangera bien les affaires des deux futurs associés.

Le tournage interrompu, Bourvil retourne au music-hall ; de son côté, Fernandel en profite pour prendre quelques vacances à Carry-le-Rouet, tout proche.

Grangier continue, sans eux, à filmer des raccords pendant une dizaine de jours. Puis on décide de suspendre le tournage. Un mois durant, Raymond Castans et Pierre Levy-Corti vont réécrire le scénario.

Pendant ce laps de temps, Fernandel est victime d'une mésaventure. Au retour d'une partie de pêche, il trouve son domicile cambriolé. Des bijoux ont été dérobés. Ils ne seront jamais retrouvés. Un malheur s'ajoutant à un autre, la cuisinière, suspectée, a plié bagages.

« Ça baignait dans l'huile, cette *Cuisine au beurre !*, poursuit pourtant Gilles Grangier. Lors du retour de Fernandel sur le plateau des Martigues, afin de faire face aux éventuelles sautes d'humeur des deux monstres sacrés, le cinéaste déploie mille astuces établissant entre eux une absolue égalité : même nombre de scènes où chacun aurait la vedette ; même quantité de gros plans et répliques d'une longueur identique. Sur le plateau, la bonne humeur finit par revenir. A la mesure de ce qu'a été l'affrontement Raimu-Fernandel, les relations de nos deux comédiens-vedettes risquent fort de devenir orageuses. En cela, Grangier prouve sa très grande maîtrise dans la direction des deux acteurs. « Je me rendis vite compte que, sur l'écran, Fernandel risquait d'étouffer Bourvil, poursuit Grangier. Cet animal avait une présence qui balayait tout. Ce n'est pas une question de talent, Bourvil en avait autant. C'était un phénomène d'impact physique. Fernandel clignait de l'œil ou retroussait sa lippe et, hop, on ne voyait plus Bourvil. Vis-à-vis de celui-ci qui me faisait confiance, je devais atténuer cette disparité. Je profitai d'un arrêt de tournage de trois semaines pour revoir certaines scènes et certains plans, chaque fois dans un sens favorable à Bourvil. »

L'équipe, réunie autour d'eux, les seconde avec talent : Michel Galabru (inénarrable en facteur), Andrex, Henri Arius, Edmond Ardisson et surtout Henri Vilbert qui, sur le plateau, n'a pas rendez-vous avec Fernandel :

« Curieusement, rapporte le comédien, après *Ali Baba* nous avons eu une grande interruption dans nos rencontres. De plus, dans ce film, je n'avais que des scènes avec cet adorable Bourvil. Je n'ai revu Fernand que plus tard pour synchroniser avec lui Gino Cervi dans *Le Bon Roi Dagobert.* »

Truculence méditerranéenne et ingénuité normande : le prétexte gastronomique sert à la confrontation de deux types de Français moyens et la rencontre des deux grands comiques offre au film une saveur inégalée.

Courant novembre, Fernandel revoit à la télévision, non sans une certaine émotion, *Ignace,* un de ses grands films d'autrefois. Cette soirée en solitaire devant le petit écran, occasion d'un retour sur soi, l'encourage à contempler de manière critique le passé.

« Je criais trop à cette époque, avoue-t-il à la suite de cette diffusion. Mais, ma voix s'est améliorée. Elle est devenue plus grave. Dans l'ensemble, je crois que je me suis un peu arrangé... »

C'est l'heure des révisions et, symboliquement, Fernandel décide de déménager. Les Contandin abandonnent l'immeuble de la rue Trudaine dont ils sont propriétaires, pour s'installer dans le « quartier des vedettes », au 44 de l'avenue Foch, près du bois de Boulogne. Le comique ironise sur ce nouveau signe de richesse :

« Je restais à l'avenue Trudaine par modestie [...] Et c'est également par modestie que je m'en vais ailleurs : avenue Foch, on est moins remarqué avec une grosse voiture et un chauffeur. » L'ancien tourlourou s'installe donc confortablement dans le luxe tandis que dans l'appartement du dessous, la Callas fait ses vocalises jusqu'à une heure avancée de la nuit. Ce voisinage brillant mais sonore indispose peu le Marseillais, depuis toujours insomniaque.

« Fernandel se couchait, puis il fermait les yeux sans dormir et le matin, à cinq heures, il se levait... sans avoir dormi une seule minute ! » précisera Henri Verneuil.

Le comédien a d'ailleurs mis en musique cette veille perpétuelle dans l'un de ses films, *Emile l'Africain*, où on l'entend chanter :

Même la nuit, je ne suis jamais tranquille
Mon sommeil est peuplé de cauchemars
Je m'éveille blafard, inquiet, l'œil hagard
J'attends le coup d' barre comme dans un brouillard.

Indice d'une nature tendue, peut-être angoissée, sûrement soucieuse, cette réticence au repos ne l'empêche jamais d'être jovial, même avec les critiques.

Au mois de décembre 1963, à l'approche de la sortie de *La Cuisine au beurre,* la presse prépare une nouvelle cabale. Faut-il s'étonner de tant d'injustice ?

« Pour moi, remarque Grangier, le résultat était plutôt bon. » Mais pour le réalisateur et l'œuvre, la sentence tombe sans appel : « Réalisation indigente », « médiocrité ambiante », « texte nul », « histoire sans humour ». Les acteurs, eux, sont miraculeusement épargnés par le tir croisé de la critique. On honore volontiers l'époustouflant duo. Fernandel en personne se réjouit d'avoir tourné avec ce comédien hors pair qui jusqu'alors cachait un grand talent sous la niaiserie de ses rôles. « J'ai été ravi de me mesurer à Bourvil. J'ai su par la suite que Bourvil a eu une réaction identique. » L'année suivante, le Normand est porté au pinacle grâce à Gérard Oury et son *Corniaud,* devançant dans les sondages son partenaire de *La Cuisine au beurre.*

Pour Fernandel, la suprématie au box-office est un enjeu du passé. En revanche, sa sympathie communicative, son sens de l'humour, son inégalable bonhomie lui valent de décrocher cette année-là le prix Orange décerné chaque année par la corporation à la vedette la plus aimable, en opposition au prix Citron qui sanctionne les mauvais caractères.

Après bien des hésitations, en janvier 1964, Fernandel annonce un grand retour à la radio. Pour ce faire, à titre de test, il convie tous les journalistes à venir, en direct, lui poser les questions les plus insidieuses, ou encore les plus saugrenues. Ce sera la conférence de presse la plus cocasse de l'année. Au bout de deux heures, l'acteur tient le sujet de son émission.

« Fernandel, c'est moi », préparée par Yvan Audouard et Manuel Poulet, sera le grand rendez-vous hebdomadaire — tous les mardis à 20 h 05 — des auditeurs de Radio-Luxembourg. Ainsi, durant vingt-six semaines, Fernandel va égrener ses souvenirs sur les ondes. Il réaffirme sa présence et rassure ses admirateurs : « Je ne fais plus de tour de chant en France depuis longtemps, mais vous pourrez m'applaudir bientôt sur les grandes scènes d'Europe et jusqu'en Scandinavie ».

En février 1964, à la mairie de Neuilly-sur-Seine, le cinéaste Henri Verneuil a demandé à ses deux amis les plus chers, Fernandel et Jean Gabin, d'être les témoins de son mariage. Quand les deux géants du spectacle arrivent en limousine devant l'hôtel de ville, il y a foule. A l'intérieur, autour du maire, Achille Peretti, chargé d'officialiser l'union, chacun se presse pour apercevoir « Gueule d'amour » et « Camillo ». Mais, lors de la signature, lequel des deux va précéder l'autre ? Fernandel, plus mince, plus grand, plus rapide, s'est déjà avancé. « Monsieur le maire, déclare-t-il en prenant possession de la plume, je dois vous annoncer que c'est à moi de signer en premier car je suis l'acteur le plus important des deux... » Un silence de mort tombe sur la salle !

« ... parce que si Monsieur (montrant Gabin du doigt et affichant le sourire chevalin des grands jours) avait tourné toutes les " couillonnades " que j'ai tournées, il ne serait pas avec nous aujourd'hui. » Soulagé, chacun peut à loisir féliciter les mariés. Au repas, tous les invités riront de cette plaisanterie qui restera désormais dans toutes les mémoires.

Le 26 février, *Cherchez l'idole,* le premier film où « Fernandel junior » tient la vedette, sort sur les écrans de la capitale. « Franck Fernandel impose déjà un personnage », « Il a la présence de son père, sinon la voix », « Il s'applique à ne pas ressembler à son père », peut-on lire dans la presse pourtant assez tiède à l'égard de cette gentille comédie pour adolescents. Ces derniers, attirés par l'affiche où brillent les noms des idoles de la chanson, se déplacent en masse. Devant le *Normandie* on peut voir d'interminables queues se former. A quelques centaines de mètres de là, rue Lauriston, Fernandel et Gabin ont invité leurs amis pour une tout autre raison.

Mais, puisqu'il s'agit de cinéma, opérons un flashback. Nul ne sait qui, le premier des deux, en parla à l'autre : « Et si, comme les Chaplin, les Fairbanks, les Keaton, on s'associait pour monter une société de production ? » L'idée, lancée au cours d'un déjeuner, débattue au téléphone, fait son chemin. Les avocats et les conseillers des deux vedettes sont finalement convoqués : « Puisque vous êtes associés, dit l'un d'eux, il faudrait trouver un nom de société alliant les premières syllabes de vos noms de famille. » Les deux hommes éclatent de rire ; il paraît difficile d'appeler une maison de production Mon(corgé) — Con(tandin) ! On pense ensuite à Ferga ; ce sera Gafer qui sonne mieux. En février 1964, journalistes, cinéastes et distributeurs reçoivent un carton ainsi libellé : « Jean Moncorgé et Fernand Contandin vous font part de la naissance de leur société de production Gafer et annoncent leur premier film avec Jean Gabin et Fernandel. Tournage : 20 septembre 1964. »

A l'automne, les deux hommes se retrouveront donc pour *L'Age ingrat*. Pour l'heure, devenus de dignes P-DG, ils ont ouvert un secrétariat au 65-67, rue du Faubourg Saint-Honoré, à Paris.

Là, Georges Liron, l'agent du comique marseillais depuis des années, s'est installé dans le fauteuil directorial pour parapher de sa belle écriture le contrat des deux premiers comédiens engagés par la production : Jean Gabin et Fernandel.

« L'homme des brumes », comme aimait à se nommer Gabin, se montrera un excellent partenaire. Comme *La Cuisine au beurre*, le projet de *L'Age ingrat* peut prétendre à une exceptionnelle réussite commerciale. Trente-trois ans après *Cœur de Lilas*, réalisé par Anatole Litvak en 1931, les deux grands comédiens se retrouvent pour « mettre en commun leur bois pour l'hiver ». « J'avais, raconte Fernandel, rencontré Gabin plusieurs fois depuis notre premier film ensemble, mais Verneuil, à son mariage, a arrangé le véritable début de notre amitié... Depuis, on ne s'était plus quittés. Lui terminait *Le Président* et moi... une " couillonnade " de plus. »

Cette « couillonnade », pourtant d'importance, s'appelle *Relaxe-toi, chérie.* Ce film est en effet le dernier du tandem Boyer-Fernandel et de la longue collaboration entamée dès 1940 avec *L'Acrobate.* En dépit d'une facture souvent brouillonne, leurs réalisations communes définissent au mieux ce qu'est le cinéma de divertissement. Les deux hommes partagent aussi un même goût pour le music-hall. Le réalisateur, ancien chansonnier, est le frère de Lucienne Boyer, la créatrice de l'éternel et universel succès « Parlez-moi d'amour ».

Fidèle parmi les fidèles, un an après le tournage de *Relaxe-toi, chérie,* Jean Boyer s'éteindra à l'âge de soixante-quatre ans, à Paris.

La presse s'étant déchaînée contre la kyrielle des films qu'ils ont tournés ensemble, Fernand défend la mémoire de son compagnon et ce qu'il appelle lui-même des « fernandelades » : « Je vois où vous voulez en venir, rétorque-t-il. J'en ai tourné de bons et de moins bons. Mettons que j'aie fait des navets et des concombres. Cela ne fait-il pas finalement une bonne salade ? *Relaxe-toi, chérie* en est un exemple ! » Au générique apparaissent deux noms qui, dans les décennies suivantes, vont illustrer le cinéma comique français : Jean Lefebvre et Jean-Pierre Marielle. On remarque également aux côtés de Fernandel, et dans le rôle de sa femme, Sandra Milo, sculpturale Milanaise de trente ans qui, la même année incarnera l'héroïne sensuelle, évaporée et exubérante du célèbre *Huit et demi* de Fellini. Aventure familiale et sans prétention, le film, à sa sortie, rencontrera ni plus ni moins, le public populaire auquel il est destiné.

Courant avril, Fernandel part en Belgique donner un coup de pouce à la carrière de son fils. Ils partagent tous deux l'affiche d'un spectacle du palais des Beaux-Arts de Bruxelles. La bienveillance paternelle provoque un effet contraire à celui désiré, car la presse parle surtout de la vedette : « Fernandel père a ce " petit quelque chose " confinant au génie qui fait que, d'un simple répertoire de boulevard, il compose des tableautins égrillards mais sentencieux comme des fabliaux... » Le gamin a néanmoins de l'abattage et réussira, seul, à se faire un prénom. Dès le 20 avril, sur le petit écran, Franck est le héros de *La caravane Pacouli* qui va le rendre célèbre.

Le 31 mai, Fernandel reçoit la médaille du Mérite civique pour ses œuvres charitables en faveur du monde du spectacle. Avec l'été arrive le temps des vacances en compagnie d'Henriette et des siens.

En septembre, il s'apprête à recevoir Jean Gabin à Marseille pour le tournage du premier film signé Gafer : « On reprendra les tours de chant de nos débuts, avait annoncé Fernandel en avril lors du lancement de la société, moi en comique troupier, Jean en habit avec fleur à la boutonnière. Nous jouerons deux rôles de vieux chanteurs, ratés et dépassés par les yé-yés, qui végètent dans les tournées de province. Tous deux sont pères. L'un a un fils (j'ai engagé le mien, Franck), l'autre une fille (ce sera Marie Dubois). » Sur un scénario revu et corrigé par Jean Boyer, puis par Claude Sautet, et des dialogues de Pascal Jardin, *L'Age ingrat* conte l'histoire de deux familles, l'une marseillaise et bouillonnante, l'autre normande et réservée. L'amour né entre deux de leurs enfants les forcera à se rencontrer, à s'affronter et à se réconcilier. C'est à nouveau un hymne à la France profonde incarnée par les patriarches du cinéma national.

Lors du tournage, les deux compères ne cessent d'évoquer leurs débuts (presque) communs en 1930, puis les rencontres qui suivirent, surtout celle des *Gaîtés de l'escadron* où ils ont bénéficié des leçons du regretté Raimu. Le duo reformé, il faut désormais le diriger, et c'est une rude tâche. Après l'expérience de *La Cuisine au beurre,* le réalisateur Gilles Grangier sait heureusement ménager les monstres sacrés. Muriel Bussi, script lors de ces homériques retrouvailles, témoigne de leur intensité. « Le film est achevé. Gabin a lancé une grande claque dans le dos à Fernand. L'épreuve était terminée. Pareil à certains boxeurs, Gabin, qui était la crème des hommes, devenait méchant en montant sur le ring des studios. Après le tournage, les spots se sont éteints, il s'est précipité sur Fernand et l'a invité à une grande bouffe. Quand il " traitait " ses amis, Gabin ne regardait pas à la dépense... Et quand Fernandel est mort, il était là, Gabin. Pâle, tendu, les mâchoires plus serrées que de coutume. Les lèvres plus pincées que jamais... ».

Sorti le 23 décembre 1964 à Marseille, *L'Age ingrat* sera un échec total. En vain, la sortie parisienne — le 23 janvier suivant — tentera de rattraper les spectateurs qui, déjà, se ruent vers les salles où triomphent *Le Gendarme de Saint-Tropez* et *L'Homme de Rio*.

Selon Gilles Grangier, l'erreur a été de ne pas s'en tenir au projet initial, plus authentique et plus ambitieux : « Moi, toujours fidèle à la comédie musicale de mes débuts, je leur avais suggéré d'interpréter deux vieux acteurs qui sauveraient de la faillite un théâtre ambulant. Dans ces personnages, ils auraient pu chanter et danser tout à loisir. » Les deux acteurs-producteurs annonceront ces *Feux de la rampe* d'après une idée d'Yvan Audouard, sur un scénario écrit par l'ami Jean Boyer et le tout dirigé par Gilles Grangier. Lors de la conférence de presse, Gabin claironnera même sa joie. « Monsieur Fernandel et moi, on chantera tous les deux en reprenant le tour de chant de nos débuts... » Le projet n'aboutira pas.

Il n'aurait pas fallu commencer par *L'Age ingrat*. Jamais plus les deux hommes ne tourneront ensemble. La Gafer continuera à servir leurs intérêts mais plus leur duo. Une phrase de Fernandel dit avec humour le désarroi des deux amis : « Je crois en définitive que la Gafer, c'est plutôt la gaffe ! » Un beau rêve s'écroule. Les désirs d'indépendance et de revanche à l'égard de ce monde si dur du spectacle se sont révélés illusoires. Comme le constate Gilles Grangier. « Ils croyaient, à ce moment-là, qu'ils allaient devenir la Metro-Goldwyn-Mayer, qu'ils étaient des grands producteurs et allaient faire plein de films, *L'Age ingrat* les a un peu dégoûtés de ça. »

A l'aube de l'année 1965, Fernandel décide de remonter sur scène en compagnie de Franck. Nous sommes le 7 janvier, au Gymnase de Marseille où les Contandin chantent « à guichets fermés », créant l'événement, après les dix-sept ans d'absence du comique phocéen. Les deux Fernandel ensemble sur scène, chez eux... la rencontre est historique : le père, soixante et un ans et trente-cinq ans de carrière ; le fils, vingt-neuf ans et l'avenir devant lui !

« Soirée émouvante... salle comble..., écrivent les animateurs de *Marseille sur scène.* Les gens sont venus pour constater la véracité du proverbe : Tel père, tel fils... »

Fernandel triomphe avec ses anciennes chansons. Le répertoire de Franck n'a pas à rougir de la comparaison : « Oui, c'est ici », « Quand on est jeune », « Repose mon passé », « C'est comme ça à Marseille », « Incroyable », « Tu viendras », « Si tu savais » et ses deux tubes : « Après la pluie » et « Fanny ».

Pour le jeune homme, ce tour de chant est l'occasion de prouver son talent. « Jolie voix de crooner », apprécient les connaisseurs. Pour le père, cette rentrée fracassante signale un retour aux sources.

Fernandel renoue avec son rôle fétiche. Le cinquième volet de la série des *Don Camillo* va l'emmener de l'autre côté du rideau de fer.

« Dans *Don Camillo en Russie,* j'ai voulu remettre nos deux héros au goût du jour, selon l'évolution de la politique entre l'Est et l'Ouest, entre les communistes et les cléricaux, déclare le réalisateur du film Luigi Comencini. J'ai essayé de traiter le sujet avec plus de fraîcheur, de sensibilité, de le relever avec beaucoup de gags, une sorte de piment à la russe. »

Comencini a largement fait ses preuves avec des films comme *Pain, Amour et Fantaisie* ou *Les Poupées,* démontrant un sens aigu du cinéma populaire. Il a imprimé à son œuvre un ton incisif où l'ironie le dispute à l'humour, la mélancolie à la passion. Toutes ces qualités pourraient faire de lui le digne successeur de Duvivier et de Gallone. Hélas, les dessous de son contrat cachent un vilain règlement de comptes dont Fernandel et Gino Cervi feront les frais : « J'étais impliqué dans la faillite d'une société qui avait ma signature pour aval, avoue Comencini. Pour effacer ma dette, Rizzoli m'a contraint à faire un *Don Camillo.* » Le film, contraire aux convictions idéologiques et artistiques du cinéaste, objet d'un scabreux marchandage, sera donc bâclé.

Fernandel n'a pas vu se profiler, lors du tournage, le récital d'inepties et de balourdises que l'ensemble de la presse ne manquera pas de dénoncer. A Philippe Bouvard, jeune journaliste venu l'interroger avant la première, il réitère sa confiance dans l'entreprise : « Ce sera le meilleur de la série ! » Le public commençant à se lasser, les critiques ont promptement éreinté Fernand qui persiste — mais toujours avec talent — à endosser cette soutane qui lui sied à ravir. La scène initiale, où il réunit les villageois autour de jeunes dissidents, est un véritable tour de force qui tient du prodige théâtral. Son jeu a forcé d'ailleurs jusqu'à l'admiration de Comencini : « Bien que n'étant pas à proprement parler un acteur de théâtre, Fernandel a toujours senti la caméra et, derrière elle, le public, ce public qu'il aimait à retrouver comme s'il s'était baladé sur une scène. Je pense qu'il est un acteur " nature ", qui n'a jamais eu son pareil dans aucun cinéma européen. » Ce *Don Camillo* sera de toute façon le dernier.

Cette même année 1965, Fernandel et Tino Rossi reçoivent les « Super Bravos du music-hall », en récompense de leurs bons et loyaux services. Certains producteurs souhaitent réunir le Corse et le Marseillais à l'écran. Mais les deux Méridionaux absorbés par leurs contrats respectifs répondent par la négative à ce projet.

Un jeune loup de la nouvelle vague, celle-là même que Fernandel pourfend avec véhémence lui confie alors un rôle d'escroc de bas étage. *La Bourse et la Vie,* de Jean-Pierre Mocky, se présente d'emblée comme une belle aventure. Fernandel approuve le scénario de cette « comédie mouvementée, style américain, à la française avec nuance italienne ». De plus, il pourra parler la langue de Marcel Aymé, qui a accepté de signer les dialogues. Les espérances du comique marseillais vont vite être détrompées : « Lorsqu'on m'a proposé ce film, que j'hésitais à faire, je n'ai pas osé refuser. Mocky avait tourné *Un drôle de paroissien* qui était un bon film. On me donne le sujet et on me parle, pour la distribution, de Robert Hirsch et de Robert Lamoureux. Je me suis dit qu'à tous les trois, il n'y avait aucune raison de faire un mauvais film. En fait, après avoir signé le contrat, j'ai eu pour partenaire le Fernandel allemand : Heinz Rühmann, un acteur qui a beaucoup de talent mais malheureusement pas dans le comique. Ce fut la première erreur de Mocky. » La seconde, à laquelle l'acteur ne fait pas allusion, tient aussi à la distribution. A la suite de remaniements importants, le scénario fera la part belle aux seconds rôles, au détriment des deux vedettes. « On a vite compris qu'il fallait contrebalancer les prestations de Fernandel et Rühmann (déjà assez âgés à l'époque et, en réalité, quelque peu sur leur déclin), précise Jean-Pierre Mocky. D'où l'intrusion de personnages comiques secondaires que vont assurer, dans le scénario final, des gens comme Galabru, Andrex, Cowl, Carmet, etc. Malgré cet effort, le film se trouve singulièrement déséquilibré, du moins à mes yeux. » Lors du tournage, Fernandel est resté sur ses gardes, interrogeant le metteur en scène à tout bout de champ sur son étrange façon de travailler. Peut-être est-ce cela « la nouvelle vague »? « ... Il avait des trouvailles bizarres. Par exemple, nous avons tourné une scène à Toulouse. J'arrête un taxi et je vois au volant une femme avec une casquette et une pipe. Je demande des explications et Mocky me dit : “ En Hollande, toutes les femmes ont la pipe et la casquette ! ” »

A sa sortie, le 27 avril 1966, *La Bourse et la Vie* se révèle comme un échec même si, en Italie, il reçoit un bon accueil et connaît un relatif succès en Allemagne, grâce à la présence de Rühmann. « Fernandel, qui a participé à une projection privée, en est sorti ébahi, conclut Mocky. Il me confie qu'il apprécie mon travail mais avoue qu'il ne s'est pas reconnu : “ Vous m'avez fait faire des choses que je n'avais jamais faites ”, précise-t-il. »

En France les critiques ignorent littéralement le film : pas un seul article dans toute la presse. Ce n'est que rétrospectivement qu'il prendra rang de film culte pour les cinéphiles. Marco Ferreri, à la question : « Quel est pour vous le meilleur film français des années soixante ? », répondra : « *La Bourse et la Vie* de Jean-Pierre Mocky. »

Le 15 novembre 1965, Fernandel s'embarque sur le paquebot *Bremen*, tandis que Franck, parti en avion, l'attend déjà en Amérique. Ambassadeur de son Midi natal, l'ancien comique troupier passe au

Carnegie Hall où il chante « La Caissière du Grand Café », « C'est un dur », « Ah ! Le tango corse », et bien d'autres succès.

Il fait un triomphe. A Montréal, où il retrouve Franck, il reprend son ancien répertoire pour la plus grande joie des francophones. « Le tour de chant canadien se compose de Franck en première partie, explique la vedette, Fernandel en seconde. Mais cette histoire de famille n'en est pas une parce que, finalement, il n'y a aucun rapport entre les deux. A part la parenté. »

De retour en France, il redouble d'activité. A une journaliste qui lui demande s'il compte se retirer, il réplique : « Mais pas du tout ! D'ailleurs, je ne pourrais pas m'arrêter complètement. Je crois que ce serait terrible. Je suis un peu comme Maurice Chevalier : à soixante-dix-huit ans, il n'a jamais cessé de chanter. S'il prenait sa " retraite ", il en mourrait ! »

La preuve, après des fêtes de fin d'année passées à Marseille et le tournage de quelques publicités « alimentaires », il partira pour le Jura où le cinéaste Denys de la Patellière compte réaliser *Le Voyage du père.*

La publicité, si Fernandel en a peu parlé, n'en a pas moins constitué une part constante de son travail et de ses revenus. Jamais, il ne refuse de prêter son image à une marque de dentifrice ou de pâtes alimentaires... Il lui arrivera même de poser en maharadjah pour la compagnie aérienne Air India et ce, malgré sa phobie de l'avion. « En effet, j'ai posé pour des photos publicitaires », avoue-t-il à un journaliste qui, un jour, l'interroge sur ce délicat sujet (à l'époque la réclame était une manière de compromission pour un artiste). « Je ne le ferais pas en France car les gens sont méfiants. Finalement, cela fait partie du métier. Je crois que tout le monde y viendra. » Ce jugement se révèle aujourd'hui prophétique, à contempler les effets de la publicité sur le paysage audiovisuel.

L'arrivée de Fernandel dans le Jura, le 6 mars 1966, ravit certes son metteur en scène Denys de la Patellière, mais plus encore l'Union bouliste de Saint-Claude, en pays de Gex. On attend autant la vedette que le champion de pétanque.

Après le grand succès commercial du *Tonnerre de Dieu* avec Jean Gabin adapté par Pascal Jardin d'un roman de Bernard Clavel, Denys de la Patellière veut renouveler l'exploit avec la même équipe. Un autre roman de Bernard Clavel, *Le Voyage du père* lui fournit un extraordinaire sujet : un père désespéré part à la recherche de sa fille, emportée par le miroir facile du plus vieux métier du monde. Il songe immédiatement au « vieux ». Mais Jean Gabin est trop occupé par la production et l'interprétation du *Jardinier d'Argenteuil*. Ici encore comme tous les projets qui lui tiennent à cœur, la Gafer est le maître d'œuvre. Gabin, indisponible, Fernandel, un peu surpris, se voit demander d'incarner le rôle de ce père en voyage : « Il m'a tellement touché que je n'ai pu le refuser. »

A ses côtés dans ce film tragique et dur, on remarquera une foule de personnages secondaires dont Rosy Varte, Michel Auclair et Philippe Noiret, au temps des « vaches maigres », qui résume ainsi sa participation : « Une journée de tournage, un chèque. »

Interlocuteur privilégié de Fernandel, Laurent Terzieff, d'ailleurs remarquable en jeune instituteur promis de la disparue, conserve un tendre souvenir de son partenaire : « Fernandel, dans la façon qu'il avait de se comporter, c'était le contraire de Bourvil. Lorsqu'il arrivait sur le plateau, c'est tout juste s'il ne saluait pas la foule. Il était très gentil avec moi, voulait toujours que je m'asseye près de lui. Il en était un peu, déjà, au soir de sa vie. Et sa vie, il aimait me la raconter. »

Terzieff, qui lui-même renoncera au star-system pour se consacrer à une recherche théâtrale toujours plus exigeante, dénonce, au passage, la machine du spectacle qui dévore les hommes et les talents : « J'ai toujours remarqué chez ces grandes vedettes du cinéma qui gagnent beaucoup d'argent, l'importance que cet argent revêt à leurs yeux. On les voit discuter pour dix millions en plus ou en moins alors qu'on leur en offre cent, deux cents, voire trois cents. Il ne faut pas les juger mal, il ne faut jamais oublier qu'ils ont commencé pauvrement [...] Il leur faut désormais se vendre comme une savonnette, ils sont devenus des savonnettes, mais ils perdent alors le plus rare, le plus exaltant, le plus beau de leur métier. Cela est valable pour Fernandel, mais aussi bien pour Cary Grant ou Humphrey Bogart. La perte de cette inquiétude qui fait de l'artiste autre chose qu'un produit de série. »

On peut ne pas s'accorder avec ce jugement, mais il est vrai que Fernandel vieillit. Le tournage de son *voyage* doit être interrompu à cause de violentes crises de coliques néphrétiques qui le terrassent. Il connaît bien ce mal qui l'oblige à se rendre chaque année en cure thermale, à Capvern, entre Tarbes et Lannemezan dans les Pyrénées. Fin août, régulièrement, Fernandel est accueilli au Grand Hôtel par Emile Rouzaud : « Il est ici beaucoup plus qu'un client habituel. Nous le considérons comme le premier citoyen de la station, et aussi notre meilleur “ public relations ”. Sa présence, tous les ans, nous amène de nouveaux curistes. On le salue comme un simple passant. Ici, il est vraiment à l'abri de toute curiosité déplacée. »

Cette fois, la grande fatigue de Fernandel l'a contraint à s'aliter. Au troisième étage, à la chambre 97 du Grand Hôtel, il relit les dialogues du film, participant pleinement au sujet, ce sujet qui, d'emblée, l'a passionné et ému jusqu'aux larmes.

Au mois de mars précédent, aux studios d'Epinay où il a tourné quelques séquences d'intérieur, il a retrouvé sa partenaire de *La Nuit merveilleuse,* Madeleine Robinson qui ne lui avait pas donné la réplique depuis près d'un quart de siècle. Il est à une période charnière de sa vie et de sa carrière. La série des « gendarmes » a un peu fait oublier ses *Don Camillo* ; ses dernières productions comiques ont été à peu près toutes des échecs commerciaux. Avec *Le Voyage du père,* histoire simple, touchante, il ne veut plus faire rire mais bien pleurer. Une gravité jusque-là inconnue ou peut-être simplement cachée perce chez lui. Au cours d'interviews ou entre amis, Fernand défend le film et le sujet avec une vigueur peu commune. Pourtant cette adaptation d'un Goncourt ne réussira à émouvoir que quelques rares inconditionnels.

A Cannes, le 14 septembre 1966, Fernandel grimpe les marches du célèbre palais des Festivals où le film va être présenté en avant-première. Accompagné de sa fille Josette, il verra pleurer les spectateurs à la sortie de la salle. Puis, en compagnie de Lili Palmer (sa femme dans le film), il ira souper « Chez Félix », le célèbre restaurant de la cité festivalière. « Notre émotion nous a emportés en même temps que celle du public », reconnaît la regrettée comédienne allemande. Pour Fernandel, ce sera l'unique mais immense satisfaction qu'il retirera de ce *Voyage du père.*

Entre deux films, la télévision n'a pas cessé de lui faire des propositions. Il a d'abord été question, sur une suggestion de Pagnol, de demander à Stellio Lorenzi de réaliser un remake de *Marius* auquel on voulait associer Franck (« Vous en César, le fils en

Marius, quelle affiche ! »). La réponse est tombée catégorique : « Je n'ai pas le droit de marcher dans l'ombre de Raimu. » En revanche, il a accepté le principe d'une série de sketches à destination du petit écran. *L'Amateur,* faisant appel à son sens du mime et de la grimace racontera, en vingt-six épisodes de vingt-six minutes, les difficultés d'un célibataire bricoleur qui se met en tête de monter un service de dépannage. Ce projet donne lieu à la production la plus lourde de sa carrière, avec plus de onze heures de projection, presque sept mois de tournage et la mobilisation de pas moins de quatorze auteurs : « Je m'offre un an de télévision, avoue alors Fernandel. Mais une TV pas comme les autres : une TV muette car il n'y aura pas de dialogues pour cet " amateur professionnel ", seulement un commentaire... » Le procédé est d'autant plus judicieux qu'il dispense du doublage cette série montrée dans le monde entier, sauf en France !

Mis à part l'ami Gilles Grangier chargé d'un épisode, les metteurs en scène sont essentiellement anglo-saxons. Au générique, on retrouve même Peter Yates que le succès de *Bullitt* en 1968 imposera comme le cinéaste de la violence.

Commencé le 9 janvier 1967 à Paris, le tournage de *L'Amateur* entraînera le comique français à Londres, Genève et, pour lui faire plaisir, à Marseille. C'est là-bas, sous la fraîcheur des rosiers de la propriété familiale, qu'il apprend le décès de Paul Derval, le regretté directeur des Folies-Bergère, celui-là même qui lui a donné sa chance, trente ans plus tôt, au côté de Mistinguett... De disparition en disparition, la ronde des condoléances transforme, peu à peu, la vie de ceux qui restent en un désert de solitude.

Heureusement, il y a la famille, le fils qui réussit et les projets toujours plus nombreux. Certains se révèlent peu fiables comme un *Don Camillo à New York* alors que l'échec de celui de Moscou est encore trop présent à son esprit... De temps à autre, Fernandel revoit Jean Gabin. Parfois, comme pour *Le Voyage du père,* Fernand hérite de propositions faites à Jean. Ce sera le cas de *L'Homme à la Buick* tiré d'un roman noir intitulé *Cher voyou.* « J'ai retrouvé Fernandel et Henri Jeanson dans *L'Homme à la Buick,* raconte Gilles Grangier. Nous reconstituions l'équipe du *Printemps, l'Automne et l'Amour,* réalisé douze ans plus tôt. Nous étions en 1954. Les producteurs Loureau et Chabert avaient acheté un scénario très dramatique de Raymond Asso, l'histoire d'un riche fabricant de nougat — l'action se passait à Montélimar — saisi par le démon de midi... C'était un rôle écrit pour Fresnay. Or les producteurs avaient Fernandel sous contrat. Vous voyez la suite : " Tenez, Grangier, c'est pas dur, vous allez rajouter là-dedans deux ou trois gags désopilants et ce sera la rue Michel... " » Etrange langage. Langage de producteur.

Fernandel a souhaité avoir à ses côtés la comédienne Liselotte Pulver, grande vedette du cinéma allemand d'après-guerre. On lui refuse ce caprice et on lui donne comme partenaire Danielle Darrieux.

Les deux géants ont figuré une seule fois sur une même affiche, celle du film à sketches de Duvivier *Le Diable et les Dix Commandements,* sans toutefois se croiser. A cinquante ans, la comédienne aspire à se reconvertir dans la chanson où elle a débuté, comme Fernandel d'ailleurs. Pour eux, ce tournage sera surtout l'occasion de longues conversations sur le métier, le music-hall, la télévision, le cinéma, et le disque. Ils parlent du temps passé, échangent des souvenirs et s'interrogent ensemble sur les mutations du présent.

Grangier s'est discrètement plaint de ce duo improvisé. Il aurait préféré Gabin à la place de Fernandel.

« Cela dit, conclut-il, Fernandel a été très heureux de faire *L'Homme à la Buick* parce qu'il jouait un aventurier et qu'il avait Danielle Darrieux pour partenaire. Il y avait un dialogue de Jeanson, mais Jeanson a attrapé une pneumonie et a dû arrêter de travailler. Nous avons tourné à Honfleur, où il n'a pas cessé de pleuvoir. Darrieux jouait au théâtre à Paris. Chaque soir, son mari l'attendait à la fin de la représentation et la ramenait à Honfleur. »

Les deux mois de tournage ont également été très difficiles pour les techniciens des studios de Billancourt. Il a fallu construire une grande partie du décor en trompe-l'œil. Tous ces efforts seront menés en vain. Le film est condamné par la critique et peu apprécié du public. Comme pour s'excuser de ce nouvel échec, Fernand constatera quelques années plus tard, au micro d'un journaliste : « J'ai débuté en jouant les idiots, mais les idiots au grand cœur. Même dans mes pantalonnades, je n'ai jamais commis une mauvaise action. Le public vient en confiance me voir pour constater que Fernandel est un brave type. S'il m'arrivait de tourner un film policier où il y aurait trois suspects et moi parmi eux, les spectateurs penseraient tout de suite : " Le coupable, c'est pas Fernandel " et ça ficherait tout le suspense par terre. Et si, aux dernières images, j'apparaissais commme le coupable, personne n'y croirait. C'est si vrai que le jour où j'ai joué un escroc, d'ailleurs sympathique, amoureux d'une jeune femme charmante et bienfaiteur d'une ribambelle de gosses, le film n'a pas marché. » On remarquera dans les petits rôles Jean-Pierre Marielle mais aussi Georges Descrières, Claude Piéplu, et Christian Barbier qui connaîtront grâce à la télévision une popularité immense quoique à double tranchant, comme le remarque Fernandel : « Nous, les gens connus, nous venons à la télévision avec un passé, avec un nom. On dit " Tiens, il 'passe' à la télévision. " Les autres " font " de la télévision. C'est elle qui les a créés. Regardez Jean-Claude Drouot, il a beau avoir du talent, pour tout le monde, il reste " Thierry-la-Fronde ". »

En février 1967, il apparaît pourtant sur le petit écran dans « Auteurs gais », une émission produite par Aimée Mortimer et le comédien Robert Manuel. A cette occasion, il reprend une scène du *Schpountz,* entouré de Rellys, Mag Avril et Gil Baladou.

Souvenirs, souvenirs...

En 1967 il se consacre à des galas de bienfaisance, pour l'Unicef mais aussi la SPA et surtout à un farniente bien mérité à Carry, sur sa... *Caméra* ! petite barque sur laquelle, en compagnie de son ami Louis Reynaud, il va taquiner la girelle, les pageots, les rougets et autres merveilles de cette baie ensoleillée. Etre invité à l'une de ces parties de pêche est un privilège que Fernand a accordé, un jour ou l'autre, à tous ses intimes : « J'aime tellement la mer que, pour elle, je renonce à ma sieste. Je ne sais pas si vous vous rendez compte du sacrifice. En trois mois, je prends une moyenne de cent cinquante kilos de poissons. »

Au large, il oublie le poids du métier et les drames de la vie. Dans sa barque, avec Carry au loin, il peut rêver que sont encore là tous ses proches disparus. De ce point de vue, 1967 est une année noire. Toto meurt le 15 avril à Rome, puis Marcel Aymé le 14 octobre à Paris, suivi le 29 par Julien Duvivier victime d'un accident de voiture. Entre-temps s'est éteint Blavette, comédien à ses heures et cuisinier hors pair, qui s'était distingué aux fourneaux lors des tournages d'*Angèle, Regain* et *Naïs.* « Déjà, plusieurs de mes amis sont sortis de scène, écrit Marcel Pagnol. Mourir, ça m'est égal. C'est quitter la vie qui me fait de la peine. »

L'année 1967 restera liée dans le souvenir de Fernandel à un autre drame plus personnel, celui de la disparition de Jean Manse, son beau-frère. La complicité aura duré quarante ans. L'acteur connaît alors une tristesse sans limite ; plus jamais, le nom de Manse n'accompagnera le sien. Autour de lui, la famille et les amis tâchent de surmonter ce mauvais coup du sort.

Entre deux enterrements, Fernandel a réenregistré « Ignace », mais la joie manque, noyée par trop de chagrins. Le cœur, la passion, n'y sont pas.

L'année 1967 s'achève ainsi entre l'attente et la désillusion. Mai 1968 s'approche, tourbillon rénovateur. Pour Fernandel aussi s'ouvre une période de changement. Après la sortie boudée par le public de *L'Homme à la Buick,* l'acteur a décidé de ne plus paraître sur un écran « avant un bout de temps »...

Début février, pour la première fois de sa vie, il prend l'avion. Direction New York pour revoir l'Amérique où jadis il a triomphé : à soixante-cinq ans il a consenti au baptême de l'air « pour s'assurer que, là-bas, il est toujours populaire ».

Le 15 février, il remplit le célèbre Carnegie Hall et y donne des chansons à la gloire du pastis et de la bouillabaisse. On est loin de l'Amérique du rock, du Vietnam ou du Coca-Cola. Pourtant, son succès est colossal. Le lendemain, toujours avec Franck, il repart vers le nord, à Montréal où il reçoit un accueil triomphal. Partout Fernand trouve la confirmation de son propre mythe. Personne n'a oublié le « Frenchman ». Il est, avec Maurice Chevalier, le seul comédien français à avoir conquis les Amériques.

Revenu à Paris, triomphal, Fernandel exulte. La presse, non contente de saluer son retour, acclame l'acteur redevenu chanteur.

« Les Fernandel au Palmarès... c'est du Lux » peut-on lire à la une d'un journal du matin annonçant une émission qui va rester dans les annales de la télévision. En trente années d'existence de l'étrange lucarne, Fernandel n'y est apparu qu'une quinzaine de fois. De nouveau, il répète à la presse les raisons de sa méfiance : « Prenons le cinéma : il y a des spectateurs qui n'aiment pas Fernandel, il y en a... on ne peut pas tout aimer ! Eh bien ! Ils ne vont pas me voir. Tandis qu'à la télévision, les gens sont obligés de vous voir et s'ils vous voient trop souvent, ils finissent par dire : " Encore lui ! " Et cette popularité de rue n'amène personne au théâtre ou au cinéma. Le public les voit à la maison mais ne se dérange pas... » Certes, dès l'année 1967, il a offert ses rimes et son sourire à Armand Panigel puis à Frédéric Rossif. Mais son apparition au célèbre « Palmarès des chansons », de Guy Lux, le 14 mars 1968, va être un événement historique. « Ce n'est pas une rentrée que je fais, c'est exceptionnel. Il y a trois ans que Guy Lux me demande de faire un " Palmarès ". On peut dire qu'il ne se lasse pas ! Je trouve que c'est une des meilleures émissions de la télévision. C'est un spectacle de music-hall de classe. Au moins, là, il n'y a pas de col roulé, pas de débraillé, on a le respect du spectateur. »

Cette série de variétés, prétexte à un défilé de chanteurs à la mode, mobilise ce soir-là les télespectateurs de la France entière. Littéralement vissés à leurs fauteuils du studio 102 de la maison de l'ORTF, plusieurs centaines de privilégiés retiennent leur respiration en attendant la vedette. Guy Lux exulte, courant des loges à la scène après son chef de plateau ou demandant à Paul Coppel, le secrétaire de Franck, si les deux Contandin sont prêts. Car, ce soir à l'antenne, le père couronne le fiston devant l'Hexagone. Il offrira, en duo avec lui, quelques immortels refrains. Certes, on murmure, en régie, que M. Fernandel a exigé, pour se déranger la bagatelle de six cents mille francs lourds. C'est bien peu mesuré à l'aune de l'énorme succès qu'obtiendra cette heure de music-hall télévisé. L'émission débute par un « Hommage à Fernandel » : on entend Christian Marin, Annie Cordy, Henri Genès, Jean Lefebvre et les Charlots ; puis Franck fait son tour de chant. Enfin Fernandel apparaît et immédiatement c'est un triomphe ; il entonne la première chanson et l'enthousiasme du public confine au délire.

Avec cette soirée d'anthologie, à Marseille mais aussi à Tourcoing, Strasbourg, Lyon, Nantes ou encore à Toulouse et Brest, Fernand Contandin vient de gagner le plus formidable pari de toute l'histoire du music-hall. La France s'est reconnue en lui. Guy Lux, vacillant sous les bravos, essuie une larme et murmure alors tout bas : « Je suis heureux. C'était mon rêve depuis près de trois ans. » C'était, s'en doute-t-il, également celui de Fernandel mais depuis près de vingt ans ; depuis que le petit écran a commencé son invasion, lui enlevant chaque jour davantage un public qu'il a vu se raréfier à l'entrée des cinémas ou des théâtres. Fernand ne connaîtra pas le règne de la télévision-reine engloutissant tous les autres métiers du spectacle. C'est d'ailleurs mieux ainsi, car lui-même a tant donné à la scène et au grand écran. Mais il a pressenti ce désastre. Il vit d'ailleurs une profonde brisure. Si l'homme reste attaché à ses racines, à ses traditions familiales, à ses rares amis, la vedette, elle, se sent mal dans le monde qui l'entoure, fait de violences, de guerres, d'injustices, et où la jeunesse se révolte.

Alors que de violents orages politiques fondent sur la France, Fernand est reçu par le général de Gaulle, le 3 mai 1968. Le Président aura cette phrase devenue, depuis lors, célèbre : « Je ne vous présente pas M. Fernandel, c'est le seul Français qui soit, dans le monde, plus célèbre que moi. »

Bien sûr, la presse le guette et, à la sortie, lui demande ses impressions. On croirait entendre le jeune Sined à ses débuts, invité à la table du maire de Marseille : « J'avais mis le costume noir des dimanches. J'étais à la droite de Mme de Gaulle... enfin, deux chaises plus loin, et en face du général qui m'a fait l'amitié de me dire qu'il avait vu tous mes films. Il était charmant et très en forme. Je crois qu'il m'aime bien... »

Fernandel n'a jamais trahi les vertus simples de sa naissance. Il a toujours cru aux valeurs fondamentales qu'il avait reçues et qu'il n'a cessé de défendre. Le récit de cette rencontre avec le Général prouve qu'il ne fut pas dupe de la gloire, mais la concevait comme le fruit de son labeur.

Après ce repas historique, Fernandel reprend le train en direction de Rome pour y tourner une série commandée par la télévision italienne. On a mis derrière la caméra Camillo Mastrocinque, responsable des pires avanies dans la carrière du regretté comédien Toto. Version française de son homologue latin, on note aussi la présence de Jack Pinoteau dont la série des *Triporteur* resteront le seul titre de gloire.

Ce voyage pour rien est marqué d'une triste nouvelle puisqu'en ce mois de mai 1968 disparaît Giovanni Guareschi, le père de *Don Camillo*. Fernandel, en rupture de cinéma, n'a plus qu'à se consacrer à la scène. Depuis décembre 1949, où il fut au théâtre des Variétés le partenaire de Sacha Guitry, Fernandel, prisonnier des studios de cinéma ou d'enregistrement, a renoncé au théâtre et à contrecœur, il est vrai, d'autant que les projets ne manquent pas : « On m'a même proposé la Comédie-Française. Jean-Louis Barrault m'a offert de jouer *L'Ecole des femmes* au Théâtre de France... Mais, je ne me sens pas la force de jouer un classique. Je " fernandelliserais " Molière et je me ferais engueuler car je ne pourrais pas le jouer tel que c'est écrit. Récemment, j'ai enregistré *Le Médecin malgré lui* avec la Comédie-Française. Eh bien ! Ce n'est pas drôle du tout ! » Robert Thomas va lui permettre de sortir de ce dilemme. Originaire de Gap, dans les Hautes-Alpes, ce dernier s'est taillé une belle réputation d'auteur boulevardier en mariant l'intrigue policière à la comédie pure. « Ce petit, il faudrait lui faire faire le Fernandel », disait sa mère en le voyant monter sur les tables, alors qu'il était en culottes courtes.

Venu à Paris en 1947, après avoir connu la galère

puis le succès, Robert Thomas a fini par rencontrer à l'âge de trente-huit ans son célèbre modèle. « Thomas lui a écrit, avec *Freddy*, une grande pièce, note Nicole Jolivet, mais surtout un grand rôle, un rôle de clown de cirque, permettant de mettre en valeur tous les dons de ce grand artiste, de la comédie jusqu'au drame : il est burlesque, émouvant, comique, humain [..] Freddy est tour à tour un brave type accusé de meurtre, un play-boy, un père de famille martyrisé, un Maigret menant son enquête, bref, Fernandel n'est pas revenu sur scène avec une chanson, mais tout un répertoire. Une grande rentrée. »

La première a lieu le 10 décembre 1968, en compagnie d'excellents comédiens (Alain Nobis, Guy Pierauld, Pierre Gatineau, etc.), mais aussi du fidèle Rellys qui joue un merveilleux clown philosophe prénommé Papa-Gigot. Le rôle du fils adoptif de Freddy, selon Robert Thomas, ne pouvait être tenu que par Franck. Ce dernier a fermement refusé la proposition, ne voulant plus être associé dans son métier à son célèbre papa. « C'est tout juste si, à la ville, on me pardonne d'être le fils de mon père, alors pensez, à la scène... »

Sylvain Joubert, jeune comédien breton de vingt-quatre ans, a donc hérité du rôle. Cinq ans plus tard, sa belle voix grave dans le feuilleton télévisé *Ardéchois cœur fidèle* attendrira la France entière et lui vaudra une immense popularité. A la fois ravi et ému de retrouver son cher public, Fernandel s'est plongé avec ferveur dans le personnage de Freddy. D'autant que la vie de ce clown désenchanté est forcément lourde d'interrogations pour un artiste : son public le boude, son fils veut quitter le cirque pour faire du droit, ses meilleurs amis l'abandonnent... « Au théâtre comme au cinéma, dira Fernandel, j'entre directement dans la peau de mon personnage. Dès la première répétition, j'ai donné Freddy comme je l'ai joué. Je joue d'instinct en fonction du public, plus gros ou plus fin selon ses réactions. Quand je découvre le personnage à la lecture, j'entends tout de suite ce qui est vraiment de lui et les mots qui ne lui conviennent pas. C'est pourquoi j'ai dit à Raimu : " Toi, tu es un acteur, moi, je suis un comique. " »

Or Thomas travaille sur mesure et écrit le texte en fonction des comédiens. Cette méthode ravit Fernandel, comme en témoigne Rellys : « C'est que la dernière scène où nous racontons nos souvenirs de vieux clowns, sur la piste depuis trente ans, a pour nous des résonances. Dans la réalité, nous nous connaissons depuis quarante-six ans. »

Après la couturière de la pièce, devant un parterre de critiques plutôt froids (« dialogue vulgaire », « spectacle consternant », « mise en scène poussive » bien que... de Thomas lui-même), la « première » donne le signal du succès. Avec les fêtes, les recettes deviendront excellentes, bien que la durée de l'exploitation, quatre mois, et la tournée en Province laissent les producteurs assez peu satisfaits de l'opération. Quant au public, il manifeste tous les soirs, bruyamment, sa joie. Parfois, le comédien, presque agacé, d'un signe de la main, fait cesser l'emportement de ses admirateurs.

En prenant un tel risque, l'acteur le mieux payé de France a innové et le public lui a donné raison. Lors de la première, à peine entré sur scène, il a été ovationné pendant cinq minutes par la foule debout, enthousiaste, qui l'a ainsi légitimé. Il a même fini par leur lancer : « Pas maintenant, les bravos, tout à l'heure ! »

Le manuscrit de la pièce est posé en permanence sur une table, dans sa loge. Sur la page de garde on peut lire les dédicaces de l'auteur : « À Madame Fernandel et ses deux filles », suivie d'une date : le 20 janvier 1968. La pièce a donc été montée, répétée et mise en scène en moins de dix mois, chose assez exceptionnelle. C'est dire combien l'acteur a voulu faciliter la tâche. Fernand a choisi de remonter sur les planches, en conscience de cause ; il s'est senti en désaccord avec ce que le cinéma allait peu à peu devenir, et a cherché dans le théâtre, un refuge : « Je ne peux pas souffrir ces messieurs qui sont en train d'assassiner le cinéma français. L'inconscience de ces faux intellectuels me navre. » C'est pourtant grâce au cinéma qu'il obtiendra son dernier bonheur professionnel.

Toujours en 1968 paraît son premier disque interdit au moins de dix-huit ans ; à l'aide de quelques histoires licencieuses, il démontre que ses rôles de niais relevaient purement de la composition. Coincées entre le *Palmarès des chansons*, album de ses grands succès, et une version « studio » de *Mam'zelle Nitouche* en compagnie d'Aimé Doniat, ses folâtreries sur la berdouillette et autres binious passèrent quasiment inaperçues. Il n'aura qu'à s'en féliciter puisqu'il obtiendra le Grand Prix de l'Académie du Disque français grâce à un nouvel enregistrement des *Lettres de mon moulin*.

Outre ce prix, cette année-là il reçoit les récompenses les plus diverses, de l'intronisation au Grand Conseil des Vins de Bordeaux à l'Orphée d'or pour l'enregistrement de *Mam'zelle Nitouche*, remis dans le Grand Foyer de l'Opéra de Paris.

Mais pendant l'été, il subit une grave crise de coliques néphrétiques. Déjà, d'étranges rumeurs circulent alors qu'il s'est relevé, dit-il, « frais comme un gardon » !

Après Giovanni Guareschi, Dario Moréno, Léo Joannon, Henri Varna s'éteint à son tour.

Le 15 avril 1969, le visage empreint de tristesse, il accompagne à sa dernière demeure celui qui l'avait fait débuter au théâtre Mayol. A ses côtés on aperçoit Chevalier visiblement très ému. « Et dire, pense Fernandel, qu'il avait lancé et découvert les grands noms du music-hall. Dans la vie, il était empreint d'une grande humilité. » En se penchant sur son passé, l'acteur en prend la mesure et désire vraisemblablement l'exorciser.

Heureux qui comme Ulysse son dernier film, mais cela il ne le sait pas encore, va coïncider avec la vague venue du plus profond de son souvenir et en quelque sorte résumer sa vie.

Un dimanche du mois de mai 1967, il s'est rendu pour la première fois à une course hippique en compagnie d'Eddie Constantine et d'un propriétaire de haras, ami de son associé Jean Gabin.

Là, il s'est pris d'une affection nouvelle pour les chevaux. On murmure même qu'il veut investir dans une écurie. Mais il ne faut pas oublier que, pour tout homme du Midi, la Camargue est un horizon mystique.

Un soir, dans sa loge du théâtre des Variétés, le producteur Jacques Bar lui apporte un synopsis d'un scénariste suisse d'après le roman d'une Britannique dont l'action se situe en France, en Camargue, justement. De tels chassés-croisés, les gens de cinéma en raffolent. « C'est l'histoire d'un homme, raconte Fernandel, qui s'est attaché à un vieux cheval et ce cheval est envoyé chez un picador d'Arles où il va sans doute trouver une triste fin. L'homme, Antonin, assistant à la corrida, vole le cheval et là commence le périple de l'homme et de l'animal à travers la Provence. »

Le scénariste suisse, en l'occurrence Henri Colpi, n'est pas un inconnu pour Fernandel car on a beaucoup parlé de son film *Une aussi longue absence* couvert de récompenses en 1961. Pour avoir été étudiant à Sète, universitaire à Montpellier et s'être installé à Roussillon dans le Vaucluse où il a pour voisin Jean-Charles Tacchela, Colpi est vite adopté par la vedette marseillaise qui le considère comme un Provençal. « A première vue, cela pouvait paraître étrange que je fasse un film avec Fernandel, précise Colpi. Jusque-là, je n'avais jamais travaillé avec des " monstres ". Il avait la réputation de faire des films plutôt faciles. Moi, j'avais la réputation de faire des films qui n'étaient pas du tout-venant. Au début de notre collaboration, Fernandel se méfiait un peu de moi. Je l'ai senti pendant les trois ou quatre premiers jours, bien qu'il soit resté toujours très agréable. Mais il me faisait — comment dirais-je ? — des blagues ! »

A l'origine, cette histoire du Sud mêlant la vieillesse et l'exil était une vraie tragédie. Or Rellys, Henri Tisot et les autres ne sortant guère de leur registre habituel ont incliné naturellement vers la dérision. Parmi les acteurs, seul Fernandel a su être authentiquement pathétique et ce voyage au bout de la nuit d'un homme seul avec son cheval restera comme une des pages les plus sensibles de l'histoire du cinéma.

C'est *Crin Blanc* révisé par l'inouïe puissance tragi-comique d'un nouveau schpountz ; c'est l'odyssée pastorale d'un homme confus de son acte mais fier, comme Naïs, de sa bosse ; c'est enfin Saturnin qui ramène Angèle à ses terres camarguaises.

Quand au tournage proprement dit, l'affrontement promis entre la « vedette » et le réalisateur n'eut jamais lieu. Au contraire, tout se déroule dans la plus franche convivialité, même pendant les jours les plus torrides d'août.

« Parfois il s'insurgeait », raconte Colpi.

« Cette réplique, je ne la dis pas. Elle n'est pas pour moi ! » Ou alors, comme j'avais installé un travelling pour une scène, il décidait : " Je ne parle pas en marchant. Je ne parle qu'arrêté ! "

« J'avais également indiqué sur le script six ou sept plans où le personnage qu'il jouait devait être vu de dos. On m'a dit : " Tu es fou, Fernandel ne veut jamais être de dos. De toute sa carrière, il ne l'a jamais été. " Eh bien, il faut dire qu'il a bel et bien joué ces scènes comme prévu. Mais il a employé des astuces. A un moment, le scénario prévoyait qu'il s'éloigne tenant son cheval Ulysse par le licol, tout en lui parlant. Une caméra le suivait. Peu à peu, Fernandel s'arrangeait pour prendre de l'avance sur le cheval jusqu'au moment où il devait forcément se retourner. Mais c'était si habilement fait. On ne pouvait pas lui en vouloir... »

A la projection des rushes — les premières images du film visionnées chaque lendemain des prises de vues —, pour la première fois depuis longtemps, l'acteur retrouve, fasciné, cette Provence haute en couleurs où ses répliques résonnent à la manière de Pagnol, Daudet, ou Giono : « Pourquoi vous traitez pas un animal comme vous traitez un homme ?... Ulysse est mon compagnon depuis vingt-cinq ans. Vous savez bien ce que disent les gens au village... Oh ! rien de bien méchant... Seulement, des fois, en parlant, il m'arrive qu'Ulysse, je l'appelle " mon fils ", manière de dire. Alors, les gens croient que moi, je crois qu'il est vraiment mon fils ! Ils disent même que tous les deux, à force de vivre ensemble, on finit par se ressembler ! »

Venu sur le tournage avec son éternelle caravane, toujours accompagné de sa fidèle cuisinière qui lui mitonne de bons petits plats provençaux, Fernandel invite parfois à déjeuner le metteur en scène. Chaque soir, à l'auberge, c'est lui qui prend les commandes, conseille, fait goûter. Colpi se souviendra longtemps de sa rencontre avec l'acteur, de ces repas pris ensemble sur la petite place de Roussillon.

Mais l'heure est déjà tardive pour que puisse s'épanouir cette amitié naissante : « Fernandel était d'une grande gentillesse avec tout le monde, poursuit Colpi. Ce qui n'empêche pas qu'on l'appelait toujours " Monsieur ". Je n'ai jamais réussi à l'appeler " Fernand ", je disais aussi " Monsieur ". »

Le tournage s'est poursuivi sereinement jusqu'aux premiers jours de l'automne. Parfois, un coup de fil, une phrase jetée au hasard d'une conversation, un murmure anodin font état d'une « fatigue constante », de « la sensation d'être miné par une maladie ». On pense à Bourvil et à son « mal caché ». « S'il était malade, c'était invisible, conclut Colpi. Simplement, il se disait parfois un peu fatigué et cela lui semblait inhabituel. A soixante-six ans, il n'avait pas un cheveu gris. Pour jouer le personnage d'Antonin, un vieil homme, nous avons dû lui mettre un peu de blanc en arrière des tempes... » Si Fernandel est déjà atteint du mal qui va le terrasser, personne, mis à part sa famille, n'en aura été informé. Tout au plus, sait-on par une indiscrétion que le comédien a fait une mauvaise chute sur son bateau, lui occasionnant de vives et persistantes douleurs du côté droit. « En ce mois d'août 1969, précise son ami Andrex, heureux et détendu sous le soleil, il pêchait une bouillabaisse à bord de son yacht *Caméra* au large de Carry-le-Rouet. Soudain, un coup de mistral souleva la mer et, projeté en avant, Fernand heurta la couchette installée sur le pont pour la sieste. S'ensuivit une blessure, puis un kyste, puis... »

Puis tout est rentré dans l'ordre, semble-t-il. Toujours en compagnie de Rellys, il décide d'enregistrer de nouveaux « sketches hilarants » où il sera question, sans équivoque, de « pêche », de « poissonnerie », de « soldat entêté », non sans un regard nostalgique vers Fribemol, héros d'antan. En octobre 1969, l'acteur apprend la mort de sa mère. « Un jour, raconte Colpi, allez savoir pourquoi, il nous a parlé de sa mère. Il ne l'avait pas vue depuis quarante-trois ans. Il nous en disait les raisons. Il en pleurait. Nous en avons tous pleuré. Nous avons compris alors clairement pourquoi il était un grand monsieur et pourquoi, frémissement d'une sensibilité à fleur de peau, il était et resterait un immense acteur. »

Fernandel emportera ce secret avec lui, le secret de sa relation à sa mère, le secret de sa vocation d'artiste : « Je ne sais pas pourquoi, quand je chantais, les gens riaient... »

En janvier 1970, *Heureux qui comme Ulysse* sort à Marseille sans grand succès. Fernandel, lui, a repris l'épuisante tournée de *Freddy*. Là encore, la magie n'opère plus avec la même intensité ; une, cinq, dix représentations devront être annulées, d'autres se joueront devant un public clairsemé.

Au cours de l'un de ses nombreux passages dans la capitale il enregistre un nouveau disque. *Si tu touches à mon oiseau,* chanson osée, inspirée de *Hair,* comédie musicale à succès et à scandale, lui vaut d'être interdit sur toutes les antennes. Frappé pour la première fois par la censure, Fernandel écume de rage : « Peut-être faut-il que je me laisse pousser les cheveux et que je chante en anglais pour réussir d'être programmé sur les ondes ?... »

Le 15 avril, au Cirque d'hiver, se tient le traditionnel « Gala de l'Union des artistes », la fête des gens du spectacle. Remplaçant Jean Gabin excusé, Fernandel en est le Monsieur Loyal. « Ce titre est la consécration de ma carrière. Un honneur auquel j'attache le plus grand prix. En me choisissant, Brigitte Bardot et Jean-Pierre Cassel ont tenu à saluer l'artiste qui a su durer. J'avais déjà été invité sur la piste avec Raimu, Raymond Rouleau et Zizi Jeanmaire. J'aurai, cette fois-ci, une douzaine de pur-sang sous mes ordres. Ça me rappellera l'armée. »

En mai, le coup porté à la poitrine ayant fait surgir un kyste suspect, Fernandel subit une intervention chirurgicale à la clinique de Passy.

Pour la famille, informée qu'il s'agit d'une tumeur cancéreuse, le calvaire commence. Il est difficile, voire impossible, de lui cacher la nature de son mal. Son état exige des rayons ; on invoque la possibilité d'une cicatrisation plus rapide. Il maigrit ; on prétexte un effet postopératoire.

Les producteurs exigent une expertise avant qu'il entame le tournage de *Don Camillo et les contestataires.* Sixième volet de la série, dernier recueil des nouvelles de feu Guareschi, ce Camillo-là sera mis en scène par Christian-Jaque. Entre l'acteur et le cinéaste, l'amitié est réelle. Le second va soutenir le premier dans la terrible épreuve qui s'annonce.

Le 24 juin, à l'invitation du président Pompidou, Fernandel se rend au Conseil constitutionnel où il est reçu et complimenté comme un grand de ce monde.

Le 9 juillet, il se présente à l'expertise d'où il ressort « bon pour le service ». Il quitte Paris pour Milan, et de là rejoint Brescello à cent cinquante kilomètres de la grande cité industrielle, dans la plaine du Pô. Où est le temps où il déclarait : « A Brescello et dans toute la région de Parme, on retrouve ma tête jusque sur des cartes postales, sur les étiquettes de vin, sur les paquets de biscuits. Nous avons même tourné dans un café dont il a fallu repeindre l'enseigne : c'était le café “ Don Camillo ”. »

Le village n'a pas changé mais lui a changé. Il est épuisé par le voyage.

Au cours de ce torride été 1970, se reforme pour la dernière fois le tandem Fernandel-Gino Cervi. Avec près de cinquante degrés au soleil et à midi, l'air est étouffant ; en revanche, avec le soir, tombe la fraîcheur sur les toits de tuile rouge. C'est l'heure où Fernandel, exténué, regagne péniblement sa chambre de l'hôtel Stendhal dont les fenêtres donnent sur la placette de Parme. Profitant des vacances, Josette, sa fille, Martine son unique petite-fille, sont venues passer quelques jours en sa compagnie.

Nous sommes à la mi-juillet. Un jour, le scénario prévoit qu'il doit porter dans ses bras la jeune Graziella Granata qui joue le rôle de sa nièce dans le film. Elle pèse à peine cinquante kilos mais il n'arrivera pas à la soulever. Christian-Jaque aura recours à un subterfuge : la comédienne assise sur une planche soutenue par deux assistants, Fernandel donnera l'impression de la porter. Le comédien s'inquiète de cette faiblesse. Sur le plateau chacun s'efforce de le rassurer.

Le 29 juillet, il est à Parme et consulte un spécialiste. Le soir même, il apprend le terrible diagnostic : pleurésie sèche, des poumons très atteints, en un mot, il est condamné. Jusqu'à ce jour, il avait ignoré la nature de son mal...

Comme dans un mauvais mélo, il revoit les sourires forcés d'Henriette, des enfants, de Gabin, de Verneuil et de tous les amis. Il y songe maintenant : jamais auparavant, Josette ne serait venue le déranger dans son travail.

Christian-Jaque cherche quelque parole apaisante : « On reprendra le tournage dès que tu seras rétabli. Rentre à Marseille. »

Le 2 août, la production suspend le tournage. Gino Cervi est reparti à Rome. Fernandel se retire aux « Mille Roses » pour s'y soigner. La presse rôde et sans vergogne l'annonce mourant, presque mort déjà. Il lui faut faire face aux journalistes.

Si l'œil est vif, le geste semble devenu plus lent, le sourire figé et la décontraction feinte. Il se force à plaisanter sur le nom du professeur qui le soigne, un certain... Charpin ! Cette homonymie se révélera être un mauvais présage de plus.

Le 24 septembre, il apprend que Bourvil s'est éteint la veille, à Paris. « C'est un ami et un acteur de grand talent qui s'en va », déclare-t-il au téléphone, visiblement très affecté par la perte de ce précieux compagnon. Peut-être tient-il le compte de cette année 1970, terrible année : tour à tour viennent de disparaître Luis Mariano, Georges Milton et Jean

Giono. Ce dernier est mort chez lui, à Manosque. Lorsque Henriette ferme les lourdes grilles de la propriété des « Mille Roses », elle sait qu'elle n'y reviendra plus avec Fernandel ; c'est à Paris, loin de sa ville natale, qu'il quittera à son tour sa famille, ses amis et son public.

Fernandel montre un immense courage. Il ne veut pas abandonner la vie et donc son métier. Un jour, il annonce qu'il va animer une nouvelle émission radiophonique. Le lendemain, s'installe déjà l'irrémédiable et lente paralysie.

L'infatigable Henriette répond au téléphone, rassure les uns, informe les autres, protège son Fernand du mieux qu'elle peut de ce monde extérieur auquel il appartient de par sa prodigieuse notoriété.

Bientôt cloué à sa chaise, il souffre de douleurs intolérables. En bas du 44 de l'avenue Foch, les reporters attendent, prêts à faire leur métier de vampires d'images. « On veut encore m'enterrer, fait-il répondre par la presse. Les bruits les plus fantaisistes courent. Tout le monde me dit malade, très malade, quasiment à l'agonie... Oui, j'ai eu une pleurésie, il y a trois mois, mais c'est passé, je suis complètement guéri. Ecoutez, on dit que mes poumons vont mal, mais je peux vous assurer que je fume plus que jamais. Plus de Celtiques, je me suis mis au cigare. On dit que j'ai l'estomac " patraque ", mais je me " tape " tous les jours une énorme bouillabaisse. Quant à mon foie, il va si bien que je ne me gêne pas pour forcer un peu mes doses de pastis en cachette de ma femme. Alors, s'il vous plaît, publiez ma déclaration dans votre journal et j'espère que cela mettra un point final à tous ces ragots... »

Mais l'annulation de la réception organisée par les disques Decca au Fouquet's, l'arrêt du tournage de *Don Camillo,* les va-et-vient des médecins ou de l'ambulance qui l'emmène à la clinique où il est traité à la bombe au cobalt ne font qu'alimenter la rumeur persistante.

On prépare la « Nuit du cinéma » où il ne pourra se rendre Le 18 décembre, Pierre Louis et Claude Dauphin viennent chez lui pour qu'il enregistre un message à l'intention de ses fidèles, de ses amis.

Puis survient la complète paralysie des jambes. « Pour la première fois, avoue Henri Verneuil venu le voir en hâte, lui qui faisait toujours les quatre cents pas dans le salon car il ne pouvait pas rester en place (c'était un grand nerveux), il n'a pas bougé de son fauteuil. Il était très gai, il plaisantait toujours mais quand j'ai voulu prendre congé en lui disant : " Je te verrai à mon retour ", il m'a répondu : " Très bien, cela me fera plaisir. Tu connais le chemin, je ne t'accompagne pas. " Alors qu'habituellement, il avait toujours quelque chose à vous raconter sur le pas de la porte. Et, à la sortie, sa fille m'a dit avec les larmes aux yeux : " Il ne vous a pas raccompagné parce qu'il ne peut pas bouger. " »

Venu en voisin, Marcel Pagnol se rend aussi à son chevet. Par un pieux mensonge il rescelle le pacte ancien de l'amitié. Selon Raymond Castans, il lui annonce : « Eh bien voilà Fernand, je suis venu te voir parce que, c'est décidé, je vais retourner *Marius, Fanny* et *César*. Je vais t'expliquer. Aujourd'hui déjà, le public supporte mal qu'un film ne soit pas en couleurs. D'ici quelques années, un film en noir et blanc, on ne voudra même plus le projeter. Alors j'ai pris ma décision : je vais tourner une nouvelle version en couleurs de la trilogie. Et je suis venu te demander officiellement si tu accepterais de reprendre le rôle de César. Il n'y a que toi pour remplacer le pauvre Jules. Un autre, il ne me le pardonnerait pas ! Toi, ça lui fera plaisir... Tu jouerais César. Et Franck, ton fils, nous jouera Marius. »

Fernandel sourit, acquiesce, espère encore.

Ces derniers mois, il a beaucoup écrit, des lettres principalement à des proches : à son copain pêcheur, à son régisseur, au maire de Carry, mais aussi à Gino Cervi.

A la mi-janvier, au cours d'une légère accalmie du mal qui le ronge, il téléphone à Christian-Jaque pour le rassurer ; il va mieux, le film va reprendre, on peut compter sur lui... Bientôt.

Ce qu'il ignore, c'est que la Lloyd, qui assure la production, a décidé de finir *Don Camillo* sans lui. Gisèle Mure, sa fidèle infirmière, voit chaque jour davantage s'éteindre la moindre lueur d'espoir. Audehors, la presse anticipe : le 6 février 1971, elle déclare que la vedette vient de sombrer dans le coma. A la sortie d'une visite à domicile, le professeur Jacques Chrétien se contente de constater un « état sérieux ».

Le 9 février, les journaux, cette fois, annoncent son décès.

Indignés, Henriette, Josette, Janine et Franck doivent à la fois mentir au malade et aux reporters qui font le siège de l'immeuble de l'avenue Foch. Désormais, seuls les intimes et la famille ont droit de cité dans l'appartement où agonise, reclus, le grand comédien. Rellys, Andrex viennent lui dire adieu.

Puis advient le 26 février, un vendredi. Réveillé à huit heures, après le petit déjeuner, il a lu jusqu'à l'heure de son pastis suivi d'un frugal repas. Là, il a demandé à être seul et s'est retiré dans sa chambre. Une fois encore, il a appelé l'infirmière. Lorsque cette dernière a poussé la porte, il s'était tu à jamais.

« Dans mes films, je n'étais jamais mort à la fin car ça aurait fait de la peine au public et à moi aussi, d'ailleurs ! »

Fernand Désiré Contandin s'est éteint auprès de ses enfants et de sa chère Henriette dont il était le « Fernand d'elle ».

C'est ce nom qu'il laisse à la postérité en partant sur la pointe des pieds en ce vendredi 26 février 1971. Après nous avoir tant fait rire, il a prouvé qu'il pouvait nous faire pleurer. Mais aujourd'hui encore l'homme à l'accent du soleil reste vivant dans tous les cœurs d'enfants, petits et grands. Sans doute sa dernière galéjade ! Allez donc savoir...

Fernandel au cinéma

COURTS-MÉTRAGE

1930

LA MEILLEURE BOBONNE
(ou *Les Quatre Jambes)*

Réalisation : Marc Allégret, Claude Heymann
Scénario : André Mouezy-Eon
Dialogues : André Mouezy-Eon
Musique : Fugère
Images : Théodore Sparkuhl, Roger Forster
Production : Etablissements Braumberger-Richebé (Artistes associés)
Tournage : février 1930
INTERPRÈTES : FERNANDEL *(Lucien Pivoine),* Betty Spell *(Emma Pivoine),* Pierre Darteuil *(M. Bouchamiel),* Madeleine Guitty *(Zénobie),* etc.

20 min. Noir et blanc

1930

J'AI QUELQUE CHOSE A VOUS DIRE

Réalisation : Marc Allégret
Scénario : Albert Willemetz, René Pujol
Dialogues : René Pujol
Images : Théodore Sparkuhl
Production : Etablissements Braumberger-Richebé (Artistes associés)
INTERPRÈTES : FERNANDEL *(l'amoureux)*, Pierre Darteuil *(le mari trompé)*, Paulette Dubost *(la bonne)*, Colette Claudey *(l'épouse volage)*, etc.

35 min. Noir et blanc

1931

ATTAQUE NOCTURNE

Réalisation : Marc Allégret assisté de Jean de Marguenat
Scénario : André de Lorde, d'après une comédie de Masson Forestier et André de Lorde
Production : Etablissements Braumberger-Richebé
Tournage : janvier-février 1931
INTERPRÈTES : FERNANDEL *(l'amant)*, Julien Carette *(le commissaire)*, Emile Saint-Ober *(un agent)*, Betty Spell *(la jeune femme)*, Madeleine Guitty *(la bonne)*, etc.

25 min. Noir et blanc

1931

LA FINE COMBINE

Réalisation : André Chotin
Scénario : Jean Deyrmont
Dialogues : Jean Deyrmont
Production : Kaminsky Films
Tournage : mars 1931
INTERPRÈTES : FERNANDEL *(le valet de chambre)*, Cora Lyn (Edwige Feuillère) *(la maîtresse)*, Raoul Marco *(le mari)*, Suzanne Dehelly *(l'épouse)* et Carjol, Suzanne Nivette, etc.

45 min. Noir et blanc
Sortie à Paris : juillet 1931

1931

BRIC-A-BRAC ET COMPAGNIE

Réalisation : André Chotin
Scénario et adaptation : Georges Dolley
Dialogues : Jacques Monteux, Roger Féral
Musique : Lionel Cazaux
Images : Nicolas Farkas
Décors : Lazare Meerson
Production : Kaminski Films
Tournage : juillet 1931
INTERPRÈTES : FERNANDEL *(Fernand)*, Albert Dinan *(Jean Verly)*, Madeleine Guitty *(Rebecca Tomeff)*, Suzette Comte *(Zina Tonnelli)*, Jean Rozemberg *(le notaire)*, Raoul Marco *(M. Verly)*, Marfa d'Hervilly *(Mme Verly)*, Robert Seller *(le domestique)* et Alexiane, Simone Valaury, Madeleine Allioux, Peggy Angelo, Alvina Salomon, etc.

48 min. Noir et blanc

1931

VIVE LA CLASSE
(ou Les Gaietés de l'escouade)

Réalisation : Maurice Cammage
Scénario et adaptation : Maurice Cammage
Dialogues : Maurice Cammage
Images : Paul Guichard
Production : Pierre Buchot
Tournage : septembre 1931
INTERPRÈTES : FERNANDEL *(Moussin),* Fernand René *(Pancrasson),* Pierre Larquey *(l'adjudant),* Mireille Séverin *(Elyanne),* Max Lerel *(capitaine Roquard),* Yvette Andreyor *(Mme Rochard),* Paul Velsa *(Poussinot),* Emile Saint-Ober *(Gerbor)* et Jean-Paul Le Chanois, Robert Loir, Henri Ebstein, Lucy Clorival, Renée Richard, Lucienne Claudy, etc.

55 min. Noir et blanc
Sortie à Paris en première partie du film *Sous les verrous* de James Parrott avec Laurel et Hardy.

1931

PAS UN MOT À MA FEMME

Réalisation : André Chotin
Scénario et adaptation : André Rigaud
Dialogues : André Rigaud
Musique : Lionel Cazaux
Images : Georges Raulet
Production : Kaminsky Films
Tournage : septembre 1931
INTERPRÈTES : FERNANDEL *(Jules),* Lucien Carol *(Clamont),* Pierrette Caillol *(Totoche),* Gasthons

(Benoît), Madeleine Suffel *(Marie)*, Albert Dinan *(Jean Daltour)*, Stacquet *(Galubert)*, Jenny Burnay *(Suzanne Clamont)*, René Enard *(Bouchon)*, Madeleine Fontanges *(une amie)*, etc.

32 min. Noir et blanc

1931

UNE BRUNE PIQUANTE
(ou *La Femme à barbe*)

Réalisation : Serge de Poligny
Scénario et adaptation : Yves Mirande
Dialogues : Yves Mirande
Production : Paramount
Tournage : octobre 1931
INTERPRÈTES : Noël-Noël, FERNANDEL, Paul Faivre, Barencey, Christiane Delyne, Jacqueline Delubac, etc.

17 min. Noir et blanc

1932

QUAND TU NOUS TIENS, AMOUR
(ou Amour, quand tu nous tiens !)

Réalisation : Maurice Cammage
Scénario et adaptation : Jean Manse
Dialogues : Jean Manse
Musique : Van Hoorebecke
Production : Films Nicaéa
INTERPRÈTES : FERNANDEL, Gaby Basset, Pierre Finaly, Terof, Darcelys, Fernande Harfort, etc.

32 min. Noir et blanc

1932

LA TERREUR DE LA PAMPA

Réalisation : Maurice Cammage
Scénario : Jean Manse, José de Bérys
Adaptation : Jean Manse
Dialogues : José de Bérys
Production : Film Fernand Méric
INTERPRÈTES : FERNANDEL *(Billy Forster)*, Monette Dinay *(Nelly)*, Henri Baudin *(Tom Spielmann)*, Pierre Finaly *(le shérif)*, Joe Alex *(Sam)*, etc.

40 min. Noir et blanc

1932

ORDONNANCE MALGRÉ LUI

Réalisation : Maurice Cammage
Scénario : Saint-Paul, Georges Rose, d'après leur pièce
Adaptation : Maurice Cammage, Jean Kolb
Dialogues : Maurice Cammage, Saint-Paul, Georges Rose
Musique : Fernand Heintz
Chansons : Jean Manse
Images : Géo Clerc
Décors : René Saurin
Production : Films Kraemer
INTERPRÈTES : FERNANDEL *(Alfred Leneveux)*, Alice Tissot *(la baronne du Flair)*, Gildes *(le colonel)*, Jean Valroy *(l'adjudant)*, Monette Dinay *(Rosine)*, Fanny Darnell *(Geneviève)*, Jean Gobet *(le vicomte de Marchevieule)*, etc.

48 min. Noir et blanc

1932

UN BEAU JOUR DE NOCES

Réalisation : Maurice Cammage
Images : Géo Clerc
Production : Films Fernand Méric
INTERPRÈTES : FERNANDEL *(Gustave Dupied)*, Monette Dinay *(Marinette Devaux)*, Bever *(l'agent)*, Gildes *(le maire)*, Denise Becker *(Mme Devaux)*, Paul Velsa *(Louis)*, Gabrielle Fontan *(Mme Mouchu)*, etc.

32 min. Noir et blanc

1932

COMME UNE CARPE
(ou *Le Muet de Marseille)*

Réalisation : Claude Heymann
Scénario et adaptation : Jacques Prévert
Dialogues : Jacques Prévert
Production : Films Fernand Méric
Tournage : novembre 1932
INTERPRÈTES : FERNANDEL *(Chatelard)*, Marcel Duhamel *(le facteur)*, Pierre Darteuil (Laboursière), Marguerite Templey *(Mme Chatelard)*, etc.

32 min. Noir et blanc
Sortie à Paris en première partie du film *La Dame de chez Maxim's*, d'Alexander Korda.

1932

PAR HABITUDE

Réalisation : Maurice Cammage
Scénario : Abel Tarride et Vernayre, d'après leur pièce
Adaptation : Maurice Cammage
Dialogues : Abel Tarride et Vernayre
Production : Laboratoires Eclair-Journal
INTERPRÈTES : FERNANDEL *(Valentin Bourgeasse)*, Pierre Finaly *(Joseph)*, Gaby Basset *(Mme Roussel)*, Terof *(M. Roussel)*, etc.

32 min. Noir et blanc

1932

RESTEZ DÎNER
(ou *Maruche)*

Réalisation : Robert Florey
Scénario : Robert Péguy, Marius Boisson
Adaptation : Robert Péguy
Dialogue : Robert Péguy
Musique : Vincent Scotto
Chansons : Vincent Scotto, Géo Koger, Robert Péguy
Images : Nicolas Hayer
Production : Albert Lauzin
Tournage : novembre 1932
INTERPRÈTES : FERNANDEL *(Maruche)*, Louis Florencie *(M. Blondel)*, Ginette Gaubert *(Adèle)*, Henri Debain *(Pinchot)*, Jeanne Fusier-Gir *(Marie, la cuisinière)*, etc.

32 min. Noir et blanc

1932

LA CLAQUE

Réalisation : Robert Péguy
Scénario : Georges Fagot
Musique : Jacques Janin
Production : Pierre Buchot
INTERPRÈTES : FERNANDEL *(Jules)*, Christiane Delyne *(Paulette)*, Pierre Larquey, Marguerite Templey, Germaine Charley, Jacques Maury, Palau, etc.

32 min. Noir et blanc

1933

ÇA COLLE

Réalisation : Christian-Jaque
Scénario : Jean Georgesco
Dialogues : Jean Kolb
Musique : Francis Chagrin
INTERPRÈTES : FERNANDEL, Ouvrard, Loulou Hegoburu, Madeleine Suffel, etc.

32 min. Noir et blanc

1933

LIDOIRE

Réalisation : Maurice Tourneur
Scénario : Georges Courteline
Adaptation : Maurice Tourneur
Dialogues : Georges Courteline, Maurice Tourneur
Décors : Jacques Colombier
Production : Pathé-Natan
Tournage : du 8 au 12 mai 1933

INTERPRÈTES : FERNANDEL *(Lidoire)*, Rivers-Cadet *(la Biscotte)*, Germaine Michel *(la dame du « Panier fleuri »)*, Paulette Duval *(son assistante)* et Jean-François Martial, Marcel Magnat, Pierre Ferval, Jean Clarens, etc.

20 min. Noir et blanc
Sortie à Paris : 11 août 1933

1933

LA VEINE D'ANATOLE
(ou *Le Gros Lot)*

Réalisation : Maurice Cammage
Scénario : Maurice Cammage
Musique : Paul Devred
Images : Géo Clerc
Production : Eclair
INTERPRÈTES : FERNANDEL, Dolly Davis, Alice Tissot, Georges Bever, Louis Florencie, Gaby Basset, Monette Dinay, Max Lerel, Jean Valroy, Hubert Daix, etc.

32 min. Noir et blanc

1943

GUIGNOL, MARIONNETTE DE FRANCE

Réalisation : Maurice Cammage
Scénario : Jacques Chabannes, Marcel-Eric Grancher
Adaptation : Jacques Chabannes
Dialogues : Jacques Chabannes
Musique : Raoul Moretti
Commentaire : FERNANDEL

17 min. Noir et blanc

1946

COMÉDIENS AMBULANTS

Réalisation : Jean Canolle
Musique : Casimir Oberfeld
Chansons : Albert Willemetz, Ch. L. Pothier pour « Félicie aussi »
Images : Raymond Clunie, Henri Alekan
Production : Films Jean Mineur
INTERPRÈTES : FERNANDEL, Gisèle Alcée, Serge Darlon, Andrex, Louis Jouvet, Milton, etc.

18 min. Noir et blanc

1947

VEDETTES ET RITOURNELLES
(ou *Irma la voyante)*

Réalisation : Antoine Toé
Musique : Dubel
Images : Charles Suin
Décors : Robert Giordani
Production : Vedettes et ritournelles
Tournage : mars-avril 1947
INTERPRÈTE : FERNANDEL qui interprète « Irma la voyante », « Elle a de la barbe », « Attente » et « La caissière du Grand-Café ».

11 min. Noir et blanc

1947

ESCALE AU SOLEIL

Réalisation : Henri Verneuil
Scénario et adaptation : Henri Verneuil
Dialogues : Henri Verneuil
Musique : Paul Durand
Production : Gray Films
Tournage : juillet-août 1947
INTERPRÈTES : FERNANDEL, Arius, René Bourbon, Marie-Josée, etc.

26 min. Noir et blanc

1950

LA CHÈVRE DE MONSIEUR SEGUIN

Réalisation : Francis Gir
Commentaires : FERNANDEL

11 min. Noir et blanc

1956

L'ART D'ÊTRE PAPA
(ou *Le téléphone)*

Réalisation : Maurice Regamey
Images : Georges Barsky
Production : Cité Films
INTERPRÈTE : FERNANDEL

11 min. Noir et blanc

FILMS

1930

LE BLANC ET LE NOIR

Réalisation : Robert Florey
Direction artistique : Marc Allégret
Scénario et adaptation : Sacha Guitry, d'après sa comédie
Dialogues : Sacha Guitry
Musique : Philippe Parès, Georges Van Parys
Images : Robert Hubert
Production : Ets Pierre Braumberger-Roger Richebé
Tournage : novembre 1930-janvier 1931
INTERPRÈTES : Raimu *(Marcel Desnoyers)*, Suzanne Dantes *(Marguerite Desnoyers)*, André Alerme *(George Samoy, ex-Clarkson)*, Irène Wells *(Peggy Samoy)*, Pauline Carton *(Mary, la bonne)*, Paul Pauley *(Timinion, le chef de bureau)*, Louis Baron Fils *(Massicaud, le grand-père)*, Charlotte Clasis *(Mme Massicaud)*, Monette Dinay, *(Joséphine)*, Charles Lamy *(docteur Leclerc)*, Louis Kerly *(Arthur)*, FERNANDEL *(le groom « vierge »)* et Raymond Ceccaldi, Marino, Norris, les Jackson's Girls, etc.

1 h 47. Noir et blanc
Sortie à Paris : 21 mai 1931

Sujet : Bafouée par son mari, une femme le trompe à son tour et lui donne un enfant noir. Heureusement, un échange d'enfants scellera la réconciliation du couple.

Avis critique : « Les timides débuts de Fernandel laissaient prévoir la plus étonnante des natures cinématographiques », (Jean Renoir, propos inédits, 1950).

1931

ON PURGE BÉBÉ

Réalisation : Jean Renoir, assisté de Claude Heymann et Pierre Schwab
Scénario et adaptation : Jean Renoir, d'après la comédie de Georges Feydeau
Dialogues : Georges Feydeau
Musique : Paul Misraki
Images : Théodore Sparkhul, Roger Hubert
Montage : Jean Mamy
Décors : Gabriel Scognamillo
Production : Etablissements Braumberger-Richebé (Charles David)
Tournage : 25-31 mars 1931
Interprètes : Michel Simon *(Chouilloux)*, Fernandel *(Horace Truchet, le cousin)*, Jacques Louvigny *(M. Follavoine)*, Marguerite Pierry *(Mme Julie Follavoine)*, Sacha Tarride *(le petit Toto)*, Nicole Fernandez *(Rose)*, Olga Valéry *(Clémence Chouilloux)*, etc.

62 min. Noir et blanc
Sortie à Paris : 21 juin 1931

Sujet : M. Follavoine tente d'obtenir le marché des pots de chambre incassables destinés à l'armée française. Hélas, il rate l'affaire à cause d'un fils réticent à la purge.

Avis critique : « Il y a un type là-dedans qui est formidable. C'est Fernandel. Personne n'en voulait au studio ! » (Jean Renoir, *Mémoires*).

1931

PARIS-BÉGUIN

Réalisation : Augusto Génina, assisté de Danis
Scénario et adaptation : Francis Carco
Dialogues : Francis Carco
Musique : Maurice Yvain
Chansons : Francis Carco, Serge Veber
Images : Friedl Behn-Grund, Louis Née, Paul Briquet
Décors : Serge Pimenoff
Production : Société des Films Osso (M. Geoffroy)
Tournage : mai-juillet 1931
Interprètes : Jean Gabin *(Bob)*, Jane Marnac *(Jane Diamand)*, Jean Max *(Dédé)*, Fernandel *(Ficelle)*, Rachel Berendt *(Gaby)*, Charles Lamy *(l'auteur)*, Pierre Finaly *(le producteur)*, Violaine Barry *(Simone)*, Saturnin Fabre *(Hector)*, Pierre Mayer *(Beausourire)*, Alex Bernard *(le régisseur)*, Jacques Maury *(le commissaire)*, Marcel Delaitre *(un inspecteur)*, Jean-Marie de l'Isle *(un inspecteur)*, Léo Courtois *(un inspecteur)* et Pitouto, Pierre Ferval, Taki Galano, etc.

1 h 47. Noir et blanc
Sortie à Paris : 10 octobre 1931

Sujet : Arrêté pour un crime qu'il n'a pas commis, Bob, un cambrioleur, sera innocenté par sa maîtresse puis, par jalousie, il sera tué à son tour par les deux assassins, Ficelle et Dédé.

Avis critique : « Fernandel, souvenez-vous de ce nom, il deviendra célèbre. Il a une puissance comique analogue à celle de Michel Simon. Tout ce qu'il dit fait rire. Voilà un interprète dont il faut faire beaucoup de cas. Il porte en lui le succès » (Paul Reboux, *L'Echo,* 9 octobre 1931).

1931

CŒUR DE LILAS

Réalisation : Anatole Litvak
Scénario et adaptation : Dorothy Farnum, Anatole Litvak, Serge Veber, d'après un sujet de Tristan Bernard et Charles-Henry Hirsch
Dialogues : Serge Veber
Musique : Maurice Yvain
Chansons : Jean Boyer (« Cœur de lilas » et « Ne te plains pas que la mariée soit trop belle »)
Images : Kurt Courant
Décors : Serge Pimenoff
Production : Fifra
Tournage : juillet-août 1931
Interprètes : Marcelle Romée *(Cœur de lilas),* André Luguet *(André Lucot),* Jean Gabin *(Martousse),* Paul Amiot *(Merlu),* Carlotta Conti *(Mme Novion),* Fernandel *(le garçon d'honneur),* Marcel Delaître *(Darny),* Georges Paulais *(le juge d'instruction),* Madeleine Guitty *(Mme Charignoul),* Fréhel *(la Douleur),* Lydie Villars *(la Crevette),* Fordyce *(Mme Darny),* Pierre Labry *(M. Charignoul)* et Georges Pally, René Maupré, Edouard Rousseau, etc.

1 h 30. Noir et blanc
Sortie à Paris : 13 février 1932

SUJET : L'inspecteur André Lucot mène une enquête afin de découvrir l'assassin d'un industriel pour découvrir, finalement, que le coupable n'est autre que Cœur de lilas, une fille du milieu qu'il a sauvée.

AVIS CRITIQUE : « [...] garçon d'honneur dans une noce, il se borne à chanter une chanson de Jean Boyer : " Ne te plains pas que la mariée soit trop belle. " En fait, son rôle devait être beaucoup plus important, mais l'explosion d'un arc électrique sur le plateau l'a rendu aveugle pour plusieurs jours et Litvak, très pressé, l'a remplacé » (Jacques Lorcey, *Fernandel,* Editions PAC).

1931

LE ROSIER DE MME HUSSON

Réalisation : Bernard Deschamps
Scénario et adaptation : Bernard Deschamps, d'après la nouvelle de Guy de Maupassant
Dialogues : Bernard Deschamps
Musique : Michel Levine
Chansons : Jean Boyer (« Un homme », « L'amour est un mystère », « Maintenant, je sais ce que c'est » « quand ça m' prend »)
Images : Nicolas Farkas
Montage : Jean Feyte
Décors : Jean Perrier
Production : Films Ormuzd — Comptoir français cinématographique (Constantin Geftman)
Tournage : décembre 1931
INTERPRÈTES : Françoise Rosay *(Mme Husson),*

Fernandel *(Isidore, le Rosier)*, Marcel Simon *(M. Corollaire)*, Marguerite Pierry *(Victoire)*, Marcel Carpentier *(M. Huchette)*, Mady Berry *(Virginie)*, Colette Darfeuil *(Carmen)*, Simone Bourday *(la rosière)*, Odette Barencey *(Mme Fernande)*, Fernande Saala *(la vendeuse)* et Monique Rolland, etc.

1 h 20. Noir et blanc
Sortie à Paris : 30 janvier 1932

Sujet : Mme Husson, animatrice des bonnes œuvres de Valenciennes, cherche en vain une jeune vierge afin de l'élire « rosière de l'année ». Elu, Isidore, l'idiot du village, ne se révèle pas le « rosier » idéal.

Avis critique : « Ça devait être une date dans les annales du cinéma français. La presse, qui me découvrait enfin, se montra dithyrambique. Le personnage d'Isidore popularisant ma silhouette aux quatre coins de la France, j'étais lancé » (Pierre Barlatier, *Pour vous*, Mémoires de Fernandel).

1932

PAS DE FEMMES

Réalisation : Mario Bonnard
Scénario et adaptation : Georgius, d'après sa pièce
Dialogues : Georgius
Musique : Henri Poussigue
Production : Prima Films — Miks Films
Tournage : janvier-février 1932
Interprètes : Georgius *(Lucien Lepur)*, Jacqueline Jacquet *(Micheline)*, Fernandel *(Casimir)*, Aimos

(Albert), Teddy Dargy *(Mme Bectaupieu)*, Pierre Finaly *(professeur Branck)*, Edmond Day *(un élève)*, Georges Bever *(un élève)*, Francine Chevreuse *(Cléopâtre)* et William Burke, etc.

1 h 20. Noir et blanc
Sortie à Paris : 9 juillet 1932

SUJET : Camelot à la vie exemplaire, Lucien Lepur devient un des rois de la finance grâce à une machine extraordinaire. Lassé des richesses, il reviendra à sa fiancée et à sa chère liberté.

AVIS CRITIQUE : « C'est Georgius qui m'a offert ce petit rôle car il aimait — paraît-il — particulièrement mon tour de chant au caf' conc'. Le film obtint un très long succès et moi un rôle très court ! » (Propos de Fernandel).

1932

UN HOMME SANS NOM
(ou *Le Colonel Chabert*)

Réalisation : Gustav Uschiki (ou Ucicky), assisté de Roger LeBon et André Daven
Scénario et adaptation : Robert Liebmann, Léonard Franck, d'après Honoré de Balzac, *Le Colonel Chabert*
Dialogues : Albert Flamant
Musique : Allan Gray, Hans-Otto Borgmann
Images : Carl Hoffmann
Décors : Walter Röhrig, Robert Hertl
Production : UFA (Berlin), ACE (Gunther Stapenhorst)
Tournage : mars-avril 1932 (Allemagne)
INTERPRÈTES : Firmin Gémier *(Heinrich Martin)*,

Robert Goupil *(Gablinski)*, FERNANDEL *(Julot)*, Yvonne Hebert *(Grete)*, Paul Amiot *(docteur Sander)*, Ghislaine Bru *(Hélène Martin)*, France Ellys *(Eva-Maria)*, Lucien Walter *(docteur Lederer)*, Georges Deneubourg *(le magistrat)*, Robert Ozanne *(le secrétaire du magistrat)* et Paulette Dubost, Lucien Callamand, Paulette Duvernet, etc.

1 h 21. Noir et blanc
Sortie à Paris : 14 septembre 1932.

SUJET : Amnésique, Heinrich Martin, industriel allemand, tente en vain de reconquérir son nom, son foyer, avec l'aide de Julot, un brave employé. Déçu, il retrouvera sa nouvelle identité.

AVIS CRITIQUE : « On aimera la finesse de MM. Fernandel et Goupil qui ont donné du relief à deux comparses assez incertains mais d'une psychologie amusante » (René Bizet, *Pour vous*, 6 octobre 1932).

1932

LES GAIETÉS DE L'ESCADRON

Réalisation : Maurice Tourneur, assisté de Henry Lepage
Scénario et adaptation : Georges Dolley, d'après la pièce de Georges Courteline et Edouard Nores
Dialogues : Georges Dolley
Images : Raymond Agnel, René Colas
Montage : Jacques Tourneur
Décors : Jacques Colombier
Production : Pathé-Nathan (Fernand Lefebvre)
Tournage : avril-juin 1932
INTERPRÈTES : Raimu *(Capitaine Hurluret)*, Jean

Gabin *(Fricot)*, FERNANDEL *(Vanderague)*, Charles Camus *(adjudant Flick)*, Henry Roussel *(le général)*, René Donnio *(Laplotte ou la Pelotte)*, Pierre Labry *(Potiron)*, Frédéric Munie *(sous-lieutenant Mousseret)*, Pierre Ferval *(Vergisson)*, Lucien Nat *(maréchal des logis Bernot)*, Georges Bever *(la Guillaumette)*, Paul Azaïs *(Croquebol)*, Roland Armontel *(Barchetti)*, Louis Cari *(Bernot)*, Marcel Lutrand *(Favret)*, Géo Laby *(Peplat)*, Pierre Dac *(Ledru)*, Julien Carette *(un cavalier)*, Marcel Magnat *(Laigrepin)*, Albert Montigny *(maréchal des logis Dupont)*, Mady Berry *(Mme Bijou, la cantinière)*, Ketty Pierson *(la charcutière)*, Jacqueline Brizard *(la blanchisseuse)*, et Adolphe Mercier, Pierre Athon, Léo Courtois, etc.

1 h 25. Noir et blanc, et version Pathé-Color
Sortie à Paris : 17 septembre 1932

SUJET : En 1885, Au 51e régiment des chasseurs à cheval, l'irrascible adjudant Flick trouve des victimes idéales en la personne des soldats La Guillaumette, Croquebol, Fricot et Laplotte. Heureusement, le capitaine Hurluret est bon enfant.

AVIS CRITIQUE : « Je n'aimais pas Fernandel. Or le cavalier Vanderague qu'il a campé ici n'est pas de deuxième classe, mais, tout de bon, hors classe. Plus qu'une réussite passagère, une promesse fort nette pour l'avenir » (Maurice Bourdet, *Vu*).

1932

LE JUGEMENT DE MINUIT
(ou *Le Mystère de la dame blonde* ou *Le Vengeur*)

Réalisation : Alexandre Esway assisté d'André Charlot

Scénario et adaptation : Jean Alley, d'après *The Ringer*, pièce tirée de *The Gaunt Stranger*, roman d'Edgar Wallace
Dialogues : Henri Jeanson, Jean Alley
Images : Philippe Tanura, Marcel Franchi
Production : Pallas Films
Tournage : novembre-décembre 1932
INTERPRÈTES : FERNANDEL *(Sam Hackitt, le domestique de Meister)*, Jean Galland *(Maurice Meister)*, Raymond Rouleau *(inspecteur Berry)*, Marion Delbo *(Cora Milton)*, Janine Merrey *(Mary Lengley)*, Maurice Rémy *(inspecteur Bliss)*, Paul Oettly *(docteur Lomond/Henry-Robert Milton)*, Marcel Herrand *(Johnny Lengley)*, Camille Corney *(colonel Davis)*, Georges Paulais *(détective Thomas)*, et Jean Guilton, Alfred Argus, etc.

1 h 35. Noir et blanc
Sortie à Paris : 28 janvier 1933

SUJET : Un mystérieux justicier, surnommé Henry-Robert Milton, menace de tuer l'avocat Maurice Meister responsable de l'assassinat de sa sœur. Ce qu'il fera au nez et à la barbe de Scotland Yard.

AVIS CRITIQUE : « Il est fort bien interprété par Mmes Marion Delbo [...] Mlle Janine Merrey [...] MM. Oettly, Jean Galland, Maurice Rémy et Raymond Rouleau qui sont tous quatre excellents, et par le fin comique Fernandel qui est la joie du film où il est le seul à apporter une note gaie, détente nécessaire » (René Lehmann, *Pour vous*, 2 février 1933).

1933

LE COQ DU RÉGIMENT

Réalisation : Maurice Cammage
Scénario et adaptation : Maurice Cammage, d'après la pièce de Alain Monjardin
Dialogues : Maurice Cammage
Musique : Fernand Heintz
Chansons : Jean Manse, Alain Monjardin (« Le Coq du régiment », « Agathe », « Quand on est de corvée »)
Images : Ringel, Albert Bres
Décors : Robert Bussi
Production : Fortuna Films
Tournage : mai-juin 1933
INTERPRÈTES : André Roanne *(lieutenant Lucien Lavirette)*, FERNANDEL *(Médard)*, Charles Prince-Rigadin *(Musigny)*, Christiane Delyne *(Christiane Leroi)*, Ginette Gaubert *(Mme Lavirette)*, Louis Florencie *(commandant Montbrizard)*, Andrex *(le chanteur du dancing)*, Jean Valroy *(l'adjudant)*, Jean Kolb *(le major)*, Gaby Basset *(Agathe)*, Jeanne Fusier-Gir *(la servante d'auberge)*, Ruth Felder *(Margareth, la girl)*, Max Lerel *(un sous-lieutenant)*, Léo Courtois *(un client du dancing)*, Georges Peclet *(Saint-Girons)*, et René Lacourt, Tony d'Algy, etc.

1h 20. Noir et blanc
Sortie à Marseille : 22 décembre 1933. A Paris : 5 mai 1934

SUJET : L'un, « coq du régiment », le lieutenant Lavirette, est frère de lait de l'autre, le soldat Médard. Comme le premier se fait passer pour le second, cela entraîne bien des quiproquos.

AVIS CRITIQUE : « Ce film vaut surtout par Fernandel qui fait tout son possible pour l'animer un peu.

Mais il est assez mal employé par son metteur en scène et nombre de ses effets sont perdus » (G. L. George, *Pour vous,* 28 décembre 1933).

1933

L'ORDONNANCE

Réalisation : Victor Tourjansky, assisté de Pierre Calmann-Lévy
Scénario et adaptation : Victor Tourjansky, Boris de Fast, d'après une nouvelle de Guy de Maupassant
Dialogues : Jacques Natanson
Musique : René Sylviano
Chanson : Serge Veber (« Je suis l'homme qu'il vous faut »)
Images : Fédote Bourgassof, Louis Née
Montage : Boris de Fast
Décors : Serge Pimenoff
Production : Capitole Films/Films Romain Pines (Simon Schiffrin)
Tournage : mai-juillet 1933 (Paris)
INTERPRÈTES : Jean Worms *(colonel de Limousin),* Marcelle Chantal *(Hélène de Limousin),* Paulette Dubost *(Marie),* Alexandre Rignault *(Philippe),* Georges Rigaud *(Saint-Albert),* FERNANDEL *(Etienne),* et Claude Lehmann, Pierre Darmant, Jean Gobet, etc.

1 h 10. Noir et blanc
Sortie à Paris : 26 août 1933

SUJET : Surprise avec son amant par Philippe, l'ordonnance de son mari, la femme du colonel se donne à lui puis se suicide. Le mari trompé fera justice.

AVIS CRITIQUE : « Tourjanski, homme habile, donnera à Fernandel l'occasion de se distinguer dans

L'Ordonnance. Cette brute taciturne, à la molle et pesante silhouette, à la lèvre vaguement goguenarde, à l'œil concupiscent, étonnera bon nombre de ses admirateurs et déjà intriguera quelques critiques » (Carlo Rim, *Fernandel,* Editions Calmann-Lévy).

1933

D'AMOUR ET D'EAU FRAÎCHE
(ou *La Façon de se donner* ou *Passage clouté*)

Réalisation : Félix Gandéra
Scénario et adaptation : Félix Gandéra, d'après sa pièce *La Façon de se donner*
Dialogues : Félix Gandéra
Musique : Jean Delettre
Chanson : « Quand il y a de l'amour »
Production : Félix Gandéra
Tournage : juin-août 1933
INTERPRÈTES : Claude Dauphin *(André Maurecourt),* Renée Saint-Cyr *(Colette),* Jean Aquistapace *(Stani),* Renée Dennsy *(Régine),* Pierre Etchepare *(Gabriel),* FERNANDEL *(Eloi, le chauffeur),* Milly Mathis *(la bonne amie d'Eloi),* et Junie Astor, Jane Pierly, Nita Malbert, etc.

1 h 24. Noir et blanc
Sortie à Paris : 1er décembre 1933

SUJET : Une jolie conductrice tombe amoureuse du garçon qu'elle a failli tuer en voiture. Après maintes hésitations, elle quittera son mufle de mari pour son gentil blessé.

AVIS CRITIQUE : « [...] Disons, une fois de plus, que M. Aquistapace est un artiste plein de naturel et que M. Claude Dauphin est un jeune premier vraiment jeune. M. Fernandel représente le chauffeur. Il a eu, lui aussi, de meilleures rôles » (*Pour vous*, 7 décembre 1933).

1933

LA GARNISON AMOUREUSE

Réalisation : Max de Vaucorbeil
Scénario et adaptation : Jean Boyer
Dialogues : Jean Boyer
Musique : Ralph Erwin
Images : Gérard Perrin, Frank Planer
Montage : Ernest Hajos
Décors : Guy de Gastyne
Production : Flora Films
Tournage : novembre 1933
INTERPRÈTES : Pierre Brasseur *(Pierre)*, FERNANDEL *(Paul)*, Pierre Magnier *(le général)*, Raymond Cordy *(Frédéric)*, Lucien Baroux *(colonel Riberac)*, Betty Stockfeld *(Dora, la dame à la rose)*, Janine Merrey *(Gabrielle, la femme de chambre)*, Christiane Dor *(Victoire)*, Fernand Frey *(le bonimenteur)*, Nicole de Rouves *(Arabella)*, Charles Fallot *(l'instituteur)*, Georges Cahuzac *(le docteur)*, Lucien Callamand *(un adjudant)*, Bill Bockett *(le major)*, et Aimos, Titys, Eugène Stuber, Desagneaux, etc.

1 h 30. Noir et blanc
Sortie à Paris : 24 mars 1934

SUJET : Autour du Parisien Pierre, deux joyeux drilles font le désespoir du colonel d'une garnison de dragons dans les années vingt. D'autant qu'une troublante Américaine, la « dame à la rose » choisit de débarquer dans cet univers militaire.

Avis critique : « [...] Fernandel dont il faut remarquer la croissante faveur, et qui devient une idole du public » (Paul Reboux, *L'Echo,* 24 mars 1934).

1933

ADEMAÏ AVIATEUR

Réalisation : Jean Tarride
Scénario et adaptation : Paul Colline
Dialogues : Paul Colline
Musique : Paul May, Michel Levine
Images : Fédote Bourgassof, Jean P. Goreaud
Production : Vandor Films (Constantin Geftman)
Tournage : novembre-décembre 1933
Interprètes : Noël-Noël *(Ademaï),* Fernandel *(Mechelet),* Junie Astor *(Marguerite),* Sylvia Bataille *(Marie-Jeanne),* Paul Asselin *(le commandant),* Madeleine Guitty *(Mme Morlot),* Barencey *(le père Morlot),* André Nicolle *(le colonel),* Paul Azaïs *(l'adjudant),* Jean Rousselière *(Lucas),* Henri Lévêque *(un aviateur),* Teddy Michaud *(un aviateur),* Alex Bernard *(docteur Tallet),* et Pierre Ferval, Anna Lefeuvrier, etc.

1 h 20. Noir et blanc
Sortie à Paris : 12 octobre 1934

Sujet : Fiancé malgré lui à la fille d'un fermier, Adémaï ne doit son salut qu'à la fuite en avion avec un camarade qu'il croit malheureusement pilote. Pendant trois jours, nos deux héros vont battre un record du monde malgré eux.

Avis critique : « [...] Fernandel, habituellement excessif, montre ici une sobriété de jeu qui mérite des compliments » (André Heuze, *Excelsior*).

1933

LA PORTEUSE DE PAIN

Réalisation : René Sti, assisté de Charles Barrois
Scénario et adaptation : René Sti, d'après le roman de Xavier de Montepin et Jules Dornay
Dialogues : Georges Berr
Musique : Jacques Dallin, Fernand Audier
Images : Harry Stradling, Jacques Mercanton
Montage : Jacques Desagneaux
Décors : Eugène Lourié
Production : Films Albatros (Vladimir Zederbaum)
Tournage : décembre 1933-janvier 1934
INTERPRÈTES : Germaine Dermoz *(Jeanne Fortier)*, Simone Bourday *(Louise)*, Mona Goya *(Mary)*, Madeleine Guitty *(Mademoiselle Rose)*, Jeanne-Marie Laurent *(Mme Darrier)*, Jacques Gretillat *(Garaud)*, François Rozet *(Lucien Labroue)*, Samson Fainsilber *(Castel)*, FERNANDEL *(Billenbuis)*, Roger Dann *(Georges Darrier)*, Georges Paulais *(l'avocat général)*, Paul Clerget *(l'abbé Laugier)*, Alexandre Dréan *(Cricri)*, Daniel Mendaille *(Soliveau)*, Claude Borelli *(un petit garçon)* et Charles Lemontier, Albert Broquin, etc.

1 h 40. Noir et blanc
Sortie à Paris : 24 mars 1934

SUJET : Injustement condamnée pour un crime commis par son directeur Jacques Garaud, la gardienne Jeanne Fortier passera dix-neuf années en prison. Evadée, elle fera éclater la vérité et retrouvera sa famille.

AVIS CRITIQUE : « Les sketches comiques de Fernandel et Dréan apporteront la détente nécessaire » *(La Cinématographie française)*.

1934

UNE NUIT DE FOLIES

Réalisation : Maurice Cammage
Scénario et adaptation : René Pujol, d'après la pièce d'Henri Hubert et Paul Chartrettes *Le Gars du milieu*
Dialogues : René Pujol
Musique : Vincent Scotto
Chansons : Vincent Scotto, Jean Manse (« Un verre de fine », « Y a rien de mieux que ça », « Les Cavaliers »)
Images : Marcel Lucien, Roger Forster, Lucien Joulin
Décors : Robert Saurin
Production : Fortuna Films
Tournage : janvier 1934
INTERPRÈTES : FERNANDEL *(Fernand)*, Marcelle Parysis *(Loulou)*, Dollys Davis *(Jacqueline)*, Suzanne Dehelly *(Suzanne)*, Jacques Varennes *(Julot)*, Georges Peclet *(le Frisé)*, Rose Mai *(Marie, la femme de chambre)*, Pierre Bertin *(Anatole)*, André Roanne *(Paul d'Ermont)*, Pierre Finaly *(Martin, le juge d'instruction)*, Albert Malbert *(le cabaretier)*, Colette Andris *(la danseuse nue)* et Antony Gildes, Jean Kolb, Titys, Terry Dargy, etc.

1 h 30. Noir et blanc
Sortie à Paris : 28 avril 1934

SUJET : La séduisante Jacqueline a décidé de s'offrir de fortes sensations nocturnes au bal des Horreurs. Heureusement, Paul d'Ermont la tirera de ce bien mauvais pas.

AVIS CRITIQUE : « Fernandel égaie le film de ses mimiques... » (*Pour vous*, 3 mai 1934).

1934

LE CHÉRI DE SA CONCIERGE

Réalisation : Guarino-Glavany
Scénario et adaptation : Jean-Louis Bouquet, d'après le vaudeville de Raoul Praxy
Dialogues : Jean-Louis Bouquet
Chansons : « Celle à qui je plais », « Milliardaire »
Production : Oréa Films
Tournage : janvier-février 1934
INTERPRÈTES : FERNANDEL *(Eugène Crochard)*, Alice Tissot *(Mme Motteville, la concierge)*, Colette Darfeuil *(You-You, la petite « grue »)*, Yvette Lebon *(Odette, la jeune fille)*, Gilbert Pérignaux *(Boisgirard)*, Mado Mailly *(la soubrette)*, Georges Bever *(le brigadier)*, Marcel Vibert *(Grandois)*, Marcel Barencey *(Breteaudeau)*, Germain Champell *(Vandewengaete)* et Henriette Leblond, Maupi, Robert Ralphy, Raymond Rognoni, Louis Kerly, Pierre Darteuil, etc.

1 h 21. Noir et blanc
Sortie à Paris : 10 août 1934

SUJET : Chômeur, Eugène Crochard, que l'on croit milliardaire, est poursuivi par une cohorte de gens fort intéressés. Mais lui n'a d'yeux que pour sa très jolie concierge.

AVIS CRITIQUE : « Je ne crois pas avoir beaucoup ri en suivant les aventures de Crochard-Fernandel, mais j'ai ri parfois à quelques répliques de Fernandel-Crochard et à quelques situations amusantes dont un metteur en scène plus subtil ou moins embarrassé eût pu tirer des effets de bon cinéma. Fernandel est amusant » (René Lehmann, *Pour vous*, 16 août 1934).

1934

L'HÔTEL DU LIBRE-ÉCHANGE

Réalisation : Marc Allégret, assisté de Pierre Prévert et Paul Allaman.
Scénario et adaptation : Pierre Prévert, Marc Allégret, d'après la pièce de Georges Feydeau et Maurice Desvallières
Dialogues : Jacques Prévert
Images : Roger Hubert
Montage : Denise Batcheff, Marguerite Beaugé
Décors : Lazare Meerson, Alexandre Trauner, Robert Gys
Production : OR Films (Alex Traversac)
Tournage : mars 1934
INTERPRÈTES : FERNANDEL *(Boulot, le garçon d'étage)*, Raymond Cordy *(Bastien)*, Saturnin Fabre *(M. Mathieu)*, Mona Lys *(Marcelle Paillardin)*, Marion Delbo *(Angélique Pinglet)*, Pierre Larquey *(M. Pinglet)*, Ginette Leclerc *(Victoire, la bonne)*, Olga Muriel *(Pâquerette)*, André Alerme *(Paillardin)*, Pierre Palau *(Boucard)*, Marcel Duhamel *(un client)*, Raymond Bussières *(Chervet)*, Serge Grave *(Maxime)* et Lou Bonin, Simone Dulac, Jacques Prévert, Alexandre Trauner, Paul Grimault, Léo Lastry, Raymond Galle, etc.

1 h 46. Noir et blanc
Sortie à Paris : 10 novembre 1934

SUJET : Une succession d'événements imprévus réunit à l'hôtel du Libre-Echange un expert venu enquêter, son neveu Maxime, sa femme prête à le tromper, un avocat bègue et ses quatre filles, un commissaire zélé, etc.

AVIS CRITIQUE : « On rit des facéties de Fernandel, de l'humour de Larquey et Saturnin Fabre, Alerme, Raymond Cordy et Palau » (Nino Frank, *Pour vous*, 15 novembre 1934).

1934

LE TRAIN DE 8 HEURES 47

Réalisation : Henry Wulschleger
Scénario et adaptation : René Pujol, d'après la pièce de Léo Marches adaptée du roman de Georges Courteline
Dialogues : Léo Marches
Musique : Vincent Scotto
Chansons : Vincent Scotto
Images : René Guychard, Maurice Guillemin
Décors : Guy de Gastyne
Production : Compagnie française cinématographique/Lux (Alex Nalpas)
Tournage : mars-avril 1934
INTERPRÈTES : FERNANDEL *(Croquebol)*, Bach *(La Guillaumette)*, Fernand Charpin *(Capitaine Hurluret)*, Fernand Ledoux *(adjudant Flick)*, Georges Prieur *(le colonel)*, Georges Chepfer *(l'officier alsacien)*, Arcy Hennery *(M. Frédéric)* et René Dary, Albert Broquin, Paul Velsa, René Lacourt, Géo Lecomte, Edouard Delmont, François Carron, etc.

1 h 20. Noir et blanc.
Sortie à Paris : 26 mai 1934

SUJET : En 1885, à Bar-le-Duc, au 202e chasseur, les cavaliers Croquebol et La Guillaumette sont les éternelles victimes de l'adjudant Flick, malgré l'indulgence du capitaine Hurluret.

AVIS CRITIQUE : « On prend plaisir à voir le film car Bach et Fernandel sont excellents » *(Le Film français)*.

1934

ANGÈLE
(ou *Un de Baumugnes*)

Réalisation : Marcel Pagnol
Scénario et adaptation : Marcel Pagnol, d'après *Un de Baumugnes*, de Jean Giono
Dialogues : Marcel Pagnol
Musique : Vincent Scotto
Images : Willy, Roger Ledru
Montage : Suzanne de Troye, André Robert
Décors : Marius Brouquier
Production : Les Films Marcel Pagnol (René Pagnol)
Tournage : 28 avril-mai 1934
INTERPRÈTES : FERNANDEL *(Saturnin)*, Henri Poupon *(Clarius Barbaroux)*, Annie Toinon *(Philomène Barbaroux)*, Orane Demazis *(Angèle Barbaroux)*, Edouard Delmont *(Amédée)*, Jean Servais *(Albin)*, Andrex *(Louis)*, Charles Blavette *(Tonin le rémouleur)*, Blanche Poupon *(Florence)*, Fernand Flament *(le Tatoué)*, Darcelys *(un paysan)*, Rellys *(un paysan, séquence coupée au montage)*, etc.

2 h 30 (version de 2 h 05). Noir et blanc
Sortie à Marseille : 16 septembre 1934. A Paris : 26 octobre 1934

SUJET : Angèle quitte la ferme familiale pour suivre, à Marseille, Louis, mauvais garçon qui l'oblige à se prostituer. Rejetée par les siens, elle ne devra son salut qu'à l'intervention du valet Saturnin et trouvera l'amour avec Albin.

AVIS CRITIQUE : « Ce fut le premier rôle sérieux de Fernandel, dont la composition pleine d'humanité tranchait sur le comique épais et sans nuance où on voulait alors le confiner » (Pierre Tchernia, *Les Fiches de « Monsieur Cinéma »*).

1934

LES BLEUS DE LA MARINE

Réalisation : Maurice Cammage
Scénario et adaptation : Jean Manse
Dialogues : Jean Manse
Musique : Vincent Scotto
Chanson : Roger Dumas : « C'est dans la mama », « Dans la flotte »
Images : Ringel
Décors : Robert Saurin
Production : Fortuna Films (Félix Méric)
Tournage : juin-juillet 1934
INTERPRÈTES : FERNANDEL *(Lafraise)*, Ouvrard *(Plumard)*, Edouard Delmont *(le quartier-maître)*, Andrex *(le lieutenant)*, Colette Darfeuil *(Germaine Pelageon)*, Suzanne Dehelly *(Elyane)*, Georges Peclet *(le commandant)*, Louis Florencie *(Pelageon, le pharmacien)*, Anthony Gildes *(le maire)*, Jean Kolb *(le docteur)*, Pierrette Marly *(la femme de chambre)*, Renée Dennsy *(Hortense)*, Philippe Hersent *(l'aspirant)*, Darcelys *(un ancien)*, Louis Rollin *(le patron du bar)*, Paul Marthes *(le premier adjoint)*, Charblay *(l'hercule)*, Max Lerel *(le potard)* et Pierre Ferval, Jean Valroy, Albert Malbert, Marcel Melrac, etc.

1 h 38. Noir et blanc
Sortie à Marseille : 26 septembre 1934. A Paris : 6 octobre 1934

Sujet : Perdus dans Toulon lors d'une escale, pourchassés par une patrouille, deux bleus de la marine, Lafraise et Plumard, sont pris pour les officiels de l'inauguration d'un monument.

Avis critique : « Fernand y était extraordinaire là-dedans. Ce qui me peine le plus, c'est qu'on ne verra jamais plus des films comme celui-là. Et c'est dommage ! » (Rellys, propos inédits).

1934

LE CAVALIER LAFLEUR

Réalisation : Pierre-Jean Ducis, assisté de Jean Manse et Robert Lavallée
Scénario et adaptation : Yves Mirande, d'après l'opérette de Louis Raine et André Mauprey
Dialogues : Yves Mirande
Musique : Jacques Dallin
Chansons : André Mauprey (« Tiens, voilà Lafleur », « Valse de Rosalie »)
Images : Fred Langenfeld, Charles Bauer
Montage : André Versein
Décors : Pierre Schild
Production : Gamma Films (Ayres d'Aguiar)
Tournage : septembre-octobre 1934
Interprètes : Fernandel *(Fernand-Gaëtan Lafleur)*, Jacques Louvigny *(Hyacinthe Lafleur)*, André Roanne *(lieutenant d'Urville)*, Raymond Cordy *(brigadier Verjus)*, Pierre Larquey *(adjudant Gonfaron)*, Danielle Brégis *(Mme Lafleur)*, Janine Merrey *(Rosalie)*, René Genin *(maréchal des logis Bellone)*, Maupi *(le garçon d'hôtel)*, Christiane Delyne *(Odette)*, Lyne Clevers *(Baïa)*, Albert Malbert *(cavalier Bouju)*, etc.

1 h 25. Noir et blanc
Sortie à Paris : 14 décembre 1934

SUJET : Grâce à un homonyme, le cavalier Lafleur, militaire à Vernouillet, se donne du bon temps loin de sa modiste de femme restée à Nanteuil. S'ensuivent d'extravagants quiproquos...

AVIS CRITIQUE : « Fernandel est le héros de l'histoire et il est drôle comme d'habitude » (Nino Frank, *Pour vous,* 20 décembre 1934).

1935

FERDINAND LE NOCEUR

Réalisation : René Sti, assisté de Robert Lavallée et Jean Manse
Scénario et adaptation : Jacques Constant, d'après la pièce de Léon Gandillot
Dialogues : Georges Berr, René Sti
Musique : Casimir Oberfeld
Chansons : « Quand on est obligeant », « Faut tout prendre du bon côté »
Images : Fred Langenfeld, Charles Bauer
Montage : Jacques Desagneaux
Décors : Pierre Schild
Production : Gamma Films (Ayres d'Aguiar)
Tournage : décembre 1934-janvier 1935
INTERPRÈTES : FERNANDEL *(Ferdinand Piat)* Paulette Dubost *(Paulette Fourageot),* André Alerme *(M. Fourageot),* Pauline Carton *(Mme Paturin),* Félix Oudart *(colonel Paturin),* Julien Carette *(Farjol),* Jane Marken *(Mme Berdimey),* Romain Bouquet *(M. Berdimey),* Madeleine Guitty *(Rose),* Maupi *(Casimir),* Louis Scott *(Labricelle),* Nadine Picard *(Amandine),* Yvonne Legeay *(Mme Yvonne)* et Jeanne de Fava, Yvonne Yma, etc.

1 h 39. Noir et blanc
Sortie à Marseille : 22 février 1935. A Paris : 8 novembre 1935

SUJET : Préparateur en pharmacie, Ferdinand Piat souffre d'une timidité maladive. Or son patron le fait passer pour un noceur, ce que le vertueux jeune homme parviendra à faire croire grâce à une pilule miracle.

AVIS CRITIQUE : « Fernandel, un sourire béat sur sa large face, fuse soudain comme un pétard. Que dis-je ? Il éclate, il fait explosion » (René Sti, propos inédits).

1935

JIM LA HOULETTE
(ou *Jim la Houlette, roi des voleurs)*

Réalisation : André Berthomieu
Scénario et adaptation : Jean Manse, d'après la pièce de Jean Guitton
Dialogues : Jean Manse
Musique : Georges Van Parys
Images : Fred Langenfeld, Charles Suin, René Colas
Montage : André Versein
Décors : Pierre Schild
Production : Gamma — Gray Films (Ayres d'Aguiar)
Tournage : juillet 1935
INTERPRÈTES : FERNANDEL *(Jacques Moluchet)*, Mireille Perrey *(Pauline Bretonneau)*, Marguerite Moréno *(marquise de la Verrière)*, Jacques Varennes *(maître Clisson/Jim la Houlette)*, Louis Florencie *(Philibert Bretonneau)*, Henry Trévoux *(l'éditeur)*, Rexiane *(la bonne)*, Gabrielle Fontan *(la servante du curé)*, Jean Dax *(le président du tribu-*

nal), Jean Diener *(le procureur général)*, Paul Faivre *(le gardien de prison)* et Albert Malbert, René Génin, Jeanne de Fava, Georges Marceau, Eugène Stuber, Pierre Ferval, Jacques Beauvais, Paul Marthès, Frank Maurice, etc.

1 h 30. Noir et blanc
Sortie à Marseille : 1er novembre 1935

Sujet : Moluchet écrit des romans pour Philibert Bretonneau qui les signe à sa place. Finalement, après bien des démêlés avec Jim la Houlette, un dangereux truand, l'éditeur indélicat deviendra à son tour le « nègre » du sympathique Moluchet.

Avis critique : « Depuis que Fernandel m'a si fort émerveillé dans *Angèle,* je me suis imposé à son égard une indulgence particulière et, d'ailleurs, parfaitement méritée, car Fernandel est essentiellement un grand comique populaire et il a atteint une véritable maîtrise dans son métier » (André Antoine, *Le Journal,* 10 novembre 1935).

1935

LES GAIETÉS DE LA FINANCE
(ou *L'Homme qui a vendu sa tête* ou *Bengali VII)*

Réalisation : Jack Forrester, assisté d'Henri Calef et Jean Manse
Scénario : Jean Guitton
Adaptation : Charles Spaak
Dialogues : Jean Guitton
Musique : Vincent Scotto
Images : Fred Langenfeld, Charles Suin
Montage : André Versein
Production : Calamy Productions (Robert Lavallée)

Tournage : juillet-août 1935

INTERPRÈTES : FERNANDEL *(le banquier Marivol, le tailleur Lambinet),* Raymond Cordy *(le pisteur),* Simone Deguyse *(Mme Marivol),* Ginette Leclerc *(Fanny),* Raoul Marco *(le détective),* Madeleine Guitty *(Lucrèce),* Gaston Modot *(le chef de bande),* D'Azary Brissac *(le turfiste),* Paul Marthes *(le médecin),* Romain Bouquet *(le directeur),* Robert Casa *(le beau-père),* Maurice Marceau *(le coiffeur),* Pierre Ferval *(un agent),* René Génin *(l'aubergiste),* Frank Maurice *(un gangster),* Albert Malbert *(le gardien de nuit)* et Jean Tissier, etc.

1 h 15. Noir et blanc

Sortie à Paris : 7 février 1936

SUJET : Le banquier Marivol engage à sa place le tailleur Lambinet, son sosie. Ce que ce dernier ignore, c'est la raison de cette substitution. Lorsqu'il apprend qu'il sera la cible de tueurs, sa vie bascule dans la terreur...

AVIS CRITIQUE : « La personnalité de Fernandel qui exerce un attrait incontestable sur le public est une des bases d'exploitation de ce film. Fernandel se tire à son honneur de son rôle » *(La Cinématographie française).*

1936

UN DE LA LÉGION

Réalisation : Christian-Jaque, assisté de François Carron et Jean Manse

Scénario et adaptation : Paul Fékété, d'après une nouvelle de J. D. Newson, *Comment Forbes Smith partit pour la légion*

Dialogues : Paul Fékété
Musique : Mahieddine, Casimir Oberfeld
Images : Fred Langenfeld, Charles Suin, André Germain
Montage : William Barrache, André Versein
Décors : Pierre Schild
Production : Calamy Productions (Géo Francis)
Tournage : juin 1936
INTERPRÈTES : FERNANDEL *(Fernand, Esculape, Siméon Espitalion)*, Robert Le Vigan *(Leduc, le sergent)*, Jacques Varennes *(Pierrot Durand)*, Paul Azaïs *(Turlot)*, Daniel Mendaille *(Charlin)*, Arthur Devere *(Joseph Van der Cleef)*, Suzy Prim *(Maryse)*, Thérèse Dorny *(Antoinette Espitalion)*, Rolla Norman *(capitaine Carron)*, Jean Kolb *(le médecin-major)*, Régine Dancourt *(l'amie de Pierrot)*, Paul Amiot *(le colonel)*, Georges Malkine *(le légionnaire russe)*, Eugène Stuber *(un légionnaire)*, Marcel Vidal *(maître Troube)*, etc.

1 h 31. Noir et blanc
Sortie à Paris : 18 septembre 1936

SUJET : Dévalisé, muni de faux papiers d'identité, Fernand se retrouve enrôlé à la Légion étrangère. A la fin de son temps d'incorporation, cette nouvelle vie d'aventure le forcera à rempiler sous son vrai nom.

AVIS CRITIQUE : « Le comique de Fernandel tient pour une bonne part à son imperturbable faculté d'adaptation : où qu'il débouche, à la suite des invraisemblables aventures mitonnées pour lui par les scénaristes, il fait la joie de tous par sa bonne humeur et son entrain » (Raymond Chirat, Olivier Barrot, *Travelling* 47 de la Cinémathèque suisse).

1936

JOSETTE

Réalisation : Christian-Jaque, assisté de Robert Lavallée, François Carron et Jean Manse
Scénario et adaptation : Paul Fékété
Dialogues : Paule Fékété
Musique : Vincent Scotto
Chansons : « Célestine », « Ton amour me fait peur », « C'est la fête à tante Aurore », « Aimer, c'est toute la vie »
Images : Marcel Lucien
Montage : André Versein
Décors : Pierre Schild
Production : Calamy Productions (Jacques Calamy)
Tournage : septembre-novembre 1936
INTERPRÈTES : FERNANDEL *(Albert Durandal)*, Josette Contandin *(Josette)*, Lucien Rozemberg *(Samuel Rothenmeyer)*, Robert Arnoux *(Rémy Doré)*, Mona Goya *(Viviane Eros, la vedette)*, Jacqueline Prévost *(Jeannette, la maman de Josette)*, Andrex *(le journaliste Lucien)*, Anthony Gildes *(le professeur de puériculture)*, Nicolas Amato *(le chanteur des rues)*, Robert Seller *(Emile)*, Joe Alex *(le domestique noir)* et René Lestelly, Sinoël, Marcel Laporte, etc.

1 h 30. Noir et blanc
Sortie à Paris : 22 janvier 1937

SUJET : Modeste comptable, Albert Durandal évite l'orphelinat à Josette, la fille de sa voisine contrainte à l'hospitalisation, et porte secours à un vieil homme triste, en réalité un milliardaire qui va jouer les père Noël...

AVIS CRITIQUE : « Fernandel est remarquable d'émotion, de drôlerie et sa fille Josette fait ici une création jeune, sans cabotinage et très charmante » (Paul-André Buisine, *L'Index de la Cinématographie française*).

1936

*FRANCOIS Ier*
(ou : *Les Amours de la Belle Ferronnière)*

Réalisation : Christian-Jaque, assisté de François Carron et Jean Manse
Scénario et adaptation : Paul Fékété
Dialogues : Paul Fékété
Musique : René Sylviano
Chansons : Jean Manse
Images : Marcel Lucien et André Germain
Montage : André Versein
Décors : Pierre Schild
Production : Calamy Productions (Jacques Calamy)
Tournage : décembre 1936
INTERPRÈTES : FERNANDEL *(Honorin),* Mona Goya *Rolande/Elsa/Gagliostro, la Belle Ferronnière),* Alice Tissot *(dame Alfrédine/la duègne/Mme Cascaroni),* Henri Bosc *(Jean Ferron/Luigi Cascaroni),* René Génin *(Carpalin l'aubergiste/Rafaele Cascaroni le forain),* Alexandre Rignault *(Henry VIII d'Angleterre),* Aimé Simon-Girard *(François Ier),* Alexandre Mihalesco *(Cagliostro, l'hypnotiseur),* Sinoël *(Jules, le fantôme),* Charles Lemontier *(La Palisse),* Henry Valbel *(le moine inquisiteur),* Nicolas Amato *(le chevalier Bayard),* Paul Delon *(le duc de Montmorency),* Jean Marconi *(Lautrec Montchenu),* Janine Guise *(Maria),* Claire Saint-Hilaire *(Mme de Monchenut),* Jeanne Lamy *(la duchesse de Montmorency),* Jacques Vitry *(le connétable de Bourbon),* Albert Broquin *(un marchand de sucettes),* Pierre Ferval *(un forain),* Teddy Michaux *(le bourreau),* Paul Faivre *(un seigneur),* etc.

1 h 40. Noir et blanc
Sortie à Paris : 17 février 1937

SUJET : Mort de trac à l'idée de remplacer un comédien défaillant dans un spectacle médiéval, Honorin, hypnotisé, se réveille à la cour de François Ier. A sa main, un merveilleux atout littéraire, un petit Larousse qui lui permet d'apprécier le XVIe siècle A son réveil, il rêve d'y retourner.

AVIS CRITIQUE : « Il nous reste de Fernandel l'impérissable souvenir de François Ier, son humour complice, sa naïveté chaleureuse » (Henry Chapier, *Combat*, 2 mars 1971).

1937

LES DÉGOURDIS DE LA 11e

Réalisation : Christian-Jaque, assisté de François Carron
Scénario et adaptation : Jean Aurenche, René Pujol, d'après la pièce d'André Mouezy-Eon et C. Daveillans.
Dialogues : Jean Anouilh, Jean Aurenche
Musique : Casimir Oberfeld
Chansons : « Les dégourdis », « C'est toujours comme ça »
Images : Marcel Lucien, André Germain, Walter Barry
Montage : William Barache
Décors : Robert Gys
Production : Maurice Lehmann
Tournage : janvier 1937
INTERPRÈTES : FERNANDEL *(Patard, le premier dégourdi)*, André Lefaur *(colonel Touplard)*,

Saturnin Fabre *(M. Burnous)*, Rivers-Cadet *(Pomme, le deuxième dégourdi)*, Ginette Leclerc *(Nina Vermillon)*, Pauline Carton *(Hortensia)*, Monette Dinay *(Amélie)*, Louis Florencie *(capitaine Cormières)*, Albert Malbert *(Salé, le troisième dégourdi)* et Andrex, Nicole Ray, Charles Lemontier, Jean Kolb, Bouchet, Jacqueline Pacaud, Teddy Michaud, Titys, etc.

1 h 31. Noir et blanc
Sortie à Paris : 13 mars 1937

Sujet : En 1906, à Montauban, le colonel Touplard a fort à faire avec son ordonnance Patard et les tire-au-flanc de la 11e. Lorsque arrive Nina Vermillon et son théâtre, la caserne entre en ébullition.

Avis critique : « Fernandel, égal à lui-même, se dépense sans compter avec son habituelle efficacité » (Raymond Chirat, Olivier Barrot, *Travelling 47* de la Cinémathèque suisse).

1937

IGNACE

Réalisation : Pierre Colombier
Scénario et adaptation : Jean Manse, d'après son opérette (et Roger Dumas)
Dialogues : Jean Manse
Musique : Roger Dumas
Chansons : « Ignace », « Redis-le-me », « Quelle famille ! »
Images : Robert Le Febvre, Charles Bauer
Montage : André Versein
Décors : Jacques Colombier
Production : Ayres d'Aguiar

Fernandel

(En haut)
Paris-Béguin *avec Jane Marnac et Jean Gabin.*
Barnabé *avec Claude May.*
(Au milieu)
Ignace.

Fric-Frac *avec Arletty.*

François Ier.

Cinq grand films tournés sous la direction de Marcel Pagnol :
Angèle *avec Blavette.*
Regain, *ici entre Rollan et Le Vigan.*
Le Schpountz *avec Jean Castan.*
La Fille du puisatier *avec Raimu.*
Topaze.

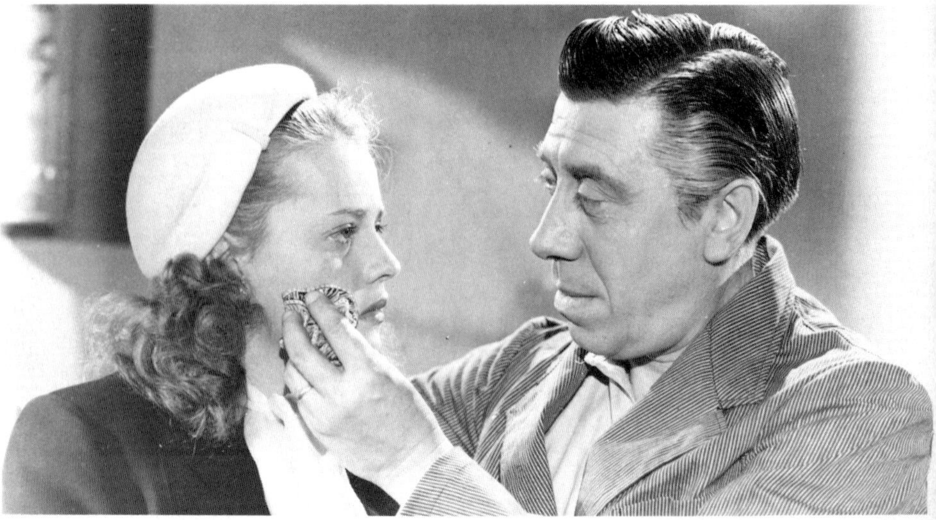

Les années 50, quelques-uns de ses personnages à jamais immortalisés :
Meurtres *avec Jeanne Moreau.*
L'Auberge rouge *avec Françoise Rosay et Carette.*
La vache et le prisonnier.

Le Petit Monde de Don Camillo. *En médaillon* Ali Baba.

Les années 60, dernières performances dans trois disciplines d'une carrière éblouissante.
Au cinéma, Le Voyage du père *avec Lilli Palmer.*
A la télévision, un tour de chant inoubliable pour le « Palmarès des chansons ».
Au théâtre, Freddy *de Robert Thomas.*

Tournage : février-mars 1937

INTERPRÈTES : FERNANDEL *(Ignace Boitaclou),* Saturnin Fabre *(baron des Orfraies),* Alice Tissot *(la colonelle),* Nita Raya *(Loulette),* Raymond Cordy *(Philibert),* Fernand Charpin *(colonel Durosier),* Claude May *(Monique),* Andrex *(Serge),* Dany Lorys *(Annette),* Charles Redgie *(le capitaine),* Pierre Magnier *(l'inspecteur général),* Doumel *(le chef),* Madeleine Suffel *(la serveuse),* Léonce Corne *(l'adjudant),* Eugène Stuber *(un gendarme),* Marcel Melrac *(un machiniste),* Albert Brouett *(le médecin)* et Pierre Ferval, etc.

1 h 42. Noir et blanc
Sortie à Paris : 30 avril 1937

SUJET : Affecté au 647e dragons basé à Névreuse-les-Bains, le jeune paysan Ignace Boitaclou, à la fois naïf, maladroit et homme de cœur, va devenir, au-delà de ce « petit nom charmant », un soldat modèle.

AVIS CRITIQUE : « Dans un genre mineur, Ignace est un chef-d'œuvre et, sans conteste, l'un des meilleurs rôles de Fernandel » (Carlo Rim, *Fernandel,* Editions Calmann-Lévy).

1937

UN CARNET DE BAL

Réalisation : Julien Duvivier
Scénario : Julien Duvivier
Adaptation : Julien Duvivier, Jean Sarment, Pierre Wolff, Yves Mirande, Bernard Zimmer
Dialogues : Bernard Zimmer, Henri Jeanson, Jean Sarment

Musique : Maurice Jaubert
Images : Michel Kelber, Philippe Agostini, Pierre Levent
Montage : André Versein
Décors : Serge Pimenoff, Jean Douarinou, Paul Colin
Production : Sigma (Jean Lévy-Strauss)
Tournage : 20 mars-juin 1937
INTERPRÈTES : Marie Bell *(Christine de Surgère/de Guérande)*, Françoise Rosay *(Mme Audié)*, Harry Baur *(Alain Regnault)*, Pierre Blanchard *(Thierry Raynal)*, Milly Mathis *(Cécile)*, Raimu *(François Patusset)*, Louis Jouvet *(Pierre Verdier, dit Jo)*, Pierre Richard-Willm *(Eric Irvin)*, FERNANDEL *(Fabien Coutissol)*, Sylvie *(la maîtresse de Thierry)*, Jeanne Fusier-Gir *(la marchande de journaux)*, Gabrielle Fontan *(la bonne de Mme Audié)*, Peggy Bonny *(l'entraîneuse)*, Maurice Bénard *(Brémond)*, Robert Lynen *(Gérard Jacques)*, Pierre Alcover *(Melanco)*, Andrex *(Paul)*, René Génin *(l'adjoint)*, Roger Legris *(le complice de Jo)*, Marguerite Ducouret *(la mère de la jeune fille)*, Simone Gauthier *(la jeune fille du bal)*, Jacques Beauvais *(le maître d'hôtel)*, Sylvain *(un danseur)*, Dorival *(le baron)*, et Alfred Adam, Henri Nassiet, Serge de Laudauer, Crista Dora, Jeanine Zorelli, Les petits chanteurs à la Croix de bois, etc.

2 h 24 (version de 2 h). Noir et blanc
Sortie à Paris : 8 septembre 1937

SUJET : Jeune veuve, Christine de Guérande se met en quête des huit cavaliers qui illustrèrent le souvenir de son premier bal. Le premier s'est suicidé, un autre est truand, les suivants alpiniste, moine, médecin drogué, maire villageois, coiffeur, et du dernier elle adoptera le fils.

AVIS CRITIQUE : « Ce film-palmarès permettra à Fernandel de pénétrer par la ruse, sinon par effraction, chez un certain public qui, jusqu'alors, le boudait » (Carlo Rim, *Fernandel*, Editions Calmann-Lévy).

1937

LES ROIS DU SPORT

Réalisation : Pierre Colombier, assisté de Françoise Giroud (Gordji)
Scénario : Jean Guitton
Adaptation : Germain Fried
Dialogues : Henri Jeanson
Musique : Roger Dumas
Chansons : « Les rois du sport », « L'amour, mesdames », « Petite Toinon », « Joselita », « Quand on n'a pas ce que l'on aime », « La java des jeunes de Marseille », « Elle fait d'la bibi », « Quand on est amoureux, on est heureux »
Images : Victor Armenise, Robert Juillard
Montage : André Versein
Décors : Jacques Colombier
Production : Gray Films (Ayres d'Aguiar)
Tournage : juin-juillet 1937
INTERPRÈTES : Raimu *(Jules de l'Estaque)*, FERNANDEL *(Fernand)*, Jules Berry *(Burette)*, Lisette Lanvin *(Antoinette)*, Nita Raya *(Lili)*, Georges Flamant *(Jim Sandford)*, Julien Carette *(M. Vachette)*, Doumel *(le président du boxing-club)*, Maupi *(le cireur)*, Beretrot *(le speaker)*, John Anderson *(le boxeur)*, Dartignac *(l'arbitre)*, Frank Morris *(un soigneur)*, Rolando *(un soigneur)*, Dumontier *(un soigneur)* et Mado Stelly, Léna Dartes, Pierre Ferval, Chevauché, etc.

1 h 42 (version de 1 h 37)
Sortie à Paris : 19 septembre 1937

Sujet : Jules et Fernand, deux garçons de café marseillais, participent à la course annuelle de leur corporation. Afin de toucher son argent, le premier gagne Paris tandis que le second se retrouve malgré lui dans la capitale, sur un ring de boxe. Pour eux, s'ouvre un nouveau pari...

Avis critique : « *Les Rois du sport* serait un film parfaitement idiot sans la présence de ces trois monstres sacrés : Raimu, Fernandel et Jules Berry dont les trois numéros s'additionnent » *(Télérama)*.

1937

REGAIN
(ou *Arsule)*

Réalisation : Marcel Pagnol
Scénario et adaptation : Marcel Pagnol, d'après le roman de Jean Giono
Dialogues : Marcel Pagnol
Musique : Arthur Honegger
Images : Willy
Montage : Suzanne de Troye, Jeannette Ginestet
Décors : Marius Brouquier, René Paoletti
Production : Films Marcel Pagnol (Charles Pons)
Tournage : mars-septembre 1937
Interprètes : Gabriel Gabrio *(Panturle)*, Orane Demazis *(Mademoiselle Irène, alias Arsule)*, Fernandel *(Urbain Gédémus)*, Marguerite Moréno *(Zia Mamèche, dite la Mamèche)*, Robert Le Vigan *(le brigadier)*, Henri Poupon *(le fermier amoureux)*, Odette Roger *(Alphonsine)*, Milly Mathis *(Belline)*, Edouard Delmont *(le père Gaubert)*, Charles Blavette *(Jasmin Gaubert, le fils)*, Paul Dullac *(M. Astruc)*, Louisard *(le garde champêtre)*,

Charblay *(le boucher)*, Marguerite Chabert *(la Martine)*, Jean Castan *(Jérémie)*, Louis Gay *(Balthazar)*, Robert Bassac *(le percepteur)*, Rollan *(Coriandre, le gendarme)*, Olive Pierre-Pebre *(l'oncle Joseph)*, Fabre *(Cabanis)*, Albert Spanna *(le cocher)*, Louis Chaix *(le bûcheron)*, etc.

2 h 30 (version de 2 h). Noir et blanc
Sortie à Paris : 28 octobre 1937

SUJET : En Haute-Provence, afin de faire renaître le village abandonné par ses habitants, Panturle doit trouver une épouse. La vieille Mamèche place sur sa route Gédémus, rémouleur accompagné d'Arsule, une femme qu'il traite comme une esclave. Tout pourra bientôt renaître...

AVIS CRITIQUE : « Fernandel a composé un personnage inoubliable de rémouleur ingénu et viciard » (*Sourire*, 4 décembre 1937).

1937

LE SCHPOUNTZ
(ou *La Fausse Vocation)*

Réalisation : Marcel Pagnol
Scénario et adaptation : Marcel Pagnol
Dialogues : Marcel Pagnol
Musique : Casimir Oberfeld
Chansons : Jean Manse
Images : Willy, Roger Ledru, Henri Daries
Montage : Suzanne de Troye, Suzanne Cabon, Jeannette Ginestet
Décors : Marius Brouquier
Production : Films Marcel Pagnol (Charles Pons)
Tournage : mars-septembre 1937 (Marseille et environs)

Interprètes : Fernandel *(Irénée Fabre),* Fernand Charpin *(Baptistin Fabre, son oncle),* Odette Roger *(Clarisse Fabre, sa tante),* Jean Castan *(Casimir Fabre, le fils),* Orane Demazis *(Françoise),* Maupi *(le barman),* Léon Belières *(Meyerboom, le producteur),* Robert Vattier *(Astruc, le chef opérateur),* Henri Poupon *(Galubert, le grand acteur),* Enrico Glori *(Bodigar Glazounov, le réalisateur),* Louisard *(Charlet),* Robert Bassac *(Dromart),* André Pollack *(l'avoué),* Charles Blavette *(Martelette),* José Tyrand *(le figurant jouant le rôle du pape),* Charblay *(le portier des studios),* Borel *(l'accessoiriste),* Alida Rouffe *(Mme Fenuze),* Champetier *(Nick Durrante),* Pierre Brasseur *(Cousine),* Berreta *(le chef de plateau),* Weber *(le barman des studios),* Alice Robert *(Rita Camélia),* Robert Darène *(un assistant),* André Roussin *(Roussin),* Géo Forster *(Lucien le chauffeur)* et Louis Ducreux, Dumiel, etc.

2 h 40 (version de 2 h 25). Noir et blanc
Sortie à Paris : 15 avril 1938

Sujet : Naïf, Irénée rêve de devenir vedette de l'écran. Vite la risée d'une équipe de cinéastes venus tourner en Provence, il sera l'objet d'une farce qui le conduira à Paris où, par un coup du sort, il connaîtra la gloire.

Avis critique : « Quant à Fernandel, il est extraordinaire de naturel, de talent, d'ingéniosité comique. Décidément, Pagnol seul a su le comprendre et l'utiliser parfaitement » (Maurice Bessy, *Cinémonde,* 21 avril 1938).

1937

HERCULE
(ou *L'Incorruptible*)

Réalisation : Alexandre Esway, assisté de Carlo Rim
Scénario : Carlo Rim
Adaptation : C. M. Alexandre
Dialogues : Carlo Rim
Musique : Manuel Rosenthal
Images : Michel Kelber, Philippe Agostini
Montage : René Le Hénaff
Décors : Pierre Schild
Production : Pan-Ciné (Pierre Danis)
Tournage : 28 août-novembre 1937
INTERPRÈTES : FERNANDEL *(Hercule Maffre)*, Gaby Morlay *(Juliette Leclerc)*, Jules Berry *(Vasco)*, Pierre Brasseur *(Bastien)*, Nane Germon *(Mariette)*, Henri Crémieux *(Bajoux)*, Edouard Delmont *(le frère Maffre)*, Paul Denneville *(Sophocle)*, Vincent Hyspa *(Cahuzac, l'académicien)*, Henri Poupon *(docteur Bœuf)*, Georges Vitray *(Perruche, le maître chanteur)*, Charles Deschamps *(Riquel frère)*, Jean Tissier *(Riquel frère)*, Robert Pizani *(Riquel frère)*, Antonin Gildes *(Lorgnette)*, Jean Daurand *(Sandwich)*, Robert Berri *(Vaillant)*, Georges Lannes *(Martial)*, Robert Seller *(le portier)*, Albert Broquin *(Ficelle)*, Darbray *(Saint-Eloi)*, Georges Fels *(Batifol)* et Sinoël, Fred Mariotti, Jacques Tarride, Félix Claude, Georges Fells, Marcel Melrac, Jacques Ferreol, Sylvain Itkine, etc.

1 h 45. Noir et blanc
Sortie à Paris : 5 mars 1938.

SUJET : A Cadigan où il est considéré comme le « fada » du village, Hercule Maffre apprend qu'il est le fils d'un magnat de la presse parisienne.

Successeur légitime du journal *L'Incorruptible,* il déjouera tous les pièges de ce lourd héritage avant de repartir sous le ciel de Provence.

AVIS CRITIQUE : « Ce qui n'est pas moins appréciable, c'est l'interprétation de Fernandel délaissant cette fois ses procédés comiques habituels et réalisant un personnage de grande comédie avec un talent hors de pair » (André Antoine, *Le Journal*).

1938

BARNABÉ

Réalisation : Alexandre Esway, assisté de Françoise Giroud
Scénario et adaptation : Alain Monjardin, d'après l'opérette *Dix-neuf ans*
Dialogues : Paul Nivoix
Musique : Roger Dumas, Casimir Oberfeld
Chansons : Jean Manse « Ne me dis plus tu », « Es-tu sûr ? »
Images : Gérard Perrin, Maurice Pecqueux
Décors : André Barsacq
Production : Gray Films (Ayres d'Aguiar)
Tournage : 4 mars-avril 1938
INTERPRÈTES : FERNANDEL *(Barnabé),* Marguerite Moréno *(marquise de Marengo),* Andrex *(André Dubreuil),* Roland Toutain *(comte Paul de Marengo),* Jean Temerson *(Firmin),* Charles Deschamps *(vicomte Adhémar des Estoufettes),* Paulette Dubost *(Rose),* Noël Roquevert *(le garde-chasse),* Claude May *(Jackie Petit-Durand),* Germaine Charley *(Mme Petit-Durand),* Josselyne Gaël *(Mado),* Lucien Callamand *(Ricavel)* et Louis Florencie, les Blue Bell's Girls, Arthur Devère, Max Rogerys, Victor Vina, les Trois Bernard, etc.

1 h 35. Noir et blanc
Sortie à Paris : 15 mai 1938

SUJET : Flûtiste, Barnabé est pris pour le comte de Marengo auquel Mme Petit-Durand veut marier sa fille Jackie. Hélas, le musicien est amoureux de la fille du garde-chasse, tandis que la jeune fille aime son camarade André Dubreuil. Quant au comte, il veut épouser une autre dame...

AVIS CRITIQUE : « Un Fernandel sympathique et attendrissant comme toujours, mais qui ne dédaigne pas les clins d'œil au public » (Jacques Lorcey, *Fernandel,* Editions PAC.

1938

ERNEST LE REBELLE

Réalisation : Christian-Jacque
Scénario : Jean Manse
Adaptation : Jacques Perret, d'après son roman
Dialogues : Jacques Prévert
Musique : Henri Verdun
Chansons : Casimir Oberfeld, Jean Manse (« Ma créole », « Ernestito », « Oh ! Mexicana » [coupée])
Images : Robert Le Febvre et Raymond Agnel
Montage : William Barrache
Décors : Pierre Schild
Production : Sigma (François Carron)
Tournage : avril-juin 1938 (Côte d'Azur)
INTERPRÈTES : FERNANDEL *(Ernest Pic),* Pierre Alcover *(Tonio, le capitaine),* Robert Le Vigan *(le gouverneur-président de Mariposa),* Mona Goya *(Suzanne Gringue),* Guillaume de Sax *(Emmanuel Gringue),* Rosita Montenegro *(Rosita),* Marcel Rouzé *(Un*

collègue d'Ernest), Arthur Devere *(l'amiral)*, René Génin *(Sosthène)*, Raoul Marco *(Sam)*, Montero *(le « nègre »)*, George Irving *(M. Hamilton)*, etc.

1 h 32. Noir et blanc
Sortie à Paris : 8 novembre 1938

SUJET : Ernest Pic, musicien sur un paquebot à destination de l'Amérique du Sud, multiplie les gaffes. Au cours d'une escale, dépouillé par une créole, il reste au port. Bientôt, il repart pour la république de Mariposa, un pays où gronde la révolution.

AVIS CRITIQUE : « Il est près de valoir, dans son style, les Buster Keaton de la bonne époque » (Louis Cheronnet, *Marianne*, 30 novembre 1938).

1938

TRICOCHE ET CACOLET

Réalisation : Pierre Colombier, assisté de Fred Ellis
Scénario et adaptation : René Pujol, d'après la pièce de Henri Meilhac et Ludovic Halévy
Dialogues : René Pujol
Musique : Casimir Oberfeld, Ray Ventura
Chansons : Jean Manse (« Si je jouais du trombone », « Nous sommes des fins limiers » — avec Duvalles)
Images : Armand Thirard, Louis Née
Montage : Jean Pouzet
Décors : Jacques Colombier
Production : Films modernes Emile Natan (André Gargour)
Tournage : 20 juin-juillet 1938
INTERPRÈTES : FERNANDEL *(Tricoche)*, Frédéric

Duvalles *(Cacolet)*, Ginette Leclerc *(Fanny Bombance/Saint-Origan)*, Elvire Popesco *(Bernardine Van der Pouf)*, Jean Weber *(duc Emile)*, Saturnin Fabre *(M. Van der Pouf)*, Monique Montey *(Georgette)*, Sylvio de Pedrelli *(Oscar Pacha)*, Jean Gobet *(Breloque, le secrétaire)*, Orbal *(Fil-de-fer)*, Rivers-Cadet *(Naphtaline)*, Alexandre Mihalesco *(le régisseur)*, Palmyre Levasseur *(la bonne)*, Madeleine Suffel *(Virginie)* et Simone Chobillon, Albert Malbert, Manuel Gary, Fernand Trignol, Frank Maurice, etc.

1 h 47. Noir et blanc
Sortie à Paris : 10 septembre 1938

Sujet : Sous le couvert d'une agence de détectives, deux comparses, Tricoche et Cacolet, s'intéressent au banquier Van der Pouf afin de lui soutirer ses maîtresses et son argent. Mais chacun pour son propre compte...

Avis critique : « Il ne s'agit pas d'opposer *Potemkine* à *Tricoche et Cacolet*... Il s'agit simplement d'être sensible au charme si rare de ces films d'acteurs, à la qualité délicieusement démodée de ce cinéma français des années 30 qui est ce que j'appelle le " cinéma épatant " ! Et Fernandel est un acteur épatant » (Patrice Lecomte, réalisateur, propos inédits).

1938

LES CINQ SOUS DE LAVARÈDE

Réalisation : Maurice Cammage, assisté d'André Roanne
Scénario et adaptation : Jean-Louis Bouquet, René Wheeler, Jean Rioux, d'après le roman de Paul d'Ivoi et Henri Chabrillat

Dialogues : Jean-Louis Bouquet, René Wheeler, Jean Rioux
Musique : Casimir Oberfeld
Chansons : Jean Manse (« C'est comme ça à Calcutta », « Je suis une petite nature »)
Images : Georges Clerc, Edouard Meyer, Jean-Paul Goreaud
Décors : Hughes Laurent, Raymond Druart
Production : Société de production du film *Les Cinq Sous*, ou Société des Films Lavarède (Maurice Wurtz)
Tournage : 31 juillet-août 1938 (Cassis, Marseille, La Ciotat)
INTERPRÈTES : FERNANDEL *(Armand Lavarède)*, Josette Day *(Aurett Murlington)*, Marcel Vallée *(Bouvreuil)*, Jean Dax *(Murlington)*, Andrex *(Jim Strong)*, Jeanne Fusier-Gir *(Djâli, la princesse hindoue)*, André Roanne *(John Smith)*, Jean Temerson *(Tartinovitch)*, Henri Nassiet *(Jack)*, Félix Oudart *(le capitaine)*, Mady Berry *(la concierge)*, Albert Duvaleix *(Panabert, le notaire)*, Pierre Labry *(le gardien-chef)*, Georges Briquet *(le radio reporter)*, Jacqueline Figus *(la danseuse acrobatique)*, Alexandre Mihalesco *(le commissaire-priseur)*, Hugues de Bagratide *(le ministre hindou)*, Jacques Henley *(l'officier du* Normandie*)*, Marcel Talmont *(le pasteur)*, Marcel Vidal *(le barman parisien)*, Jacques Servières *(le pilote)*, Philippe Janvier *(le conspirateur)*, Ratna Moerindiah *(la danseuse hindoue)*, Paul Grail *(l'agent marseillais)*, Geymond Vital *(le policier)*, Paul Bonifas *(un marin)*, Serjius *(un gardien)*, Georges Marceau *(l'exécuteur)* et Jean Morel, O'Brady, Maurice Pierrat, Fernand Blot, Georges Cahuzac, Chukry-Bey, etc.

2 h 05. Noir et blanc
Sortie à Paris : 8 mars 1939

SUJET : A condition qu'il puisse mener à bien un tour du monde avec cinq sous en poche, Gaston Richard lègue sa fortune à son cousin Armand Lavarède. Arbitré par l'Anglais Murlington et un de ses créanciers, Bouvreuil, le voyage du garçon sera plein de surprises.

AVIS CRITIQUE : « Dans *Les Cinq Sous de Lavarède*, Fernandel change de déguisement dix fois par bobine » (Christian Plume, *Fernandel*, Solar).

1938

RAPHAËL LE TATOUÉ
(ou *C'était moi)*

Réalisation : Christian-Jaque, assisté de Jean Darvey
Scénario : Jean Nohain, Maurice Diamant-Berger, Kurt Alexander
Adaptation : Kurt Alexander
Dialogues : Jean Nohain, Maurice Diamant-Berger, Kurt Alexander
Musique : Manuel Rosenthal
Chansons : Jean Manse, Casimir Oberfeld « Un dur, un vrai, un tatoué »
Images : Raymond Agnel, Walter Wottitz, François Franchi
Montage : William Barrache
Décors : Pierre Schild
Production : André Aron/Pan Ciné (Robert Lavallée)
Tournage : 11 octobre-novembre 1938
INTERPRÈTES : FERNANDEL *(Raphaël/Modeste Manosque)*, Armand Bernard *(Roger Drapeau)*, Madeleine Sologne *(Elisabeth)*, Pierre Stephen *(Maxime Corner)*, Léon Belières *(le président Réginald Brick)*, Jean Temerson *(M. Chromo)*, Raymond Aimos *(Albert Musse)*, René Génin *(Roméo, le cousin)*,

Alfred Pasquali *(le maître d'hôtel)*, Georges Térof *(Sisque)*, Maurice Schutz *(le grand-père)*, Roger Legris *(Bédouin)*, Germaine Charley *(Marguerite de Vanves)*, Monique Rolland *(Aline de Vanves)*, Alexandre Mihalesco *(le coureur Pferd)*, Géno Ferny *(le policier)*, Jean Brochard *(le commissaire bègue)*, Manuel Gary *(le gérant de « Tout-Auto »)*, Marie-Thérèse Fleury *(Mademoiselle « Tout-Auto »)*, Corbure *(Rollson)*, Towa *(Dimitriovitch fils)*, etc.

1 h 30. Noir et blanc
Sortie à Paris : 9 février 1939

Sujet : Afin de se justifier aux yeux de son patron qui l'a surpris en dehors de son travail, Modeste s'invente un frère, un dur, un vrai, un tatoué. Mais M. Drapeau somme son employé de lui présenter ce frère pour lequel il a des projets peu avouables. Le naïf Modeste est désormais pris au piège.

Avis critique : « Ce gros comique français des années trente a ses vertus. Fernandel plus Fernandel, cela donne un double éclat de rire [...] Ce *Raphaël le tatoué*, c'est un peu le *Docteur Jekyll et M. Hyde* de Fernandel, mais sans transformation physique » (Jacques Siclier, *Télérama*).

1939

BERLINGOT ET COMPAGNIE

Réalisation : Fernand Rivers, assisté de Robert Bossis
Scénario et adaptation : Jean Manse
Dialogues : Jean Manse
Musique : Roger Dumas

Chanson : « T'aimer une demi-journée » « La chanson du forçat »
Images : René Ribault, Georges Benoît, Jean Bachelet
Montage : Jacques Desagneaux
Décors : René Renoux
Production : Films Fernand Rivers/Productor Films (Edmond Pingrin)
Tournage : 1er février-25 février 1939 (Studios Marcel Pagnol)
INTERPRÈTES : FERNANDEL *(François)*, Fernand Charpin *(Victor)*, Suzy Prim *(Mme Grandville)*, Fréhel *(Bohémia)*, Jean Brochard *(le directeur de l'asile)*, Rivers-Cadet *(le lutteur)*, Monique Bert *(Thérèse Gisèle)*, Edouard Delmont *(Courtepatte)*, Jean Temerson *(Donadieu)*, René Alié *(Dédé)*, Jacques Servières *(Gaston)*, Fernand Flament *(Paulo)*, Josyane Lang *(Lisa)* et Marco Behar, etc.

1 h 25. Noir et blanc
Sortie à Paris : 27 avril 1939

SUJET : Deux marchands de berlingots, François et Victor, exercent mille métiers afin de subvenir aux besoins de Gisèle, petite fille qu'ils ont recueillie. Bientôt, grâce à la générosité de Mme Grandville, le trio sera enfin heureux.

AVIS CRITIQUE : « Fernandel et Charpin forment un couple comique fort drôle » (Paul-André Buisine, *L'Index de la Cinématographie française*).

1939

FRIC-FRAC

Réalisation : Maurice Lehmann et Claude Autant-Lara

Scénario et adaptation : Michel Duran, d'après la pièce d'Etienne Bourdet et Fernand Trignol
Dialogues : Michel Duran
Musique : Casimir Oberfeld
Images : Armand Thirard, Louis Née
Montage : Victoria Posner-Spiri Mercanton, Barache
Décors : René Renoux
Production : Production Maurice Lehmann (L. Breton)
Tournage : 22 mars-avril 1939
INTERPRÈTES : Arletty *(Loulou)*, FERNANDEL *(Marcel)*, Michel Simon *(Jo les Bras coupés)*, Hélène Robert *(Renée Mercandieu)*, Marcel Vallée *(M. Mercandieu, le bijoutier)*, Jacques Varennes *(Tintin)*, Andrex *(P'tit Louis)*, Génia Vaury *(la grande Marie)*, René Génin *(M. Blin)*, Georges Lannes *(Fernand)* et Clairjane, Rivers-Cadet, Eugène Stuber, Huguette Meunier, Frédéric Mariotti, Henri Charrett, Manuel Gary, Titys, Claire Darcas, André Raymond, etc.

2 h (version de 1 h 40). Noir et blanc
Sortie à Paris : 15 juin 1939

SUJET : Marcel, employé à la bijouterie Mercandieu, aimé par la fille de son patron, s'est lié par hasard à un drôle de couple qu'il ignore être une paire de cambrioleurs. Ceux-ci berneront le brave homme jusqu'à ce qu'il comprenne son erreur... et les remette sur le droit chemin.

AVIS CRITIQUE : « Fernandel, Michel Simon et Arletty y sont éblouissants : on passe avec eux un bon moment et il en reste une certaine nostalgie » *(Télé 7 jours)*.

1939

L'HÉRITIER DES MONDÉSIR
(ou C'est un mystère)

Réalisation : Albert Valentin
Scénario et adaptation : Jean Aurenche, d'après une idée originale de Lucien Guidice
Dialogues : Pierre Bost
Musique : Georges Van Parys
Production : ACE (Allemagne)/Films Raoul Ploquin (France)
Tournage : mai-juin 1939 (Allemagne)
INTERPRÈTES : FERNANDEL *(Bien-Aimé, le baron de Mondésir et ses aïeux),* Elvire Popesco *(Erika),* Jules Berry *(Waldemar, le mage),* Gaby Andreu, *(Janine),* Félicien Tramel *(le curé),* Edouard Delmont *(Firmin, le maître d'hôtel),* Edmond Ardisson *(Justin, le chauffeur),* Yves Deniaud *(Gaston),* Fernand Flament *(Martinot),* Auguste Mourriès *(Quatrefages),* Henri Beaulieu *(le colonel),* Lucien Dayle *(le notaire),* Roger Peter *(Xavier),* Philippe Grey *(Max),* Saint-Germain *(Chabernac),* Bill Bockett *(le vitrier),* I. Mense *(l'ami),* Paul Fournier *(le bistrot),* Borel *(le médecin),* Fred Mariotti *(Costecalde),* Jacques Derives *(l'ordonnateur),* Hugues Wanner *(Lepetit),* Paul Denneville *(le marchand de bicyclettes),* Drejac *(son fils),* Rocca *(le petit vieux),* Ernest Varial *(le charron),* Jacques Valois *(Jimmy),* Monette Dinay *(Rosette),* Marthe Derminy *(Mme Février-Mars),* Palmyre Levasseur *(la femme du bistrot),* Sonia Gobar *(Lucette),* Marfa d'Hervilly *(la cliente de Waldemar),* Simone Gauthier *(une jeune fille),* Elyane Herenguel *(une jeune fille),* Jany Marsa *(la voisine),* Odile Dufay *(Mlle de Picoul),* Jacqueline Dufranne *(Marguerite),* Ketti Dallan *(Ginette),* Suzy Flory *(la commère),* Rita Stoya *(Clara),*

Solange Vallée *(Mado)*, Denise Hélia *(Gaby)*, Anna Lefeuvrier *(Irma)*, Jeanne Longuet *(Raymonde)*, Mathilde Alberti *(Mme Cassard)*, Mme Mourriès *(Mme Costecalde)*, Marcelly *(l'épicière)*, etc.

1 h 42. Noir et blanc
Sortie à Paris : 9 mai 1940

Sujet : A sa mort, le vieux baron de Mondésir laisse pour héritier unique Bien-Aimé, le brave facteur du pays. Devant cette fortune qui lui échappe, Erika, une intrigante installée au château, échafaude un plan machiavélique avec l'aide du mage Waldemar.

Avis critique : « Fernandel est remarquable. Il incarne tour à tour le vieux baron (avec une voix différente), le facteur Bien-Aimé, tendre, jovial et benêt, et, dans la partie du rêve, silhouette les ancêtres de la galerie de portraits » (Paul-André Buisine, *L'Index de la Cinématographie française*).

1940

MONSIEUR HECTOR
(ou *Le Nègre du Negresco)*

Réalisation : Maurice Cammage
Scénario : Jean Rioux, Pierre Maudru, d'après *Le Jeu de l'amour et du hasard*, de Marivaux
Adaptation : André Roanne, Pierre Maudru, Jean d'Arsennes
Dialogues : Jean Rioux et Pierre Maudru
Musique : Casimir Oberfeld
Chansons : « Hector », « You-houh ! », « Moi, je mâche du chewing-gum »
Images : Géo Clerc

Décors : Marcel Magniez, Jaquelux
Production : Stella Productions (Edgar Baquet)
Tournage : 25 janvier-avril 1940
INTERPRÈTES : FERNANDEL *(Hector)*, Gaby Wagner *(Jacqueline Monturot)*, Denise Grey *(Maroussia de Dragomir)*, Georges Grey *(vicomte de Saint-Amand)*, Jean Temerson *(baron Grondin)*, Madeleine Suffel *(Suzanne)*, Raymond Rognoni *(M. Monturot)*, Marthe Mussine *(la femme de chambre)* et Rivers-Cadet, Philippe Richard, Alice Deneige, Suzanne Fleurant, Maya d'Hervilly, Eugène Yvernes, Pierre Ferval, Jean-Jacques Stern, Edouard Francomme, Jacques Henley, Ana-Clara, etc.

1 h 25. Noir et blanc
Sortie à Paris : 13 décembre 1940. A Marseille : 1er janvier 1941

SUJET : Pour échapper aux assiduités d'une incandescente étrangère, le vicomte de Saint-Amand emprunte la personnalité d'Hector, son valet de chambre. Ce dernier, de son côté, va largement profiter de la situation.

AVIS CRITIQUE : « Le héros de l'histoire est un valet de chambre qui se fait passer pour son maître et qu'incarne, avec sa verve habituelle, le grand acteur comique Fernandel » *(Le Film)*.

1940

L'ACROBATE

Réalisation : Jean Boyer
Scénario : Jean Guitton
Adaptation : Yves Mirande

Musique : Georges Van Parys
Images : Victor Armenise, Paul Portier
Montage : Louisette Hautecœur
Décors : Guy de Gastyne, Paul Louis, Boutié
Production : Harle (Edouard Harispuru)/CCFC
Tournage : 25 avril-20 mai 1940
INTERPRÈTES : FERNANDEL *(Ernest Sauce)*, Jean Tissier *(Vincent Briquet)*, Jean Brochard *(le commissaire)*, Thérèse Dorny *(Pauline)*, Marcel Carpentier *(le dîneur amnésique)*, Gaby Wagner *(l'infirmière)*, Charles Deschamps *(comte de Puipeux)*, Lucien Callamand *(le médecin-chef)*, Pierre Labry *(Dubier, patron du restaurant)*, Fernand Flament *(l'infirmier)*, Paulette Berger *(comtesse de Puipeux)*, les Zemgano *(les frères Brindisi, trapézistes)*, Nicolas Amato *(le chef)*, etc.

1 h 25. Noir et blanc
Sortie à Marseille : 6 mai 1941. A Paris : 5 juillet 1941

SUJET : Ernest Sauce, maître d'hôtel au « Cochon d'argent », doit faire appel à la police pour faire régler l'addition d'un client amnésique. Simulant lui aussi l'amnésie, Ernest vivra de folles aventures.

AVIS CRITIQUE : « Comédie pleine d'entrain, de drôlerie et de mouvement, Fernandel, favori du public, en est le centre : il interprète un rôle à transformations avec toutes les ressources de son talent si varié et très souple » *(Le Film)*.

1940

LA FILLE DU PUISATIER

Réalisation : Marcel Pagnol
Scénario et adaptation : Marcel Pagnol
Dialogues : Marcel Pagnol
Musique : Vincent Scotto
Images : Willy Gricha
Montage : Jeannette Ginestet
Décors : Marius Brouquier
Production : Films Marcel Pagnol (Charles Pons)
Tournage : 20 mai-novembre 1940

INTERPRÈTES : Raimu *(Pascal Amoretti, le puisatier),* Josette Day *(Patricia, sa fille aînée),* Fernand Charpin *(M. Mazel),* Line Noro *(Marie Mazel),* FERNANDEL *(Félipe Rambert),* Georges Grey *(Jacques Mazel),* Milly Mathis *(Nathalie),* Claire « Clairette » Oddera *(Armande Amoretti),* Félicien Tramel *(Maxime Exbrayard, le garçon de café),* Maupi *(le commis),* Charles Blavette *(le teinturier),* Lucien Callamand *(le colonel aviateur),* Jean Heuzé *(le capitaine aviateur),* Raymonde *(Eléonore Amoretti),* Rosette *(Marie Amoretti),* Liliane *(Isabelle Amoretti),* Roberte Arnaud *(Roberte Amoretti),* etc.

2 h 50 (version de 2 h 15 pour la TV). Noir et blanc
Sortie à Paris : 24 avril 1941

SUJET : Enceinte d'un jeune aviateur porté disparu pendant la guerre, Patricia Amoretti, la fille du puisatier, est rejetée par son père. Il ignore même les parents du jeune homme jusqu'à l'armistice où tout s'arrangera.

AVIS CRITIQUE : « [...] Fernandel rayonne, vibre, enchante par la grâce de cette complicité rieuse, communicative que le talent authentique fait toujours naître » (Maurice Périsset, *Raimu,* Solar).

1940

UN CHAPEAU DE PAILLE D'ITALIE

Réalisation : Maurice Cammage
Scénario : Jacques Chabannes
Adaptation : Maurice Cammage et Jacques Chabannes, d'après la pièce d'Eugène Labiche et Marc Michel
Dialogues : Jacques Chabannes
Musique : Vincent Scotto
Images : Willy
Montage : Raymond Leboursier
Décors : Robert Giordani
Production : Prodiex (Denis Barthes)
Tournage : novembre 1940
INTERPRÈTES : FERNANDEL *(Fadinard)*, Tramel *(Nonancourt)*, Charpin *(Beauperthuis)*, Edouard Delmont *(Vézinet)*, Jacques Erwin *(Emile)*, Andrex *(Achille de Rosalba)*, Jaqueline Laurent *(Hélène)*, Josseline Gaël *(Anaïs Beauperthuis)*, Thérèse Dorny *(la baronne)*, Jean-Pierre Kérien *(Félix)*, Simone Paris *(Clara)*, Lucien Callamand *(l'ordonnateur)*, Jean Mello *(Bobin)*, Jacqueline Roman *(Virginie)*, Sonia Gobar *(la femme de chambre)*, Milly Mathis *(l'invitée)*, et Maryse Dorand, etc.

1 h 25. Noir et blanc
Sortie à Lyon : 1941. A Paris : 26 janvier 1944

SUJET : Lors du mariage d'Hélène et Fadinard, le cheval du carrosse nuptial mange le chapeau d'une galante. Cette dernière harcèle le jeune époux tant qu'il n'aura pas retrouvé un chapeau identique.

AVIS CRITIQUE : « Farce comique que Fernandel anime de sa gaieté et de sa fantaisie d'acteur burlesque » (*Le Film*, 5 février 1944).

1940

LA NUIT MERVEILLEUSE

Réalisation : Jean-Paul Paulin
Scénario et adaptation : André-Paul Antoine
Dialogues : André-Paul Antoine
Images : Christian Matras
Montage : Henri Taverna
Décors : Gilbert Grassin
Production : Prodiex/Barthes (D. Bousseau)
Tournage : décembre 1940 (Marseille)
INTERPRÈTES : FERNANDEL *(le berger)*, Janine Darcey *(la jeune femme)*, Jean Daurand *(le mari)*, Aquistapace *(le marin)*, Charles Vanel *(le fermier)*, Milly Mathis *(la paysanne)*, Edouard Delmont *(le vieux berger)*, Madeleine Robinson *(La réfugiée)*, Jacques Erwin *(le forgeron)*, René Fleur *(l'explorateur)*, Charlotte Clasis *(la servante)*, Fernand Charpin *(l'aubergiste)*, Jane Marken *(l'hôtelière)* et Wanny, Couty Bonneval, etc.

1 h 10. Noir et blanc
Sortie à Vichy : 24 décembre 1940. A Paris : 22 décembre 1948

SUJET : A Noël 1940, un couple de réfugiés, dont la femme est enceinte, revit l'histoire de Marie et Joseph et de la nuit de Noël.

AVIS CRITIQUE : Fernandel en berger est semblable à lui-même. *(L'Accent)*

1941

LES PETITS RIENS

Réalisation : Raymond Leboursier
Scénario et adaptation : Yves Mirande
Dialogues : Yves Mirande
Musique : Mozart, arrangement par Georges Auric
Images : Willy
Montage : Raymond Leboursier
Décors : Robert Giordani
Production : Stella
Tournage : février 1941
INTERPRÈTES : FERNANDEL *(Astier)*, Raimu *(M. Charpillon)*, Jules Berry *(Lefevre)*, Suzy Prim *(Louise)*, Cécile Sorel *(la Clermont)*, Claude Dauphin *(Drial)*, Janine Darcey *(Lucie)*, Simone Berriau *(Mme Brignolles)*, Jean Mercanton *(Jacques)*, Yves Mirande *(M. Brignolles)*, Andrex *(Ménard)*, Thérèse Dorny *(l'habilleuse)*, Jacques Erwin *(Alceste)*, Gérard Oury *(Philinte)*, Lucien Brulé *(le Roi)*, Lydie Vallois *(Mme Drial)*, Lucien Hubert *(l'employé des pompes funèbres)* et Jean d'Yd, Pierre Asso, Arius, Orbal, Sonia Gobar, Jean Heuzé, Jean Castan, Jacqueline Paris, Jacqueline Plessis, Félicien Tramel, Jean Marconi, Robert Moor, Marcantoni, Charles Lavialle, Jacques Philippot, Suzanne Coulomb, Jean Daurand, Louis Arbessier, Henri Arius, Marc Anthony, Michelle Olivier, France Thurin, etc.

1 h 28. Noir et blanc
Sortie à Paris : 16 décembre 1942

SUJET : En écoutant *Les Petits Riens*, ballet de Mozart, quelques amis évoquent, en une suite de souvenirs, ces petits riens qui bouleversèrent un jour leur existence.

Avis critique : « [...] vaseuse et contrefaite à souhait. Exceptons avec beaucoup d'indulgence le numéro de Fernandel qui fera du moins rire le public populaire » (François Vinneuil, *Je suis partout*, 8 janvier 1943).

1941

UNE VIE DE CHIEN
(ou Médor ou *Pension de famille* ou *Le mari quadrupède)*

Réalisation : Maurice Cammage
Scénario et adaptation : Jean Manse, Jacques Chabannes, d'après le roman d'André Mycho
Dialogues : Jean Manse, Jacques Chabannes
Musique : Raoul Moretti
Images : Willy
Décors : Robert Giordani
Production : Optimax Films
Tournage : mars 1941
Interprètes : Fernandel *(Gustave Bourdillon)*, Josseline Gaël *(Emilie Calumet)*, Jim Gérald *(M. Calumet)*, Edouard Delmont *(Tournemire)*, Félicien Tramel *(Triboule)*, Orbal *(Truphème)*, Thérèse Dorny *(Léocadie)*, Francis Claude *(Galoche)*, Pouzet *(Postiche)*, Jean-Pierre Kérien *(Gregorius)* et Harry-James, Jean Castan, Paul Grail, Françoise Thurin, Maryse Dorand, Francette Elise, etc.

1 h 24. Noir et blanc
Sortie à Paris : 25 juin 1943

Sujet : Professeur de musique dans une institution de jeunes filles, Gustave Bourdillon aime follement la directrice de l'établissement, une jeune veuve. Convaincue que son mari est réincarné dans son hargneux bâtard, Griffon, elle mène la vie dure à son prétendant.

Avis critique : « Comédie bouffonne, divertissante et assez entraînante, reposant tout entière sur le talent de Fernandel qui, par ses transformations éblouissantes, soutient tout le déroulement et l'intérêt de l'action » (*Le Film*, 3 juillet 1943).

1941

LE CLUB DES SOUPIRANTS

Réalisation : Maurice Gleize
Scénario : Marcel Aymé
Adaptation : Maurice Gleize
Dialogues : Maurice Gleize, André Cayatte, Jean Manse
Musique : Georges Van Parys, Philippe Pares
Chansons : Jean Manse (« J'aim' toutes les femmes », « Je connais des baisers »)
Images : Léonce-Henri Burel
Montage : Christian Gaudin
Décors : Georges Wakhevitch
Production : Continental Films (François Carron)
Tournage : 20 avril-mai 1941
Interprètes : Fernandel *(Antoine Valoisir)*, Saturnin Fabre *(Cabarrus)*, Louise Carletti *(Daisy)*, Max Dearly *(prince Nirvanoff)*, Marcel Vallée *(Henri Palmer)*, Annie France *(Edith)*, Andrex *(Maxime)*, Colette Darfeuil *(Paméla)*, Wanda Carliez *(la secrétaire)*, Orbal *(Albert, le majordome)*, Jean Marconi *(le vicomte)*, Jean Mercure *(le deuxième soupirant)*, Georges Peclet *(un actionnaire)*, Marguerite de Morlay *(la baronne)*, Jean Heuzé *(le réceptionniste de l'hôtel)*, Gaston Séverin *(le directeur de l'hôtel)*,

Jean Mello *(un actionnaire)* et Françoise Thurin, Lucie Lancy, Mag Avril, etc.

1 h 20. Noir et blanc
Sortie à Paris : 26 septembre 1941

SUJET : Conseillé par un professeur d'amour, une quarantaine de soupirants s'associent afin de faire la conquête de Daisy, l'héritière d'un riche banquier. L'un d'eux, Maxime, parviendra enfin à épouser la belle.

AVIS CRITIQUE : « Et, comme chaque fois, cet excellent comédien a su trouver la juste nuance de comique et de sentiment, ce point d'équilibre entre le burlesque et la poésie qui sont le secret de sa réussite exceptionnelle » (*Le Film*, 11 octobre 1941).

1942

SIMPLET

Réalisation : Fernandel
Scénario et adaptation : Carlo Rim, Jean Manse
Dialogues : Carlo Rim, Jean Manse
Musique : Roger Dumas
Chansons : Jean Manse : (« On m'appelle Simplet », « Chanson du suicide »)
Images : Armand Thirard
Montage : Christian Gaudin
Décors : André Andreieff
Production : Continental Films
Tournage : 9 février-mars 1942
INTERPRÈTES : FERNANDEL *(Simplet)*, Colette Fleuriot *(la Cigale)*, Andrex *(Rascasse)*, Edouard Delmont *(Papet)*, Georges Alban *(P'tit Louis)*, Henri Poupon

(M. Ventre, le maire), Arius *(le curé)*, Milly Mathis *(Artémise)*, Maximilienne *(Mademoiselle Aimée, l'institutrice)*, Charles Blavette *(Malandran)*, Jean Manse *(le chef de cabinet du ministre)*, Carlo Rim *(le ministre)*, Géo Georgey *(Cabassus)*, Charles Lavialle *(le brigadier)*, Max Dalcourt *(Figuette)*, Edmond Castel *(Tavan)*, Daniel Caillat *(Mariuset)*, Géo Ferny *(Pastouret)*, Nicolas Amato *(le sculpteur)*, Frédéric Mariotti *(le colporteur)*, Léa Mourries *(Mme Ventre)* et Mathilde Alberti, Jean Daniel, etc.

1 h 28. Noir et blanc
Sortie à Marseille : 11 septembre 1942

Sujet : Porte-bonheur de Miéjour, Simplet, l'« innocent » du village, est un jour chassé par ses concitoyens. Il s'installe alors à Rocamour, tout proche, séparé de Miéjour par une haine ancestrale ; il trouvera enfin la voie de la sagesse dans cette guerre fraticide.

Avis critique : « Fernandel est un imbécile de génie » *(La Révolution nationale)*.

1942

LA BONNE ÉTOILE

Réalisation : Jean Boyer
Scénario : Jean Manse
Adaptation : Jacques Chabannes
Dialogues : Thyde Monnier
Musique : Roger Dumas
Images : Paul Cotteret
Montage : Mireille Bessette
Décors : Robert Dumesnil

Production : Optimax Films (Jean Jeannin)
Tournage : 14 septembre-octobre 1942
INTERPRÈTES : FERNANDEL *(Auguste « Guste »)*, Janine Darcey *(Mireille)*, Andrex *(Maurice Carrissol)*, Edouard Delmont *(Baptistin)*, Julien Carette *(le « Parisien »)*, Clairette *(Zize)*, Marguerite Chabert *(la marchande de poissons)*, René Génin *(curé Agnel)*, Arius *(Pitavin)*, Charles Blavette *(un pêcheur)*, Ginette Berger *(Lydia)*, Alice Rosielle *(Pompon)*, Maurice Salabert *(le portier)*, Frédéric Mariotti *(le patron de bistrot)*, Gérard Boyer *(Bicou)* et Yvonne Michels, etc.

1 h 30. Noir et blanc
Sortie à Paris : 24 mars 1943

SUJET : Amoureux de Mireille, Auguste le pêcheur s'efface devant Maurice, son heureux rival. Mais, après avoir pris conscience de son erreur, la brave fille reviendra auprès de lui, émue par son amour et sa bonté.

AVIS CRITIQUE : « Fernandel est un acteur assez étonnant. Il possède un talent naturel un peu comparable à celui de certains Noirs qui n'ont point d'effort à faire pour composer tel ou tel personnage, mais qui deviennent ces personnages mêmes, avec une sincérité constante » (Georges Blond, *La Gerbe*, 8 avril 1943).

1942

NE LE CRIEZ PAS SUR LES TOITS

Réalisation : Jacques Daniel-Norman
Scénario : Jean-Bernard Luc, Alex Joffé
Adaptation : Jean Manse

Dialogues : Jean-Bernard Luc
Musique : Roger Dumas
Images : Léonce-Henri Burel, Jacques Mercanton
Montage : Pierre Caillet, Jean Sacha
Décors : Robert Giordani
Production : Société nouvelle des Ets Gaumont (Alexis Plumet)
Tournage : 16 novembre-décembre 1942
INTERPRÈTES : FERNANDEL *(Vincent Fleuret)*, Robert Le Vigan *(professeur Bontagues)*, Meg Lemonnier *(Renée Lancel)*, Jacques Varennes *(Octave)*, Paul Azaïs *(P'tit Louis)*, Arius *(Trapu)*, Thérèse Dorny *(Mme Noblet)*, Marie-Josée Maffei *(Angélica)*, Georges Lannes *(Cartier)*, Pierre Feuillères *(Riquet)*, Jean Tourlout *(le président)*, Léon Belières *(M. Noblet)*, Marcel André *(l'avocat général)* Albert Gercourt *(professeur Moucherotte)*, Gaston Séverin *(l'avocat de Fleuret)*, Jacques Berlioz *(professeur Holtz)*, Robert Dalban *(un plombier)*, Manuel Gary *(un journaliste)*, Lucien Brulé *(l'avocat de la défense)*, Jean Daniel *(le groom)*, Harry James *(le premier commanditaire)*, Robert Moor *(le deuxième commanditaire)* et Rudy Caumont, Madeleine Pages, Simone Antonetti, etc.

1 h 39. Noir et blanc
Sortie à Paris : 14 juillet 1943

SUJET : Considéré comme le dépositaire de la formule du benzil, un carburant révolutionnaire, Vincent Fleuret est l'objet de toutes les convoitises à la mort du chimiste dont il était l'assistant.

AVIS CRITIQUE : « Ce nouveau film de Fernandel nous présente le populaire acteur dans une œuvre d'un genre fort différent de celui de ses dernières productions, qui s'apparentait à la grosse farce et dont on pouvait craindre que le public ne commençât à se lasser [...] Il a de très bonnes idées et des scènes franchement comiques » (*Le Film*, 24 juillet 1943).

1943

LA CAVALCADE DES HEURES

Réalisation : Yvan Noé
Scénario et adaptation : Yvan Noé, d'après une idée de L. A. Pascal
Dialogues : Yvan Noé
Musique : André Messier, Roger Dumas Charles Trenet
Chansons : Charles Trenet, Francis Blanche, Léo Chauliac (« Débit de l'eau, débit de lait »)
Images : Raymond Agnel
Montage : Emma Le Chanois
Décors : Maurice Bernard
Production : France-Productions (Jean Fourez)
Tournage : 1er février-15 juin 1943
INTERPRÈTES : FERNANDEL *(Antonin)*, Charles Trenet *(Charles)*, Meg Lemonnier *(Ginette)*, Gaby Morlay *(la mère de Pierrot)*, Fernand Charpin *(M. Maurice)*, Tramel *(Léon)*, Jeanne Fusier-Gir *(Mme Léon)*, Jean Chevrier *(le condamné à mort)*, Jules Ladoumègue *(Massardier)*, Lucien Gallas *(André)*, Félix Oudart *(le maître d'hôtel)*, Jean Daurand *(l'ouvrier)*, René Noël *(Roger)*, Pierre Juvenet *(le serveur)*, le « petit » Granian *(Pierrot)*, le « petit » Ladoumègue *(un jeune admirateur)*, Simone Antonetti *(la marchande de cigarettes)*, Pierrette Caillol *(Hora)*, etc.

1 h 39. Noir et blanc
Sortie à Paris : 10 novembre 1943

SUJET : Grâce à son intervention, Hora, déesse des heures, transforme la vie de nombreux personnages : un chanteur excédé par ses admirateurs, un médiocre pique-assiette et son épouse, un explorateur, etc.

Avis critique : « On n'échappe pas à la scène comique avec Fernandel qui demeure pareil à lui-même comme deux de ses incisives » *(Radio Cinéma).*

1943

ADRIEN

Réalisation : Fernandel
Scénario et adaptation : Jean Aurenche, d'après la pièce de Jean de Létraz
Dialogues : Jean Aurenche
Musique : Roger Dumas
Chansons : Jean Manse (« Adrien », « Voulez-vous m'aimer », « Prenez-moi »)
Images : Armand Thirard
Montage : Christian Gaudin
Décors : Guy de Gastyne
Production : Continental Films
Tournage : 1er avril-mai 1943
Interprètes : Fernandel *(Adrien Moulinet),* Paulette Dubost *(Arlette),* Gabriello *(Nortier),* Paul Azaïs *(Jules),* Dorette Ardenne *(Gisèle),* Roger Duchesne *(Etienne),* Jean Tissier *(Mouillette),* Huguette Vivier *(Monique),* Jane Marken *(Mme Hortense),* Duvaleix *(l'assureur),* Georges Chamarat *(M. Robert),* Rivers-Cadet *(le barman),* Odette Barencey *(la concierge),* Georges Douking *(le peintre),* Gustave Gallet *(le sous-chef de bureau),* Jo Alex *(le cireur noir),* René Alié *(le premier gangster),* Charles Lavialle *(le deuxième gangster),* Gesky *(le chef de bureau),* etc.

1 h 20. Noir et blanc
Sortie à Paris : 22 décembre 1943

SUJET : L'irrésistible ascension d'un caissier à ses heures inventeur qui va devenir, grâce à l'intérêt de trois dames, le patron d'une grosse affaire et réussir là où personne ne l'attendait.

AVIS CRITIQUE : « [...] amusante fantaisie, pleine de bonne humeur et de gaieté, dont Fernandel est le boute-en-train » (*Le Film,* 8 janvier 1944).

1944

LE MYSTÈRE SAINT-VAL

Réalisation : René Le Hénaff
Scénario : Jean Manse, Albert Bossy
Dialogues : Yves Mirande, Albert Bossy
Musique : René Sylviano
Images : Victor Armenuise
Montage : Marinette Cadix
Décors : Jacques Colombier
Production : CCFC (Edouard Harispuru)
Tournage : 18 décembre-8 février 1945
INTERPRÈTES : FERNANDEL *(Désiré Lesec),* Pierre Renoir *(docteur Dartignac),* Viviane Gosset *(Suzy de Saint-Val),* Jean Davy *(Max),* Germaine Kerjean *(la gouvernante),* Marcel Carpentier *(l'oncle de Désiré),* Alexandre Rignault *(Antoine, le maître d'hôtel),* Erno Crisa *(le vagabond),* Arlette Guttinguer *(Rose, l'amie de Suzy de Saint-Val),* Marcel Peres *(le brigadier)* et Maxime Fabert, Paul Demange, Jean Dasté, Jean Marconi, Navaillès, etc.

1 h 42 (version de 1 h 35). Noir et blanc
Sortie à Paris : 19 septembre 1945

SUJET : Désiré Lesec, un garçon plutôt peureux, gagne un concours de détective amateur. Son oncle le charge alors d'enquêter sur le mystère du château de Saint-Val où seront commis six meurtres. Désiré n'est pas au bout de ses surprises...

AVIS CRITIQUE : « Tel Samson, M. Fernandel, armé de sa mâchoire, nous en donne pour son cachet » (Carlo Rim, *Fernandel,* Editions Calmann-Lévy).

1945

NAÏS
(ou Toine)

Réalisation : Raymond Leboursier, supervisée par Marcel Pagnol
Scénario et adaptation : Marcel Pagnol, d'après *Naïs Micoulin,* d'Emile Zola
Dialogues : Marcel Pagnol
Musique : Vincent Scotto, Henri Tomasi
Images : Charles Suin, Walter Wottitz
Montage : Jeannette Rongier
Décors : Robert Giordani
Production : Société nouvelle des Films Marcel Pagnol (Jean Martinetti)
Tournage : 12 mai-juin 1945
INTERPRÈTES : FERNANDEL *(Toine),* Henri Poupon, *(le père Micoulin),* Jacqueline Bouvier *(Naïs Micoulin),* Arius *(maître Rostaing),* Germaine Kerjean *(Mme Rostaing),* Raymond Pellegrin *(Frédéric Rostaing),* Charles Blavette *(Honoré ou Henri Bernier l'ingénieur),* Paule Langlais *(Simone),* etc.

2 h 07. Noir et blanc
Sortie à Paris : 22 novembre 1945

SUJET : Subjuguée par Frédéric, le fils du riche notaire d'Aix, Naïs, fille du métayer Micoulin, est protégée par Toine, le pêcheur de l'Estaque qui se charge d'éloigner tous les galants.

AVIS CRITIQUE : « Quel métier ! Quel grand art ! Sa composition de Toine, le bossu, est hallucinante de relief. Elle crie la vérité, elle hurle la souffrance » (Jean Piverd, *Heures nouvelles,* 4 décembre 1945).

1945

LES GUEUX AUX PARADIS

Réalisation : René Le Hénaff
Scénario et adaptation : André Obey, d'après la pièce de Gaston-Marie Mertens
Dialogues : André Obey
Musique : Claude Arrieu
Images : Marc Fossard
Montage : Germaine Artus
Décors : Louis Le Barbenchon
Production : CPLF Gaumont (Marc Le Pelletier)
Tournage : 15 juillet-août 1945
INTERPRÈTES : FERNANDEL *(Pons),* Raimu *(Boule),* Armand Bernard *(le croque-mort),* Gaby Andreu *(la Vierge Marie),* Alerme *(saint Pierre),* Félix Oudart *(le garde champêtre),* Maupi *(le coiffeur),* Piéral *(un diablotin),* Michèle Philippe *(Linda),* Gerlatta *(Mme Boule),* Pépita Jimenez *(Mireille),* et Edmond Beauchamp, Orbal, Jean Daniel, Mourries, Erno Crisa, Claude Joseph, Thérèse Casier, etc.

1 h 25. Noir et blanc
Sortie à Paris : 20 février 1946.

SUJET : Deux joyeux drilles, Boule et Pons, déguisés en saint Antoine et saint Nicolas, sont fauchés par une voiture et montent au ciel après un crochet par l'antre du diable. Ils reviendront pourtant de ce voyage...

AVIS CRITIQUE : « Si la première apparition de Fernandel monté sur un âne et coiffé de la mitre épiscopale suscite une hilarité automatique, celle de Raimu et de son pot de chambre ne produit pas l'effet recherché » (Jean Vidal, *L'Ecran français*).

1945

L'AVENTURE DE CABASSOU

Réalisation : Gilles Grangier
Scénario : Léopold Marchand
Adaptation : Paul Bréhat
Dialogues : Léopold Marchand
Musique : Roger Dumas
Images : Charles Suin
Montage : Jeanne Rongier
Décors : Robert Giordani
Production : Films René Pagnol (Jean Martinetti)
Tournage : 6 décembre 1945-janvier 1946
INTERPRÈTES : FERNANDEL *(Marius Cabassou)*, Micheline Francey *(Mathilde Cabassou)*, André Fouché *(Octave Bergé)*, Henri Poupon *(Faraille, le maire)*, Maupi *(Scipion Motto)*, Arius *(M. Carcenac)*, Robert Vattier *(M. de Salicette de Valdamour)*, Henri Vilbert *(Gaudin)*, Auguste Mourriès *(Roubide)*, Gerlatta *(Mlle Michaux)*, etc.

1 h 45. Noir et blanc
Sortie à Marseille : 3 juin 1946. A Paris : 25 juin 1947

SUJET : Trompé par son épouse, Cabassou se fait passer pour mort. Scipion Motto, un rusé cabaretier, décide de « commercialiser » ce fantôme ! Devenu célèbre, Cabassou revient parmi les vivants.

AVIS CRITIQUE : « Il avait des dons assez extraordinaires, Fernand, que ce soit dans les drames de Pagnol ou dans le comique. Il avait des trouvailles étonnantes ! » (Gilles Grangier, *Cinquante ans de cinéma,* Le Terrain vague-Losfeld).

1946

PÉTRUS

Réalisation : Marc Allégret
Scénario : Marcel Achard, d'après sa pièce
Adaptation : Marc Allégret, M. Rivet
Dialogues : Marcel Achard
Musique : Joseph Kosma
Images : Michel Kelber, Raymond Clunie
Montage : Henri Taverna
Décors : Max Douy
Production : Films Imperia (Maurice Refregier)
Tournage : 26 janvier-15 mai 1946
INTERPRÈTES : FERNANDEL *(Pétrus),* Pierre Brasseur *(Rodrigue),* Marcel Dalio *(Lucciani),* Abel Jacquin *(inspecteur Renault),* Simone Simon *(Mico),* Simone Sylvestre *(Francine),* Corinne Calvet *(Liliane),* Jean-Roger Caussimon *(Milou, le graveur),* Dominique Brevan *(la fleuriste)* et Jane Marken, Gabrielle Fontan, Cora Camoin, Riandreys, Jean Fleur, François Deschamps, Lacloche, Pimeray, Nic Vogel, Guy Fournier, Geneviève Ghil, Lucienne Rengnac, Micheline Robert, etc.

1 h 35. Noir et blanc
Sortie à Paris : 2 octobre 1946

SUJET : Accidentellement blessé d'un coup de révolver qui ne lui était pas destiné, Pétrus le photographe se retrouve mêlé à de sombres règlements de comptes. Il n'y perdra pas la vie mais, au contraire, y trouvera l'amour de Mico, sa jolie tueuse.

AVIS CRITIQUE : « L'acteur que je crois permis au plus grand avenir maintenant que Raimu est mort, c'est Fernandel. Dans *Pétrus,* son talent vous apparaîtra sous un jour tout neuf » (Marcel Achard, *in* Jacques Lorcey, *Cinquante ans de vie parisienne,* France-Empire).

1946

CŒUR DE COQ
(ou *Affaire de cœur)*

Réalisation : Maurice Cloche
Scénario et adaptation : Raymond Vinci, d'après Jean-Pierre Feydeau
Dialogues : Jean-Pierre Feydeau
Musique : Roger Dumas
Chansons : Jean Manse (« J'ai mon cœur qui fait tic-tac », « O mio amore », « Je suis irrésistible »)
Images : Willy
Montage : René Gary
Décors : Robert Giordani
Production : SNE Gaumont (T. Bourdelle)
Tournage : 24 juin-10 août 1946
INTERPRÈTES : FERNANDEL *(Tulipe Barbaroux),* Mireille Perrey *(comtesse Véra),* Paul Azaïs *(Séraphin),* Jean Temerson *(Stanislas Pugilaskoff),* Mar-

cel Vallée *(Tournesol, le directeur)*, Gisèle Alcée *(Louise « Loulou » Tournesol)*, Arius *(Henri Lacorbière)*, Maximilienne *(Madame Estelle, la pharmacienne)* et Darcelys, Mag Avril, Cora Camoin, Liliane Avril, Jacques Hélian et son orchestre, etc.

1 h 15. Noir et blanc
Sortie à Paris : 26 mars 1947

SUJET : Amoureux de Loulou, la fille du patron, l'ouvrier Tulipe Barbaroux jure de mettre fin à ses jours. Sa route croise celle d'un savant dont il sera le cobaye : il va lui greffer un cœur de coq. Ce qui aura pour effet de changer radicalement la vie du timide jeune homme...

AVIS CRITIQUE : « C'est une performance de Fernandel qu'on ne peut oublier dans sa carrière. » (Paul Azaïs, propos inédits)

1947

ÉMILE L'AFRICAIN

Réalisation : Robert Vernay
Scénario : Gérard Carlier, Herbert Victor
Adaptation : Paul Nivoix
Dialogues : Paul Nivoix
Musique : José Hajos
Chanson : « Emile ! Qu'est-ce que tu fais ? »
Images : Maurice Barry
Montage : Marthe Poncin
Décors : Gabutti
Production : Latino-Consortium-Cinéma (Dominique Drouin)
Tournage : 21 octobre-12 décembre 1947
INTERPRÈTES : FERNANDEL *(Emile Boular)*, Alexandre Rignault *(Ladislas Stany, l'acteur)*, Noëlle Norman

(Suzanne), Félix Oudart *(Romi, le réalisateur),* Bernard Lajarrige *(Daniel Saulnier),* Armontel *(Didier),* Jacqueline Dor *(Martine),* Madeleine Lambert *(Mme Cormier),* Jean Hebey *(le clerc de notaire),* Lyne Dariel *(Madame Zulma, la concierge),* Missia *(la chanteuse),* Henri Coutet *(l'acteur),* André Marnay *(le notaire),* Pierre Labry *(le patron de café),* Sylvain *(le machiniste),* Janine Vienot *(l'actrice),* Palmyre Levasseur *(l'habilleuse),* Albert Broquin *(un figurant)* et Riandreys, Eugène Campin, Marcel Téral, Georges Sellier, Luc Germain, etc.

1 h 25. Noir et blanc
Sortie à Paris : 19 mai 1948

SUJET : Suzanne, la femme d'Emile, modeste accessoiriste de studio qu'elle avait quitté vingt ans auparavant, reprend contact avec lui. Il faut en effet son consentement pour le mariage de leur fille. Emile va profiter de l'occasion pour reconquérir l'épouse volage.

AVIS CRITIQUE : « Fernandel n'est pas seulement le comique assez vulgaire de telles chansons de troupier : il est aussi un habile comédien et sait prouver, quand on lui en donne l'occasion, que son brave visage, son accent traînant et ses dents longues peuvent être mis au service de l'intelligence et de l'émotion » (Pierre Lagarde, *Ciné Miroir,* 1er juin 1948).

1948

SI ÇA PEUT VOUS FAIRE PLAISIR

Réalisation : Jacques Daniel-Norman
Scénario : Pierre Bernard, Robert Danger

Adaptation : Jean Manse, Roger Vitrac, Jacques-Daniel Norman
Dialogues : Robert Danger
Musique : Vincent Scotto
Images : André Germain
Montage : James Cuanet
Décors : Robert Hubert
Production : Nouvelle Société Pathé-Cinéma (Edouard Lepage, Paul Raybaud)
Tournage : 28 janvier-8 mars 1948
INTERPRÈTES : FERNANDEL *(Martial Gonfaron)*, Arlette Méry *(Ginette)*, Berval *(M. Viala)*, Mona Dol *(Mme Viala)*, Auguste Mourriès *(Massiera)*, Fernand Sardou *(Joseph Castanino)*, Julien Maffre *(le facteur)*, Arius *(M. Pilule)*, Ketty Kerviel *(Lyska)*, Jackie Rollin *(la fleuriste)*, José Casa *(M. Camoin)*, Marsheil *(Favoli)* et Mag Avril, Mathilde Alberti, etc.

1 h 40. Noir et blanc
Sortie à Paris : 1er septembre 1948

SUJET : Magasinier chez le commissaire-priseur de Cassis, le brave Gonfaron accepte de se faire passer pour l'heureux gagnant du gros lot de la Loterie nationale à la place de son ami Scipion Viala. Mais l'affaire tourne au drame...

AVIS CRITIQUE : « Egal à lui-même, Fernandel est pour beaucoup dans les résultats comiques du film, tout en restant un être humain doué de vie et de sensibilité » (*La Cinématographie française*, 28 mai 1948).

1948

L'ARMOIRE VOLANTE

Réalisation : Carlo Rim
Scénario et adaptation : Carlo Rim
Dialogues : Carlo Rim
Musique : Georges Van Parys
Images : Nicolas Hayer
Montage : Henri Taverna
Décors : Emile Alex
Production : CICC (Jean Darvey)
Tournage : 10 mars-26 juin 1948

INTERPRÈTES : FERNANDEL *(Alfred Puc)*, Berthe Bovy *(Mme Léa Lebligeois, sa tante)*, Pauline Carton *(Mme Ovide, la concierge)*, Germaine Kerjean *(Mme Couffignac, la concierge de Puc)*, Marcel Péres *(Fréjus, un déménageur)*, Louis Florencie *(le notaire)*, Henri Charrett *(Caillol, un déménageur)*, Gaston Modot *(le voleur)*, Annette Poivre *(Mimi, la servante de l'hôtel)*, Berval *(Grand-Charles, un truand)*, Yves Deniaud *(M. Martinet)*, Albert Dinan *(P'tit Louis)*, Paul Demange *(le Frisé)*, Christiane Sertilange *(la jeune mariée)*, Edmond Beauchamp *(le commissaire)*, Maximilienne *(la commandante de l'armée du Salut)*, Nita Myral *(une commère)*, Robert Pizani *(le médecin)*, Jean Daurand *(le jeune marié)*, Izelle *(une commère)*, Jean Tourlout *(l'acteur)*, Rivers-Cadet *(Boirot)*, Frédéric O'Brady *(un inspecteur)*, Katherine Kath *(l'actrice)*, Palmyre Levasseur *(une vieille actrice)*, François Richard *(un commissaire)*, Jacques Tarride *(le commissaire-priseur)*, René Hell *(le régisseur)*, Albert Michel *(un agent)*, Jean Temerson, Luc Andrieux et André Bervil *(les habitués du café)*, Albert Broquin *(un inspecteur)*, Henri Gerrar *(un employé)*, Loche *(Cornu)*, René Lacourt *(un salutiste)*, Marcelle Monthil *(la cliente)* et Melrac,

Tristan Sévère, Noël Robert, Liliane Charpentier, Paola Manelli, Pierre Duncan, Francomme, Georgé, Mylos, etc.

1 h 30. Noir et blanc
Sortie à Paris : 29 octobre 1948

Sujet : Percepteur de son état, Alfred Puc se retrouve à la poursuite de sa tante décédée et dont le corps repose dans une armoire qui a disparu. L'affaire tourne très vite au cauchemar. D'ailleurs, c'en est un !

Avis critique : « [...] Fernandel, enfin arraché à ses pitreries, rétablit une merveilleuse liaison avec ses créations d'*Angèle* et de *Regain*. Quel Mescarillo, quel Sganarelle, quel Arnolphe il ferait ! » (André Lang, *France-Soir*, 9 novembre 1948).

1949

L'HÉROÏQUE M. BONIFACE
(ou Le Sympathique M. Boniface)

Réalisation : Maurice Labro
Scénario et adaptation : Gérard Carlier
Dialogues : André Tabet
Musique : Louiguy
Chansons : Jean Manse (« Extraordinaire », « Ah ! dites-moi »)
Images : Marc Fossard
Montage : Robert Isnardon
Décors : Jacques Colombier
Production : Société française de cinématographie (Roger De Broin) / Société des Films Sirius
Tournage : 10 mars-16 avril 1949
Interprètes : Fernandel *(M. Boniface)*, Andrex *(Charlie)*, Michel Ardan, Yves Deniaud et Charles

Bouillaud *(les gangsters)*, Cora Camoin et Claudette Donald *(les jolies filles)*, Liliane Bert *(Irène)*, Max Revol *(le chef de gare)*, Palmyre Levasseur *(la logeuse)*, Marcel Loche *(le logeur)*, Orbal *(M. Simon)*, Maurice Salabert *(le commissaire)*, Julien Maffre *(le lampiste)*, Albert Malbert *(le patron du bistrot)*, Jacques Beauvais *(le maître d'hôtel)* et François Descamps, Joëlle Robin, etc.

1 h 32. Noir et blanc
Sortie à Paris : 19 octobre 1949

SUJET : Un soir, le modeste Boniface trouve chez lui le cadavre d'un gangster. Rapidement kidnappé par le gang des tractions-avant afin d'obtenir son silence, le timide étalagiste va devenir un véritable héros national.

AVIS CRITIQUE : « Fernandel parcourt cette aventure, beaucoup plus riche d'imprévus qu'un résumé ne peut le dire, avec une fantaisie sans outrance et une aimable simplicité. Il réussit, sans jouer les vieilles cartes qui ont fait son succès, dans un personnage humain et attachant » (Louis Chauvet, *Le Figaro*, 24 octobre 1949).

1949

ON DEMANDE UN ASSASSIN

Réalisation : Ernest Neubach
Scénario : Ernest Neubach, André Tabet
Adaptation : Ernest Neubach
Dialogues : André Tabet
Musique : Lewinck
Images : Raymond Clunie
Montage : Léonide Azar, Marcelle Liorel

Décors : Le Barbenchon
Production : Pen-Films / Cinéma Production (Adolphe Rosen)
Tournage : 23 mai-19 juillet 1949
INTERPRÈTES : FERNANDEL *(Bob Laurent),* Noëlle Norman *(Liliane),* Maurice Teynac *(prince Orloff Fréville),* Guy-Lou *(Henri),* Félix Oudart *(M. Laurent),* Yves Deniaud *(Tom),* Claude Chenard *(Kiki),* Pierre Sergeol *(Willy, le boxeur),* Armand Bernard *(le croquemort),* Max Dalban *(Rosse),* Henri Echourin *(le créancier),* Lucien Callamand *(le détective),* Jean-François Martial *(le garde),* et Zanie Aubier, Denise Roux, Félix Clément, Louis Lions, etc.

1 h 30. Noir et blanc
Sortie à Paris : 21 octobre 1949

SUJET : Fils de famille désespéré et ruiné, Bob Laurent engage un tueur pour l'exécuter sous quarante-huit heures. Cependant, tout s'arrange comme par enchantement pour le jeune homme. Désormais, plus question de mourir, mais le contrat mortel tient toujours.

AVIS CRITIQUE : « Fernandel excelle, on le sait, à feindre l'énervement et la panique. Il s'en donne ici à cœur joie et ne chante pas, ce qui lui vaudra un bon point » (Jean Néry, *Combat*).

1949

BOTTA E RIPOSTA
(ou *Je suis de la revue* ou *Coup sur coup)*

Réalisation : Mario Soldati
Scénario, adaptation et dialogues : Garinei, G. Maiuri, Sténo, Monicelli, Marchesi

Musique : Louis Armstrong, Mascherony, Francis Lopez, Isa Barsizza, Redi, Katherine Dunham, Frustaci
Chansons : interprétées par Suzy Delair
Images : Aldo Tonti
Décors : Piero Filippone
Production : Dino de Laurentis
Tournage : 1950 (Italie)
INTERPRÈTES : FERNANDEL *(Fernand)*, Isa Miranda *(Isa)*, Nino Taranto *(l'habilleur)*, I. Barbizza *(la voleuse)*, Suzy Delair *(elle-même)*, Katherine Dunham et ses boys, Louis Armstrong et son orchestre, les Vagabonds de Barrah Minvitch, les Nicolas Brother's *(eux-mêmes)* et W. Osiris, A. d'Angelo, etc.

1 h 20. Noir et blanc
Sortie à Paris : 15 juin 1951

SUJET : Dans l'express qui l'emmène à Rome où elle est attendue par le pape, la chanteuse Suzy se fait dérober ses bijoux. En compagnie de Fernand, elle se lance sur les traces de sa voleuse, prétexte à une visite des cabarets de la capitale italienne.

AVIS CRITIQUE : « Fernandel, dans ce court rôle, n'a pas de grandes possibilités d'expression » (Paul-André Buisine, *L'Index de la Cinématographie française*).

1950

CASIMIR

Réalisation : Richard Pottier, assisté de Pierre Gautherin et Denys de la Patellière
Scénario et adaptation : Gérard Carlier

Dialogues : Jean Manse
Musique : José Hayos
Images : André Germain, Walter Wottitz
Montage : Monique et Robert Isnardon
Décors : Paul-Louis Boutié
Production : Société française de cinématographie (Roger de Broin) / Société des Films Sirius
Tournage : 2 janvier-5 février 1950
INTERPRÈTES : FERNANDEL *(Casimir)*, Germaine Montéro *(Angelita)*, Bernard Lajarrige *(Paul-André, le peintre)*, Jacqueline Duc *(Denise)*, Gaston Orbal *(Poiret)*, Numes fils *(l'huissier)*, Robert Seller *(docteur Labrousse)*, Cécile Didier *(la gouvernante)*, Lucien Hector *(le cafetier)*, Charles Fawcett *(le directeur de Prima)*, Darling Légitimus *(Caroline)*, Julien Maffre *(le cireur)*, Riandreys *(l'enrhumé)* et Edmond Mery, Pierre Ferval, Alfred Arlais, etc.

1 h 27. Noir et blanc
Sortie à Cannes : 19 avril 1950. A Paris : 28 avril 1950

SUJET : Représentant en aspirateur, le bon Casimir se trouve mêlé à une folle aventure amoureuse entre l'un de ses clients, le peintre Paul-André, et une volcanique et richissime Sud-Américaine. Heureusement, tout va rentrer dans l'ordre et la riche épousée achètera le stock de Casimir.

AVIS CRITIQUE : « Comme chacun le sait et a pu le constater, il y a deux Fernandel : le Fernandel des vaudevilles faciles, un peu niais, un peu gros, simples prétextes à gags et à chansonnettes (*Ignace, Barnabé*, etc.) et le Fernandel des grands films comme *Le Schpountz, Angèle, Simplet* et d'autres encore qui permettent à cet acteur intelligent et sensible de faire montre de toutes ses qualités et de nous émouvoir » (J. Gosselin, *La Métropole*, 19 janvier 1951).

1950

MEURTRES

Réalisation : Richard Pottier, assisté de Jean Valère
Scénario et adaptation : Charles Plisnier, Maurice Barry, d'après le roman de Charles Plisnier
Dialogues : Henri Jeanson
Musique : Raymond Legrand
Images : André Germain
Décors : Paul-Louis Boutié
Montage : Christian Gaudin, Hélène Battini
Production : Cité Films/Fidès (Walter Rupp)
Tournage : 27 mars-22 mai 1950
INTERPRÈTES : FERNANDEL *(Noël Annequin)*, Jeanne Moreau *(Martine Annequin)*, Jacques Varennes *(Hervé Annequin)*, Raymond Souplex *(Blaise Annequin)*, Mireille Perrey *(Blanche Annequin)*, Line Noro *(Isabelle Annequin)*, Colette Mareuil *(Lola Annequin)*, Georges Chamarat *(Pierregot, le juge d'instruction)*, Edmond Beauchamp *(professeur Le Gossec)*, Germaine Kerjean *(Mme Frangier, la garde-malade)*, Fernand Sardou *(Fernand, le pompiste)*, Henri Vilbert *(Picard, le médecin)*, Marthe Marty *(la femme du garagiste)*, Henri Arius *(un voisin)*, Philippe Nicaud *(José Annequin)*, Jacques Berlioz *(le directeur de l'asile)*, André Carnege *(le procureur)*, Yvonne Hébert *(Mme de Marcielle)*, Jackie Rollin *(une amie)*, Frédéric Mariotti *(un infirmier)*, Jacques Beauvais et Sylvain *(les maîtres d'hôtel)* et Laure Paillette, etc.

2 h . Noir et blanc
Sortie à Paris : 10 novembre 1950

SUJET : Las de voir souffrir son épouse atteinte d'un mal incurable, Noël Annequin lui administre une piqûre mortelle. Puis le brave paysan s'accuse de ce meurtre au grand dam de ses deux frères, grands bourgeois effrayés par le scandale. Enfermé dans un asile, Noël ne devra sa libération qu'à l'intervention de sa nièce Martine qu'il apprendra à apprécier.

Avis critique : « Dans *Meurtres*, on peut dire que Fernandel perd la tête, qu'il se démasque et que nous découvrons enfin le grand acteur que le mauvais cinéma nous cachait » *(Franc-Tireur)*.

1950

TU M'AS SAUVÉ LA VIE

Réalisation : Sacha Guitry, assisté de François Gir
Scénario et adaptation : Sacha Guitry, d'après sa pièce
Dialogues : Sacha Guitry
Musique : Louiguy
Images : Noël Ramettre
Montage : Raymond Lamy
Décors : Nordès Barteau
Production : Films Minerva (Charles Méré)
Tournage : 22 mai-30 juin 1950
Interprètes : Sacha Guitry *(baron de Saint-Rambert)*, Fernandel *(Fortuné Richard)*, Lana Marconi *(marquise de Pralognan, l'infirmière)*, Jeanne Fusier-Gir *(comtesse de Grisy-Morhange)* René Génin *(Victor)*, Luce Fabiole *(Irma)*, Georges Bever *(Onésime)*, Robert Seller *(Leblondinay)*, Sophie Mallet *(Célestine)*, Numès fils *(Eugène Labouille)*, Roger Poirier et Georges Gronnoff *(les porteurs)*, Michel « Mikou » Malloire *(Gérard)*, Yannick Malloire *(Marie-Claire)*, etc.

1 h 25. Noir et blanc
Sortie à Marseille : 20 septembre 1950. A Paris : 16 mars 1951

SUJET : Le baron de Saint-Rambert se prend d'amitié pour Fortuné Richard, un clochard qui lui a sauvé la vie. En réalité, c'est le pauvre hère que l'accident du baron a sauvé car il allait se jeter dans la Seine.

AVIS CRITIQUE : « [...] la présence de Fernandel, toujours excellent à quelque sauce qu'on l'accommode ! » (J.-G. Pierret).

1950

UNIFORMES ET GRANDES MANŒUVRES

Réalisation : René Le Hénaff, assisté de Denys de la Patellière
Scénario et adaptation : Gérard Carlier
Dialogues : Jean Manse
Musique : Roger Dumas
Images : Pierre Levent
Montage : Monique et Robert Isnardon
Décors : Paul-Louis Boutié
Production : SFC Sirius (Roger de Broin)
Tournage : 26 juin-29 juillet 1950
INTERPRÈTES : FERNANDEL *(Luc et André Duroc)*, Andrex *(André Duroc et Luc)*, Ginette Baudin *(Yvonne)*, Thérèse Dorny *(Solange Duroc)*, Robert Seller *(James, le maître d'hôtel)*, Paulette Dubost *(Alice)*, Claude Arlan *(Marie-Thérèse)*, Lucien d'Antony *(le sergent)*, Luc Andrieux *(le parachutiste)*, Julien Maffre *(le vendeur)*, etc.

1 h 20. Noir et blanc
Sortie à Nice : 8 novembre 1950. A Paris : 22 décembre 1950

SUJET : Chasseur au Miramar, Luc accepte de rendre service à son ami André, un joyeux drille. Ce dernier va l'entraîner dans une folle aventure méditerranéenne où l'un devra se faire passer pour l'autre. Ce qui n'ira pas sans quelques désagréments...

AVIS CRITIQUE : « Fernandel, dans un style très simple, sans forcer ses effets, affirme ses grandes qualités d'acteur comique » (Paul-André Buisine, *L'Index de la Cinématographie française*).

1950

TOPAZE

Réalisation : Marcel Pagnol, assisté de François Gir
Scénario et adaptation : Marcel Pagnol, d'après sa pièce
Dialogues : Marcel Pagnol
Musique : Raymond Legrand
Images : Philippe Agostini, Jean-Marie Maillols
Montage : Monique Lacombe, Jacqueline Bultez
Décors : Robert Giordani, Hugues Laurent, Jodelay
Production : Films Marcel Pagnol (Jean Martinetti)
Tournage : 2 octobre-11 novembre 1950
INTERPRÈTES : FERNANDEL *(Albert Topaze)*, Marcel Vallée *(M. Muche)*, Hélène Perdrière *(Suzy Courtois)*, Jacqueline Pagnol *(Ernestine Muche)*, Pierre Larquey *(Tamise)*, Jacques Morel *(Régis Castel-Vernac)*, Jacques Castelot *(Roger de Bersac)*, Milly Mathis *(baronne Pitart-Vergnoles)*, Robert Moor *(le vieillard)*, Rivers-Cadet *(l'agent de police)*, Yvette

Etiévant *(la secrétaire),* Marcel Loche *(un domestique),* et Georges Montal, etc.

2 h 15. Noir et blanc
Sortie à Monte-Carlo : 25 janvier 1951. A Paris : 2 février 1951

SUJET : Renvoyé de l'institution Muche, Topaze, amoureux de la fille du directeur, se lance avec cynisme dans les affaires et écrase ceux qui se mettent en travers de sa route.

AVIS CRITIQUE : « [...] Dans *Topaze,* rôle magnifique, Fernandel se permet le luxe d'écraser par sa simplicité et sa jeunesse la composition très maladroite de Louis Jouvet dans une précédente version filmée » (Jacques Lorcey, *Anthologie du cinéma,* Editions de l'Avant-scène).

1950

BONIFACE SOMNAMBULE

Réalisation : Maurice Labro, assisté de Denys de la Patellière
Scénario et adaptation : Gérard Carlier
Dialogues : Jean Manse
Musique : Louiguy
Chanson : Jean Manse (« Partons tous les deux »)
Images : Pierre Levent
Montage : Germaine Fouquet
Décors : Paul-Louis Boutié
Production : Société française de cinématographie/Sirius (Roger de Broin)
Tournage : 20 novembre-23 décembre 1950
INTERPRÈTES : FERNANDEL *(Victor Boniface),* Gaby

Andreu *(Stella Gazzini, la chanteuse)*, Mathilde Casadesus *(Mlle Thomas, la sous-directrice)*, Andrex *(Charlie, le chef des gangsters)*, Yves Deniaud *(René, un gangster)*, Nadine Tallier *(Ginette, la vendeuse)*, Michel Ardan *(un gangster)*, André Roanne *(le voleur du briquet)*, Raoul Marco *(le directeur du magasin)*, Louis de Funès *(le mari soupçonneux)*, Rivers-Cadet *(inspecteur Benoit)*, Julien Maffre *(Victor, le veilleur de nuit)*, Numès fils *(Jules, le valet de chambre)* et Huguette Montréal, Nicole Lemaire, Simone Silva, Léo Campion, Liliane Carpentier, etc.

1 h 29. Noir et blanc
Sortie à Nice : 11 avril 1951. A Paris : 3 août 1951

Sujet : Après ses exploits contre le gang des Tractions-avant, voici Boniface devenu somnambule commettant des larcins dans les magasins Bertès où il est détective. Mais il triomphera du voleur qui sommeille en lui.

Avis critique : « Dire de Fernandel qu'il est un acteur comique hors pair est inutile, mais il convient pourtant de souligner le naturel de son jeu et l'évolution de sa personnalité à chaque nouvelle création » (Paul-André Buisine, *L'Index de la Cinématographie française*).

1951

ADHÉMAR OU LE JOUET DE LA FATALITÉ

Réalisation : Fernandel, assisté de François Gir et Georges Lautner
Scénario et adaptation : Sacha Guitry
Dialogues : Sacha Guitry

Musique : Louiguy
Chanson : Jean Manse et Sacha Guitry (« Le rire est un instant divin »)
Images : Noël Ramettre
Montage : Raymond Lamy
Décors : Eugène Piérac
Production : Indusfilms/Henri Bérard (François Carron)
Tournage : 29 janvier-3 mars 1951
INTERPRÈTES : FERNANDEL *(Adhémar Pomme),* Andrex *(Tisalé),* Marcel Levesque *(Brunel-Lacaze),* Marguerite Pierry *(lady Braconfield),* Jacqueline Pagnol *(la marchande de fleurs),* Meg Lemonnier *(la garde de nuit),* Bernadette Lange *(Clémentine),* Maximilienne *(la sœur du marquis),* Primerose Perret *(la bonne de l'hôtel),* Alexandre Arnaudy *(le ministre),* Maurice Bénard *(un membre du Conseil),* Georges Béver *(le mari trompé),* Jean Duvaleix *(l'employé du casino),* Jacques de Féraudy *(marquis de Saltarello),* Jean Hervé *(le premier tragédien),* Roger Monteaux *(un membre du Conseil),* José Noguéro *(don Cristobal),* Robert Vidalin *(le deuxième tragédien),* Robert Seller *(un membre du Conseil),* Lucien Callamand *(le régisseur),* Henry Houry *(un membre du Conseil),* Maurice Regamey *(le barbu)* et Sophie Mallet, *(la bonne de Basile),* Annie Ravel, Jacques Sablon, Luce Fabiole, Louise Lagrange, Nicolas Amato, Emma Lyonel, Noël Darzal, Jean-Claude Méral, André Polack, etc.

1 h 45 (version de 1 h 29). Noir et blanc
Sortie à Cannes : 9 août 1951. A Paris : 14 septembre 1951

SUJET : Cherchant absolument à échapper à la fatalité qui pèse sur lui — son physique chevalin déclenche l'hilarité générale aussitôt qu'il se présente quelque part —, Adhémar Pomme se terre dans une pension de famille pour « monstres ». Chassé pour avoir fait rire les autres pensionnaires, il deviendra clown.

Avis critique : « Tout le poids du film repose sur Fernandel qui y apparaît sous des aspects inattendus et souvent imprévus. Tour à tour comique, dramatique, burlesque, sentimental, sérieux, fantaisiste, Fernandel donne un très vif relief à son curieux personnage d'homme qui, jouet de la fatalité, fait rire tout le monde malgré lui » (Paul-André Buisine, *L'Index de la Cinématographie française*).

1951

L'AUBERGE ROUGE

Réalisation : Claude Autant-Lara, assisté de Ghislaine Auboin-Autant-Lara
Scénario : Jean Aurenche
Adaptation : Jean Aurenche, Pierre Bost, Claude Autant-Lara
Dialogues : Jean Aurenche, Pierre Bost
Musique : René Cloerec
Chanson : interprétée par Yves Montand
Images : André Bac
Montage : Madeleine Gug
Décors : Max Douy
Production : Memnon-Films (Simon Schifrin)
Tournage : 1er mars-30 mai 1951
Interprètes : Fernandel *(le Capucin)*, Françoise Rosay *(Marie Martin)*, Julien Carette *(Pierre Martin)*, Marie-Claire Olivia *(Mathilde Martin)*, Grégoire Aslan *(Barbeuf)*, Jean-Roger Caussimon *(Darwin)*, Nane Germon *(Mademoiselle Elsa)*, Didier d'Yd *(Janou)*, Lud Germain *(Fétiche, le*

Noir), Jacques Charon *(Rodolphe),* Simone Vialla *(Marquise de La Roche de Glun, la voyageuse),* Robert Berri *(le cocher),* André Dalibert *(le bûcheron),* René Lefèvre-Bel *(le premier gendarme),* Manuel Gary *(le deuxième gendarme),* etc.

1 h 35. Noir et blanc
Sortie à Paris : 24 octobre 1951

Sujet : En 1833, dans une auberge perdue des Cévennes, un couple d'aubergistes, Pierre et Marie Martin, assassinent tous leurs clients afin de les détrousser. Lorsque la diligence amène un moine, la croyante Marie refuse de tuer ce client et se confesse même de leurs crimes. Affolé, le moine devra trahir le secret de la confession et provoquer la colère divine.

Avis critique : « Un seul personnage trouve dans cette auberge un point d'équilibre : Fernandel. Il est étonnant de souplesse et d'intelligence. Il se montre capable de fournir deux indications de jeu presque simultanées pour suggérer la drôlerie d'une situation tragique. Ses " terreurs " sont de vraies terreurs, mais qui font rire. Il ne charge pas une minute. Il fait passer quelques détails d'un goût discutable. Il sauve le film » (Louis Chauvet, *Le Figaro*, 26 octobre 1951).

1951

LA TABLE AUX CREVÉS

Réalisation : Henri Verneuil
Scénario et adaptation : Henri Verneuil, André Tabet, d'après le roman de Marcel Aymé
Dialogues : André Tabet

Musique : Louiguy
Images : André Germain
Montage : Gabriel Rongier
Décors : René Moulaert
Production : Films Marceau/Films Vendôme (Edmond Tenoudji/Adolphe Osso)
Tournage : 18 juin-4 août 1951
INTERPRÈTES : FERNANDEL *(Urbain Coindet)*, Andrex *(Frédéric Gari)*, Edouard Delmont *(Capucet, le garde champêtre)*, Fernand Sardou *(Forgeral, le maire)*, Edmond Ardisson *(Cugue, le cocu)*, Antonin Berval *(père Gari)*, René Génin *(le curé)*, Maria Mauban *(Jeanne Gari)*, Henri Vilbert *(Victor)*, Alexandre Arnaudy *(le père Miloin)*, Marthe Marty *(la mère Miloin)*, Jenny Hélia *(la cornette)*, Marcel Charvey *(Rambarde)*, Nicolas Amato *(brigadier Jeantet)*, Max Mouron *(le Corne)*, Manuel Gary *(Félicien Berger)*, etc.

1 h 32. Noir et blanc
Sortie à Marseille : 10 octobre 1951. A Paris : 1er février 1952

SUJET : A Cantagrel, en Provence, Urbain Coindet est accusé d'avoir assassiné sa femme. Bientôt, l'innocence ou la culpabilité d'Urbain vont enflammer les passions villageoises.

AVIS CRITIQUE : « Fernandel fait une de ses créations les plus marquantes, donnant à son personnage cette truculence méridionale servie par une simplicité dépourvue d'artifices. Il soutient avec aisance tout le poids du film, passant du drame à la comédie avec une égale souplesse » (Paul-André Buisine, *L'Index de la Cinématographie française*).

1951

LE PETIT MONDE DE DON CAMILLO

Réalisation : Julien Duvivier, assisté de Serge Vallin et Alberto Cardone
Scénario et adaptation : Julien Duvivier, René Barjavel, d'après le livre de Giovanni Guareschi
Dialogues : Julien Duvivier, René Barjavel
Musique : Alessandro Cicognini
Images : Nicolas Hayer
Montage : Maria Rosada
Décors : Virgilio Marchi
Production : Francinex (Paris — Pierre Cocco) / Rizzoli — Amato (Rome)
Tournage : 3 septembre-24 novembre 1951
INTERPRÈTES : FERNANDEL *(don Camillo),* Gino Cervi *(Giuseppe Botazzi, dit Peppone),* Sylvie *(Mme Christina),* Vera Talchi *(Gina Filotti),* Franco Interlenghi *(Mariolino Brusco),* Charles Vissières *(l'évêque),* Luciano Manara *(Filotti),* Armando Migliari *(Brusco),* Léda Gloria *(la femme de Peppone),* Manuel Gary *(le délégué)* et Gualtiero Tumiati, Saro Urzi, Clara Auteri Pepe, Marco Tulli, Olga Solbelli, Mario Siletti, Carolo Dose, Giorgio Albertazzi, etc. — et Jean Debucourt *(la voix du Christ)*

1 h 47. Noir et blanc
Sortie à Paris : 4 juin 1952

SUJET : A Brescello, un impulsif curé s'oppose à Peppone, l'irascible maire communiste de ce petit village italien de la plaine du Pô.

AVIS CRITIQUE : « Don Camillo a donné à Fernandel l'occasion de camper l'un de ses personnages les plus vrais, les plus touchants, les plus cocasses. Qui oserait prétendre, après une création d'une telle ampleur, que ce comédien n'est pas l'un des plus grands parmi ceux — sont-ils nombreux ? — qui ont pour mission d'offrir aux hommes la plus valable image d'eux-mêmes ? » (Carlo Rim, *Fernandel,* Editions Calmann-Lévy).

1952

COIFFEUR POUR DAMES

Réalisation : Jean Boyer, assisté de Robert Guez et Jean Bastia
Scénario et adaptation : Jean Boyer, Serge Veber, d'après la pièce de Paul Armont et Marcel Gerbidon
Dialogues : Serge Veber
Musique : Paul Misraki
Images : Charles Suin
Montage : Franchette Mazin
Décors : Robert Giordani
Production : Hoche Productions (Jean Darvey)
Tournage : février-mars 1952
INTERPRÈTES : FERNANDEL *(Mario Marius),* Georges Lannes *(M. Brochant),* Blanchette Brunoy *(Aline),* Manuel Gary *(Gaétan),* Renée Devillers *(Mme Brochant),* Arlette Poirier *(Edmonde Dorfeuil),* José Noguero *(Gonzalès Cordoba),* Georges Chamarat *(le médecin),* Jane Sourza *(Mme Gilibert),* Françoise Soulié *(Denise Brochant),* Nicole Jonesco *(Colette, la soubrette)* et Jacques Eyer, Charles Bouillaud, Julien Maffre, Mireille Ponsard, Claudette Donald, Nadine Tallier, Micheline Gary, Nicole Regnault, etc.

1 h 34. Noir et blanc
Sortie à Paris : 9 mai 1952

SUJET : Le jovial Marius, toilettiste canin à Marseille, rêve de devenir coiffeur pour dames à Paris. Sous le nom de Mario, il se rendra bien vite compte que gloire et fortune ne sont que des mirages.

AVIS CRITIQUE : « Je me souviens d'une improvisation sensationnelle qu'il avait faite sur le plateau [...] Alors que le metteur en scène Jean Boyer hésitait sur le ton à donner à une scène, Fernand s'était écrié : " Je peux te la jouer de toutes les manières, cette scène. " Il l'avait alors interprétée quinze fois de suite et à chaque coup d'une façon différente. Lui seul pouvait faire preuve d'une telle virtuosité » (Robert Chazal, *France-Soir*).

1952

LE FRUIT DÉFENDU

Réalisation : Henri Verneuil, assisté de Pierre Chevalier et Jacques Prunet
Scénario et adaptation : Jacques Companeez, Jean Manse, Henri Verneuil, d'après le roman *Lettre à mon juge,* de Georges Simenon
Musique : Paul Durand
Images : Henri Alekan
Montage : Gabriel Rongier
Décors : Rino Mondellini
Production : Gray Films-Ayres d'Aguiar (Ludmilla Goulian)
Tournage : 2 mai-25 juin 1952
INTERPRÈTES : FERNANDEL *(docteur Charles Pellegrin),* Françoise Arnoul *(Martine Englebert),* Raymond Pellegrin *(Octave),* Jacques Castelot *(Boquet),* Claude Nollier *(Armande Pellegrin),* Sylvie *(Mme Pellegrin mère),* René Génin *(Marchandeau),*

Fernand Sardou *(Fontevieille)*, Manuel Gary *(Jacky)*, Pierrette Bruno *(Toinette)*, Jacky Gencel *(le petit Justin)*, Micheline Gary *(Léa)*, Yannick Malloire et Marie Martine *(les petites filles de Charles Pellegrin)* et Max Dalcourt, Odette Charblay, Mireille Ponsard, Hélène Tossy, Nicolas Amato, etc.

1 h 39. Noir et blanc
Sortie à Paris : 24 septembre 1952

SUJET : Médecin à Arles, Charles Pellegrin mène une vie banale jusqu'au jour où il rencontre Martine, une jeune fille délurée. Après cette aventure, et bien des drames, le couple formé par Charles et Armande, sa femme, se reformera plus solide après l'épreuve.

AVIS CRITIQUE : « [...] Ici, Fernandel devient une tout autre sorte d'acteur : il quitte le comique, évolue vers le grave. Il ne fait, comme d'habitude, jamais une erreur, jamais une faute d'intention » (Hervé Lauwick, *Noir et Blanc*, 8 octobre 1952).

1952

LE BOULANGER DE VALORGUE

Réalisation : Henri Verneuil, assisté de Gérard Ducaux-Rupp
Scénario : Pierre Lozach
Adaptation : Jean Manse
Dialogues : Yves Favier, Jean Manse
Musique : Raymond Legrand, Nino Rota
Images : Charles Suin
Montage : Christian Gaudin
Décors : Robert Giordani

Production : Cité-Films/Fidès (Walter Rupp) — Peg Produzione (Rome)
Tournage : 22 septembre-15 novembre 1952
INTERPRÈTES : FERNANDEL *(Félicien Hébrard)*, Jean Gaven *(le curé)*, Pierrette Bruno *(Françoise Zanetti)*, Georges Chamarat *(le receveur)*, Edmond Ardisson *(le facteur)*, Madeleine Sylvain *(Clotilde)*, Léda Gloria *(l'épicière)*, Mag Avril *(Mlle Negret)*, Henri Vilbert *(le maire)*, Francis Linel *(Justin Hébrard)*, Antonin Berval *(Courtecuisse)*, Fernand Sardou *(le brigadier)*, René Génin *(le secrétaire)*, José Casa *(le garde)*, Géo Georgey *(le boucher)*, Henri Arius *(le forgeron)*, Georgette Hélia *(Prudence)*, Mado Stelli *(Félicie)* et Georges Briquet, Manuel Gary, etc.

1 h 47 (Versions de 1 h 49 ou 1 h 35). Noir et blanc
Sortie à Paris : 23 février 1953

SUJET : A cause du fruit de l'amour entre Justin, le fils du boulanger Félicien Hébrard, et Françoise, la fille de l'épicière, les habitants du village de Valorgue entrent en guerre, partagés en deux clans. Bientôt, l'apaisement scellera l'amour et l'amitié retrouvés.

AVIS CRITIQUE : « Dans un rôle qui lui tenait à cœur, Fernandel a donné une fois de plus la juste mesure de son talent de comédien. Son personnage n'est pas foncièrement comique, mais il a su mettre en valeur certains de ses aspects et le rendre ainsi amusant et émouvant » (Paul-André Buisine, *L'Index de la Cinématographie française)*.

1952

LE RETOUR DE DON CAMILLO
(Il ritorno di Don Camillo)

Réalisation : Julien Duvivier, assisté d'Alberto Cardone et Michel Romanoff
Scénario : Giovanni Guareschi
Adaptation : Julien Duvivier, René Barjavel, Giuseppe Amato, d'après le livre de Giovanni Guareschi
Dialogues : Julien Duvivier, René Barjavel
Musique : Alessandro Cicognini
Images : Anchise Brizzi
Montage : Marthe Poncin, Orizio Sacco
Décors : Virgilio Marchi
Production : Francinex-Film Sonor-Ariane (Pierre Cocco — Paris) / Rizzoli — Amato (Milan)
Tournage : 1er décembre 1952-28 février 1953 (Italie)
INTERPRÈTES : FERNANDEL *(don Camillo)*, Gino Cervi *(Giuseppe Bottazzi, dit Peppone)*, Alexandre Rignault *(Francisco Gallini, dit Néro)*, Edouard Delmont *(docteur Spiletti)*, Thomy Bourdelle *(Cagnola)*, Charles Vissières *(l'évêque)*, Leda Gloria *(la femme de Peppone)*, Paola Stoppa *(Marchetti)*, Claudy Chapeland *(Beppo)* et Saro Urzi, Marco Tulli, Arturo Bragaglia, Lia Di Leo, Manuel Gary, Enzo Staiola, Pina Gallini, Miranda Campa, Tony Jacquot, Rina Morelli, etc. — et Jean Debucourt *(la voix du Christ)*.

1 h 51. Noir et blanc
Sortie à Paris : 5 juin 1953.

SUJET : En exil dans un village de montagne, don Camillo est rappelé par Peppone afin qu'il sauve leur village du péché et de l'inondation qui menace comme un signe du ciel.

AVIS CRITIQUE : « A travers la vitre d'un wagon, on nous montre un gros plan du visage de Fernandel brouillé de larmes. L'image est belle et Fernandel connaît l'art d'émouvoir... Je me sentais " accroché " ! » (Jean de Baroncelli, *Le Monde*, 11 juin 1953).

1953

CARNAVAL
(ou *Dardamelle)*

Réalisation : Henri Verneuil, assisté de Christian Gaudin
Scénario et adaptation : Marcel Pagnol, d'après la pièce d'Emile Mazaud *Dardamelle*
Dialogues : Marcel Pagnol
Musique : Raymond Legrand
Chansons : Jean Manse
Images : André Germain
Montage : Raymonde Bianchi, Jean Bianchi
Décors : Robert Giordani
Production : Société nouvelle des Films Marcel Pagnol (Charles Pons et Jean Martinetti)
Tournage : 26 février-30 mars 1953
INTERPRÈTES : FERNANDEL *(Dardamelle)*, Jacqueline Pagnol *(Francine Dardamelle)*, Mireille Perrey *(Isabelle, sa cousine)*, Géo Dorlys *(Leveille, son commis)*, Saturnin Fabre *(docteur Caberlot)*, Manuel Gary *(Arthur, l'amant)*, Henri Arius *(le maire)*, Antonin Berval *(le commissaire de police)*, Renée Passeur *(la baronne)*, Pauline Carton *(Toinette, la camériste)*, Nina Myral *(la présidente de l'Association des filles repenties)*, Charles Blavette *(Lambrequin)*, Josselin *(Rostaing)*, Arnaudy *(le curé)*, Michel Marsay *(Monsieur Arthur)* et Jean Mello, Max Mourron, Jean Panisse, Marcel Raine, etc.

1 h 30. Noir et blanc
Sortie à Monte-Carlo : 25 mai 1953. A Paris : 25 septembre 1953

SUJET : Dardamelle, architecte à Aix-en-Provence, veut apprendre à tous qu'il est cocu. Hélas, il y met une telle insistance que nul ne le croit, d'autant qu'approche la date fatidique du carnaval. Difficile de crier son infortune sans passer pour un galéjeur.

AVIS CRITIQUE : « L'ensemble vaut surtout par les comédiens : entouré par l'équipe habituelle de Pagnol et par l'inénarrable Saturnin Fabre, Fernandel triomphe dans un personnage tragicocomique » *(Télé 7 Jours)*.

1953

L'ENNEMI PUBLIC NUMÉRO UN
(Il Nemico pubblico n° 1)

Réalisation : Henri Verneuil, assisté de Marcel Camus
Scénario : Max Favalelli
Adaptation : Michel Audiard et Jean Manse
Dialogues : Michel Audiard
Musique : Nino Rota, Raymond Legrand
Images : Armand Thirard
Montage : Christian Gaudin
Décors : Robert Giordani
Production : Cité-Films/Fidès, Cocinor (Walter Rupp — Paris)/PEG Produzione Films (Rome)
Tournage : 16 avril-1er juillet 1953
INTERPRÈTES : FERNANDEL *(Joé Calvet)*, Zsa-Zsa Gabor *(Lola la Blonde)*, Nicole Maurey *(Peggy)*, Alfred Adam *(le shérif)*, Jean Marchat *(l'attorney général)*,

Louis Seigner *(le directeur de la prison)*, Saturnin Fabre *(W. W. Stone, l'avocat)*, Paolo Stoppa *(Tony Fallone)*, Tino Buazzelli *(Parker)*, David Opatoschu *(Slim, le tueur)*, Carlo Ninchi *(Nick le flicard)*, Arturo Bragaglia *(Jack le caissier)*, Manuel Gary *(Charly la Ronflette)*, Guglielmo Barnabo *(M. Click)*, Bob Ingarao *(le chef de police)*, Cianfanelli *(Abe l'assassin)*, Aorlo Mischi *(Nick)*, Jess Hahn *(un truand)* et Michel Ardan, Robert Seller, etc.

1 h 45. Noir et blanc
Sortie à Nice : 2 décembre 1953. A Paris : 6 janvier 1954

Sujet : A New York, Joé Calvet, Américain d'origine française, affligé d'une incroyable myopie, emporte par erreur l'imperméable d'un gangster. Pris pour l'ennemi public numéro un, le gaffeur parviendra néanmoins à faire éclater la vérité.

Avis critique : « Fernandel, sans se départir de lui-même (car il n'a pas, en grandissant, appris l'autosacrifice), compose ainsi une silhouette marseillaise, fernandellienne, vêtue à l'américaine et saupoudrée de sel cinématographique international. Le mélange donne un excellent résultat » (R. M. Arlaud, *Combat*, 11 janvier 1954).

1953

MAM'ZELLE NITOUCHE
(Santarellina)

Réalisation : Yves Allégret, assisté de Jean Valère, Serge Witta et Alain Jessua
Scénario et adaptation : Marcel Achard, Yves Allé-

gret, Jean Aurenche, d'après l'opérette d'Henri Meilhac, Albert Milhaud et Hervé
Dialogues : Marcel Achard
Musique : Georges Van Parys d'après une partition d'Hervé
Images : Armand Thirard
Montage : Claude Nicole, Giselle Boudet
Décors : Jean d'Eaubonne
Production : Paris Films, Panitalia, Rizzoli Films (Ralph Baum)
Tournage : 2 novembre 1953-2 janvier 1954
INTERPRÈTES : FERNANDEL *(Célestin/Floridor)*, Pier Angeli *(Denise de Flavigny/Nitouche)*, Jean Debucourt *(commandant des dragons)*, Michèle Cordoue *(Corinne, l'actrice)*, François Guérin *(lieutenant La Vauzelle)*, Georges Chamarat *(l'adjudant)*, Renée Devillers *(la mère supérieure)*, Louis de Funès *(le maréchal des logis)*, Margo Lion *(la sœur tourière)*, Bernard Lajarrige *(le soldat)*, Daniel Ceccaldi *(le troisième réserviste)*, Olivier Hussenot *(le commandant des réservistes)*, Jacques Dynam *(le premier réserviste)*, Pierre Olaf *(le deuxième réserviste)*, Michel Etcheverry *(le patron de l'hôtel)*, Maurice Biraud *(un soldat)*, Pierrette Simonet *(une élève)* et Hélène Tossy, Nério Bernardi, Orbal, Max Eloy, Fernand René, Claudette Donald, André Roanne, Fernand René, Katherine Kath, Gilles Gallion, Dany Cintra, Annick Bertrand, Danik Patisson, Jane Marken, Françoise Vallery, etc.

1 h 30. Couleurs Eastmancolor Lux
Sortie à Paris : 21 avril 1954

SUJET : En 1880, Célestin, respectable professeur de musique du couvent des Hirondelles, mène une double vie. Le soir, il court le jupon et dirige les répétitions d'une opérette légère dont il est l'auteur. Mais l'espiègle Denise, pensionnaire du couvent, connaît son secret et décide de s'en servir.

AVIS CRITIQUE : « Fernandel fait une savoureuse composition savamment étudiée mais dont le comique se ressent des tendances à la stylisation du metteur en scène qui freinent le jeu des principaux interprètes » *(France-Soir).*

1954

LE MOUTON À CINQ PATTES

Réalisation : Henri Verneuil, assisté de Pierre Chevalier et Arlen Papazian
Scénario : Albert Valentin
Adaptation : René Barjavel pour *Histoire d'Alain,* de Jean Marsan ; *Histoire de Désiré* d'Henri Troyat d'après *Le philanthrope à la rouquine ; Histoire d'Etienne* de Jacques Perret d'après *La Mouche ; Histoire de Bernard,* de Jean Marsan et Henri Verneuil ; et *Histoire de Charles,* de Raoul Ploquin
Dialogues : René Barjavel
Musique : Georges Van Parys
Images : Armand Thirard
Montage : Christian Gaudin
Décors : Robert Clavel
Production : Films Raoul Ploquin — Cocinex
Tournage : 1er février 1954-15 avril 1954
INTERPRÈTES : FERNANDEL *(Edouard Saint-Forget le père, Alain l'esthéticien, Désiré le laveur de vitres, Etienne le loup de mer, Bernard le journaliste, Charles l'abbé),* Françoise Arnoul *(Marianne Durand-Perrin),* Denise Grey *(Mme Durand-Perrin),* Paulette Dubost *(Solange, la femme de Désiré),* Edouard Delmont *(docteur Marius Bollène),* René Génin *(le maire),* Louis de Funès *(Pilate, le croque-mort),* Noël Roquevert *(M. Antoine Brissard),* Georges Chamarat *(M. Durand-Perrin),* Lina Lopez *(Azitad),* Dario Moreno *(un joueur),* Edmond

Ardisson *(le gendarme),* Andrex *(le second du loup de mer),* Tony Jacquot *(l'instituteur),* Ky-Duyen *(un joueur),* Michel Ardan *(un marin),* Micheline Gary *(l'hôtesse),* etc.

1 h 40. Noir et blanc
Sortie à Monte-Carlo : 14 juillet 1954. A Paris : 24 septembre 1954

SUJET : Le maire de Trézignan, où jadis Edouard Saint-Forget eut des quintuplés, décide de les faire revenir au pays. Leur parrain, le docteur Bollène, est chargé de les retrouver. Mais leur irrascible vieillard de père ne veut pas revoir ces fils qu'il chassa un jour.

AVIS CRITIQUE : « Un rôle en or pour Fernandel qui joue six personnages — le père et ses fils — ô combien différents ! » (Bernard Rapp, *Dictionnaire des films,* Larousse).

1954

ALI BABA ET LES QUARANTE VOLEURS

Réalisation : Jacques Becker, assisté de Marc Maurette, Jean-François Hauduroy et Jean Becker
Scénario et adaptation : Jacques Becker, Marc Maurette, Césare Zavattini, Jean Manse
Dialogues : André Tabet
Musique : Paul Misraki
Images : Robert Le Febvre
Montage : Marguerite Renoir
Décors : Georges Wakhevitch
Production : Films du Cyclope (René Vuattoux)
Tournage : 12 avril-14 juillet 1954
INTERPRÈTES : FERNANDEL *(Ali Baba),* Dieter Borsche

(Abdul, le chef des voleurs), Henri Vilbert *(Cassim)*, Edouard Delmont *(le père de Morgiane)*, Julien Maffre, José Caba, Edmond Ardisson et Manuel Gary *(les mendiants)*, Samia Gamal *(Morgiane)*, Gaston Orbal *(le mufti)* et Yoko Tani, Léopoldo Frances, Fanfan Mirucci, Piella Sorano, etc.

1 h 32. Couleurs Eastmancolor
Sortie à Paris : 24 décembre 1954

SUJET : Serviteur du riche marchand Cassim, Ali Baba achète pour son maître une danseuse au marché des esclaves : Morgiane. Pour elle, il vole une partie du trésor d'Abdul et de ses quarante voleurs. Ces derniers vont alors se venger.

AVIS CRITIQUE : « Fernandel est merveilleux, à la fois lui-même et différent, sobre, discret, fin, marchant sur la pointe des babouches comme s'il craignait d'effaroucher son très jeune public, procédant par demi-gestes » (Louis Chauvet, *Le Figaro*, 28 décembre 1954).

1954

LE PRINTEMPS, L'AUTOMNE ET L'AMOUR
(La Corrida dei mariti)

Réalisation : Gilles Grangier, assisté de Jacques Deray
Scénario et adaptation : Jean Manse, Gilles Grangier, d'après *Noël Sarrazin*, de Raymond Asso
Dialogues : Jean Manse, Gilles Grangier
Musique : Claude Valéry
Images : Armand Thirard
Montage : Christian Gaudin
Décors : Pierre Colombier

Production : Cité Films, Fidès, Francinex (Walter Rupp)/Cirac (Rome)

Tournage : 15 novembre 1954-25 janvier 1955

INTERPRÈTES : FERNANDEL *(Fernand « Noël » Sarrazin)*, Nicole Berger *(Cécilia)*, Claude Nollier *(Julie Sarrazin)*, Andrex *(Blancard, le chef de gare)*, Philippe Nicaud *(Jean Balestra)*, Georges Chamarat *(Bourriol, le pharmacien)*, Denise Grey *(la cliente)*, Maria Zanoli *(Anaïs)*, Gaston Rey *(Antoine Sarrazin)*, Jacqueline Noelle *(Monique)*, Mag Avril *(une commère)*, Madeleine Sylvain *(Mme Calvette)*, Edmond Ardisson *(le facteur)*, Fernand Sardou *(M. Calvette)*, Julien Maffre *(le lampiste)*, Manuel Gary *(Victor)*, René Worms *(le voyageur)*, Enrico Glori *(le maître d'hôtel)*, Marthe Marthy *(une commère)*, Bruce Kay *(l'Américain)*, Jenny Hélia *(la cliente)*, Liliane Robin *(la femme de chambre)*, etc.

1 h 40. Noir et blanc

Sortie à Paris : 3 juin 1955

SUJET : Un jour, Fernand Sarrazin, riche nougatier de Montélimar, sauve de la noyade une jolie marchande de fleurs. Pour elle, il bouleversera son douillet petit univers familial.

AVIS CRITIQUE : « C'est frais, fleur bleue, très bien joué par Fernandel qui, quand on lui confie un bon rôle, sait montrer combien il est un grand acteur et, par tout un aréopage méridional, bon enfant, manié excellemment par Gilles Grangier » (Samuel Lachize, *L'Humanité Dimanche*).

1955

LA GRANDE BAGARRE DE DON CAMILLO

Réalisation : Carmine Gallone
Scénario et adaptation : Giovanni Guareschi, Leo Benvenuti, Age, Scarpelli, d'après les récits de Giovanni Guareschi
Dialogues : René Barjavel
Musique : Alessandro Cicognini
Images : Anchise Brizzi
Montage : Nicolo Lazzari
Décors : Virgilio Marchi
Production : Rizzoli Films (Jane Tuzy)
Tournage : avril-mai 1955
INTERPRÈTES : FERNANDEL *(don Camillo),* Gino Cervi *(Giuseppe Botazzi, dit Peppone),* Léda Gloria *(la femme de Peppone),* Carlo Duse *(le bigio),* Umberto Spadard *(le paysan Bezzi),* Memmo Carotenuto *(le spiccio),* Marco Tulli *(Smilzo),* Saro Urzi *(Brusco),* Claude Sylvain *(Clotilde, la secrétaire de Peppone),* Guido Celano *(le maréchal des carabiniers),* Giovanni Onorato *(Lungo)* et Gaston Rey, Lamberto Maggioranti, etc.

1 h 34. Noir et blanc
Sortie à Paris : 18 novembre 1955

SUJET : Pour qu'il puisse se présenter à la députation, Peppone doit passer son certificat d'études. Son professeur, le truculent don Camillo, lui fera emporter le siège tant désiré... qu'il laissera à un autre, trop attaché à son village natal !

AVIS CRITIQUE : « Fernandel ne craignant pas de se souvenir parfois de ses rôles les plus vaudevillesques, emporte, de toute évidence, l'adhésion du public qu'il amuse par sa seule présence » (Jean Néry, *Combat,* 23 novembre 1955).

1955

DON JUAN
(El Amor de don Juan)

Réalisation : John Berry, assisté de Marc Maurette et Jacques Nahum
Scénario : Maurice Clavel, Jacques Emmanuel
Adaptation : John Berry, Maurice Clavel, Jean Manse, Jacques Emmanuel, Juan A. Bardem
Dialogues : Jacques Laurent, Pierre Bost
Musique : Henri Sauguet
Images : Nicolas Hayer
Montage : Marinette Cadix
Décors : Georges Wakhevitch
Production : Roland Girard, Adry de Carbuccia, Benito Perojo, Cyclope (René G. Vuattoux)/Dama Cinematografica
Tournage : 11 octobre-30 décembre 1955
INTERPRÈTES : FERNANDEL *(Sganarelle)*, Erno Crisa *(don Juan Tenerio)*, Carmen Sevilla *(la Séranilla)*, Christine Carrère *(dona Ines)*, Simone Paris *(dona Maria)*, Roland Armontel *(le gouverneur de Tolède)*, Fernando Rey *(don Inigo, le chef de la police)*, Micheline Dax *(dona Elvira)*, Robert Lombard *(Altaquerque)* et José Sepulveda, Claudine Bleuse, etc.

1 h 35. Couleurs Technicolor
Sortie à Paris : 9 mai 1956

SUJET : Valet du légendaire don Juan Tenerio, Sganarelle séduit les troublantes et belles Espagnoles, mais n'en aime qu'une, la belle Séranilla.

AVIS CRITIQUE : « Un divertissement réussi avec une composition intéressante de Fernandel en Sganarelle » *(Télé 7 Jours)*.

1956

LE COUTURIER DE CES DAMES

Réalisation : Jean Boyer, assisté de Jean Bastia et Robert Guez
Scénario : Gérard Carlier
Adaptation : Jean Boyer et Jean Manse
Dialogues : Serge Veber
Musique : Paul Misraki
Images : Charles Suin
Montage : Christian Gaudin
Décors : Robert Giordani
Production : Cité-Films (Jacques Bar)/Cipra/CTI
Tournage : 16 janvier-29 février 1956
INTERPRÈTES : FERNANDEL *(Fernand Vignard)*, Suzy Delair *(Adrienne Vignard)*, Fred Pasquali *(Picraphos)*, Françoise Fabian *(Sophie)*, Gaston Orbal *(M. de Treignac)*, André Bervil *(Apollini)*, Robert Pizani *(le baron)*, Georges Chamarat *(maître Plaisant, le notaire)*, Robert Destain *(Zwertas)* et Maguy Sarragne, Nicole Fabrice, Claude Mauduy, Colette Ricard, etc.

1 h 35. Noir et blanc
Sortie à Paris : 13 avril 1956

SUJET : Fernand Vignard est tailleur pour hommes chez Apollini. Mais il rêve de devenir couturier pour dames. C'est alors qu'il reçoit une part importante des actions d'une maison de couture léguée par une riche Sud-Américaine, qui vont lui permettre de concrétiser son rêve.

AVIS CRITIQUE : « On se rend compte du parti que Fernandel, avec sa verve, sa drôlerie et ses moyens énormes qui ont fait de lui un des tout premiers comédiens de France, a réussi à tirer du personnage de Fernand Vignard » (Jacques Montfort, *Ciné Revue*).

1956

SOUS LE CIEL DE PROVENCE
(Era di venerdi 17)
(ou *Quatre pas dans les nuages)*

Réalisation : Mario Soldati, assisté d'Alain Roux et Jean Bastia
Scénario : César Zavattini, Piero Tellini
Adaptation : Marc-Gilbert Sauvajon
Dialogues : Marc-Gilbert Sauvajon
Musique : Paul Misraki
Images : Nicolas Hayer
Montage : Christian Gaudin
Décors : Robert Giordani
Tournage : 26 mars/14 mai 1956
Production : Cité-Films, Giuseppe Amato (Walter Rupp)
INTERPRÈTES : FERNANDEL *(Paul Verdier)*, Giulia Rubini *(Marie)*, Suzet Maïs *(Juliette Verdier)*, Andrex *(Frédéric)*, Alberto Sordi *(Mario, le chauffeur d'autocar)*, Fosco Giachetti *(Antonio, le père de Mario)*, Tina Pica *(tante Camille)*, Léda Gloria *(Lucia, la mère de Marie)*, Roberto Risso *(Gino, le frère de Marie)*, Rénato Salvatori *(Gino)*, Jean Brochard *(le commerçant)*, Arius *(le chef de gare)*, Charles Deschamps *(le pensionnaire)*, Raymone *(l'institutrice)*, Georges Cusin *(le contrôleur)* et Dany Caron, Fabienne Cléry, Manuel Gary, Max Mouron, Martial Rebe, etc.

1 h 37. Couleurs Eastmancolor
Sortie à Cannes : 7 novembre 1956. A Paris : 20 février 1957

Sujet : A Marseille, Paul Verdier, modeste représentant en confiserie, ne semble pas avoir trouvé en Juliette l'épouse idéale. Lorsque Maria, une jeune inconnue, lui demande de se faire passer pour son mari, il accepte le jeu pour sortir de la morosité de son quotidien.

Avis critique : « [...] la personnalité de Fernandel est trop éclatante pour ce rôle modeste ! » (Pierre Laroche, *Le Canard enchaîné,* 27 février 1957).

1956

HONORÉ DE MARSEILLE

Réalisation : Maurice Regamey, assisté de Jacques Besnard et Bernard Toublanc-Michel
Scénario : Jean Manse, Yves Favier
Adaptation : Jean Manse
Dialogues : Jean Manse
Musique : Henri Betti
Chansons : Jean Manse (« Honoré », « Quel travail, quel plaisir », « C'est Noël »)
Images : Walter Wottilz
Montage : Christian Gaudin
Décors : Jean Mandaroux
Production : Cité-Films/Protis-Films (Walter Rupp)
Tournage : 18 juin-11 août 1956
Interprètes : Fernandel *(Honoré, Protis, Honorius),* Andrex *(Pastèque, le mécanicien),* Francis Blanche *(Pasquale Marchetti),* Maryse Patris *(Toinette Honoré),* Rellys *(Saturnin Bonnafoux),* Michel Etcheverry *(Bob Patrick, le reporter),* Henri Crémieux *(Garrigues, le président),* Yvonne Monlaur *(Gyptis),* Claire Diamant *(Josette),* Robert Pizani *(Baccala),* Edmond Ardisson *(Victor, le cafetier),* Arius *(Bonafous), etc.*

1 h 20 (version de 1 h 16). Couleurs Eastmancolor
Sortie à Nice : 12 décembre 1956. A Paris : 11 janvier 1957

SUJET : Amateur de pastis et de pétanque, l'affable Honoré raconte la gloire de Marseille et de son prestigieux passé. Le voici donc en Phocéen Protis, en Romain Honorius, autant d'évocations historiques contées avec verve et accent.

AVIS CRITIQUE : « Fernandel répète sans se lasser son numéro bien connu tout au long de ce film qui est plutôt une suite de sketches plus ou moins cocasses, taillés sur mesure pour le célèbre comique » *(Télé 7 Jours)*.

1956

LE TOUR DU MONDE
EN QUATRE-VINGTS JOURS
(Around the World in 80 days)

Réalisation : Michael Anderson
Scénario et adaptation : James Poe, John Farrow, S. J. Perelman, d'après l'œuvre de Jules Verne
Dialogues : James Poe, John Farrow, S. J. Perelman
Musique : Victor Young
Images : Lionel Lindon, Kevin Mac Clory
Montage : Gene Ruggiero, Paul Weatherwax
Décors : James Sullivan
Production : Mike Todd, Artistes Associés (Mike Todd)
Tournage : juin/décembre 1956
INTERPRÈTES : David Niven *(Phileas Fogg)*, Cantinflas *(Passepartout)*, Robert Newton *(inspecteur Fix)*, Shirley Mac Laine *(Aouda)*, FERNANDEL *(le cocher de fiacre)*, Charles Boyer *(M. Gasse)*, Joe E. Brown

(le chef de station), Martine Carol *(la Parisienne),* John Carradine *(colonel Proctor),* Charles Coburn *(l'employé),* Ronald Colman *(l'officier),* Marlene Dietrich *(l'hôtesse),* Trevor Howard *(Fallentin),* Glynis Johns *(la fille),* John Mills *(le cocher),* Frank Sinatra *(le pianiste),* Buster Keaton *(le receveur),* George Raft *(l'homme du bar),* Noël Coward *(Hesketh-Baggott),* sir John Gieguld *(Foster),* sir Cedric Hardwicke *(sir Francis Cromarty),* Peter Lorre *(le Japonais),* Victor Mc Laglen *(le mécanicien),* Robert Morley *(Ralph),* Jack Oakie *(le capitaine),* Gilbert Roland *(Achmed Abdullah),* Mike Mazurski *(le poivrot),* César Romero *(l'aide de camp),* Red Skelton *(l'homme du buffet),* Luis Miguel Dominguin *(le matador),* Ronald Squire et Basil Sydney *(les membres du club),* Melville Cooper *(le garçon de cabine),* Finlay Currie *(le partenaire au whist),* Reginald Denny *(le chef de la police),* Hermione Gingold *(« Sportin' Lady »),* Jose Greco *(le danseur),* colonel Tim McCoy *(le commandant),* Alan Mowbray *(le consul),* Edmund Lowe *(l'ingénieur),* Harcourt Williams *(Hinshaw),* Evelyn Keyes *(le flirt),* Beatrice Lillie *(la revivaliste),* A. E. Matthews *(« Queue de billard »),* Edward R. Murrow *(le narrateur),* etc.

2 h 58. Couleurs Eastmancolor. Technicolor Todd-Ao
Sortie à Paris : 15 mai 1957

Sujet : L'Anglais Phileas Fogg prend le pari contre les membres de son club qu'il effectuera le tour du monde en quatre-vingts jours. En compagnie de Passepartout, son valet français, le gentleman va vivre de folles aventures...

Avis critique : « Une pléiade d'acteurs connus apparaissent parfois même sans qu'ils aient à ouvrir la bouche. C'est du luxe, une brillante figuration qui sert de décor humain, si l'on peut dire, à chaque pays traversé. Quelques exemples : à Paris, Fernandel est cocher, et Martine Carol se montre un instant... » (Pierre Tchernia, *Les Fiches de « Monsieur Cinéma »*).

1956

L'HOMME À L'IMPERMÉABLE
(L'Uomo dall'impermeabile)
(ou *Fugue pour clarinette* ou *Partie fine)*

Réalisation : Julien Duvivier, assisté de Michel Romanoff
Scénario et adaptation : René Barjavel, Julien Duvivier, d'après un roman de James Hadley Chase, *Fugue pour clarinette*
Dialogues : René Barjavel, Julien Duvivier
Musique : Georges Van Parys
Images : Roger Hubert
Montage : Marthe Poncin
Décors : Robert Clavel
Production : Cité-Films, (Walter Rupp)/Abbey Films/Monica Films
Tournage : 8 octobre-5 décembre 1956
INTERPRÈTES : FERNANDEL *(M. Albert Constantin)*, Bernard Blier *(M. Raphaël)*, Jacques Duby *(Maurice)*, Judith Magre *(Eva)*, Mireille Perrey *(Mme Minouche Constantin)*, Jean Rigaux *(Emile Blondeau)*, Claude Sylvain *(Florence)*, Pierre Spiers *(le chef d'orchestre)*, Bob Murray *(Sam)*, Julien Bertheau *(le metteur en scène)* Edith Georges *(Nelly)*, Armande Navarre *(Esther)*, John Mac Giver *(O'Brien)*, Gaston Rey *(le ténor)*, Raoul Marco *(le régisseur)*, Albert Dinan *(le peintre)*, Alfred Goulin *(l'inspecteur)*, Georges Bever *(le vagabond)* et Laure Paillette, Jean Laugier, etc.

1 h 46. Noir et blanc
Sortie à Paris : 22 février 1957

SUJET : Albert Constantin, clarinettiste au Châtelet, endure mille douleurs avec sa femme Marguerite. Aussi, lorsqu'elle part chez sa mère, cède-t-il à la tentation de la petite vertu. Mais la demoiselle lui tombe dans les bras... un couteau planté dans le dos. Il devient alors la victime du chantage de l'énigmatique Raphaël.

AVIS CRITIQUE : « On peut aimer ou ne pas aimer Fernandel. Il est un cas. C'est l'acteur comique numéro un du cinéma français et nous pouvons même dire du cinéma européen » (Claude Garson, *L'Aurore*, 28 février 1957).

1957

SÉNÉCHAL LE MAGNIFIQUE

Réalisation : Jean Boyer, assisté d'Alain Roux et Francis Caillaud
Scénario : Jean-Jacques Rouff
Adaptation : Serge Veber, Jean-Jacques Rouff, Jean Boyer, Jean Manse
Dialogues : Serge Veber
Musique : Paul Misraki
Images : Charles Suin
Montage : Jacques Desagneaux
Décors : Robert Giordani
Production : Chronos Films/Ucil/Rizzoli Films (Julien Rivière)
Tournage : 6 février-2 avril 1957
INTERPRÈTES : FERNANDEL *(Sénéchal)*, Nadia Gray *(la princesse)*, Roland Armontel *(Carlini)*, Jeanne Aubert *(la colonelle)*, Georges Chamarat *(le colo-*

nel), André Philip *(M. Beluze),* Liliane Patrick *(Mado),* Simone Paris *(Mme Serval),* Madeleine Barbulée *(Mme Roberte),* Serge Nadaud *(M. Serval),* Robert Pizani *(le prince),* Albert Dinan *(M. Léon),* Dominique Boschéro *(une élève),* Barbara Cruz *(une danseuse),* Roméo Carles *(le partenaire de Sénéchal),* Luce Fabiole *(l'habilleuse),* Sacha Briquet *(le représentant),* Gaston Orbal *(le directeur),* Georges Lannes *(Castel-Boissac),* Suzanne Dehelly *(la malade),* Hélène Tossy *(Mme Léon),* Georges Baconnet *(le président),* Jacqueline Caurat *(Nicole),* Pierre Stephen *(un joueur)* et Paul Azaïs, Jenny Astruc, Denise Pezzani, Pasquali, Camille Guérini, Manuel Gary, Nina Myral, Emile Genevois, Charles Bouillaud, Jacques Ary, Victor Tabournot, Jacques Mancier, etc.

1 h 35. Noir et blanc
Sortie à Paris : 24 mai 1957

SUJET : Acteur cabotin dans des tournées minables, Sénéchal se retrouve par un mauvais coup du sort perdu à Dreux déguisé en légionnaire. Ce nouveau rôle l'entraînera dans une suite de quiproquos où l'expérience prouve que la scène de la vie lui offre une nouvelle carrière.

AVIS CRITIQUE : « Cette excellente comédie nous montre un Fernandel à transformations qui reste l'amuseur numéro un du cinéma français » *(Fiche de l'office catholique du cinéma français).*

1957

À PARIS TOUS LES DEUX
(ou *Vacances à Paris* ou *Paris Holiday)*

Réalisation : Gerd Oswald
Scénario et adaptation : Edmond Beloin, Dean Riesner, d'après une histoire de Robert Hope
Dialogues : Edmond Beloin, Robert Hope, Jean Manse
Musique : Joseph L. Lilley
Images : Roger Hubert
Montage : Ellsworth Hoagland
Décors : Georges Wakhevitch
Production : Production Tolda/Artistes Associés (Fred Surin)
Tournage : 15 avril-mai 1957 (Paris, New York)
Interprètes : Fernandel *(Fernydel)*, Bob Hope *(Robert Leslie « Bob » Hunter)*, Martha Hyer *(Ann Mc Call)*, Anita Ekberg *(Anita Zara)*, Preston Sturges *(Serge Vitry)*, André Morell *(l'ambassadeur US)*, Maurice Teynac *(Dr Bernais)*, Yves Brainville *(inspecteur Dupont)*, Jean Murat *(le juge)*, Irène Tunc *(shipboard lovely)*, Roger Tréville *(golfeur)*, Alan Gifford, Marcel Peres, etc.

1 h 43. Couleurs Technicolor, Technirama
Sortie à Londres : 27 février 1958. A Paris : 23 avril 1958

Sujet : Bob Hunter, grande star américaine de l'écran, découvre la « Ville lumière » en compagnie de son ami, le comédien Fernydel, et d'Ann, attachée à l'ambassade des USA. Tous trois vont se trouver mêlés à une terrible affaire d'espionnage.

AVIS CRITIQUE : « Fernandel, absolument éblouissant, nous offre la meilleure création de toute sa carrière » (Luc Moullet, *Radio Cinéma*, 11 mai 1958).

1957

LE CHÔMEUR DE CLOCHEMERLE

Réalisation : Jean Boyer, assisté d'Alain Roux
Scénario : Gabriel Chevallier
Adaptation : Jean Manse, Jean Boyer, d'après le roman de Gabriel Chevallier, *Clochemerle Babylone*
Dialogues : Gabriel Chevallier
Musique : René Sylviano
Images : Charles Suin
Montage : Jacqueline Brachet
Décors : Robert Giordani
Production : Fidès (Ernest Rupp)
Tournage : 17 juin-5 août 1957
INTERPRÈTES : FERNANDEL *(Baptiste Lachaud, dit Tistin)*, Ginette Leclerc *(Zozotte)*, Maria Mauban *(Jeannette Masurat)*, Rellys *(Coiffenave, le sacristain)*, Henri Vilbert *(Piéchut, le maire)*, Marcel Peres *(Beausoleil, le garde champêtre)*, Béatrice Bretty *(Babette, la gouvernante)*, Georges Chamarat *(Patard, le curé)*, Mado France *(une commère)*, Henri Crémieux *(Larondel, le conseiller)*, Lucien Callamand *(Tafardel, le secrétaire de mairie)*, etc.

1 h 32. Noir et blanc
Sortie à Paris : 20 décembre 1957

SUJET : Chômeur à Clochemerle, Tistin promène sa paresse jusqu'au jour où il perd l'estime de chacun en filant le parfait amour avec Zozotte, la fille légère du pays. Finalement, il acceptera de travailler pour les beaux yeux de la veuve Jeannette.

Avis critique : « Le héros Tistin, brave garçon, paresseux par amour de la liberté mais qui témoigne d'un réel génie à tout faire, a trouvé en Fernandel l'interprète idéal : farfelu, sympathique, amuseur mais toujours humain jusque dans la cocasserie » *(Le Film français)*.

1957

LA LOI, C'EST LA LOI
(La legge e legge)

Réalisation : Christian Jaque
Scénario : Jacques Emmanuel, Jean-Charles Tacchella
Adaptation : Christian Jaque, Age, Scarpelli, Jean-Charles Tacchella, Jean Manse
Dialogues : Jacques Emmanuel, Jean Manse
Musique : Nino Rota
Images : Gianni di Venanzo
Montage : Jacques Desagneaux
Décors : Giani Polidori
Production : Ariane/Filmsonor/Vidès/FCP (Alexandre Mnouchkine, Georges Danciger, Robert Chabert)
Tournage : 4 novembre 1957-8 février 1958
Interprètes : Fernandel *(Ferdinand Pastorelli)*, Toto *(Giuseppe la Pagli)*, Noël Roquevert *(gendarme Malandain)*, Anna-Maria Luciani *(Marisa)*, Henri Crémieux *(M. Bourride, le beau-père)*, Albert Dinan *(Peloffi, le brigadier de douane)*, Henri Arius *(le maire)*, Jean Brochard *(député Bonnefoud)*, René Génin *(Donadieu, l'aubergiste)*, Nathalie Nerval *(Hélène Pastorelli)*, Léda Gloria *(Antonietta)*, Nino

Besozzi *(Maresciallo)*, Luciano Marin *(Mario)*, et Gustavo de Nardo, etc.

1 h 35. Noir et blanc
Sortie à Vichy : 13 juin 1958. A Paris : 17 septembre 1958

SUJET : Coupé en deux par la frontière franco-italienne, le village d'Assola entretient la rivalité entre le douanier français Ferdinand Pastorelli et l'éternel contrebandier italien Giuseppe la Pagli, éternel chassé-croisé frontalier entre deux amis d'enfance.

AVIS CRITIQUE : « Fernandel campe avec brio et esprit l'homme simple et respectueux des lois et règlements... » (Paul-André Buisine, *L'Index de cinématographie française*).

1958

LA VIE À DEUX

Réalisation : Clément Duhour, assisté de Jacques Poitrenaud et Henri Bérard
Scénario et adaptation : Sacha Guitry
Dialogues : Sacha Guitry
Musique : Hubert Rostaing
Images : Robert Le Febvre
Montage : Paulette Robert
Décors : Raymond Gabutti
Production : Cocinor (Gilbert Bokanowski)
Tournage : 22 janvier-25 février 1958
INTERPRÈTES : Pierre Brasseur *(Pierre Carreau)*, Danielle Darrieux *(Monique Lebeaut)*, FERNANDEL *(Marcel Gaboufigue)*, Edwige Feuillère *(Françoise Sellier-Carreau)*, Louis de Funès *(maître Stéphane, le notaire)*, Robert Lamoureux *(Thierry Ravail)*,

Jean Marais *(Teddy Brooks, l'illusionniste)*, Lili Palmer *(Odette de Starenberg)*, Gérard Philipe *(Désiré, le valet d'Odette)*, Jean Richard *(André Le Lorrain)*, Gilbert Bokanowski *(Roland Sauvage, l'éditeur)*, Pauline Carton *(Mme Vattier)*, Yvan Desny *(Michel Sellier)*, Robert Manuel *(Georges, le mari de Peggy)*, Jacques Dumesnil *(Henri Girane)*, Christian Duvaleix *(Jean Pommier)*, Jacques Jouanneau *(Michel Sentis)*, Sophie Desmarets *(Marguerite Gaboufigue)*, Maria Mauban *(la religieuse)*, Jane Marken *(Mme Fourneau, la belle-mère d'André)*, Pierre Mondy *(M. Lebeaut, l'époux de Monique)*, Jacques Morel *(Claude Montignac, le ministre)*, Jean Tissier *(Arthur Vattier, le directeur du théâtre)*, Madeleine Lebeau *(Peggy)*, Marie Daems *(Madeleine, la camériste d'Odette)*, Max Montavon *(Lecomte, le secrétaire de Carreau)*, France Roche *(comtesse Diepchinska)*, Pierre Larquey *(Anselme)*, Mathilde Casadesus *(la cuisinière d'Odette)*, Clément Duhour *(Georges)*, Lucien Raimbourg *(un consommateur)*, etc.

1 h 48. Noir et blanc
Sortie à Paris : 24 septembre 1958

Sujet : Sur son lit de mort, l'auteur à succès Pierre Carreau charge son notaire de retrouver les couples dont il narra jadis les aventures dans son best-seller *La Vie à deux*. Pour hériter de sa fortune, il faudra que l'un de ces couples connaisse toujours le même bonheur.

Avis critique : « On reconnaît, au passage, de vieilles connaissances [...] " Le blanc et le noir " qui permet à Fernandel de réussir sa variation brillante sur le thème du comique débouchant soudain sur l'émotion » (*Le Parisien*, 3 octobre 1958).

1958

LES VIGNES DU SEIGNEUR

Réalisation : Jean Boyer, assisté d'Alain Roux et Jean Vigne
Scénario et adaptation : Jean Boyer, Serge Veber, Jean Manse, d'après la pièce de Robert de Flers et Francis de Croisset
Dialogues : Serge Veber
Musique : Fred Freed
Images : Charles Suin
Montage : Jacqueline Brachet
Décors : Robert Giordani
Production : Fidès/Cocinor/Régis Films (Ernest Rupp)
Tournage : 25 mai-7 juillet 1958
INTERPRÈTES : FERNANDEL *(Henri Levrier)*, Pierre Dux *(comte Hubert Martin de Kardec)*, Béatrice Bretty *(Mme Bourjeon)*, Simone Valère *(Gisèle Bourjeon)*, Evelyne Dandry *(Yvonne Bourjeon)*, Michel Garland *(Jack)*, Jeanne Fusier-Gir *(Aline, la tante)*, Lina Rita *(Lulu)* et Mag Avril, etc.

1 h 34 (version de 1 h 25). Noir et blanc
Sortie à Paris : 24 décembre 1958

SUJET : Henri Levrier, buveur invétéré, prétend s'adonner à la boisson parce que sa femme le trompe. Lorsque la belle Gisèle revient au bercail, il lui faudra bien assumer la réconciliation.

AVIS CRITIQUE : « Admirablement mis en valeur par son compère Pierre Dux, là, Fernandel se déchaîne, le meilleur Fernandel : celui qui sait être, quand il veut, d'une cocasserie toute en finesse » (Michel Aubriant, *Paris Presse*, 27 décembre 1958).

1958

LE GRAND CHEF
(Noi gangsters)
(ou La Rançon du Chef rouge)

Réalisation : Henri Verneuil, assisté d'Ulrich Picard et Jean Becker
Scénario et adaptation : Henri Troyat, Henri Verneuil, Jean Manse, d'après la nouvelle d'O'Henry
Dialogues : Henri Troyat
Musique : Gérard Calvi
Images : Roger Hubert
Montage : Boris Lewin
Décors : Roger Clavel
Production : Franco London Films/Gibe Zebra (Ralph Baum)
Tournage : 20 octobre-6 décembre 1958
DISTRIBUTION : FERNANDEL *(Antoine Venturen)*, Gino Cervi *(Paolo)*, Papouf *(Eric Jumelin)*, Jean-Jacques Delbo *(Alain Jumelin)*, Noëlle Norman *(Mme Jumelin)*, Georges Chamarat *(Jules, le valet des Jumelin)*, Florence Blot *(Mademoiselle Florentine)*, Albert Michel *(le voisin)*, Gaby Basset *(la mère d'Etienne)*, Georges Bever *(Maurice, le voisin du dessus)*, Hélèna Manson *(la guide polyglotte)*, Dominique Davray *(la voisine aux carreaux cassés)*, Madeleine Barbulée *(la voisine du dessous)*, Robert Rollis *(un infirmier)*, Maurice Nasil *(le détective privé de M. Jumelin)* et Germaine Michel, Dany Jaquet, Catherine Brieux, etc.

1 h 35. Noir et blanc
Sortie à Paris : 20 mars 1959

SUJET : Antoine et Paolo, deux braves pompistes, deviennent kidnappeurs d'occasion. Mais, Papouf, le jeune fils du milliardaire, est un garnement qui va totalement les annexer.

Avis critique : « Il faut posséder toute la technique et l'expérience de Fernandel pour n'être pas écrasé par le jeune Papouf, démoniaque enfant... » (France Roche, *France-Soir*, 24 mars 1959).

1959

LE CONFIDENT DE CES DAMES
(ou *Le Psychanalyste de ces dames)*

Réalisation : Jean Boyer
Scénario : Serge Veber, Jean Manse
Adaptation : Serge Veber, Jean Manse, Jean Boyer
Dialogues : Serge Veber, Jean Boyer
Musique : Lelio Luttazzi
Images : Charles Suin
Montage : Robert Zanoli
Décors : Yvo Battelli
Production : Films du Cyclope/Gamma (René G. Vuattoux, Nanni d'Ezarno)
Tournage : 9 février/14 mars 1959 (Italie)
Interprètes : Fernandel *(Julien Goberti)*, Ugo Tognazzi *(Cesare, le neveu de la comtesse)*, Sylva Koscina *(Maria Bonifaci)*, Denise Grey *(la comtesse)*, Memmo Carotenuto *(Antoine, l'hôtelier)*, Lauretta Masiero *(une cliente)*, Aroldo Tieri *(le journaliste)* et Brice Valori, Carlo Campanini, Marco Tulli, Caprice Chantal, Dolores Palumbo, Guglielmo Inglese, Silvio Noto, Pina Gallini, Didi Sullivan, Lauro Gazzolo, Isarco Ravaiolo, Alfio Contini, Fiorella Ferrero, etc.

1 h 25. Noir et blanc
Sortie à Nice : 12 août 1959. A Paris : 19 août 1959

Sujet : Vétérinaire à Figuerol, Julien Goberti soigne tous ceux qui le lui demandent, ce qui ne semble pas au goût de Mlle Bonifaci, la sculpturale doctoresse qui vient de s'installer dans le village. Plus tard, ils se guériront réciproquement de leur célibat.

Avis critique : « Fernandel, amuseur sans pareil, campe son personnage avec naturel et fantaisie » (Paul-André Buisine, *L'Index de la Cinématographie française*).

1959

LA VACHE ET LE PRISONNIER

Réalisation : Henri Verneuil, assisté d'Ulrich Picard
Scénario et adaptation : Henri Verneuil, Henri Jeanson, Jean Manse, d'après le roman de Jacques Antoine, *Une histoire vraie*
Dialogues : Henri Jeanson
Musique : Paul Durand
Images : Robert Hubert
Montage : Jacques Cunet
Décors : Franz Bi, Max Seefelder, Jacques Chalvet
Production : Dama Production/Films du Cyclope (Walter Rupp, René G. Vuattoux)
Tournage : 8 juin-15 août 1959
Interprètes : Fernandel *(Charles Bailly)*, René Havard *(Bussière)*, Ingeborg Schoner *(Helga)*, Bernard Musson *(Pommier)*, Ellen Schwiers *(Josepha, la fermière)*, Pierre Louis *(l'officier français n° 1)*, Franciska Kinz *(la mère d'Helga)*, Maurice Nasil *(Bertoux)*, Richard Winkler *(l'officier français n° 2)*, Bruno Hoffmann *(le garde du camp)*, Albert Rémy *(Colinet)*, Marguerite *(la vache)* et Franz Muxeidener, Marcel Rouzé, etc.

1 h 59. Noir et blanc
Sortie à Paris : 16 décembre 1959

SUJET : En 1943, au cœur de l'Allemagne, Charles Bailly, prisonnier français, s'évade en compagnie d'une vache. Après maintes péripéties, il sera finalement repris et ne sera libéré qu'en 1945 avec l'arrivée des Alliés.

AVIS CRITIQUE : « Un film d'acteur que *La Vache et le prisonnier*. Et quel acteur ! Jamais Fernandel ne nous a donné une aussi brillante démonstration d'un talent parfait [...] Redisons la sobriété, le " dépouillé ", la discrétion du talent du grand comédien, dont l'extraordinaire présence donne au film sa densité, par son émotion, finement suggérée, sa bonne humeur simple et ce visage mouvant » (*Nouveaux Jours*, 11 janvier 1960).

1960

CRÉSUS

Réalisation : Jean Giono, assisté de Claude Pinoteau
Scénario : Jean Giono
Dialogues : Jean Giono
Musique : Joseph Kosma
Images : Roger Hubert
Montage : Robert Isnardon
Décors : Pierre-Louis Thévenet
Production : Sté Films Jean Giono/Andrée Debar (Armand Berne)
Tournage : 14 mars-26 avril 1960
INTERPRÈTES : FERNANDEL *(Jules)*, Rellys *(Paul)*, Marcelle Ranson *(Joséphine dite Fine, la veuve)*, Sylvie *(Delphine, l'institutrice)*, Paul Préboist *(le maçon)*, Miguel Gamy *(Albert)*, Jeanne Pérez

(Marie), Edouard Hemme *(le curé)*, Olivier Hussenot *(le premier policier)*, Jacques Préboist *(le deuxième policier)*, Pierre Repp *(l'employé de banque)*, Jeanne Mars *(la femme de Paul)*, René Génin *(Burie)*, Lucien Verva *(Le Hebe)*, Luce Dassas *(Rose)*, Hélène Tossy *(la patronne)*, Etienne Fleurichamp *(Emile)*, Charles Bouillaud et Jacopozzi *(les gendarmes)*, René Bourbon *(l'employé du crédit)*, Claude Rossignol *(le patron)*, etc.

1 h 40. Noir et blanc
Sortie à Marseille : 21 septembre 1960. A Paris : 8 mars 1961

SUJET : En 1946, sur les plateaux de Haute-Provence, Jules le berger mène une vie monotone ponctuée par les visites de Fine, une jeune veuve. Un jour, il trouve une énorme bombe qui renferme une fortune colossale. Désormais, il sera l'objet de toutes les convoitises jusqu'à ce qu'on découvre que l'argent était faux...

AVIS CRITIQUE : « Fernandel, pour le meilleur et pour le pire, a été l'une des expressions les plus précises, les plus parfaites d'une vision complaisante et donc petite-bourgeoise des milieux populaires méridionaux [...] Il était, on voulait en faire un comédien comique si triste et si profond qu'au moment d'en rire, on aurait dû en pleurer » (Albert Cervoni, *l'Humanité*, 26 février 1973).

1960

LE CAÏD

Réalisation : Bernard Borderie
Scénario et adaptation : Jean-Bernard Luc, d'après le roman de Claude Orval *Le Grand Caïd*

Dialogues : Jean-Bernard Luc
Musique : Paul Misraki
Images : Robert Juillard
Montage : Christian Gaudin
Décors : René Moulaert
Production : CICC (Charles Borderie)
Tournage : 23 mai-juin 1960

INTERPRÈTES : FERNANDEL *(Justin Migonet)*, Barbara Laage *(Rita)*, Michel Thomas *(le chauffeur de taxi russe)*, Hélène Tossy *(la tenancière de l'hôtel)*, Georges Wilson *(Monsieur A.)*, Claude Piéplu *(Oxner)*, Hélène Duc *(Edmée)*, Albert Michel *(Filâtre)*, François Darbon *(Amédée)*, Pomme *(la patronne de l'hôtel Pigalle)*, Georges Géret *(Jo)*, Jacques Seiler *(un gangster)*, Monique Vita *(la femme de chambre de l'hôtel Pigalle)*, Charles Moulin *(le Turc)*, Pierre Mirat *(le gérant de l'hôtel Cujas)*, Marcel Bozzuffi *(Toni)* et France Asselin, Guy Mairesse, Robert Arnoux, Marcel Pérès, René Alié, Jean Marosi, Michel Thomass, Gérard Darrieu, Paul Mercey, Luc Andrieu, Marcel Rouzé, Bruno Balp, Jacques Herlin, Francis Lax, Henri Maik, Billy Nencioli, Albert Rémy, Christian Brocard, Lucien Camiret, Paul Pavel, etc.

1 h 32. Noir et blanc
Sortie à Paris : 16 novembre 1960

SUJET : Dans le train qui emmène Justin Migonet à Paris, le gangster Toni l'oblige à cacher le butin d'un sanglant hold-up. Pour ce petit professeur de philosophie sans histoire que l'on va prendre pour un caïd, c'est le début d'une haletante course-poursuite...

AVIS CRITIQUE : « [...] On ne s'ennuie pas. Fernandel connaît à fond les ficelles de son métier et sait tirer le meilleur parti de toutes les situations. *Le Caïd* viendra donc prendre sa place parmi les nombreuses productions où cet acteur, simplement pour nous distraire, accomplit honnêtement sa tâche » (J.-G. Pierret).

1960

COCAGNE

Réalisation : Maurice Cloche
Scénario : Yvan Audouard
Adaptation : Maurice Cloche, Jean Manse, Yvan Audouard, d'après le roman d'Yvan Audouard
Dialogues : Yvan Audouard
Musique : Jean Leccia
Images : Roger Hubert
Montage : Fanchette Mazin
Décors : Jacques Paris
Production : Paris-Elysées/Jad Films (André Guillet)
Tournage : 30 septembre-5 novembre 1960
INTERPRÈTES : FERNANDEL *(Marc-Antoine),* Dora Doll *(Hélène),* Rellys *(Septime),* Andrex *(Amédée),* Léda Gloria *(Mélanie),* René Génin *(Mathias),* Josette Jordan *(Mireille),* Roberto Risso *(Vincent),* Pierre Mirat *(le docteur),* Paul Préboist *(Banane)* et Memmo Carotenuto, Marie-Thérèse Eicholtzer, Claude Boussard, Arius, etc.

1 h 32. Noir et blanc
Sortie à Paris : 8 mars 1961

SUJET : Employé municipal à Arles, Marc-Antoine mène une vie paisible entre sa femme Mélanie et ses deux enfants jusqu'au jour où il se découvre des talents de peintre. Son art lui octroie la célébrité et lui tourne la tête.

AVIS CRITIQUE : « Là, on rit à gorge déployée, parce que Fernandel est inégalable dans ce genre de numéro. Pour le reste, c'est encore et toujours Fernandel qui supporte le poids du film sur ses robustes épaules d'acteur infaillible » (J.-G. Pierret).

1961

LE JUGEMENT DERNIER
(Il Giudizio universale)

Réalisation : Vittorio de Sica
Scénario et adaptation : Césare Zavattini
Dialogues : Césare Zavattini
Musique : Alessandro Cicognini
Chanson : Modugno Pugliese (« Na musica »)
Images : Gabor Pogany
Montage : Adriana Novelli
Décors : Pasquale Romano
Production : Standard Film/Dino de Laurentiis (Cinematographica)
Tournage : 15 février-avril 1961
INTERPRÈTES : FERNANDEL *(le veuf)*, Vittorio Gassman *(Cimio, le dandy)*, Rénato Rascel *(Coppola, l'homme qui note tout)*, Paolo Stoppa *(Giorgio, le mari trompé)*, Anouk Aimée *(la femme de Giorgio)*, Georges Rivière *(Gianni, l'amant)*, don Jaime de Mora Y Aragon *(le diplomate)*, Silvana Mangano *(Mme Matteoni)*, Jack Palance *(Matteoni, l'homme d'affaires)*, Lino Ventura *(le père)*, Alberto Sordi *(Albert, le trafiquant d'enfants)*, Ernest Borgnine *(le pickpocket)*, Jimmy Durante *(l'homme au nez important)*, Domenico Modugno *(le chanteur)*, Vittorio de Sica *(l'avocat)*, Akim Tamiroff *(le metteur en scène)*, Mélina Mercouri *(la comtesse étrangère)*, Elli Davis *(la blonde)*, Franco Franchi *(le passant)*, Carlo Ingrassia *(l'autre)*, Nino Manfredi *(un valet de chambre)*, Mike Bongiorno *(Bon-*

giorno), Eleonora Brown *(Giovanna),* Elisa Cegani *(la mère de Giovanna),* Marisa Merlini *(la mère de l'enfant),* Maria Pia Castillo *(la femme de chambre),* Eugenio Cuomo *(l'enfant),* Giuseppe Janigro *(le grand personnage),* Giuseppe Porelli *(l'accompagnateur),* Paul Demange *(un avare),* etc.

1 h 38. Noir et blanc
Sortie à Paris : 9 mai 1962

SUJET : Annoncé à Naples, le Jugement dernier provoque les réactions les plus diverses au sein de la population, de l'avocat au mari trompé, du voleur au diplomate, de la comtesse au trafiquant, tous se promettent le repentir jusqu'à l'annonce que le dit jugement est provisoirement reporté.

AVIS CRITIQUE : « Mais si l'on veut admirer le jeu subtil de Fernandel attendri par un pickpocket, la finesse hautaine d'Anouk Aimée, la mine ahurie et offusquée de Vittorio Gassman et le regard malin d'innombrables petits Napolitains dont le naturel fait merveille, alors on peut se risquer à affronter le vide qui sépare leurs apparitions respectives » (*Le Figaro,* 22 mai 1962).

1961

DYNAMITE JACK

Réalisation : Jean Bastia
Scénario : Jacques Ary
Adaptation : Jacques Emmanuel, Jean Bastia, Jean Manse
Dialogues : Jacques Emmanuel, Jean Manse
Musique : Pascal Bastia
Images : Roger Hubert

Montage : Jacques Desagneaux
Décors : Robert Giordani
Production : Jean-Paul Bertrand (Jean Velter, Martial Berthot)
Tournage : 3 mars-30 avril 1961
INTERPRÈTES : FERNANDEL *(Antoine Espérandieu — Dynamite Jack)*, Lucien Raimbourg *(Shérif Scotty)*, Adrienne Corri *(Pegeen-Daisy)*, Eleonora Vargas *(Dolorès)*, Claude d'Yd *(Mc Gregor)* et Jess Hahn, Georges Lycan, Josette Jordani, Jo Warfield, Marcelle Féry, Todd Martin, Alfonso Mathis, Jack Ary, Viviane Mery, Evelyne Dassas, Nadine Bellaigue, Arlette Redon, etc.

1 h 43. Couleurs Eastmancolor
Sortie à Paris : 3 novembre 1961

SUJET : En 1880, Le Français Antoine Espérandieu, exilé en Amérique, découvre sa stupéfiante ressemblance avec le bandit Dynamite Jack. L'occasion pour lui de devenir un héros.

AVIS CRITIQUE : « Fernandel joue les deux rôles avec une discrétion de moyens dont il faut le féliciter » (Michel Duran, *Le Canard enchaîné*, 8 novembre 1961).

1961

DON CAMILLO MONSEIGNEUR
(Don Camillo Monsignore... ma non troppo)

Réalisation : Carmine Gallone
Scénario et adaptation : Leo Benvenuti, Piero de Bernardi, d'après Giovanni Guareschi
Dialogues : René Barjavel
Musique : Alessandro Cicognini

Images : Carlo Carlini
Montage : Nicole Lazzai
Décors : Arrigo Breschi
Production : Francinex (Paris)/Cineriz (Rome) (Renato Dandi)
Tournage : 22 mai-juillet 1961
INTERPRÈTES : FERNANDEL *(Don Camillo)*, Gino Cervi *(Giuseppe Botazzi, dit Peppone)*, Gina Rovère *(Gisela)*, Léda Gloria *(la femme de Peppone)*, Alexandre Rignault *(Bago)*, Saro Urzi *(Brusco)*, Armando Bandini *(don Carlini)*, Karl Zoff *(Camillo-Lénine-Liberio, le fils de Peppone)*, Valeria Cinagottini *(Rosetta)*, Emma Gramatica *(l'aïeule)*, et Marco Tulli, Carlo Taranto, Andrea Checci, etc.

1 h 58. Noir et blanc
Sortie à Paris : 1er décembre 1961

SUJET : Don Camillo, devenu évêque, et Peppone, son éternel adversaire élu sénateur, continuent à s'opposer dans la cité papale. Revenus à Brescello où vient d'éclater un conflit, les éternels frères ennemis repartiront à Rome après avoir fait cause commune.

AVIS CRITIQUE : « Et puis, il y a Fernandel en évêque cycliste. Fernandel, institution nationale comme Camillo, le dernier comique à grimaces [...] Il n'y a plus de place que pour un mais il tient toute la place » (Morvan Lebesque, *L'Express*, 7 décembre 1961).

1961

L'ASSASSIN EST DANS L'ANNUAIRE
(ou *Cet imbécile de Rimoldi)*

Réalisation : Léo Joannon.
Scénario : Charles Exbrayat, d'après son roman
Adaptation : Jacques Robert, Léon Joannon, Jean Halain
Dialogues : Jean Halain
Musique : Marc Lanjean
Images : Pierre Petit
Montage : Raymond Lamy
Décors : Paul-Louis Boutié
Production : SNE Gaumont / Mariane Production (Roger de Broin)
Tournage : 15 octobre-10 décembre 1961
INTERPRÈTES : FERNANDEL *(Albert Rimoldi),* Marie Déa *(Edith Levasseur),* Edith Scob *(Jenny),* Georges Chamarat *(Leclerc),* Maurice Teynac *(M. Levasseur),* Bernard Lavalette *(Martel),* Jacques Harden *(Bertrand, le chauffeur)* et Henri Crémieux, Noël Roquevert, Colette Régis, Robert Dalban, Paul Faivre, Leo Joannon, Georges Bever, Charles Lemontier, Charles Bouillaud, Bibi Morat, Robert Rondo, Christian Brocard, Alice Leitner, Claire Olivier, Elyane Darcey, Viviane Mery, Sabine André, etc.

1 h 35. Noir et blanc
Sortie à Paris : 2 mars 1962

SUJET : Berné par ses copains de bureau, le naïf aide-comptable Albert Rimoldi, aidé par l'agent d'assurances Levasseur et sa sœur Edith, fera la preuve de son innocence. " Cet imbécile de Rimoldi ", comme le nomment ses collègues, touchera en prime l'argent de la récompense.

AVIS CRITIQUE : « Fernandel exécute pour la énième fois, mais avec un égal brio, son numéro de brave homme égaré parmi les loups, de brave homme tout de même suffisamment futé pour s'assurer l'avantage au dernier round » (Jean Rochereau, *La Croix,* 25 mars 1962).

1962

LE DIABLE ET LES DIX COMMANDEMENTS

Réalisation : Julien Duvivier
Scénario : Julien Duvivier, Maurice Bessy
Adaptation : Julien Duvivier, René Barjavel
Dialogues : René Barjavel, Henri Jeanson, Michel Audiard, Pascal Jardin
Musique : Georges Gavarentz, Michel Magne, Guy Magenta
Images : Roger Fellous
Montage : Paul Cayatte
Décors : François de Lamoth, René Calviera, Frédéric de Pasquale
Production : Filsonor / Mondex / Procidex / Inceifilm (Ralph Baum)
Tournage : mars-mai 1962
INTERPRÈTES : FERNANDEL *(Dieu),* Germaine Kerjean *(la grand-mère),* Gaston Modot *(le grand-père),* Françoise Arnoul *(Françoise),* Charles Aznavour *(Denis Mayeux),* Jean-Claude Brialy *(Didier Martin),* Danielle Darrieux *(Clarisse Ardant),* Claude Dauphin *(Georges Beaufort),* Alain Delon *(Pierre Messager),* Mel Ferrer *(Philip Allan),* Louis de Funès *(Antoine Vaillant),* Micheline Presle *(Micheline Allan),* Madeleine Robinson *(Germaine Messager),* Michel Simon *(Jérôme Chambard),* Lino Ventura *(Garigny),* Georges Wilson *(Marcel Messager),* Lucien Baroux *(l'évêque),* Maurice Biraud *(inspec-*

teur Louis), Noël Roquevert *(le second inspecteur)*, Claude Nollier *(la mère supérieure)*, Henri Vilbert *(Alexandre)*, Maurice Teynac *(le père supérieur)*, Claudine Maugey *((Marie, la fillette)*, Josette Vardier *(la mère)*, René Clermont *(le père)*, Roland Armontel *(M. Mercier)*, Armande Navarre *(Janine)*, Denise Gense *(la chaisière)*, Jean-Paul Moulinot *(le directeur de la banque)*, Jean Carmet *(le clochard)*, Gabriello *(le brigadier)*, Hubert Noël *(l'amant de Clarisse)*, Claude Rich *(la voix du diable)*, Madeleine Clervanne *(Delphine)* et Marcel Dalio, Edmond Ardisson, Gaby Basset, Nina Myral, Claude Piéplu, Aimé de March, Yves Barsacq, Dominique Paturel, Jean Gras, Max Elloy, Clément Harari, Pierre Pualet, Albert Michel, Guy Mairesse, Raoul Marco, Bernard Musson, Robert le Béal, Henri Tisot, Roger Nicolas, etc.

1 h 20. Noir et blanc
Sortie à Paris : 14 septembre 1962

Sujet : Les Commandements bibliques transposés dans la France contemporaine des années soixante où le diable a pris la forme d'un serpent, et les transgresseurs celle d'autant de stars nationales.

Avis critique : « Fernandel — dans un style mi-sarcastique mi-sévère qu'il connaît parfaitement — tient le rôle du bon Dieu parti secouer le totem d'une famille de villageois athée » (Louis Chauvet, *Le Figaro*, 17 septembre 1962).

1962

EN AVANT LA MUSIQUE
(Avanti la musica
ou *Il Cambio della guardia)*

Réalisation : Georges Bianchi, assisté de Jean Bastia
Scénario et adaptation : Albert Valentin, Jean Manse, d'après le roman de Charles Exbrayat
Dialogues : Raymond Castans
Musique : Mario Nascimbene
Images : Luciano Aquari
Montage : Maurizio Lucini
Production : Paris Elysées Films / Films Cocinor / Transworld Productions (Paris) / Apo Films (Rome) /
Tournage : Mai-juillet 1962
INTERPRÈTES : FERNANDEL *(Attilio Capellaro, l'aubergiste)*, Gino Cervi *(Mario Venicio)*, Franck Fernandel *(Giani Capellero)*, Milla Sannoner *(Aurora Venicio)*, Giuseppe Fortes *(don Luciano Crippa)*, etc.

1 h 30. Noir et blanc
Sortie à Paris : 22 février 1963

SUJET : En 1943, à Ardea, petit village entre Rome et Naples, Attilio Capellaro, antifasciste notoire, et Mario Venicio nommé justement par les fascistes, s'associent pour rendre un village à visage humain aux alliés triomphants.

AVIS CRITIQUE : « Fernandel, dans un rôle qui lui convient parfaitement, joue avec adresse, donnant une création parfaitement réussie. » (Paul-André Buisine, *L'Index de la Cinématographie française)*.

1962

LE VOYAGE À BIARRITZ

Réalisation : Gilles Grangier
Scénario et adaptation : Raymond Castans, Gilles Grangier, Massimo Uleri, Jean Manse, d'après la pièce de Jean Sarment
Dialogues : Raymond Castans
Musique : Georges Van Parys
Images : Roger Hubert
Montage : Madeleine Gug
Décors : Rino Mondellini
Production : Millemax Prod./PC Méditerranée (Massimo Uleri)
Tournage : 8 octobre-novembre 1962
INTERPRÈTES : FERNANDEL *(Guillaume Dodut)*, Arletty *(Fernande)*, Rellys *(Louis)*, Catherine Sola *(Thérèse)*, Jacques Chabassol *(Charles Dodut, le fils)*, Hélène Tossy *(Madeleine Dodut)*, Anna Massey *(Marjorie Robertoon)*, Michel Galabru *(Touffanel)*, Albert Dinan *(Baptiste)*, Daniel Ceccaldi *(Paul Bonnenfant)*, Robert Casa *(le facteur)*, Jean-Pierre Moulin *(Philippe)*, Paul Bonifas *(Bourrely)*, Max de Rieux *(Laget)*, etc.

1 h 32. Noir et blanc
Sortie à Paris : 15 mars 1963

SUJET : A la fin de sa carrière, Guillaume Dodut, chef de gare à Puget-sur-Var, envisage de s'offrir le voyage de ses rêves : aller à Biarritz où il réunirait sa famille pour l'événement.

AVIS CRITIQUE : « Donc, Fernandel fait tournoyer ses mains, se rengorge en éclaircissant la voix, mastique consciencieusement les consonnes ou déploie son désarmant sourire au maximum. Les amateurs sont ravis, enchaînés au monstre sacré qui les tient sous le charme de sa présence » (Gilbert Salachas, *Télérama,* 31 mars 1963).

1963

BLAGUE DANS LE COIN

Réalisation : Maurice Labro
Scénario et adaptation : Charles Spaak, Gérard Carlier, Maurice Labro, d'après Carter Brown
Dialogues : Charles Spaak
Musique : Alain Goraguer
Images : Robert Le Febvre
Montage : Germaine Artus
Décors : Maurice Calasson
Production : Société française de cinématographie (Philippe Mondane)
Tournage : 1er avril-30 mai 1963
DISTRIBUTION : FERNANDEL *(Jeff Burlington),* Eliane d'Almeyda *(Dolly),* Perrette Pradier *(Betty, sa sœur),* François Maistre *(Sammy Bradford, alias « La Main d'or »),* Jacques Monod *(Stenberg),* Billy Kearns *(lieutenant Smith),* Roger Dutoit *(Lippy),* Carl Studer *(Karl),* Eugène Deckers *(Bennet),* Eric Sinclair *(le Chinois),* César Torres *(le Tchèque),* Pierre Davis *(Bob),* Nancy Holloway *(Nancy, la chanteuse)* et les Ballets de Dirk Sanders, Marc Michel, Gabrielle Doulcet, Anne-Marie Coffinet, Alain Nobis, Jean-Michel Rouzière, etc.

1 h 40. Noir et blanc
Sortie à Paris : 13 novembre 1963

SUJET : Le fantaisiste Jeff Burlington a été engagé à l'Eldorado de Las Perlas où ses sketches ne font rire personne. Surtout pas Lippy et Stenberg, deux patrons de boîtes qui se font une guerre sans merci et qu'il a pris comme têtes de Turc.

AVIS CRITIQUE : « Fernandel, plus cocasse que jamais, toujours humain et toujours touchant même quand il tremble de frousse » *(Le Film français)*.

1963

LE BON ROI DAGOBERT

Réalisation : Pierre Chevalier
Scénario : Gérard Carlier, Raymond Castans, Jean Manse
Adaptation : Raymond Castans, Pierre Chevalier, Jean Manse, Albert Valentin
Dialogues : Raymond Castans
Musique : François Lancel, Tommy Desserre
Images : Robert Le Febvre
Montage : Jean-Michel Gautier
Décors : René Renoux
Production : Cinerop/Filmeric (Jean Velter)
Tournage : 17 juin-28 juillet 1963
INTERPRÈTES : FERNANDEL *(M. Pelletan - Dagobert)*, Marthe Mercadier *(Mme Pelletan - Première Reine)*, Gino Cervi *(Saint-Eloi)*, Pascale Roberts *(Mata - Clotilde)*, Dario Moréno *(Charibert)*, Jacques Dufilho *(Chilpéric)*, Darry Cowl *(le bourreau)*, Pierre Doris *(Césaric)*, Michel Galabru *(Pépin)*, Jean Tissier *(le grand connétable)*, Georges Lycan *(l'espion)*, Max Amyl *(le père supérieur)*, etc.

1 h 35. Noir et blanc
Sortie à Paris : 20 novembre 1963

SUJET : « Imaginés » par leur fils Bébert puni et forcé de rédiger cent lignes sur Dagobert, les parents

Pelletan se retrouvent au VIIe siècle sur le trône royal. A la fin du rêve, Bébert ne sera plus tout à fait un cancre.

AVIS CRITIQUE : « Réunir la débonnaireté du roi Dagobert, celle du moins diffusée par la chanson enfantine, et la force comique du populaire Fernandel est une idée particulièrement excellente [...] La qualité de l'interprétation est évidemment un grand facteur de réussite et Fernandel fait, avec une extraordinaire finesse, un sort à chaque réplique » (Paul-André Buisine, *L'Index de la cinématographie française*).

1963

LA CUISINE AU BEURRE
(ou *Les Deux Epoux*)

Réalisation : Gilles Grangier
Scénario : Jean Levitte, Pierre Levy-Corti
Adaptation : Jean Levitte, Pierre Levy-Corti, Jean Manse
Dialogues : Raymond Castans
Musique : Jean Marion
Chanson : Louis Izoird, Louis Bousquet (« La caissière du Grand Café »)
Images : Roger Hubert
Production : Corona (Paris) / Dear (Rome)
Tournage : 22 août-16 septembre 1963
INTERPRÈTES : FERNANDEL *(Fernand Jouvin),* Bourvil *(André Colombey),* Henri Vilbert *(maître Sarrazin),* Michel Galabru *(Maximin),* Claire Maurier *(Christiane),* Andrex *(Pelletan),* Anne-Marie Carrière *(Gerda),* Henri Arius *(le maire),* Mag Avril *(Madame Rose, la belle-mère),* Evelyne Séléna *(Louise),* Georges Audoubert *(un client),* Edmond Ardisson

(Carlotti, le Corse), Gaston Rey *(Espinasse)*, Laurence Lignières *(Marinette)*, Georges Rostand *(le marmiton)*, André Tomasi *(Gervasoni)*, Frédéric Gérard *(le journaliste)*, *etc.*

1 h 22. Noir et blanc
Sortie à Paris : 20 décembre 1963

SUJET : Après dix années de captivité en Allemagne, Fernand Jouvin, porté disparu, rentre chez lui à Martigues où il retrouve son restaurant et sa femme repris en main par André, un sympathique cuisinier normand. Hélas, sa cuisine est au beurre alors que Fernand n'aime que l'huile...

AVIS CRITIQUE : « [...] Aiguillonné par la présence à ses côtés du redoutable Bourvil, le comique marseillais réussit une excellente performance et sort vainqueur du match qui l'oppose à un comédien peut-être plus sensible et plus discret mais qui, ici, se montre moins efficace qu'à l'accoutumée » *(Le Soir de Bruxelles*, 6 mars 1964*)*.

1964

RELAXE-TOI, CHÉRIE
(ou *Le Défoulé* ou *Le Complexe de Philémon)*

Réalisation : Jean Boyer
Scénario et adaptation : Jean Boyer, Jean-Bernard Luc, d'après la pièce de Jean-Bernard Luc, *Le Complexe de Philémon*
Dialogues : Jean-Bernard Luc
Musique : Guy Magenta
Images : Robert Le Febvre
Montage : Jacqueline Brachet
Décors : Robert Giordani

Production : Films Corona / H. Dassonville (Roger de Broin) / Cérès Films / Zebra Films
Tournage : 17 février-26 mars 1964
Interprètes : Fernandel *(François Faustin)*, Sandra Milo *(Hélène Faustin)*, Jean-Pierre Marielle *(David Kouglov, le psychanalyste)*, Yvonne Clech *(Lucienne)*, Jean Lefebvre *(Blaise)*, Maurice Chevit *(Hubert)*, Pascale Roberts *(Cécile)*, Jacqueline Jefford *(Mlle Pelusso)*, Hella Petri, Jean Lara, Nicole Gueden, Hélène Dieudonné, etc.

1 h 25. Noir et blanc
Sortie à Paris : 19 août 1964

Sujet : François Faustin aurait pu couler des jours heureux avec sa femme Hélène si cette dernière n'avait découvert les effets de la psychanalyse du Dr Kouglov. Convaincue que la fidélité de son mari cache d'horribles drames, elle va forcer son mari à la tromper.

Avis critique : « Fernandel y prodigue sa virtuosité de vedette éprouvée, inusable, et d'acteur qui peut être très fin quand il le veut. Et cette fois-ci, il y a souvent consenti » (*Le Canard enchaîné,* 26 août 1964).

1964

L'ÂGE INGRAT

Réalisation : Gilles Grangier
Scénario : Pascal Jardin, Claude Sautet, Gilles Grangier
Adaptation : Pascal Jardin
Dialogues : Pascal Jardin
Musique : George Delerue

Images : Robert Le Febvre
Montage : Jacqueline Douarinou-Sadoul
Décors : Jacques Colombier
Production : Gafer (Roger de Broin)
Tournage : 8 septembre-31 octobre 1964

INTERPRÈTES : FERNANDEL *(Adolphe Lartigue),* Jean Gabin *(Emile Malhouin),* Marie Dubois *(Marie Malhouin),* Franck Fernandel *(Antoine Lartigue),* Paulette Dubost *(Françoise Malhouin),* Madeleine Silvain *(Eliane Lartigue),* Nicole Courget *(Sophie Malhouin),* Georges Rostand *(Max Lartigue),* Noël Roquevert *(le passager récalcitrant),* Christine Simon *(Florence Malhouin),* Joël Monteillet *(Jules Lartigue),* Frank David *(Henri Lartigue),* Rellys *M. Corbides),* Yvonne Gamy *(Félicie),* Jean-Pierre Sardo *(Julien Corbides),* Riri Beuf *(Mme Corbides),* etc.

1 h 35. Noir et blanc en dyaliscope
Sortie à Marseille : 23 décembre 1964. A Paris : 23 janvier 1965

SUJET : Antoine Lartigue et Marie Malhouin, la Normande, décident de faire rencontrer leurs parents avant de se marier. Hélas, l'austère Malhouin ne semble pas ravi de l'exubérance méditerranéenne de son futur parent. Et ce dernier est déçu par l'austérité nordique.

AVIS CRITIQUE : « Fernandel ? Voilà un phénomène du cinéma. Le Midi. Quarante ans de gros succès. Capable de dire du Pagnol sans trébucher. Fait rire dès qu'il ouvre la bouche. Il a franchi les modes, les guerres, les générations... » (Samuel Lachize, *l'Humanité,* 30 décembre 1964).

1965

DON CAMILLO EN RUSSIE
(Il Compagno Don Camillo)

Réalisation : Luigi Comencini
Scénario : Leonardo Benvenuti, Piero de Bernardi
Adaptation : Giovanni Guareschi
Dialogues : René Barjavel
Musique : Alessandro Cignognini
Images : Armando Nannuzzi
Production : Franco-London Films/Rizzoli Films
Tournage : 15 avril-8 juillet 1965
INTERPRÈTES : FERNANDEL *(don Camillo)*, Gino Cervi *(Giuseppe Botazzi, dit Peppone)*, Léda Gloria *(la femme de Peppone)*, Saro Urzi *(Brusco, le conseiller municipal)*, Paul Muller *(le pape)*, Graziella Granata *(Nadia, la guide russe)*, Jacques Herlin *(Perletti)*, Gianni Garko *(Scamoglia)*, Marco Tulli *(Smilzo)*, Gilda Bettini *(Bigio)*, Aldo Vasco *(un camarade)*, Alessandro Gottlieb *(Ivan)*, Mirko Valentin *(le faux Russe)*, Ettore Geri *(Oregov)*, Margherita Sala *(la femme d'Ivan)*, Rosemarie Lindt *(la fille russe)*, Tania Berryl *(la voyageuse)*, Jean Debucourt *(la voix du Christ)*, etc.

1 h 51 (version de 1 h 40). Noir et blanc
Sortie à Paris : 17 décembre 1965

SUJET : Devant la décision de Peppone de jumeler Brescello avec Brezwyschewsky, village russe, don Camillo propose d'organiser un référendum parmi la population, aidé par deux (faux) dissidents soviétiques. Hélas, le jumelage aura lieu et don Camillo forcé d'aller prêcher la bonne parole chez les « rouges ».

AVIS CRITIQUE : « Gino Cervi et Fernandel forment un duo inimitable. L'Italien, massif et sérieux, fait contraste avec le sourire et l'allure déguingandée de notre compatriote qui, lorsqu'il est servi par un scénario acceptable, demeure notre comédien numéro un » (Claude Garson, *L'Aurore,* 21 décembre 1965).

1965

LA BOURSE ET LA VIE

Réalisation : Jean-Pierre Mocky
Scénario : Jean-Pierre Mocky, Fernand Marzelle, Alain Moury
Adaptation : Jean-Pierre Mocky, Alain Noury
Dialogues : Marcel Aymé
Musique : Bernard Kesslair
Chanson : Richard Anthony
Images : Jean Tournier
Montage : Gabriel Rongier
Décors : Rino Mondellini
Production : Orsay Films/Balzac SES (Ludmilla Goulian, Paul Laffargue, Claude Ganz)
Tournage : 4 octobre-12 novembre 1965
INTERPRÈTES : FERNANDEL *(Migue),* Jean Poiret *(Pelepan),* Heiz Rühmann *(Schmidt),* Jean Carmet *(l'ecclésiastique),* Marilu Tolo *(Violette),* André Gabriello *(Pierre Robinhoude),* Michel Galabru *(le notaire),* Darry Cowl *(Marquy),* Christa Nelli *(Geneviève),* Jacques Legras *(Tapu),* Colette Teissedre *(Ursula),* Michel Lonsdale *(le conférencier),* Pierre Gualdi *(Jean Robinhoude),* Maryse Martin *(la femme dans le train),* Henri Poirier *(un joueur),* Marcel Peres *(un gardien),* Andrex *(le contrôleur du train),* etc.

1 h 30. Couleurs
Sortie à Paris : 27 avril 1966

SUJET : Après avoir emprunté une grosse somme à sa société, l'agent immobilier Pelepan, en compagnie de deux employés modèles, Migue le Marseillais et Schmidt l'Alsacien, se rend à Paris afin de remettre cet argent. Mais par un malicieux hasard, les trois hommes se trompent de train, ce qui entraînera de bien cocasses situations.

AVIS CRITIQUE : « Le comédien allemand Heinz Rühmann incarne non sans humour un très sérieux natif de Strasbourg auprès d'un Fernandel devenu sobre de gestes et mimiques... » (*La Cinématographie française,* 10 juin 1966).

1966

LE VOYAGE DU PÈRE

Réalisation : Denys de La Patellière
Scénario : Bernard Clavel
Adaptation : Denys de La Patellière, Pascal Jardin, d'après le roman de Bernard Clavel
Dialogues : Pascal Jardin
Musique : Georges Garvarentz
Images : Jean Tournier
Montage : Claude Durand
Décors : Paul-Louis Boutié
Production : Films Copernic, Gafer (Paris), (Eric Geiger)/Metropolis Films (Rome)
Tournage : 18 mars-4 mai 1966
INTERPRÈTES : FERNANDEL *(Quantin),* Lili Palmer *(Isabelle, la femme de Quantin),* Laurent Terzieff *(Frédéric, l'instituteur),* Philippe Noiret *(un voyageur),* Madeleine Robinson *(la tenancière de la*

maison close), Michel Auclair *(l'ami de Marie-Louise)*, Etienne Bierry *(le bistrot)*, Rosy Varte *(la patronne du bar)*, Olivier Mathot *(le coiffeur)*, Jacqueline Jefford *(la concierge)* et Véronique Verlach, Yves Barsacq, Dominique Page, Patricia Darmont, Maurice Nasil, etc.

1 h 35 (version de 1 h 30). Couleurs Eastmancolor. Cinémascope
Sortie à Paris : 16 septembre 1966

SUJET : Après deux années d'absence, Quantin, un solide fermier jurassien, rend visite à sa fille Marie-Louise, coiffeuse à Lyon. Avec Frédéric, l'instituteur du village amoureux d'elle, il découvre qu'elle se prostitue à Paris. Désespéré, le père cachera à chacun son terrible secret.

AVIS CRITIQUE : « Il en faut du talent à Fernandel pour interpréter le personnage du père désillusionné, ravagé de chagrin, sans prêter à sourire ! Mais du talent, il en a ! » (Louis Chauvet, *Le Figaro*, 20 septembre 1966).

1967

L'HOMME A LA BUICK
(Ou *Cher voyou*)

Réalisation : Gilles Grangier
Scénario et adaptation : Gilles Grangier, d'après le roman de Michel Lambesc, *Cher voyou*
Dialogues : Henri Jeanson
Musique : Michel Legrand, Francis Lemarque
Images : Jean Tournier
Montage : Jacqueline Douarinou-Sadoul, Michèle Masnier

Décors : Robert Giordani
Production : Copernic Films/Gafer (Roger de Broin)
Tournage : 17 octobre 1967-16 décembre 1967
DISTRIBUTION : FERNANDEL *(Monsieur Jo — Armand Favrot)*, Danielle Darrieux *(Michèle Monnetier, Mme de Layrac)*, Jean-Pierre Marielle *(le marquis)*, Georges Descrières *(Lucien Bordier)*, Mario David *(La Paluche)*, Michel Lonsdale *(inspecteur Farjon)*, Claude Piéplu *(maître Dodelin, le notaire)*, Raoul Curet *(le commissaire)*, Bernard Dhéran *(Martel de la Mothe)*, Amarande *(Antoinette)*, Christian Barbier*(un truand)*, Jacques Marin *(un déménageur)* et Yvette Etiévant, Pierre Mirat, Albert Dinan, etc.

1 h 34. Couleurs Eastmancolor. Franscope
Sortie à Paris : 19 janvier 1968

SUJET : Armand Favrot, riche Parisien retraité à Honfleur, emmène parfois un groupe d'enfants en vacances en Suisse. Cet altruisme cache en fait ses douteuses activités car il n'est autre que « Monsieur Jo », un contrebandier. Pour se couvrir, il courtise la séduisante Michèle de Layrac. Hélas, elle aussi est activement recherchée par la police.

AVIS CRITIQUE : « Peu d'entre eux sans doute se seraient reconnus dans le Monsieur Jo de *L'Homme à la Buick* joué à la perfection par Fernandel [...] J'ai trouvé peu à redire au comportement de Fernandel... » (Michel Mohrt, *Carrefour*, 7 février 1968).

1969

HEUREUX QUI COMME ULYSSE

Réalisation : Henri Colpi
Scénario et adaptation : Henri Colpi, André Var, d'après la nouvelle de Marléna Fick, *The Homecoming*
Dialogues : André Var, Henri Colpi
Musique : Georges Delerue
Chanson : Georges Brassens (« Heureux qui comme Ulysse »)
Images : Roger Fellous
Montage : Jasmine Chasney
Décors : Robert Luchaire
Production : Cité/Terra/Gafer (Jean Lefait, Jacques Bar, Raymond Froment)
Tournage : septembre 1969
INTERPRÈTES : FERNANDEL *(Antonin)*, Rellys *(Marcellin, le père de la jeune fille)*, Henri Tisot *(un gendarme)*, Mireille Audibert *(Juliette)*, Evelyne Séléna *(Ginette)*, Max Amyl *(Pascal)*, Jean Sagols *(le jeune mécanicien)*, Pierre Mirat *(le camionneur)*, Edmond Ardisson *(le bouliste)*, Hélène Tossy *(Mathilde)*, Marcel Charvet *(Léon)*, Lucien Barjon *(Firmin)*, Armand Meffre *(Maurice)* et Jean Franval, Guy Verda, Werner Schwier, Eugène Yvernes, Gilberte Rivet, Max Onez, etc.

1 h 30. Couleurs Eastmancolor
Sortie à Marseille : 3 janvier 1970. A Paris : 8 juillet 1970

SUJET : Chargé par son patron, M. Pascal, d'emmener le vieux cheval Ulysse à l'abattoir, Antonin, le garçon de ferme, décide de rendre sa liberté à son inséparable compagnon. D'Arles, ils s'enfuient tous deux vers la Camargue.

Avis critique : « [...] *Heureux qui comme Ulysse* est peut-être l'un des meilleurs films de Fernandel, justement parce qu'il n'est pas une œuvre qui s'intègre dans la ligne imposée des " fernandel " (avec un petit f), mais au contraire l'accord parfait entre un metteur en scène, un paysage et un acteur » (Samuel Lachize, *l'Humanité-Dimanche*).

1970

DON CAMILLO ET LES CONTESTATAIRES

Réalisation : Christian-Jaque
Scénario : Bernard Revon, Léo Benvenuti, Piero de Bernardi
Production : Cité Films/Francoriz/Rizzoli Films
Tournage : Juillet-août 1970
Interprètes : Fernandel *(don Camillo),* Gino Cervi *(Peppone)* et Paola Carlini, Graziella Granata, etc.

Achevé par :
Réalisation : Mario Camérini
Scénario : Mario Camerini, Lucio de Caro
Images : Carlo Cirillo
Musique : Carlo Rustichelli
Tournage : 1971

1 h 35. Noir et blanc
Sortie à Paris : 11 octobre 1972

Fernandel au théâtre

OH ! QUELLE ALLURE

1922
Revue
INTERPRÈTES : Jenny Hélia, Marcel Sined, FERNAND SINED, Marthe Marty, etc.

LE CAVALIER LAFLEUR

1923
Opérette, de Louis Raine
Musique : André Mauprey
INTERPRÈTES : Galan *(Gaetan Lafleur)* FERNANDEL *(brigadier Verjus)*, etc.

NU SONORE... SEINS POUR SEINS PARLANT

14 novembre 1930
Revue d'Henri Lelievre, Henri Varna et Mac Cab
INTERPRÈTES : Betty Stel, René Enard, Paulette Franck, Georges Fortier, Paul Clerc, Raymonde Parva, FERNANDEL, etc.

VIVE LE NU !

30 mars 1931 : Concert Mayol
Revue d'Henri Varna, Leo Lelievre et Mac Cab
INTERPRÈTES : Parisys, Charpini, FERNANDEL, Paulette Franck, Géo Thibert, Robert Loir, etc.

OH ! QUELLE COMBINE

16 décembre 1932 : théâtre des Variétés (Marseille)
Revue d'Albert Bossy, André Bay et Alcide
Mise en scène : André Bay
INTERPRÈTES : FERNANDEL, Marguerite Perney, Alida Rouffe, Fortuné Ainé, René Novan, Andrex, Ninon Vanni, Gustave Nelson, Henri Mainvil, Myjane, Armandel, Jane Mounet, René Dervil, Miss Daphné, Max Rivers Girls, Sidelle Sisters, Delaurme, Celano, Dorlac, etc.

FOLIES EN FOLIE

2 décembre 1933 : Folies-Bergère
Revue de 60 tableaux, d'Albert Willemetz, Maurice Hermite et Jean Le Seyneux
Producteur : Paul Derval
Sketches : « Ah ! si j'étais », « Maison de confiance », « L'affaire Odile », etc.
Chansons : « Odile ! Oh ! Dis-le ! », « Dans la marine » (avec Mistinguett), etc.
INTERPRÈTES : Mistinguett, FERNANDEL, Colette Andris, Gloria Gilbert, André Randall, Orbal, Lino Carenzio, The Five Hot Slots, le Scieur, Mario Ben Tyber, Henry Westels, Evelyn Novelly, etc.

IGNACE

30 octobre 1935 : théâtre des Variétés (Marseille)
Reprise le 16 décembre 1935 : théâtre du Gymnase (Marseille)
Reprise le 4 février 1936 : théâtre de la Porte-Saint-Martin
Reprise le 23 décembre 1953 : théâtre de l'Etoile
Opérette en 3 actes et 4 tableaux, de Jean Manse et Roger Dumas
Chansons : « Ignace », « La Mexicana », « Pour être ordonnance », « Quand on est amoureux », « Je n'aime que vous », « Redis-le-me », « C'est moi Loulette », « Quelle famille ! », « Pour faire un bon avocat », « La java des p'tits galons », « Un mari », « Lequel des deux ? », « La lettre ».
INTERPRÈTES (Marseille) : FERNANDEL *(Ignace Boitaclou),* Andrex *(Serge de Montroc),* Henri Trévoux *(baron des Orfraies),* Alphonse Massard *(colonel Durozier),* Jean Dumontier *(capitaine Boisdelisle),* Ferval *(Philibert),* Marquaille, puis Delaurme *(le gérant),* Alice Tissot *(colonelle Durozier),* Simone Rouvière, puis Simone Lencret *(Monique),* Marie Bizet *(Annette),* Sabine Andrée *(Loulette),* Lozini, puis Bazire *(Victoire),* Yvonne Orly, puis J. *(première soubrette),* Marie Bluet, puis Liliane *(deuxième soubrette),* Vovard, puis Marcelle D. *(troisième soubrette),* les Max Rivers Girls, etc.
INTERPRÈTES (Paris) : FERNANDEL *(Ignace Boitaclou),* Andrex *(Serge de Montroc),* Henri Trévoux *(baron des Orfraies),* Edmond Castel, puis Adolphe Massard *(colonel Durozier),* Jean Dumontier *(capitaine Boisdelisle),* Ferval *(Philibert),* Marquaille *(le gérant),* Alice Tissot *(colonelle Durozier),* Simone Rouvière *(Monique),* Marie Bizet *(Annette),* Sabine Andrée *(Loulette),* Lozini *(Victoire),* Yvonne Orly *(première soubrette),* Marie Bluet *(deuxième soubrette),* Vovard *(troisième soubrette),* etc.

LE ROSIER DE MME HUSSON

6 octobre 1937 : théâtre de la Porte-Saint-Martin
Opérette en 2 actes et 4 tableaux d'après la nouvelle de Guy de Maupassant
Adaptation : Louis Verneuil et Jean Manse
Musique : Casimir Oberfeld
Mise en scène : Emile Couvelaire
Chansons : « Un homme », « L'amour est un mystère », « Si j'osais »
INTERPRÈTES : FERNANDEL *(Isidore, le rosier)*, Jeanne Lion *(Mme Husson)*, Georges Cahuzac (*Lebreton*), Germaine Duclos (*Delphine*), Raoul Marco (*Muzot*), Marco Béhar (*Bûche*), Jean Kerland (*Adolphe*), Marquaille *(l'abbé Malou)*, Tiske *(le sous-préfet)*, Marshall *(le capitaine des pompiers)*, Hirlemann (*l'instituteur*), Denneville (*Antonin*), Yvonne Leduc (*Françoise*), Olga Valery (*Malvina*), Marguerite Ducouret (*Régina*), Cécile Dylma (*Virginie*), Lavoisier (*Marie-Jeanne*), Suzy Delair (*Augustine*), Colette Cyril (*Mercedes*), Jeanne Barony (*Betty*), etc.

HUGUES

20 décembre 1940 : théâtre des Variétés (Marseille)
Opérette en 2 actes et 5 tableaux, de Jean Manse
Musique : Vincent Scotto
Mise en scène : M.-P. Franck
Chansons : « Hugues ! », « Ah ! Partir en croisière », « Juana », « Hortense », « Saïda », « Moi, j'ai des visions », « Pour toi, pour moi, pour elle »
INTERPRÈTES : FERNANDEL (*Hugues*) et Andrex, Thérèse Dorny, Monique Bert, Rivers-Cadet, Lucien Callamand, Lucy Debret, Hennery, Jean Kerien, Germaine Montero, etc.

LES CHASSEURS D'IMAGES

26 octobre 1946 : théâtre du Châtelet
Opérette en 2 actes et 15 tableaux, de Mouezy-Eon et Jean Manse
Musique : Roger Dumas et Georges Van Parys
Chansons : « J'ai un beau chapeau », « Un... deux... trois », « Je n' peux pas m'expliquer », etc.
INTERPRÈTES : FERNANDEL (*Modeste*), Sido Rémi (*Leilah*), Lestelly (*Albert*), Sabine André (*Germaine*) et Beatrix Martel, Evelyne Cordonnier, Hélène Remy, etc.

TU M'AS SAUVÉ LA VIE

15 décembre 1949 : théâtre des Variétés
Comédie en 4 actes, de Sacha Guitry
Mise en scène : Sacha Guitry
Décors : Nordes Barteau
INTERPRÈTES : Sacha Guitry *(baron de Saint-Rambert),* FERNANDEL *(Fortuné Richard),* Lana Marconi *(marquise de Pralognan),* Jeanne Fusier-Gir *(comtesse de Grisy),* René Génin *(Victor),* Bever *(Onésime),* Pauline Carton *(Irma),* Sophie Mallet *(Célestine),* Robert Seller *(Leblondinay),* Numes fils *(Eugène Labouille),* Roger Poirier *(un porteur),* Gronnoff *(un second porteur),* Yanik *(Marie-Claire),* Mikou *(Gérard),* etc.

FREDDY

10 décembre 1968, théâtre des Variétés
Reprise : février-avril, tournée française
Comédie en 4 actes, de Robert Thomas
Mise en scène : Robert Thomas
Décors : Jean Mandaroux
INTERPRÈTES : FERNANDEL *(le clown Freddy),* Rellys *(le clown Papa-Gigot),* Sylvain Joubert *(Nicolas, le fils*

de Freddy), Françoise Burgi *(Loulou, l'équilibriste),* Igor Fuma *(Vladimir, le magicien),* Jean Réby *(Raoul, le trapéziste),* Bob Ingarao *(José, le dresseur),* Barbara Laurent *(Thérèse, la dompteuse),* Samoth Treb *(Bagdad « roi des Indes »),* Astrid Frank *(Eva, l'Américaine),* Patricia Karim *(Margot, la jolie rousse),* Alain Nobis *(inspecteur Paulus),* Guy Pierauld *(Me Bouisse, l'huissier),* Pierre Gatineau *(Me Antony, l'avocat),* etc.

Fernandel et le disque

Cette discographie a été établie par deux amoureux de la cire et du sillon dont il faut souligner la passion, la patience et surtout le dévouement, chose trop rare de nos jours : Dany Lallemand et Gérard Roig.

Selon ces deux spécialistes, l'extrême rareté des enregistrements et des catalogues disponibles rend difficile, voire impossible, une reconstitution précise de l'abondante discographie de Fernandel, et surtout ses débuts sur lesquels nul ne pourra jamais prétendre à l'exaustivité.

Le lecteur érudit aura la complaisance et la gentillesse de rectifier ou de compléter les pages qui vont suivre pour une prochaine édition du présent ouvrage.

78 tours

Juin 1929

MONOLOGUES

3102 BKP « Eh ben mon 'vieux ! » (Polydor 521.633)
3103 BKP « Vous avez saisi » (Polydor 521.633)
3104 BKP « La manucure » (Polydor 521.677)

3105 BKP « Ce sacré Paris » (Polydor 521.643)
3106 BKP « Sian Proprié lei sorda » (en patois marseillais) (Polydor 521.643)
3107 BKP « Elle a des sursauts » (Polydor 521.677)

1929-1930

FERNANDEL, LE COMIQUE TROUPIER DES THÉÂTRES PARAMOUNT

30 cms
« Ah ! le chameau ! » (Idéal saphir 4130)
« Un tour à la foire » (Idéal saphir 4130)
« Tu l'as connu... Anatole ? » (Idéal saphir 4132)
« Eh ben mon 'ieux ! » (Idéal saphir 4132)
« La manucure » (Idéal saphir 8605)
« Elle devine tout » (Idéal saphir 8605)
« La lettre des vieux » (Idéal saphir 8607)
« Il est malin » (Idéal saphir 8607)
« Ce sacré Paris » (Idéal saphir 8609)
« Il a des galons » (Idéal saphir 8609)
« Vous avez saisi ? » (Idéal saphir 8927)
« Tant mieux, tant pis » (Idéal saphir 8927)

Accompagnement d'orchestre
« Javanons » (Idéal saphir 8937)
« Ma payse » (Idéal saphir 8937)
« J' suis content, content » (Idéal saphir 8939)
« Le soldat chatouilleux » (Idéal saphir 8939)
« Lui et moi ou moi et lui » (Idéal saphir 8941)
« Moi ? Je vais au cinéma » (Idéal saphir 8941)
« Ma p'tite Normande » (Idéal saphir 8943)
« Plan ratata » (Idéal saphir 8943)

Monologues
« Ah ! Le chameau ! » (Henry Saphir 1480)
« Eh ben mon 'ieux ! » (Henry Saphir 1480)
« Un tour à la foire » (Henry Saphir 1482)
« Tu l'as connu... Anatole ? » (Henry Saphir 1482)

1931

FERNANDEL, COMIQUE MILITAIRE DU CONCERT MAYOL

Accompagnement orchestre Matis

3962 BKP « Octavie » (Polydor 521.833, 512.275)

3963 BKP « Elle disait non » (Polydor 521.834, 512.276)

3964 BKP « Rosita, Rosita » (Polydor 521.835)

3965 BKP « Au lieu d'être soldat » (Polydor 521.834, 512.276)

3966 BKP « Le soldat chatouilleux » (Polydor 521.835)

3967 BKP « Lui et moi » (Polydor 521.833, 512.275)

3968 BKP « Le soldat chatouilleux » (Polydor 521.939, 512.281)

Scènes de la vie de caserne (avec Géo Thibert)

3998 BKP « Au bout d'une perche » (Polydor 521.853)

3999 BKP « Zidore » (Polydor 521. 853)

Scènes comiques (avec Riandres)

4063 BKP « Les deux bègues » (Polydor 521.863)

4064 BKP « Chez le photographe » (Polydor 521.863) (refait sous le n° 4085)

4085 BKP « Chez le photographe » (Polydor 521.863)

4086 BKP « La bicyclette » (Polydor 521.864)

4087 BKP « La lecture à la caserne » (Polydor 521.864)

Accompagnement orchestre Jean Lenoir

4128 BKP « La java militaire » (Polydor 521.888)

4129 BKP « Tous les deux dans la cuisine » (Polydor 521.887, 512.277)

4132 BKP « Moi, je vais au cinéma » (Polydor 521.887, 512.277)

4133 BKP « Pas chicanier, mais rancunier » (monologue) (Polydor 521.888, 521.939, 512.281)

Note : 4130 et 4131 BKP : Riandres

4285 BKP « Ça fait bien souffrir » (Polydor 521.941, 512.279)
4286 BKP « La rue de la manutention » (du film *En bordée*) (Polydor 521.940, 512.278)
4287 BKP « Agathe l'Auvergnate » (Polydor 521.940, 512.278)
4288 BKP « Suzon la blanchisseuse » (Polydor 521.942, 512.280)
4289 BKP « Les deux bonniches » (Polydor 521.941, 512.279)
4290 BKP « Elle a de la barbe » (Polydor 521.942, 512.280)
4454 BKP « Idylle bretonne » (chanson grivoise) (Polydor 522.012)
4455 BKP « Folâtrerie » *(id.)* (Polydor 522.012)
4456 BKP « J'étais bien servi » *(id.)* (Polydor 522.013)
4457 BKP « Javanons » *(id.)* (Polydor 522.013)
4482 BKP « Fibremol fait des fredaines » (1re partie avec Robert Loir) (Polydor 522.022)
4483 BKP « Fibremol fait des fredaines » (2e partie avec Robert Loir) (Polydor 522.022)
4484 BKP « Il est gentil » (monologue) (Polydor 522.023, 522.092)
4485 BKP « A la cuisine » (monologue) (Polydor 522.024, 522.092)
4486 BKP « La folie des grandeurs » (monologue) (Polydor 522.023)
4487 BKP « Les lignes de la main » (monologue) (Polydor 522.024)

Scènes comiques (avec Riandres)
4500 BKP « Dur de la feuille et sourdingue » (Polydor 522.025)
4501 BKP « Conseil d'ami » (Polydor 522.026)
4502 BKP « Olive et le Parisien » (Polydor 522.025)
4503 BKP « La propriété d'Anatole » (Polydor 522.026)

Fin 1931-début 1932
Orchestre direction Jean Lenoir
4664 BKP « Cunégonde » (du film *Les Gaietés de l'escouade*) (Polydor 522.101, 512.282)
4665 BKP « C'est beau la nature » (Polydor 522.102, 512.283)
4666 BKP « Il a du piston » (Polydor 522.103, 512.284)
4667 BKP « Vindicatif » (Polydor 522.101, 512.282)
4668 BKP « Si Marie voulait » (Polydor 522.102, 512.283)
4669 BKP « La fossette de Lisette » (Polydor 522.103, 512.284)

Février 1932
4844 BKP « Maintenant, je sais ce que c'est » (du film *Le Rosier de Mme Husson*)(Polydor 522.165)
4845 BKP « Quand ça m' prend » (du film *Le Rosier de Mme Husson*) (Polydor 522.165)
4847 BKP « Le père Lapuce » (du film *Bric-à-brac et compagnie*) (Polydor 522.166)
4848 BKP « L'escouade amoureuse » (du film *L'Escouade amoureuse*) (Polydor 522.166)
4849 BKP « Les gaietés de la caserne » (Polydor 522.351, 512.572)
4850 BKP « Tapez dans l' tas » (Polydor 522.167)

Mai 1932
5015 BKP « Si l'on pouvait » (Polydor 522.246)
5016 BKP « Bridou au cinéma » (Polydor 522.247)
5017 BKP « A cause du bilboquet » (Polydor 522.247)
5018 BKP « De la fenêtre » (Polydor 522.248, 522.351)
5019 BKP « Ne te plains pas que la mariée soit trop belle » (du film *Cœur de lilas*) (Polydor 522.248, 522.351)
5020 BKP « Aventure galante » (Polydor 522.246)

5021 BKP « Il est méchant » (Polydor 522.249)
5022 BKP « Ça arrive, ça » (Polydor 522.249)

Scènes marseillaises (avec Andrex)
5500 BKP « A la poissonnerie » (Polydor 522.315)
5501 BKP « Les deux peintres » (Polydor 522.315)
5502 BKP « Les deux chasseurs » (Polydor 522.316)
5503 BKP « Antoine et Gustave » (Polydor 522.316)

Orchestre direction Jean Lenoir
5508 BKP « Ah ! les noces ! » (Polydor 522.317, 512.747)
5509 BKP « Plan ratata » (Polydor 522.317)
5510 BKP « La java du soldat » (Polydor 522.318)
5511 BKP « Quand les femmes nous disent » (Polydor 522.319)
5512 BKP « Ma payse » (Polydor 522.319)
5513 BKP « Le soldat civil » (Polydor 522.318)

Scènes comiques (avec Valroy)
5736 BKP « Les deux pêcheurs » (Polydor 522.426)
5737 BKP « Barbe et cheveux » (Polydor 522.426)

Orchestre direction Jean Lenoir
5810 BKP « Oh ! Jules ! » (du film *Quand tu nous tiens, amour...*) (Polydor 522.461)
5811 BKP « Ah ! Ah ! dis donc ! » (du film *Par habitude*) (Polydor 522.461)
5812 BKP « Maintenant que je suis soldat » (Polydor 522.462)
5813 BKP « Dans les squares » (Polydor 522.462)
5814 BKP « C'est Suzette (la Suzon) » (Polydor 522.463, 512.573)
5815 BKP « La caissière du Grand Café » (Polydor 522.463, 512.573)
5816 BKP « J'ai de la croissance » (monologue)
5817 BKP « J'ai rien dit mais... » (monologue)

Scènes comiques (a) *avec Valroy* (b) *avec Andrex* (c) *avec Stervel*

5857 BKP « Chaude alerte » (a) (Polydor 522.488)
5858 BKP « Joséphine » (a) (Polydor 522.488)
5859 BKP « Les deux malins » (b) (Polydor 522.489)
5860 BKP « Chez le metteur en scène » (b) (Polydor 522.489)
5862 BKP « Il a le filon » (monologue) (Polydor 522.490)
5863 BKP « J' suis ordonnance du commandant » (monologue) (Polydor 522.490)
5864 BKP « Les blagues de l'estragon » (c) (1re partie) (Polydor 522.491)
5865 BKP « Les blagues de l'estragon » (c) (2e partie) (Polydor 522.491)

26 avril 1933

6291 BKP « Le soldat entêté » (b) (Polydor 522.667)
6292 BKP « Confidence » (b) (Polydor 522.667)
6293 BKP « Les deux voyageurs » (b) (Polydor 522.668)
6294 BKP « Une bonne blague » (b) (Polydor 522.668)
6295 BKP « Les deux cancanières » (b) (Polydor 522.669)
6296 BKP « Au marché central » (b) (Polydor 522.669)

28 avril 1933

6303 BKP « Le moine distrait » (b) (Polydor 522.672)
6304 BKP « Oui, bibi » (b) (Polydor 522.672)

24 mai 1933

Orchestre direction Georges Aubanel

6376 BKP « C'est au rythme d'un tango » (du film *La Terreur de la Pampa*) (Polydor 522.703)
6377 BKP « Pourquoi pas ? (du film *Ordonnance malgré lui*) (Polydor 522.703)

6378 BKP « Les deux p'tits moulins » (Polydor 522.704)
6379 BKP « C'est gentil Madame » (Polydor 522.704)
6380 BKP « Estella » (Polydor 522.705)
6381 BKP « Ah ! si j'étais petit enfant ! » (Polydor 522.705)
6382 BKP « Vous m'enl'vez mes moyens » (Polydor 522.706)
6383 BKP « Comment qu'ça s'fait ? » (Polydor 522.706)

14 juin 1933
6435 BKP « Le Coq du régiment » (du film *Le Coq du régiment*) (Polydor 522.731)
6436 BKP « Agathe » (du film *Le Coq du régiment*) (Polydor 522.732)
6437 BKP « Tous les trois » (Polydor 522.733)
6438 BKP « Pour quelle raison ? » (Polydor 522.733, 522.813)
6439 BKP « Quand on est de corvée » (du film *Le Coq du régiment*) (Polydor 522.731) (6440 et 6441 : Priolet)

15 juin 1933
6442 BKP « Biniou et cornemuse » (Polydor 522.735)
6443 BKP « La berdouillette » (Polydor 522.735)
6444 BKP « Je suis l'homme qu'il vous faut » (du film *L'Ordonnance*) (Polydor 522.732)

27 octobre 1933
Scènes comiques (avec Andrex)
6585 BKP « Moi-z-et Achille » (Polydor 522.781)
6588 BKP « Défilons » (Polydor 522.781) (6586 et 6587 BKP : Andrex)
6591 BKP « Une drôle de maison » (Polydor 522.784)
6592 BKP « Les dangers de la publicité » (Polydor 522.784)

31 octobre 1933

6608 BKP « Représentation théâtrale » (Polydor 522.788)

6609 BKP « Les deux déménageurs » (Polydor 522.789)

6610 BKP « Terrible rencontre » (Polydor 522.788)

6611 BKP « Une méprise » (Polydor 522.789)

14 novembre 1933

Orchestre direction Georges Aubanel

6653 BKP « On m'a » (du film *Maruche*) (Polydor 522.801)

6654 BKP « Dans la marine » (de la revue *Folies en folie*) (Polydor 522.802)

6655 BKP « Odile » (de la revue *Folies en folie*) (Polydor 522.802)

6656 BKP « Quand il y a de l'amour » (du film *D'amour et d'eau fraîche*) (Polydor 522.801)

FERNANDEL, DES FOLIES-BERGÈRE

20 décembre 1933

Accompagnement Wal-Berg et son Orchestre (sauf 5743 BDP)

5743 BDP « Ce sacré Paris » (monologue) (Polydor 522.819)

5744 BDP « Moi, je n'aime que la polka » (de la revue *Folies en folie*) (Polydor 522.822)

5745 BDP « Une poule de lusque » (de la revue *Folies en folie*) (Polydor 522.822)

5746 BDP « Il a des galons » (de la revue *Folies en folie*) (Polydor 522.819)

Mars 1934
Orchestre direction André Cadou
KI 6576-1 « Un verre de fine » (du film *Une nuit de folies*) (Odéon 166.767)
KI 6577-1 « Les cavaliers » (du film *Une nuit de folies*) (Odéon 166.767)
Note : Dans le film *La Garnison amoureuse,* la chanson « C'est la mienne » interprétée par Fernandel, Pierre Brasseur et Raymond Cordy, n'a pas été enregistrée.

Mars 1934
KI 6578-1 « Celle à qui je plais » (du film *Le Chéri de sa concierge*) (Odéon 166.768)
KI 6579-2 « Milliardaire » (du film *Le Chéri de sa concierge*) (Odéon 166.768)

Juin-Juillet 1934
Orchestre direction André Valsien
KI 6748-2 « C'est un tango parfumé » (Odéon 166.797)
KI 6749-1 « Au petit bar du coin » (Odéon 166.797)
KI 6750-1 « J'ai des tout petits besoins (Odéon 166.803)
KI 6751-1 « Quand on m'aime, ça m'émeut » (Odéon 166.803)
KI 6805-1 « Ballade nonchalante » (Odéon 166.817)
KI 6806-1 « Ça que j'ai » (Odéon 166.817)
KI 6807-2 « Dans la flotte » (du film *Les Bleus de la marine*) (Odéon 166.818)
KI 6808-1 « C'est dans la mama » (du film *Les Bleus de la marine*) (Odéon 166.818)

Décembre 1934
KI 6989-1 « Lui et moi » (Odéon 166.867)
KI 6990-1 « Elle disait non » (Odéon 166.867)

KI 6991-1 « Javanons » (Odéon 166.868)
KI 6992-1 « Ça m'a vesqué » (monologue) (Odéon 166.870)
KI 6993-1 « Si y avait pas les soldats » (monologue) (Odéon 166.870)
KI 6994-1 « Octavie » (Odéon 166.868)
KI 6995-1 « Tiens, voilà Lafleur » (du film *Le Cavalier Lafleur*) (Odéon 166.869)
KI-6996-2 « Valse de Rosalie » (du film *Le Cavalier Lafleur*) (Odéon 166.869)

4 décembre 1934
Fernandel et Andrex (scène comique)
1507 WPP « La leçon d'histoire » (1re partie) (Polydor 524.010)
1508 WPP « La leçon d'histoire » (2e partie) (Polydor 524.010)

Janvier 1935
KI 7025-2 « Quand on est obligeant » (du film *Ferdinand le noceur*) (Odéon 166.876)
KI 7026-2 « Faut tout prendre du bon côté » (du film *Ferdinand le noceur*) (Odéon 166.876)

Juillet 1935
KI 7347-1 « Mimile et Totor » (Odéon 166.961)
KI 7348-1 « A St Fifrelin » (Odéon 166.961)
KI 7349-1 « Ah ! oui, mais l'amour... » (Odéon 166.962)
KI 7350-1 « La petite gargote » (Odéon 166.962)

Juillet 1935
Fernandel et Andrex (sketches)
KI 7355-1 « Sur le quai du port » (Odéon 166.965)
KI 7356-1 « Les amoureuses du ciné » (Odéon 166.965)
KI 7357-1 « La partie de boules » (Odéon 166.966)
KI 7358-1 « Les deux cuisiniers » (Odéon 166.966)

Octobre 1935

KI 7380-1 « Tombeau à vendre » (dialogue marseillais) (Odéon 166.973)

KI 7381-1 « On demande un fantôme » (Odéon 166.973)

KI 7382-1 « A la pêche » (Odéon 166.974)

KI 7383-1 « Un record » (Odéon 166.974)

Octobre 1935

KI 7384-1 « Ça va pas mieux » (monologue) (Odéon 166.975)

KI 7385-1 « Vous avez saisi » (monologue) (Odéon 166.975)

KI 7396-1 « Le garçon épicier » (Odéon 166.981)

KI 7397-1 « Dites-lui mon amour » (Odéon 166.981)

« Quand on est optimiste » (Odéon 166.982)

« J'ai des mauvaises pensées » (Odéon 166-982)

Novembre 1935

Orchestre direction André Valsien

KI 7421« Ignace » (de l'opérette *Ignace*) (Odéon 166.983)

KI 7422-2 « Pour être ordonnance » (de l'opérette *Ignace,* avec Marie Bizet) (Odéon 166.984)

KI 7423-1 « Redis-le-me » (de l'opérette *Ignace,* avec Marie Bizet) (Odéon 166.984)

KI 7424 « La java des p'tits galons » (de l'opérette *Ignace*) (Odéon 166.983)

Fin mars 1936

Orchestre direction Pierre Chagnon

(De l'opérette *Ignace*)

CL 5669 « La java des p'tits galons » (Columbia DF 1915)

CL 5670-1 « Ignace » (Col DF 1914, DF 3276)

CL 5671-1 « Lequel des deux ? » (parodie de la valse « Lequel des deux ? ») (Col DF 1914)

CL 5672 « Quelle famille ! » (Col DF 1915, DF 3278)

CL 5673-1 « Pour être ordonnance » (avec Marie Bizet) (Col DF 1916)

CL 5674-1 « Redis-le-me » (avec Marie Bizet) (Col DF 1916, DF 3278)

Mai 1936
CL 5724 « Elle fait d'la bi bi bi » (Col DF 1938)
CL 5725 « Trompette » (Col DF 1938)
CL 5726 « C'est une voleuse d'âmes » (Col DF 1923)
CL 5727 « Amédée » (Col DF 1923)

Novembre 1936
CL 5953-1 « Célestine » (du film *Josette*) (Col DF 2034)
CL 5954-1 « C'est la fête à tante Aurore » (du film *Josette,* avec sa fille Josette) (Col DF 2034)
CL 5955 « D'une rivière ou Pétunia » (Col DF 2052)
CL 5956 « J'ai le regard assassin » (Col DF 2052)

Décembre 1936
Fernandel, avec Andrex, Denneville et Ferval
CL 6009-1 « Les débrouillard du 32e » (1re partie) (Col DF 2074)
CL 6010-1 « Les débrouillards du 32e » (2e partie) (Col DF 2074)
CL 6011 « A l'infirmerie » (1re partie) (Col DF 2114)
CL 6012 « A l'infirmerie » (2e partie) (Col DF 2114)

Février 1937
Orchestre direction Pierre Chagnon
CL 6069 « Les dégourdis » (du film *Les Dégourdis de la 11e*) (Col DF 2088)
CL 6070 « Anastasie, t'es pas chic avec moi » (Col DF 2119)
CL 6071 « Je vais au zoo avec Zizi » (Col DF 2119)
CL 6072 « C'est toujours comme ça » (du film *Les Dégourdis de la 11e*) (Col DF 2088)

6 octobre 1937
CL 6370-1 « Je te veux » (avec Germaine Duclos) (Col DF 2220)

CL 6371-1 « L'amour est un mystère » (de l'opérette *Le Rosier de Mme Husson,* avec Germaine Duclos) (Col DF 2220)
CL 6372-1 « Si j'osais » (de l'opérette *Le Rosier de Mme Husson*) (Col DF 2219)
CL 6373-1 « Un homme » (de l'opérette *Le Rosier de Mme Husson,* avec Germaine Duclos) (Col DF 2219)

Mars 1938
CL 6604 « Es-tu sûr ? » (Col DF 2367)
CL 6605 « Ne me dis plus tu » (du film *Barnabé*) (Col DF 2347)
CL 6606 « Barnabé » (du film *Barnabé*) (Col DF 2347)
CL 6607 « L'amour incompris » (du film *Le Schpountz*) (Col DF 2367)

Mars 1938
Fernandel, avec Charpin, Odette Roger et Henri Borel
CL 6626 « Le Schpountz », scène de l'épicerie (1re partie) (Col DF 2343)
CL 6627 « Le Schpountz », scène de l'épicerie (2e partie) (Col DF 2343)

Décembre 1938
Orchestre direction Pierre Chagnon
CL 6880 « Si je jouais du trombone » (du film *Tricoche et Cacolet*) (Col DF 2515)
CL 6881 « Un dur, un vrai, un tatoué » (du film *Raphaël le tatoué* ou *C'était moi* (Col DF 2515)
Dans ce film, Fernandel interprétait également « Irai-je ou n'irai-je pas ? » et « Zim-la-Boum » non enregistrées.)
CL 6882 « Ernestito » (du film *Ernest le rebelle*) (Col DF 2525)
CL 6883 « Ma créole » (du film *Ernest le rebelle*) (Col DF 2525)
CL 6884 « C'est comme ça à Calcutta » (du film *Les Cinq Sous de Lavarède*) (Col DF 2526)

CL 6885 « Je suis une petite nature » (du film *Les Cinq Sous de Lavarède*) (Col DF 2526)

Avril 1939
CL 7019-1 « Politesse » (Col DF 2602)
CL 7020 « Pourquoi donc que tu me vexes, Victor ? » (Col DF 2601)
CL 7021 « La chanson du forçat » (du film *Berlingot et Cie*) (Col DF 2601)
CL 7022-1 « T'aimer une demi-journée » (Col DF 2602)
CL 7037-1 « Idylle à Bois-le-Roi » (Col DF 2616)
CL 7038-1 « Félicie aussi » (Col DF 2616)
CL 7039 « Le grand séducteur aux yeux noirs » (Col DF 2634)
CL 7040-1 « Je me mens » (Col DF 2722)
CL 7041 « Le petit harem » (Col DF 2634)

Début décembre 1939
CL 7158-1 « Francine » (Col DF 2677)
CL 7159-1 « On n'est jamais tout seul » (Col DF 2677)

Janvier 1940
CL 7217-2 « Seccotine » (Col DF 2722)
CL 7218 « Quelque part » (Col DF 2701)
CL 7219 « Marie-Margot » (Col DF 2701)

Avril 1940
CL 7282 « Hector » (du film *Monsieur Hector*) (Col DF 2717)
Note : Dans le film *L'Héritier des Mondésir*, sorti la même année, Fernandel interprétait « Pas moi », qui ne fut pas enregistrée.
CL 7283 « Moi, je mâche du chewing-gum » (du film *Monsieur Hector*) (Col DF 2717)
CL 7284 « You hou ! » (tyrolienne) (du film *Monsieur Hector*) (inédit)
CL 7285 « Pour Virginie » (inédit)

Juillet 1941
Orchestre direction Georges Derveaux
CL 7464-1 « Je connais des baisers » (du film *Le Club des soupirants*) (Col DF 2830)
CL 7465-1 « J'aim' toutes les femmes » (du film *Le Club des soupirants*) (Col DF 2830)
CL 7466-1 « Les jours sans » (Col DF 2874)
CL 7467-1 « Pour que vous m'eussiez dit oui » (Col DF 2874)

26 mars 1942
Orchestre direction Pierre Chagnon
CL 7588-1 « Elle a tout ça » (Col DF 2905)
CL 7589-1 « Le papa de Pépa » (Col DF 2950)
CL 7590-1 « On m'appelle Simplet » (du film *Simplet*) (Col DF 2905)
Fernandel y interprétait également « La chanson du suicide », non enregistrée)
CL 7591-1 « A quoi penses-tu depuis quelques jours ? » (Col DF 2950)

Fin octobre 1942
CL 7676-1 « La fille du teinturier » (Col DF 2928)
CL 7677-1 « Attente » (Col DF 2928)

Belgique, 1943
Orchestre V.O. Ursmar
16673 « Adrien » (du film *Adrien*) (Rythme C 2145 R)
16674 « Voulez-vous m'aimer, prenez-moi » (du film *Adrien*) (Rythme C 2145 R)
16675 « Oui, mais quand on a pas le sou » (Rythme C 2144 R)
16676 « Si j'étais papillon » (Rythme C 2144 R)
16969 « Sur un air de polka » (Rythme 8002)
16970 « C'est un dur » (Rythme 8002)
16971 « Mens-tu ? » (Rythme 8003)
16972 « Dorade jolie » (Rythme 8003)
« N'apportez plus de fleurs »
« C'est Gégène »

Orchestre Fumière, direction Pierre Chagnon
« Ah ! c'que t'es bath avec ton p'tit chapeau » (Fumière 506)
« Va pleurer dans ta cour » (Fumière 506)

Octobre 1946
Orchestre direction Pierre Chagnon
De l'opérette *Les Chasseurs d'images*
CL 8227-1 « Je n'peux pas m'expliquer » (Col DF 3138)
CL 8228-1 « Faut pas bouder Bouddha ! » (Col DF 3138)
CL 8229-1 « Un... deux... trois... » (Col DF 3139)
CL 8230-1 « J'ai un beau chapeau » (Col DF 3139)

Janvier 1947
Du film *Cœur de coq*
CL 8297-1 « J'ai mon cœur qui fait tic-tac » (Col DF 3162)
CL 8298-1 « Cocococo ! Cocococotte ! » (Col DF 3162)
CL 8299-1 « Je suis irrésistible » (Col DF 3163)
CL 8300-1 « O mio amore » (Col DF 3163)

Mars 1947
Orchestre direction Raymond Legrand
Fo 1742 « C'est un dur » (Decca MB ou SB 8200)
Fo 1743 « Alors ils l'ont fait » (Decca MB ou SB 8200)
Fo 1744 « Nono et Nana » (Decca MB ou SB 8201)
Fo 1745 « Sur le bout de la banquette » (Decca MB ou SB 8201)
Fo 1746 « La caissière du Grand Café » (du film *Vedettes et Ritournelles*) (Decca MF 21160, 8202)
Fo 1747 « Elle a de la barbe » (du film *Vedettes et Ritournelles*) (Decca MF 8202)
Fo 1748 « Mon cœur saigne pour toi » (du film *L'Aventure de Cabassou*) (Decca MF 8203)
Fo 1749 « Irma la voyante » (du film *Vedettes et Ritournelles*) (Decca MF 8203)
Note : MF 21160, couplage = Marjane

1948

P 130 « Turf » (Decca MF ou SF 168)

P 131 « Moi je danse le swing sur un air de polka » (Decca MF ou SF 169)

P 132 « Dans la brousse » (du film *Emile l'Africain*) (Decca MF ou SF 170)

P 133 « Frigo gaucho » (Decca MF ou SF 171)

P 134 « Je suis marqué par le destin » (Decca MF ou SF 168)

P 135 « C'était un noir » (Decca MF ou SF 169)

P 136 « Emile ! Qu'est-ce que tu fais ? » (du film *Emile l'Africain*) (Decca MF ou SF 170)

P 137 « Si ça peut vous faire plaisir » (du film *Si ça peut vous faire plaisir*) (Decca MF ou SF 171)

Fin 1948

P 431-3 « Elle disait non » (Decca MF ou SF 20523)

P 432-1 « Il jouait des maracas » (Decca MF ou SF 20522)

P 433-1 « Tu m'as tout pris » (Decca MF ou SF 20522)

P 434-1 « T'es trop savante pour moi » (Decca MF ou SF 20523)

P 435 « De bas en haut » (Decca MF ou SF 20755)

1949

Fo 2544 « Extraordinaire » (du film *L'Héroïque Monsieur Boniface*) (Decca MB 20755)

Fo 2545 « Ah ! dites-moi ! » (du film *L'Héroïque Monsieur Boniface*) (Decca MB 20756)

Fo 2562 « Je voudrais embrasser tes yeux » (du film *L'Héroïque Monsieur Boniface*) (Decca MB 20756)

Fo 2563 « N'en dis pas plus » (Decca MB 20757)

Fo 2564 « Ah ! c' que t'es bath avec ton p' tit chapeau » (Decca MB 20757)

1950

P 551 « La bouillabaisse » (Decca MF 20949)

P 552 « Le roman de la daurade » (Decca MF 20949)
P 553 « Vacances » (Decca MF 20950)
P 554 « Fais-moi peur » (Decca MF 20950)

Fernandel, avec Henri Vilbert, Odette Charblay et Julien Maffre
P 555 « Le Schpountz » scène de l'épicerie (1re partie) (Decca MF 20960)
P 556 « Le Schpountz », scène de l'épicerie (2e partie) (Decca MF 20960)

Orchestre direction Raymond Legrand
« Aujourd'hui peut-être » (Decca MF 21011)
« Si j'en faisais autant » (Decca MF 21011)

1951
P 828 « Il dort » (Decca MF 21397)
P 829 « Il avait des absences » (Decca MF 21398)
P 830 « Félicie aussi » (Decca MF 21397)
P 831 « Idylle à Bois-le-Roi » (Decca MF 21398)
« Le rire est un instant divin » (du film *Boniface somnambule*) (Decca MF 21400)
« Aux îles Marquises » (du film *Adhémar*, avec Madeleine Vernon) (Decca MF 21400)
P 836 « Oh la la ! quel métier ! » (de l'opérette *La Chance d'Oscar*) (Decca MF 21401)
P 837 « Oscar » (de l'opérette *La Chance d'Oscar*) (Decca MF 21401)
P 838 « Elle avait des cheveux roux » (Decca MF 21402)
P 839 « Le pendu lunaire » (poème) (Decca MF 21403)
P 840 « L'accent » (poème) (Decca MF 21403)
P 912 « La légende de la lessive » (Decca MF 21402)

1952
Fernandel et sa Cie (René Génin, Manuel Gary, Hélène Tossy)
P 1275 « Veillée mortuaire » (Decca MF 36025)

P 1277 « Echangerais 5 pièces » (Decca MF 36025)
P 1278 « Honoré part à la pêche » (Decca MF 36026)
P 1279 « Le tram de la mer » (Decca MF 36024)
P 1280 « Les petits métiers » (Decca MF 36024)
« L'extralucide Mme de Cèbes » (Decca MF 36027)
« Honoré maître-tailleur » (Decca MF 36027)
P 1285 « Honoré à la clinique » (1re partie) (Decca MF 36028)
P 1286 « Honoré à la clinique » (2e partie) (Decca MF 36028)
P 1287 « Timidité » (1re partie) (Decca MF 36030)
P 1288 « Timidité » (2e partie) (Decca MF 36030)
P 1289 « A la foire aux santons » (1re partie) (Decca MF 36031)
P 1290 « A la foire aux santons » (2e partie) (Decca MF 36031)

45 tours

45 T. Odéon MOE 2183
De l'opérette *Ignace*
« Ignace », « La java des p'tits galons » par Fernandel
« Lequel des deux ? », par Marie Bizet
« Redis-le-me », « Pour être ordonnance » par Fernandel et Marie Bizet
« La Mexicana », par Andrex
Orchestre dirigé par A. Valsien

45 T. Decca EFM 455.543
Les Lettres de mon moulin (Alphonse Daudet) : « La chèvre de Monsieur Seguin »

45 T. Decca EFM 455.544
Les Lettres de mon moulin (Alphonse Daudet) : « Le curé de Cucugnan »

45 T. Decca EFM 455.572
« La lettre chargée »
« Monsieur Badin » (Georges Courteline)

45 T. Decca EFM 455.583
Les Lettres de mon moulin (Alphonse Daudet) : « Les vieux »

45 T. Decca EFM 455.585
« Jeux de mots, jeux de poètes » (Lucien Dumas)

45 T. Decca EFM 455.611
Les Lettres de mon moulin (Alphonse Daudet) : « Les trois messes basses »

45 T. Decca 455.618
Quatre chansons du film *Honoré de Marseille*
« C'est Noël », « Tout ça, c'est Marseille », « Quel plaisir ! quel travail ! », « Oh ! Honoré »
Chœurs, orchestre et arrangements par Paul Bonneau

45 T. Decca 455.622
Fables de la Fontaine

45 T. Decca 455.623
« D'après nature » (Lucien Dumas)

45 T. Decca 455.624
« Ce bon curé d'Aulan » (Edmond Lidous)

45 T. Decca 460.638
Les Lettres de mon moulin (Alphonse Daudet) : « Le secret de Maître Cornille »

45 T. Decca 460.677
« L'innocent », « Ma femme fait du judo »

45 T. Decca 460.699
Les Lettres de mon moulin (Alphonse Daudet) : « Les étoiles »

45 T. Decca 460.702
Quatre poèmes de Robert Lamoureux
« Eloge de la fatigue », « Passé simple », « Merci, maman », « Enfantillage »

45 T. Decca 460.721
Noël en Provence
« Noël », « Crèche », « Ma Provence et les santons », « La crèche », « Ma Provence »

45 T. Decca 460.725
Gribiche, légende provençale de Pierre Comte

45 T. Decca 460.738
Un bouquet de chansons
« J'aurais voulu », « Ma Gretchen de München », « Ah ! le tango corse »

45 T. Decca 460.706
« En vrac » (Pierre Gambier)

45 T. Decca 460.739
« En passant par la Provence » (Robert Delamarre), « La linotte » (Pierre Dac)

45 T. Decca 460.733
Les Lettres de mon moulin (Alphonse Daudet) : « L'Arlésienne »

45 T. Decca 460.748
Fernandel chante pour vous... chers petits enfants !
« Les petits chatons », « Grenouillette », « Le petit âne gris », « Frisepoulet »
Orchestre dirigé par Jack Ledru

45 T. Decca 460.749
« Sourires », poèmes humoristiques de Jean-Michel Renaitour

45 T. Decca 460.750
« Ne frotte pas, François », « La chanson du cabanon », « Oh ! ma quique ! », « Entre donc, fada ! »
Orchestre dirigé par Jack Ledru

45 T. Decca 460.753
« L'accent provençal », « Elle n'est pas jolie », « La saison des petits pois », « Le tango d'amour »
Orchestre dirigé par Jack Ledru

45 T. Decca 460.755
Tangos par Fernandel
« Ah ! le tango corse », « C'est du gâteau », « Le tango d'amour », « Je suis marqué par le destin »
Orchestre dirigé par Jack Ledru

45 T. Decca 460.772
« Fais-moi des bleus », « Les gens riaient », « Partir pour revenir », « Tango du bistouri »
Orchestre dirigé par Jean Claudric

45 T. Decca 460.858
Contes de Provence
« La communion au village » (Paul Arène), « Le linot aveugle » (Paul Arène)

45 T. Decca 460.886
« Je fais ma valise », « Les moustaches de Thomas », « Moi-z-et mon chien », « C'est un dur »
Orchestres dirigés par Jean Claudric et Jack Ledru

45 T. Decca 460.887
« Ce que j'ai », « C'est du gâteau », « Les gens riaient », « Ah ! le tango corse »

45 T. Decca 460.983
Fernandel chante la Provence
« Quand il pleut à Saint-Tropez », « Les vieux vil-

lages de Provence », « Ma jolie cigale », « Le mistral »
Orchestre dirigé par François Rauber

45 T. Decca 461.193
« Le menteur », « Le retour », L'anis »

45 T. Decca 461.196
« Ah ! le tango corse », « La bouillabaisse », « La chanson du cabanon », « Le cul du berger »

45 T. Decca 461.154
« Les moustaches de Thomas », « Les gens riaient », « Si je puis m'exprimer ainsi », « Il en est »

45 T. Decca 79.562
« Si tu touches à mon oiseau », « Ah ! si tu étais une femme ! La chèvre (4) »
Orchestre dirigé par Raymond Legrand

33 tours

33 T. (25 cm) Polydor LP 530.019
Fernandel avec Andrex : « Au marché central », « Les deux déménageurs », « La leçon d'histoire »
Fernandel avec Riandreys : « La lecture à la caserne », « Olive et le Parisien », « Les deux bègues », « Chez le photographe »

33 T. (30 cm) Fontana 826.524 QY
« Ah ! Eh ! dis donc », « La java du soldat », « Comment qu' ça s' fait », « Agathe », « Idylle bretonne », « Folâtrerie », « Pour quelle raison », « Je suis l'homme qu'il vous faut », « Tous les trois », « La berdouillette », « J'étais bien servi », « Biniou et cornemuse »

33 T. (25 cm) Columbia FS 1028
« Un dur, un vrai, un tatoué », « On m'appelle Simplet », « La fille du teinturier », « Ne me dis plus tu », « Barnabé », « Elle a tout ça », « Félicie aussi », « Ignace »

33 T. (30 cm) Columbia FPX 322 ou C 054-15284
« Ignace », « Je vais au zoo avec Zizi », « Un homme », « Ne me dis plus tu », « Le Schpountz », « Barnabé », « Un dur, un vrai, un tatoué », « Félicie aussi », « Hector », « Elle a tout ça », « On m'appelle Simplet », « La fille du teinturier », « J'ai un beau chapeau »

33 T. (30 cm) MFP 5409
« Pour être ordonnance », « Redis-le-me », « Les dégourdis », « Je te veux », « Si j'osais », « Si je jouais du trombone », « Ma créole », « Ernestito », « C'est comme ça à Calcutta », « Je suis une petite nature », « La chanson du forçat », « Moi, j' mâche du chewing-gum », « J'aime toutes les femmes », « Faut pas bouder Bouddha ! »

33 T. (30 cm) EMI DISC C 048.50655
Chansons de films et d'opérettes
« Ignace », « Quelle famille », « A l'infirmerie », « L'amour est un mystère », « Barnabé », « Hector », « On m'appelle Simplet », « J'ai mon cœur qui fait tic-tac », « Cocococo ! Cocococotte », « Je suis irrésistible », « O mio amore », « Je n' peux pas m'expliquer », « Un... deux.. trois »

Double album (30 cm) EMI-Punch 2 C 178 15.408/9
« Ignace », « Redis-le-me », « A l'infirmerie », « Je vais au zoo avec Zizi », « Un homme », « Anastasie, t'es pas chic avec moi ! », « Les dégourdis », « Barnabé », « Le Schpountz », « Ne me dis plus tu », « L'amour incompris », « Un dur, un vrai, un tatoué », « C'est comme ça à Calcutta », « Fran-

cine », « Félicie aussi », « Je me mens », « On n'est jamais seul », « Idylle à Bois-le-Roi », « Hector », « Pour que vous m'eussiez dit oui », « Je connais des baisers », « On m'appelle Simplet », « Attente », « Le papa de Pépa », « La fille du teinturier », « Elle a tout ça », « J'ai mon cœur qui fait tic-tac », « J'ai un beau chapeau »

Les Lettres de mon moulin (Alphonse Daudet)

33 T. (25 cm) Decca FM 133.022 (nº 1)
« Le curé de Cucugnan », « La chèvre de Monsieur Seguin »

33 T. (25 cm) Decca FP 133.023 (nº 2)
« Les vieux », « Les trois messes basses »

33 T. (25 cm) Decca FM 133.145 (nº 3)
« Le secret de Maître Cornille », « Les étoiles »

33 T. (25 cm) Decca FM 133.146 (nº 4)
« L'Arlésienne », « La mule du pape »

33 T. (25 cm) Decca FM 133.713 (nº 5)
« La diligence de Beaucaire », « Le sous-préfet aux champs », « L'élixir du révérend père Gaucher »

33 T. (25 cm) Decca FM 133.952 (nº 6)
« En Camargue : le départ, la cabane, le rouge et le blanc », etc.

Les Lettres de mon moulin (Alphonse Daudet)
Grand Prix de l'Académie du disque français 1968 (prix Colette), existe en coffret de 6 disques : Decca SSL 40.211/16, ou vendus séparément en 6 disques stéréo : 33 T. (30 cm) Decca 115.017 — 115.018 — 115.019 — 115.020 — 115.021 — 115.022

Tartarin de Tarascon (Alphonse Daudet) : extraits
33 T. (30 cm) Decca 163.790

Le Schpountz (Marcel Pagnol)
33 T. (30 cm) Decca 163.885 ou 105.034
avec Henri Vilbert, Robert Pizani, Ginette Leclerc, Orane Demazis, Manuel Gary, Robert Vattier et Max de Rieux.

LIVRES-DISQUES

Ali-Baba (Decca EPI 80)
Aladin et la lampe merveilleuse (Decca EPI 82)

Ma Provence à moi (Yvan Audouard)
33 T. (30 cm) Decca 110.007
« La vérité du dimanche », « Odilon le muet », « Histoire d'un cheval de fiacre », « Augustin, Auguste l'anarchiste »

Les Contes du lundi (Alphonse Daudet)
33 T. (25 cm) Decca 133.147
« La dernière classe », « La défense de Tarascon »

Cocagne (Yvan Audouard)
(d'après le film de Maurice Cloche)
33 T. (25 cm) Decca 133.958

Le Médecin malgré lui (comédie en 3 actes de Molière)
33 T. (30 cm) Decca 163.749
avec Georges Chamarat, Béatrice Bretty, Jacques Charon, Bernard Dhéran, Max de Rieux, Cabanis, Mireille Perrey, etc.

Le Petit Monde de don Camillo (G. Guareschi)
33 T. (25 cm) Decca FM 133.045
avec Jean Debucourt, Jacques Eyser, Manuel Gary, Charles Bassompierre, etc.

Le Retour de don Camillo (G. Guareschi)
33 T. (30 cm) Decca FMT 163.144
133.045 et 133.144 réunis sur 33 T. (30 cm) Decca 100.074
avec Jean Debucourt, Jacques Eyser, Edouard Delmont, Tony Jacquot, Charles Vissière, Manuel Gary, etc.

Pierre et le loup (conte musical pour enfants, de Serge Prokofiev)
33 T. (25 cm) Decca 133.873

Comédies de Georges Courteline
33 T. (25 cm) Decca FMT 133.523
« La paix chez soi », « Monsieur Badin »
avec Marthe Mercadier et Georges Chamarat

33 T. (30 cm) Decca FMT 163.521
« Le gendarme est sans pitié », « Lidoire »
avec Bernard Lajarrige, Manuel Gary et Georges Chamarat

33 T. (30 cm) Decca FMT 163.522
« Un client sérieux », « La lettre chargée »
avec André Brunot, Georges Chamarat, Louis de Funès, Bernard Lajarrige, Orbal et Max de Rieux

Soleil du Midi (l'accent)
33 T. (25 cm) Decca FM 133.628
Sketch provençal sur des chansons ensoleillées avec Rellys, Fernand Sardou et Jackie Rollin, accompagnés par Georges Sellers et ses Marseillais.

33 T. (25 cm) Decca 133.843
Ce bon frère Boniface (Roumanille, Edmond Lidous)
Saint-Antoine

33 T. (25 cm) Decca 133.844
Ce bon curé d'Aulan (Histoires complètes, de Roumanille, Edmond Lidous)

33 T. (25 cm) Decca 133.846
Le Médecin de Cucugnan (Roumanille, Edmond Lidous)
Le Joueur

33 T. (25 cm) Decca 133.845
Le Retour des cloches (Jean Aicard)

33 T. (25 cm) Decca 133.954
La Création du monde (Yvan Audouard)
... racontée aux gardians de Camargue

33 T. (25 cm) Decca 133.506
Honoré de Marseille
Sketches de Jean Manse et Yves Favier
« Honoré part à la pêche », « On en fait une », « Honoré maître-tailleur », « Le tram de la mer », « Les petits métiers », « A la foire aux santons »

33 T. (25 cm) Decca 133.516 (nº 1)
Contes et Nouvelles de Provence (Paul Arène)
« Les haricots de Pitalugue », « Communion au village », « Le linot aveugle »

33 T. (25 cm) Decca 133.517 (nº 2)
« L'âne de Nazaire », « Pessègue et Tigassou » (souvenir de guerre civile)

33 T. (30 cm) Decca 110.015
13 sketches hilarants par Fernandel et Rellys
« Les deux bègues », « Au marché central », « A la pêche », Confidence », « Chez le photographe », « Un record », « A la poissonnerie », « Tombeau à vendre », « Le soldat entêté », « Fibremol fait ses fredaines », « On demande un fantôme », « Les deux cancanières », « Une bonne blague »

Quand un livreur ! (Jean Manse)
(La célèbre émission de Radio-Luxembourg)

N° 1 — 33 T. (25 cm) Decca 133.978 (« Le bar du marché », « Naïs »)

N° 2 — 33 T. (25 cm) Decca 133.981 (« Le bricoleur », « La répétition »)

N° 3 — 33 T. (25 cm) Decca 133.986 (« Chez la marquise », « L'infraction »)

33 T. (25 cm) Decca 133.834

Les Succès du comique troupier n° 1

« On r'vient », « Ça que j'ai », « Au fond du square », « Ça fait plaisir », « Suzon la blanchisseuse », « Moi-z-et mon chien », « Son parapluie », « Avec l'ami Bidasse »

33 T. (25 cm) Decca 133.959

Les Succès du comique troupier n° 2

« J'suis content, content », « Maintenant que j'suis soldat », « Ma bouffarde », « Elle boite », « Agathe », « Si je pouvais en faire autant »

33 T. (25 cm) Decca 133.912

Fernandel dans son tour de chant

« C'est du gâteau », « Ma femme fait du judo », « Le papa de Pépa », « L'innocent », « Je suis marqué par le destin », « Félicie aussi », « Le beau raccommodeur », « Nono et Nana »

33 T. (25 cm) Decca 133.835

Les Monologues militaires de Louis Bousquet

« J'suis l'ordonnance du commandant », « Ah ! mince, alors ! », « Eh ben, mon 'ieux ! », « L'as-tu dit ou l'as-tu pas dit ? », « Faut bien rire un peu », « Il a des galons », « Balaye la chambre », « Y a rien d'plus sérieux », « Il a de l'argent », « Si 'y avait pas les soldats »

33 T. (30 cm) Columbia FPX 322

Du caf' conc' au music-hall n° 10

(porte également le n° C 054.15284)

Double album Decca 278.505/506
Super-palmarès Fernandel
« Ignace », « Félicie aussi », « On m'appelle Simplet », « Ne me dis plus tu », « Les moustaches de Thomas », « Je suis marqué par le destin », « Un dur, un vrai, un tatoué », « La caissière du Grand Café », « On r'vient », « Au fond du square », « L'as-tu dit ou l'as-tu pas dit ? », « Ça fait plaisir », « Suzon la blanchisseuse », « La plus bath des javas », « Imprudentes », « La noce à Rebecca », « La valse des mouches », « Elle bavardait chez la concierge », « Les archers du Roy », « Le papa de Pépa », « L'innocent », « Le beau raccommodeur », « Nono et Nana », « Le tango du bistouri », « Fais-moi des bleus »

Double album Festival ALB 364
« Ignace », « Avec l'ami Bidasse », « J'suis content, content », « On r'vient », « La caissière du Grand Café », « Suzon la blanchisseuse », « La bouillabaisse », « Ne frotte pas François », « Félicie aussi », « Ne me dis plus tu », « Un dur, un vrai, un tatoué », « Je suis marqué par le destin », « Ah ! le tango corse », « Nono et Nana », « Barnabé », « Il en est », « Le papa de Pépa », « C'est du gâteau », « Les gens riaient », « On m'appelle Simplet », « Aujourd'hui peut-être », « Fais-moi des bleus », « Les moustaches de Thomas », « Si tu touches à mon oiseau »

Signalons la parution, en 1983 chez Sélection du Reader's Digest, d'un coffret n° 432 *Fernandel* de 10 disques 33 T. (30 cm), repiquages de 78-tours et microsillons des catalogues Columbia, Odéon et Decca.

33 T. (30 cm) Decca 100.058
Le Palmarès de Fernandel
« Ignace », « Félicie aussi », « On m'appelle Sim-

plet », « Ne me dis plus tu », « Les moustaches de Thomas », « Je suis marqué par le destin », « C'est un dur », « Ah ! le tango corse », « Le cul du berger », « Barnabé », « Ne frotte pas, François », « Aujourd'hui peut-être », « La bouillabaisse », « L'accent »

33 T. (30 cm) Decca 100.076
Le 2e Palmarès de Fernandel
« Le papa de Pépa », « L'innocent », « Nono et Nana », « Le beau raccommodeur », « Le tango du bistouri », « Fais-moi des bleus », « La saison des petits pois », « L'accent provençal », « Oh ! ma quique ! », « J'aurais voulu », « Ma Gretchen de München », « Moi-z-et mon chien »

33 T. (30 cm) Decca 100.090
Le 3e Palmarès de Fernandel
« Les gens riaient », « C'est dans la mama », « Ma créole », « Je connais des baisers », « Dans la flotte », « Ernestito », « Une petite fine », « Je fais ma valise », « Si tu touches à mon oiseau », « La chèvre », « Il en est », « Bagnoles, pépées, pépettes », « C'est du gâteau », « Partir pour revenir », « Elle n'est pas jolie », « Le tango d'amour »

33 T. (30 cm) Decca 110.017
Fernandel au caf'conc'
« La plus bath des javas », « Imprudentes », « La noce à Rebecca », « La valse des mouches », « Elle bavardait chez la concierge », « Les archers du Roy », « Mes parents sont venus me chercher », « Pétronille Java », « Un flirt et puis c'est tout », « Si j'étais midinette », « Par jalousie », « Sur son veston »
Orchestre dirigé par André Grassi

33 T. (30 cm) Decca SSL 40.218
13 grivoiseries musicales par Fernandel

(Interdit aux moins de 18 ans)
« La berdouillette », « Aventure galante », « J'étais bien servi », « Javanons ! », « Merci pour le renseignement », « Folâtrerie », « C'est gentil, madame », « Les thés dansants », « Biniou et cornemuse », « La ponctuation de l'amour », « Idylle souterraine », « A cause du bilboquet », « Tumlin et Tumlech »
Orchestre dirigé par André Grassi

Ignace (Roger Dumas)
avec Luc Barney, Christian Asse, Robert Piquet, Eliane Varon, Dominique Tirmont, Henry Bedex, Madeleine Clervanne, Eliane Thibault et Line May
— L'intégrale en 2 disques 33 T. (30 cm) Decca 100.049/50
— Les extraits en 1 disque 33 T. (30 cm) Decca 115.024
Chœurs et orchestre dirigés par André Grassi

Mam'zelle Nitouche (Musique de Hervé)
avec Eliane Thibault, Gabrielle Ristori, Catherine Maisse, Aimé Doniat, Henry Bedex, Christian Asse, René Lenoty, etc.
— L'intégrale en 2 disques 33 T. (30 cm) Decca SSL 40.236/237 ou SKL 30.200/01
— Les extraits en 1 disque 33 T. (30 cm) Decca 99.024
Chœurs et orchestre dirigés par André Grassi
Orphée d'or de l'Académie lyrique 1968

33 T. (30 cm) Decca 100.086
13 succès du comique troupier
« La caissière du Grand Café », « On r'vient », « Au fond du square », « L'as-tu dit ou l'as-tu pas dit ? », « Ça fait plaisir », « Suzon la blanchisseuse », « Avec l'ami Bidasse », « Moi-z-et mon chien », « Son parapluie », « J' suis content,

content », « Faut bien rire un peu », « Elle boite », « Ça que j'ai »

3 disques 33 T. (30 cm) Decca en coffret stéréo 99.050/52
Les Disques d'or de Fernandel
Fernandel et Daudet — Fernandel et don Camillo — Le Petit Monde — Fernandel et l'opérette : « Mam'zelle Nitouche », « Ignace » — *Le Palmarès de Fernandel — Fernandel et Marseille — Fernandel comique troupier*

33 T. (30 cm) Decca — Coccinelle 210.028
« Ah ! le tango corse », « Aujourd'hui peut-être », « Avec l'ami Bidasse », « Ne frotte pas, François ! », « Oh ! ma quique ! », « La chanson du cabanon », « La bouillabaisse », « Les gens riaient », « La caissière du Grand Café », « Fais-moi des bleus », « Le tango du bistouri », « La saison des petits pois »
Orchestres Jean Claudric, Jack Ledru et Claude Vasori

33 T. (30 cm) Decca — Coccinelle 210.061
« La plus bath des javas », « Imprudentes », « Elle bavardait chez la concierge », « Faut bien rire un peu », « Moi-z-et mon chien », « Suzon la blanchisseuse », « Les moustaches de Thomas », « Un dur, un vrai, un tatoué », « Le cul du berger », « Le papa de Pépa », « Nono et Nana », « J'aurais voulu »
Orchestres André Grassi, Jack Ledru et Jean Claudric

Compact-disc

L'Accent du soleil par Fernandel
Coffret de 2 CDS. Pathé 2-0012
CD-1 : « Ignace », « Quelle famille », « Redis-le-me », « Un homme », « Les dégourdis », « Je vais au zoo avec Zizi », « Anastasie, t'es pas chic avec moi ! », « Ne me dis plus tu », « Le Schpountz » (scène de l'épicerie) », « Barnabé », « Un dur, un vrai, un tatoué », « L'amour incompris », « C'est comme ça à Calcutta », « Je me mens », « Félicie aussi », « Francine », « On n'est jamais seul », « Idylle à Bois-le-Roi », « Hector », « Je connais des baisers »
Orchestres Pierre Chagnon et Georges Derveaux

CD-2 : « On m'appelle Simplet », « Attente », « Le papa de Pépa », « La fille du teinturier », « Elle a tout ça », « J'ai mon cœur qui fait tic-tac », « Cocococo ! Cocococotte », « Je suis irrésistible », « O mio amore », « Je n' peux pas m'expliquer », « Un... deux... trois », « J'ai un beau chapeau », « La chèvre de Monsieur Seguin » *(Lettres de mon moulin,* d'Alphonse Daudet*),* « Le curé de Cucugnan » (*Lettres de mon moulin*, d'Alphonse Daudet)
Orchestre Pierre Chagnon

Vidéographie

CINÉMA :

Nuit de folie de Maurice Cammage, 1934 — Virgin Vidéo.
Un de la légion de Christian-Jaque, 1936 — Scherzo Vidéo.
François Ier de Christian-Jaque, 1936 — Scherzo Vidéo.
Barnabé de Alexandre Esway, 1938 — Scherzo Vidéo
Ernest le rebelle de Christian-Jaque, 1938 — Virgin Vidéo.
Berlingot et Compagnie de Fernand Rivers, 1939 — René Chateau Vidéo.
L'Acrobate de Jean Boyer, 1940 — M.P.M.
Monsieur Hector de Maurice Cammage, 1940 — Scherzo Vidéo.
La Bonne Étoile de Jean Boyer, 1942 — M.P.M.
Émile l'africain de Robert Vernay, 1947 — Scherzo Vidéo.
Le Petit Monde de Don Camillo de Julien Duvivier, 1951 — René Chateau Vidéo.
L'Auberge rouge de Claude Autant-Lara, 1951 — Virgin Vidéo.
Le Retour de Don Camillo de Julien Duvivier, 1952 — René Chateau Vidéo.
Mam'zelle Nitouche de Yves Allégret, 1953 — Delta Vidéo.

Ali Baba et les Quarante Voleurs de Jacques Becker, 1954 — Virgin Vidéo.

Don Juan de John Berry, 1956 — Virgin Vidéo.

La Loi c'est la loi de Christian-Jaque, 1957 — G.C.R.

La Vache et le Prisonnier de Henri Verneuil, 1959 — Virgin Vidéo (version colorisée).

Le Confident de ces dames de Jean Boyer, 1959 — Virgin Vidéo.

Don Camillo Monseigneur de Carmine Gallone, 1961 — René Chateau Vidéo.

La Cuisine au beurre de Gilles Grangier, 1963 — Ciné Collection.

Relaxe-toi chérie de Jean Boyer, 1964 — Virgin Vidéo.

Don Camillo en Russie de Luigi Comencini, 1965 — René Chateau Vidéo.

L'Homme à la Buick de Gilles Grangier, 1967 — Fil à Film.

TÉLÉVISION :

Série L'Amateur — Sketches « La Pêche », « La Vicomtesse », « Le sculpteur », « La valise », « Le somnambule », « La cleptomane », « La princesse russe » — 1967/68 — Scherzo Vidéo.

Télévision

1950

SOIRÉE MARSEILLAISE (30 mn)

Auteur-producteur : Henri Spade
Réalisateur : Henri Spade
Diffusion : 1950
Sujet : soirée musicale
Invités : Fernandel, Fernand Sardou, Edouard Delmont, Rellys, Andrex, Berval, Jean Marsac, Doumel, Edmond Ardisson, etc.

1950

100 FILMS ET 20 ANS DE CINÉMA (30 mn)

Auteur-producteur : Henri Spade
Réalisateur : Yves Ciampi
Diffusion : 1950
Sujet : interview, extraits de films et de chansons

1956

36 CHANSONS (60 mn)

Auteur-producteur : Jean Nohain
Réalisateur : Lazare Iglesis
Diffusion : 1956
Sujet : interview de Fernandel

36 CHANDELLES (60 mn)

Auteur-producteur : Jean Nohain
Réalisateur : Marcel Cravenne
Diffusion : 1956
Sujet : Fernandel joue « La recommandation » avec Georges Chamarat et Albert Rémy

1957

CINÉPANORAMA (35 mn)

Auteur-producteur : François Chalais
Diffusion : 1957
Sujet : interview-rencontre avec Bob Hope et Fernandel à propos du tournage de *A Paris tous les deux*

1959

MAGAZINE DES CHANSONS (26 mn)

Auteurs-producteurs : Pierre Brive et André Salvet
Réalisateur : Marcel Cravenne
Diffusion : 24 novembre 1959, 1er décembre 1959, 9 janvier 1967
Sujet : interview-chansons « C'est du gâteau » et « L'innocent »

1960

36 CHANDELLES (50 mn)

Auteur-producteur : Jean Nohain
Diffusion : 1960
Sujet : habillé en comique troupier, Fernandel chante « Suzon la blanchisseuse », « Les deux bonniches » et « Adoré de Philomène ». Il interprète deux sketches : « Il a des galons » et « Sacré paysan »

1961

AU-DELÀ DE L'ÉCRAN (35 mn)

Auteur-producteur : Jean Nohain
Diffusion : 19 février 1961
Sujet : interview de Jean Gabin et d'Henri Verneuil au mariage de ce dernier

DISCORAMA (30 mn)

Auteur-producteur : Denise Glaser
Diffusion : 8 mars 1961 et 4 avril 1961
Sujet : extrait du film *Cocagne*

1962

AU-DELÀ DE L'ÉCRAN (26 mn)

Auteur-producteur : Jean Nohain
Diffusion : 18 mars 1962
Sujet : interview de Pierre Bellemare

LE BON NUMÉRO (70 mn)

Auteur-producteur : Pierre Bellemare
Réalisateur : Roger Pradines
Diffusion : 14 mars 1962
Sujet : interview de Jean Richard, Fernandel chante « Le tango corse »

TOUTE LA CHANSON (60 mn)

Auteur-producteur : André Salvet
Réalisateur : Robert Valey
Diffusion : 9 avril 1962
Sujet : Fernandel récite « La chèvre de Monsieur Seguin »

SOYEZ LES BIENVENUS (30 mn)

Auteur-producteur : Jean Nohain
Réalisateur : Anne-Marie Ullman
Diffusion : 1er juin 1962
Sujet : interview de Christian-Jaque à propos de Fernandel

1963

CINÉPANORAMA (35 mn)

Auteur-producteur : Frédéric Rossif
Réalisateur : François Chalais
Diffusion : 16 février 1963
Sujet : interview de Fernandel aux « Mille Roses » à Marseille

AU-DELÀ DE L'ÉCRAN (25 mn)

Auteur-producteur : Jean Nohain,
Réalisateur : Dominique Rety

Diffusion : 15 septembre 1963
Sujet : Fernandel parle de sa maison

AU-DELÀ DE L'ÉCRAN (25 mn)

Auteur-producteur : Jean Nohain
Réalisateur : Dominique Rety
Diffusion : 13 octobre 1963
Sujet : Maurice Chevalier parle de Fernandel

20e NOËL DE STRASBOURG (55 mn)

Auteur-producteur : Patrick Martin
Réalisateur : Patrick Martin
Diffusion : 23 décembre 1963
Sujet : Fernandel souhaite un « Joyeux Noël »

1965

POUR LE CINÉMA (65 mn)

Auteur-producteur : Frédéric Rossif
Réalisateur : Chaboud et Neurisse
Diffusion : 2 octobre 1965
Sujet : interview de Fernandel à propos de *Don Camillo en Russie*

1966

POUR LE CINÉMA (65 mn)

Auteur-producteur : Frédéric Rossif
Réalisateur : Arnaud Desjardins
Diffusion : 9 juillet 1966
Sujet : interview de Fernandel à propos de *Le Voyage du père*

POUR LE CINÉMA (65 mn)

Auteur-producteur : Frédéric Rossif
Réalisateur : Arnaud Desjardins
Diffusion : 23 décembre 1966
Sujet : interview de Fernandel à propos de *L'Homme à la Buick*

1967

AUTEURS GAIS (30 mn)

Auteurs-producteurs : Aimé Mortimer et Robert Manuel
Réalisateur : Jean-Paul Carrière
Diffusion : 1967
Sujet : extraits du *Schpountz* avec Fernandel, Rellys Gil Baladou et Mag Avril

NOËL DES ENFANTS DU MONDE (75 mn)

Auteur-producteur : Dominique Retznikoff
Réalisateur : Roger Benamou
Diffusion : 24 décembre 1967
Sujet : soirée musicale où Fernandel chante « Le tango corse », « Les moustaches de Thomas », et récite « L'accent » (poème)

L'AMATEUR
ou *S.O.S. ALLÔ FERNAND* ou *ALLÔ FERNANDEL*

(série de 26 épisodes de 26 mn)
Auteur-producteur : Coty productions
Réalisateurs : Gilles Grangier, Jean-Pierre Decourt, Jack Pinoteau et Peter Yates
Episodes : Le plombier — Le sculpteur — Le somnambule — Le coup de fil — etc.
Tournage : 12 septembre 1966/18 octobre 1966

Diffusion : 1967/1968
Sujet : Dans le premier sketch, « La Vicomtesse », Fernand est l'homme à tout faire chargé de régler les plus difficiles problèmes grâce à son agence de S.O.S. dépannage. Tous les autres épisodes seront réalisés dans les lieux les plus divers où le personnage se promène parmi les situations les plus inextricables, auxquelles il apporte son savoir-faire.

1968

MONSIEUR CINÉMA (30 mn)

Auteur-producteur : Pierre Tchernia
Réalisateur : Jacques Rouland
Diffusion : 22 janvier 1968
Sujet : jeu avec des téléspectateurs et interview de Fernandel à propos de *L'Homme à la Buick*

PALMARÈS DES CHANSONS (70 mn)

Auteur-producteur : Guy Lux
Réalisateur : Roger Pradines
Diffusion : 14 mars 1968
Sujet : émission de variétés avec Christian Marin, Annie Cordy, Henri Genès, Jean Lefèvre, les Charlot, Fernandel et son fils

LES AVENTURES DE FERNAND À ROME

(série de 7 épisodes de 26 mn)
Auteurs-producteurs et réalisateurs : Camillo Mastrocinque, Jack Pinoteau, etc.
Tournage : mai 1968 (Italie)
Diffusion : 1968 en Italie.
Episodes : L'habit — L'hypnotiseur — Terreur au château — Le masseur — Simple coïncidence — Nuit de noces — etc

1969

SOIRÉE RÉGIONALE (30 mn)

Auteur-producteur : Jacques Ordines
Réalisateur : Jacques Ordines
Diffusion : 10 janvier 1969
Sujet : Fernandel interprète un sketch intitulé « Le bar de la marine »

AU CINÉMA CE SOIR (24 mn)

Auteur-producteur : Armand Panigel
Réalisatrice : Solange Peter
Diffusion : 18 juillet 1969
Sujet : interview de Fernandel à propos du *Schpountz*

PIQUE-NIQUE À SAINT-TROPEZ (60 mn)

Auteur-producteur : Claude Deflandre
Réalisateur : Jacques Ertaud
Diffusion : 17 août 1969
Sujet : extraits de *La Fille du puisatier*

1970

LES ÉTOILES PARLENT AUX ÉTOILES (30 mn)

Auteur-producteur : Pierre Tchernia
Réalisateur : François Chalais
Diffusion : 11 janvier 1970
Sujet : interview de Fernandel

AU CINÉMA CE SOIR (30 mn)

Auteur-producteur : Armand Panigel
Réalisatrice : Solange Peter

Diffusion : 26 mars 1970
Sujet : interview de Fernandel à propos de Marcel Pagnol et de *Regain*

GALA DE L'UNION DES ARTISTES (65 mn)

Auteur-producteur : Pierre Tchernia
Réalisateur : Francis Morane
Diffusion : 11 mai 1970
Sujet : « Monsieur Loyal » de l'année, Fernandel évolue en dresseur de chevaux

L'INVITÉ DU DIMANCHE (40 mn)

Auteur-producteur : Catherine Anglade
Réalisateur : Roland Bernard
Diffusion : 21 juin 1970
Sujet : interview et propos divers

REPORTAGE (8 mn)

Auteur-producteur : Journal télévisé
Sujet : reportage sur la santé de Fernandel

1971

HOMMAGE À FERNANDEL (128 mn)

Auteur-producteur : Claude Thiriet
Réalisateur : Claude Thiriet
Diffusion : 27 février 1971
Sujet : en hommage à la vedette, de nombreux extraits de films et les interviews de Jean Gabin, André Bourvil, Paul Azaïs, Andrex, etc.

AU CINÉMA CE SOIR (110 mn)

Auteur-producteur : Armand Panigel
Réalisatrice : Solange Peter
Diffusion : 4 mars 1971
Sujet : en hommage à Fernandel, photos, articles, extraits de films et interview diverses

Radio

1937

SOIRÉE RADIOPHONIQUE

Diffusion : 11 décembre 1937
Sujet : sketches de Courteline, Tristan Bernard

1947

SPÉCIAL RAIMU

Diffusion : septembre 1947
Sujet : Fernandel rend hommage à Raimu

1948

TRIBUNE DE PARIS (17 mn)

Diffusion : 2 décembre 1948
Sujet : débat avec Gabrielle Dorziat, Fernandel et M. Bousquet sur les bons rôles au théâtre

1956

PROVENCE MAGAZINE

Diffusion : 5 mai 1956
Sujet : interview en Provence

1958

COURS DE LANGUE

Diffusion : 6 mars 1958
Sujet : Fernandel donne des cours d'anglais

LUTTE CONTRE LE CANCER

Diffusion : 16 mars 1958
Sujet : Fernandel a enregistré un message pour la lutte contre le cancer

GALA DRANEM

Diffusion : 21 mars 1958
Sujet : invité par la Fondation Dranem, Fernandel parle du comique-troupier

1959

SPÉCIAL FRÉJUS

Diffusion : 3 novembre 1959
Sujet : Fernandel appelle à venir en aide aux sinistrés du barrage de Malpasset, à Fréjus

1960

INTERVIEW

Diffusion : 26 novembre 1960
Sujet : Fernandel parle du rire au cinéma

1961

QUAND UN LIVREUR (8 fois 30 mn)

Diffusion : tous les dimanches à 13 h 45 sur Radio-Luxembourg
Réalisateur : Francis Gastambide
Sujet : les mésaventures du livreur Lazare (en compagnie d'Andrex, Rellys, Henri Crémieux, Fernand Sardou, Jackie Rollin, etc.)

1962

PROVENCE MAGAZINE

Diffusion : 23 juin 1962
Sujet : interview en Provence

INTERVIEW (3 mn)

Diffusion : 4 juin 1962
Sujet : l'opinion de Fernandel sur les débuts de son fils Franck dans le film *Avanti la musica*

1963

INTERVIEW (3 mn)

Diffusion : 23 août 1963
Sujet : Fernandel donne quelques impressions sur Bourvil et le tournage de *La Cuisine au beurre*

PROVENCE MAGAZINE

Diffusion : 26 septembre 1963
Sujet : interview en Provence

PROVENCE MAGAZINE

Diffusion : 29 novembre 1963
Sujet : interview en Provence

INTERVIEW (2 mn)

Diffusion : 8 décembre 1963
Sujet : Fernandel donne son opinion sur Charlie Chaplin qu'il vient de rencontrer

INTERVIEW (2 mn)

Diffusion : 26 décembre 1963
Sujet : Fernandel bavarde avec Eddie Constantine de leur projet commun : *Les Supermen* (le film ne se fera pas)

FERNANDEL, C'EST MOI (26 fois 30 mn)

Diffusion : tous les mardis à 20 h 05 sur Radio Luxembourg
Sujet : série de souvenirs, de monologues et d'histoires, signés Yvan Audouard et Manuel Poulet

50e ANNIVERSAIRE DE LA MORT DE FRÉDÉRIC MISTRAL (2 mn)

Diffusion : 26 décembre 1963 et 20 mars 1964
Sujet : une leçon de provençal donnée par Fernandel à Jean Deschamps

1964

PROVENCE MAGAZINE

Diffusion : 4 juillet 1964
Sujet : interview en Provence

ANNIVERSAIRE DE LA LIBÉRATION DE PARIS (2 mn)

Diffusion : 24 août 1964
Sujet : Fernandel parle de la Libération de Marseille

1965

MAGAZINE

Diffusion : 2 janvier 1965
Sujet : tournage en Provence

INTERVIEW (1 mn)

Diffusion : 8 janvier 1965
Sujet : Fernandel, le trac et le public

INTERVIEW (2 mn)

Diffusion : 23 février 1965
Sujet : Fernandel et le monokini

1966

INTERVIEW (2 mn)

Diffusion : 15 mai 1966
Sujet : Fernandel rend hommage à Paul Derval

INTERVIEW (2 mn)

Diffusion : 14 septembre 1966
Sujet : Fernandel parle du film *Le Voyage du père*

1967

INTERVIEW (1 mn)

Diffusion : 15 avril 1967
Sujet : Fernandel rend hommage à Toto

INTERVIEW (1 mn)

Diffusion : 15 octobre 1967
Sujet : Fernandel rend hommage à Marcel Aymé

1968

MADAME INTER (15 mn)

Diffusion : 19 janvier 1968
Sujet : Fernandel à propos des *Lettres de mon moulin,* de la jeunesse, des enfants, de sa carrière, de sa façon de travailler devant la caméra

INTERVIEW (2 mn)

Diffusion : 14 mars 1968
Sujet : Fernandel parle de sa carrière de chanteur et de son répertoire

INTERVIEW (4 mn)

Diffusion : 28 novembre 1968
Sujet : Fernandel reçoit le Grand Prix de l'Académie du disque, et le Prix Colette pour *Les Lettres de mon moulin*

1969

RADIOSCOPIE (45 mn)

Diffusion : 19 mars 1969
Sujet : Fernandel s'exprime à cœur ouvert, auprès de Jacques Chancel, sur la nouvelle vague, sur sa carrière, son succès, ses dons, ses passions dans la vie et ses projets

1970

INTERVIEW (4 mn)

Diffusion : 15 avril 1970
Sujet : Fernandel parle du Gala de l'Union des artistes où il est, cette année-là, « Monsieur Loyal »

INTERVIEW (1 mn)

Diffusion : 17 avril 1970
Sujet : Fernandel parle des numéros de cirque qu'il a vus dans ses fonctions de « Monsieur Loyal » au Gala de l'Union des artistes

PROVENCE MAGAZINE

Diffusion : 6 octobre 1970
Sujet : interview en Provence

INTERVIEW (2 mn)

Diffusion : 9 octobre 1970
Sujet : Fernandel rend hommage à Jean Giono

MAGAZINE

Diffusion : 15 octobre 1970
Sujet : tournage d' *Heureux qui comme Ulysse*

Distinctions

« [...] ce grand comédien qui fut l'honneur de sa profession, à la fois par son talent immense et par ses qualités de cœur. »

Jacques Duhamel,
ministre des Affaires culturelles (1971)

« Je suis très ému par la disparition du grand acteur qui sera profondément ressentie par l'immense public qui a été le sien pendant tant d'années. »

Georges Pompidou,
président de la République (1971)

1949 • Grand Prix mondial du Rire pour *On demande un assassin*
1952 • Ruban d'argent décerné par les critiques cinématographiques italiens
1953 • chevalier de la légion d'Honneur
1953 • chevalier du Mérite et de la Courtoisie
1953 • Grand prix de l'Académie du disque pour Les *Lettres de mon moulin*

1954 • médaille de l'acteur le plus populaire en Belgique

1957 • nommé citoyen d'honneur de la ville de Cassino (Italie)

1960 • chevalier des Arts et des Lettres

1960 • oscar européen de la Popularité

1964 • médaille d'or du Mérite civique

1964 • prix Georges Courteline

1964 • prix Orange décerné à l'acteur le plus coopératif de l'année par l'ensemble de la presse

1964 • Orphée d'or du disque lyrique pour l'enregistrement de *Mam'zelle Nitouche*

1968 • Grand Prix de l'Académie du disque pour Les *Lettres de mon moulin*

1970 • Grand Prix du cinéma français

L'illustre illustré

Fernandel, c'était d'abord l'image !

Il fallait donc une iconographie ne trahissant pas cette prestigieuse carrière.

Après bien des recherches, un seul nom s'est imposé.

Méditerranéen, vieil ami de la famille Fernandel, je lui ai donc demandé d'illustrer mon propos. Ce qu'il a fait par passion pour Fernandel.

Merci, André Bernard, pour cette illustration hors pair qui honore votre enthousiasme de collectionneur et votre vocation d'historien.

Crédits photographiques

L'iconographie provient de la collection André Bernard, sauf :

Page	2 (bas)	:	AGIP
Page	4 (bas)	:	B. M. Bernand
Page	6 (haut)	:	APIS
	(bas)	:	Europress
Page	8 (haut)	:	André Sas
	(milieu)	:	AGIP
Page	16 (milieu)	:	Agence Dalmas
	(bas)	:	André Sas

Cet ouvrage a été composé
par l'Imprimerie BUSSIÈRE
et imprimé sur presse CAMERON
dans les ateliers de la S.E.P.C.
à Saint-Amand-Montrond (Cher)
en mars 1991